Internetgeld und wettbewerbliche
Geld- und Währungsordnungen

Europäische Hochschulschriften

Publications Universitaires Européennes

European University Studies

Reihe V

Volks- und Betriebswirtschaft

Série V Series V

Sciences économiques, gestion d'entreprise

Economics and Management

Bd./Vol. 2950

PETER LANG

Frankfurt am Main · Berlin · Bern · Bruxelles · New York · Oxford · Wien

Tobias Basse

Internetgeld und wettbewerbliche Geld- und Währungsordnungen

PETER LANG
Europäischer Verlag der Wissenschaften

Bibliografische Information Der Deutschen Bibliothek
Die Deutsche Bibliothek verzeichnet diese Publikation in der Deutschen Nationalbibliografie; detaillierte bibliografische Daten sind im Internet über <http://dnb.ddb.de> abrufbar.
Zugl.: Paderborn, Univ., Diss., 2001

D 466
ISSN 0531-7339
ISBN 3-631-50668-6

www.peterlang.de

MEINEN ELTERN

Just as fiat money replaced specie-backed paper currencies, electronically initiated debits and credits will become the dominant payment modes, creating the potential for private money to compete with government-issued currencies.

- J. L. Jordan

Omitting the government as a cause of instability in banking in a play about systemic risk is like omitting the Prince of Denmark from the first act of Hamlet.

- A. J. Schwartz

Vorwort

Diese Arbeit ist Mitte 2000 als Dissertation an der Universität-GH-Paderborn eingereicht worden. Seitdem ist einiges passiert. Die Krise der New Economy hat zu einer gewissen Ernüchterung geführt, offenbar ist die New Economy doch nicht neu genug, um den fundamentalen Gesetzen des Wirtschaftens zu trotzen. Viele der damaligen Internet-Unternehmen existieren inzwischen nicht mehr. Entsprechende Auflösungstendenzen zeigen sich auch bei den in dieser Arbeit vorgestellten Anbietern für Zahlungssysteme im Internet. Es hat sich folglich als richtig erwiesen, im Rahmen der Dissertation nicht zu stark auf Details einzelner Zahlungssysteme zu blicken.

Wie so häufig bietet die Zerstörung bestehender Strukturen auch Chancen für Neuerungen. Die mangelnde Profitabilität vieler Unternehmen der New Economy kann dazu führen, daß freie oder werbefinanzierte Leistungen im Internet aussterben werden. In diesem Fall müßte der Bedarf an einem verläßlichen Zahlungssystem im Internet sogar noch wachsen. Das Phänomen Internetgeld sollte also nicht voreilig abgeschrieben werden!

Besonderer Dank gilt meinem Doktorvater, Herrn Prof. Dr. Winfried Reiß, der mich immer geduldig unterstützt hat. Er ermutigte mich zudem, mit der Fertigstellung dieser Arbeit zügig voranzuschreiten.

Ohne die Hilfe meiner Freunde wäre eine zeitige Fertigstellung der Arbeit unmöglich gewesen. In Sachen Technik unterstütze mich Andre Eitner. Wichtige Hinweise bei ökonomischen Problemen gaben mir Sandra Rodewald, Carsten Lange und Andreas Möller. Ihnen allen schulde ich Dank.

Von ganzem Herzen danke ich abschließend meinen Eltern. Sie haben mich jederzeit unterstützt und dieses Projekt erst möglich gemacht. Ihnen ist die Arbeit auch gewidmet.

Springe, im Oktober 2002 Tobias Basse

Inhaltsverzeichnis

Abbildungsverzeichnis

Symbolverzeichnis

a_X (a_{BG} etc.)	Umwandlungskosten des Geldes X
AK	Aktivum
b	Bargeldhaltungsquotient
b_X (b_{BG} etc.)	Nutzungskosten des Geldes X
β_J	Vertrauen in Emittent J
BG	Bargeld
BI	Wechsel
C	Kosten
CO	sonstige Kosten
DP	Depositen
e	Quotient des gehaltenen elektronischen Geldes
EG	elektronisches Geld
EK	Eigenkapital
ER	Ertrag
ex	Ausgaben
f	Fixkosten der Geldnutzung
FS	Ertrag aus Notverkäufen
g	Gewichtungsfaktor
GA	Ertrag nach Abschluß des Geschäfts
GO	Gold
i (i_{SP} etc.)	Zins

k	Verzerrungsfaktor
LI	Liquiditätskosten
n	Anzahl der Transaktionen
N	Nutzen der monetären Dienste
M (M1 etc.)	Geldmenge
MB	monetäre Basis
oc	Opportunitätskosten
p	Preisniveau
pi	Profit
r	Reservesatz
r_1 (r_2)	Zinsfaktor in Periode 1 (Periode 2)
RS	Reserven
σ^2	Varianz
σ_T^2	Varianz der Zuflüsse und Abflüsse von Gold bezogen auf eine Transaktion
SD	Sichtdepositen
SP	hochverzinsliches Aktivum
T	Umwandlungen
U	Arbeitslosigkeit
U_n	natürliche Arbeitslosigkeit
v	Umlaufgeschwindigkeit
w	Wahrscheinlichkeit
x	Anzahl

X	Menge
X_e	erwarteter Wert von X
X^D	durchschnittlicher Wert von X
X^*	optimaler Wert von X
Y	Sozialprodukt
Z	Zielfunktion
Z_X	Einkäufe mit Geld X

1. Einleitung

Das Internet und der Electronic Commerce sind weltweit für eine breite Öffentlichkeit von großem Interesse. Wenn der Werbung des Online-Dienstes America Online geglaubt werden kann, ist die Installation und Bedienung der Internetzugangssoftware inzwischen so einfach, daß selbst Boris Becker das Internet nutzen kann. Folglich ist es nicht verwunderlich, daß immer mehr Menschen in das globale Computernetz drängen. Vor allem die Möglichkeit, jederzeit und bequem im Netz einkaufen zu können, ohne die einige Wohnung verlassen zu müssen, ist für viele Wirtschaftssubjekte attraktiv und damit auch ökonomisch relevant.

Daher ist es verständlich, daß der Begriff Electronic Commerce auf der CeBIT 2000 nahezu überall zu hören und zu lesen war. So hatten sich unter der Rubrik „Electronic Commerce: Komplettlösungen für Internet-Shops" 97 Anbieter bei der Messeleitung registrieren lassen. Dabei muß die Bereitstellung eines sicheren Zahlungsmittels für das Internet, wie noch gezeigt werden soll, als wichtige Grundlage für den Erfolg der kommerziellen Nutzung des Internets angesehen werden. Volkswirtschaftlich ist zunächst vor allem von Interesse, ob das Internetgeld Auswirkungen auf den Geldangebotsprozeß haben wird. Aktuell stehen in diesem Zusammenhang ganz eindeutig strategische Fragestellungen im Vordergrund. So sind mögliche Konsequenzen der Emission von Netzgeld für die Zentralbanken bisher unklar. Es kann und muß aber hinterfragt werden, ob der große Bruder Zentralbank in der Lage ist, die Bereitstellung des Netzgeldes in der schönen neuen Welt des Internets zu kontrollieren. Möglicherweise ergibt sich, aufgrund der neuen Informations- und Kommunikationstechnologien, zum Beispiel eine Auflösung der einheitlichen Währungsräume und damit eine Bedrohung für die Geldpolitik der traditionellen Zentralbanken. Daher sollte geprüft werden, ob als Reaktion auf das Netzgeld ein Reformbedarf bezüglich der global existierenden Geld- und Währungsordnungen besteht. Hier ist insbesondere an die Umsetzung einer wettbewerblichen Geld- und Währungsordnung zu denken.

Diese Arbeit soll vor allem einen Überblick über die in diesem Zusammenhang relevanten Überlegungen geben, wobei allerdings an einigen Stellen umfangreichere Betrachtungen angestellt werden müssen. Es mag zunächst erstaunlich erscheinen, daß hier auch die historische Ausgestaltung von Geld- und Währungsordnungen in verschiedenen Ländern untersucht wird. Diese historischen Erfahrungen sind aber sogar in doppelter Hinsicht relevant. Zum einen haben in der Vergangenheit wettbewerbliche Geld- und Währungsordnungen existiert. Zum anderen ergaben sich bei der Einführung der Finanzinnovationen Banknote und Buchgeld für den Staat Probleme, die den heute absehbaren Schwierigkeiten aufgrund der Finanzinnovation Internetgeld sehr ähneln. Auch andere Ökonomen gehen daher im Rahmen der Diskussion um das elektronische Geld auf historische Erfahrungen im Geld- und Bankwesen ein[1].

Im Rahmen dieser Arbeit sollen zunächst einige allgemeine Überlegungen zum Internet und zum Electronic Commerce erfolgen. Dann werden die Anforderungen des Marktes an ein Zahlungssystem im Internet untersucht und verschiedene Formen des Internetgeldes näher betrachtet. Daraufhin soll festgestellt werden, welche Auswirkungen das elektronische Geld auf die geldpolitischen Steuerungsmöglichkeiten einer nationalen oder supranationalen Zentralbank haben kann. Im Anschluß an umfangreichere Überlegungen zu wettbewerblichen Geld- und Währungsordnungen wird dann untersucht, ob die Bereitstellung des elektronischen Geldes im Rahmen einer wettbewerblichen Geld- und Währungsordnung erfolgen könnte.

---

[1] Vgl. z. B. Lacker, J. M. (1996), S. 3, Greenspan, A. (1997), S. 46f., Gilbert, R. A. (1997), S. 73f., Schreft, S. L. (1997), S. 70ff., White, L. H. (1998), S. 44, Roberds, W. (1998), S. 48, Rolnick, A. J. (1999), S. 675f., Smith, B. D./Weber, W. E. (1999), S. 624 und Klein, M. (2000), S. 14.

2. Internetgeld und Geldpolitik

2.1 Die Kommerzialisierung des Internets

2.1.1 Vom ARPANET zum Internet

Das Internet ist heute ein die Welt umspannendes Rechnernetz und wird von den verschiedensten Anwendern für die unterschiedlichsten Aufgaben genutzt. Ursprünglich wurde es jedoch für militärische Zwecke geplant. Zur Zeit des kalten Krieges beabsichtigte das US-Verteidigungsministerium, Computer von bestimmten Universitäten zu vernetzen, um so die militärische Forschung zu unterstützen[2]. Das Netz sollte Teilausfälle überstehen können, ohne daß die verbleibenden Rechner die Fähigkeit zur Kommunikation verlören. Dabei war der Kerngedanke ein Verzicht auf eine zentrale Steuerung des Netzes[3]. Daher wurde ein Kommunikationsprotokoll entwickelt, welches das Prinzip der Paketvermittlung verwendete. Paketvermittlung bedeutet, daß zu übermittelnde Daten in kleine Datenpakete zerlegt werden und, unter Umständen auf verschiedenen Wegen, solange vom sendenden Rechner übermittelt werden, bis alle Datenpakete beim empfangenden Rechner eingetroffen sind. Dieses Kommunikationsprotokoll, aus dem sich die derzeit im Internet genutzten Kommunikationsprotokolle Transmission-Control-Protocol/Internet-Protocol (TCP/IP) entwickelt haben, wurde die Grundlage des Rechnernetzes ARPANET, dem Vorgänger des heutigen Internets. Nach und nach wurde das Computernetz immer weiter ausgebaut, wobei es auch zur Integration andere Netzwerke kam.

Im Jahre 1990 übernahm die National Science Foundation (NSF) die Aufgaben des ARPANET als Basis des Internet. Die NSF versuchte, einem möglichst großen Personenkreis Zugang zum Internet zu gewähren. Daher stiegen die Nutzerzahlen des Internets ständig, so daß die Kommunikationsinfrastruktur laufend verbessert werden mußte[4]. Es existiert keine genaue Definition für das Internet. Näherungsweise läßt sich aber feststellen, daß die Gesamtheit aller autonomen Datennetze und Rechner, die über die Kommunikationsprotokolle TCP/IP erreichbar sind, als Internet bezeichnet werden kann[5]. Allerdings existieren Netze, die über Gateways an das Internet angeschlossen sind und die andere Kommunikationsprotokolle verwenden.

Das Internet bietet seinen Nutzern verschiedene Dienste an. In diesem Zusammenhang sind zum Beispiel Electronic Mail (E-Mail), eine elektronische Post zum Austausch von Nachrichten, Net News, ein Nachrichten- und Diskussionsforum, File Transfer, welches zur Übertragung von Daten zwischen zwei Rechnern dient, Telnet, ein Dienst der das Arbeiten auf entfernten Rechnern ermöglicht, Archie, ein Inhaltsverzeichnis bestimmter Server, und Gopher, ein Dienst zum Zugriff auf fremde Rechner, zu nennen; außerdem ist auf das World Wide Web zu verweisen, daß eine Integration verschiedener Dienste unter einer graphischen

---

[2] Vgl. Krol, E. (1995), S. 15 und Tanenbaum, A. S. (1998), S. 65.
[3] Vgl. Schwarze, J. (1997), S.139.
[4] Vgl. Krol, E. (1995), S. 17.
[5] Vgl. Schwarze, J. (1997), S. 139.

Oberfläche darstellt[6]. Die wohl am meisten genutzten Dienste dürften Electronic Mail und das World Wide Web sein[7].

Das Internet ist ein offenes Rechnernetz. Der Nutzerkreis ist also nicht a priori abgegrenzt und das globale Rechnernetzwerk selbst setzt sich, wie bereits ausgeführt wurde, aus einer Vielzahl autonomer Rechnernetze zusammen. Rutkowski stellt fest[8]:

> Strictly speaking, the Internet is just a collection of very flexible distributed networks that is optimized for computer communication "plumbing".

Daher existiert kein einheitlicher Betreiber des globalen Datennetzes[9]. Folglich wird das Internet in seiner Gesamtheit nicht kontrolliert[10].

2.1.2 Kommunikation im Internet

Die Kommunikation im Internet wird durch das Kommunikationsprotokoll TCP/IP ermöglicht. Wie bereits erwähnt wurde, handelt es sich bei dem Internet um ein Netzwerk, welches das Prinzip der Paketvermittlung nutzt. Folglich besteht zwischen dem Sender und dem Empfänger einer Nachricht nur eine virtuelle Verbindung; das heißt, Daten werden in Datenpakete aufgeteilt und, je nach Verfügbarkeit von Übermittlungskapazitäten, auf unter Umständen unterschiedlichen Wegen vom Sender zum Empfänger transportiert[11]. Die Übermittlung der Daten läuft über Verbindungsrechner, die sogenannten Router. Die zu übermittelnden Datenpakete passieren auf ihrem Weg durch das Internet möglicherweise unzählige fremde Rechner. Diese Zusammenhänge lassen sich wie in Abbildung 1 darstellen.

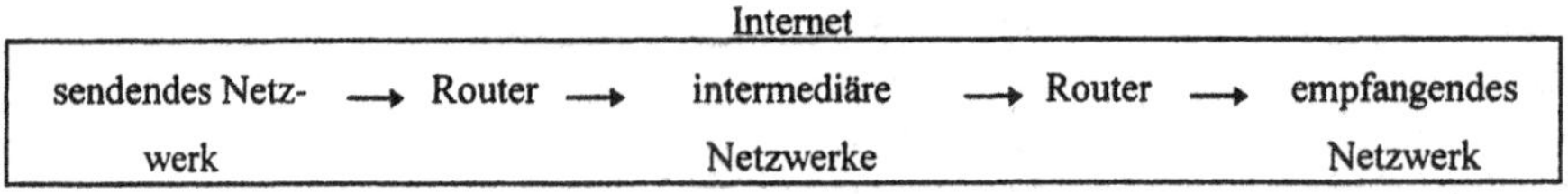

Abbildung 1: Das Internet
Quelle: In Anlehnung an Veil, M. (1998), S. 143.

Das Internet-Protocol (IP) sorgt dafür, daß die Datenpakete zum richtigen Empfänger übermittelt werden[12]. Dazu werden die zu übertragenden Daten einem sogenannten IP-Envelope übergeben, der mit den IP-Adressen des Senders und

---

[6] Vgl. z. B. Krol, E. (1995), S. 335ff. und Schwarze, J (1997), S. 140f..
[7] Vgl. Froomkin, A. M. (1997), S. 133.
[8] Rutkowski, A. M. (1997), S. 93.
[9] Vgl. Schwarze, J. (1997), S. 140.
[10] Vgl. Krol, E. (1995), S. 18.
[11] Vgl. Krol, E. (1995), S. 25f. und Schwarze, J. (1997), S.119.
[12] Vgl. Krol, E. (1995), S. 27.

des Empfängers der Nachricht versehen wird. Diese IP-Adresse setzt sich aus vier Zahlen zwischen 1 und 256 zusammen.

Die Datenmenge, die ein IP-Envelope aufnehmen kann, ist begrenzt. Umfangreichere Nachrichten müssen daher auf mehrere IP-Envelopes verteilt werden. Diese Aufgabe übernimmt das Transmission-Control-Protocol (TCP). Das Protokoll TCP sorgt dabei für die Aufteilung der Daten auf IP-Envelopes beim Sender und übernimmt beim Empfänger die korrekte Extrahierung[13].

Häufig werden TCP und IP als zusammengehörende Einheit betrachtet und es ist sicherlich auch richtig, daß die meisten Anwendungen im Internet TCP und IP nutzen, allerdings ist TCP, insbesondere zur Übermittlung kleinerer Datenmengen, überdimensioniert[14]. Hier kann das User-Datagram-Protocol (UDP) verwendet werden (Abbildung 2).

Anwendungsschicht:	File Transfer, Telnet, E-Mail etc.
Transportschicht:	TCP, UDP
Internetschicht:	IP
Übertragungsschicht:	physische Datenübertragung

Abbildung 2: Das Zusammenwirken von Kommunikationsprotokollen im Internet
Quelle: In Anlehnung an Schwarze, J. (1997), S. 124 und Tanenbaum, A. S. (1998), S. 55.

Die Protokolle der Anwendungsebene, zum Beispiel das File Transfer Protocol (FTP) des Dienstes File Transfer, greifen auf TCP beziehungsweise UDP zurück und TCP sowie UDP nutzen wiederum IP zur Datenübertragung[15].

Da eine IP-Adresse für die menschlichen Nutzer des Internets nur schwer einzuprägen ist, wurde 1983 der Domain Name Service eingeführt[16]. Der Domain Name ist eine symbolische Internet-Adresse, hat in der Regel einen inhaltlichen Bezug zu seinem Nutzer und verweist auf eine IP-Adresse. Der Aufbau eines Domain Names wird in Abbildung 3 gezeigt.

Dienst:	Hostname/Subleveldomain(s):	Toplevel-domain:
www.	econscience.uni-paderborn	.de
www.	cato	.org
www.	mitpress.mit	.edu

Abbildung 3: Der Aufbau eines Domain Names

Die symbolische Internetadresse setzt sich aus dem Rechnernamen (Hostname), unter Umständen mehreren Subleveldomains, sowie einem Topleveldomain zu-

[13] Vgl. Tanenbaum, A. S. (1998), S. 556ff. und Krol, E. (1995), S. 30.
[14] Vgl. Krol, E. (1995) S. 30ff. und Tanenbaum, A. S. (1998), S. 576.
[15] Vgl. Schwarze, J. (1997), S. 124f. und Tanenbaum, A. S. (1998), S. 52ff..
[16] Vgl. Shaw, R. (1997), S 109ff. und Krol, E. (1995), S. 33ff..

sammen. Während Hostname und Subleveldomains wählbar sind, existiert nur eine begrenzte Anzahl von Topleveldomains. Neben den auf Nationen bezogenen Topleveldomains, wie zum Beispiel .de für Deutschland, gibt es auch eine begrenzte Anzahl weiterer sogenannter generischer Topleveldomains. Beispiel hierfür sind .edu für Bildungseinrichtungen und .com für kommerzielle Nutzer[17].

2.1.3 Zugang zum Internet

Derzeit werden die meisten Nutzer über das Telefonnetz Zugang zum Internet erlangen[18]. Übertragungen über das Stromnetz spielen in der Praxis noch keine Rolle und andere Verbindungen, zum Beispiel über Satelliten, sind für den durchschnittlichen privaten Anwender wirtschaftlich nicht attraktiv. In der Regel wird ein kommerzieller Anbieter für den Zugang zum Internet sorgen. Die wichtigsten Zugangsmöglichkeiten sind dabei Mailboxsysteme, die zum Austausch von elektronischen Nachrichten dienen, Online-Dienste, die als Mehrwertdienste neben anderen Dienstleistungen auch eine Zugangsmöglichkeit zum Internet gewähren, und sogenannte Internet-Provider, die sich auf die Bereitstellung eines Zugangs zum Internet spezialisiert haben[19].

Für die Darstellung der übermittelten Daten ist der sogenannte Browser zuständig[20]. Diese Software dient damit als Brücke zwischen den Nutzern und den über das Internet verfügbaren Inhalten. Dabei sind die Inhalte des Internets, aufgrund der heute überragenden Bedeutung des World Wide Web, grundsätzlich mit der HyperText Markup Language (HTML) gestaltet. Die neue Extensible Markup Language (XML) gibt den Nutzern des Internets inzwischen erweiterte Möglichkeiten zur Präsentation ihrer Inhalte.

2.1.4 Selbstorganisation als Ordnungsprinzip des Internets

Das Internet ermöglicht es seinen Nutzern, Inhalte ohne besondere Koordinierung mit anderen Nutzer zu veröffentlichen. Eine zentrale Kontrolle der Anwender existiert in diesem offenen Computernetzwerk nicht. Das Stichwort Selbstorganisation beschreibt viele Koordinierungsprozesse innerhalb der „Internetgemeinde" sehr treffend. Schließlich haben die Nutzer, trotz unterschiedlichster individueller Interessen, das gemeinsame Ziel zu kommunizieren, so daß die Einhaltung bestimmter, wie auch immer zustande gekommener Regeln, zur Ermöglichung der Kommunikation im Eigeninteresse der Anwender des Internets liegt[21].

Die Interoperabilität, also das Zusammenwirken verschiedener Technologien mit automatischer Abstimmung und Fehlerbehandlung sowie hoher Flexibilität, ist der Schlüssel zur Selbstorganisation des Internets[22].

---

[17] Vgl. Krol, E. (1995), S. 35f..
[18] Vgl. Krol, E. (1995), S. 537ff..
[19] Vgl. Schwarze, J. (1997), S. 140.
[20] Vgl. Krol, E. (1995), S. 333f.
[21] Vgl. Johnson, D. R./Post, D. G. (1997), S. 22.
[22] Vgl. Gillet, S. E./Kapor, M. (1997), S. 6f. und 16f..

Gillet und Kapor halten fest[23]:

The system that allows 99 percent of day-to-day operations to be coordinated without a central authority is embedded in the technical design of the Internet. The manager' s job - handling the exceptional one percent - is performed by not one but several organizations.

Die Notwendigkeit zur Steuerung außergewöhnlicher Aktivitäten im Internet folgt insbesondere aus drei Bereichen. Diese sind das Setzen von Standards und Normen zur Ermöglichung einer Kommunikation, die Vergabe von IP-Adressen und die Vergabe von Domain Names[24]. Für Standards und Normen im Internet ist das Internet Activities Board (IAB, Teilbereich IETF) zuständig[25]. Daneben existieren andere Organisationen, wie das World Wide Web Consortium (WWWC), welches sich insbesondere mit der Weiterentwicklung von HTML beschäftigt.

Die Organisationen, die Standards und Normen für das Internet setzen, arbeiten auf einer überaus informellen Basis; so kann zum Beispiel jeder Anwender an den Treffen der IETF teilnehmen, seine Meinung äußern und in den Arbeitsgruppen der IETF mitarbeiten[26]. Häufig werden nur de facto Standards, die sich durch weite Verbreitung ergeben haben, zu de jure Standards erhoben. Der Begriff de jure ist in diesem Zusammenhang allerdings problematisch, weil den oben erwähnten Organisationen eine wie auch immer geartete Legitimation fehlt[27].

Die Vergabe von IP-Adressen wird von verschiedenen Organisationen vorgenommen, die sich auf einer ad hoc Basis, in der Regel über E-Mail, untereinander abstimmen[28]. Da alle Nutzer des Internet ein Interesse an eindeutigen IP-Adressen haben, ist die Vergabe eigentlich unproblematisch, obwohl gelegentlich kritisiert wird, daß die IP-Adressen künstlich knapp gehalten werden. Schwieriger gestaltet sich die Vergabe von Domain Names, da zum Beispiel der wirtschaftliche Erfolg eines Unternehmens von einer einprägsamen symbolischen Adresse abhängen kann; auch die Vergabe von Domain Names erfolgt durch verschiedene nicht eindeutig legitimierte Organisationen, was definitiv ein juristisches Problem darstellt[29].

Reidenberg betont die Bedeutung der einzelnen Netzwerke für Selbstorganisation des Internets[30]:

In addition to the new "geography" of borders, networks may now supplant even substantive, national regulation with their own rules of citizenship and participation. Networks themselves take on political charateristics as self-governing entities; networks determine the rules and condintions

[23] Gillet, S. E./Kapor, M. (1997), S. 3.
[24] Vgl. Gillet, S. E./Kapor, M. (1997), S. 18ff..
[25] Vgl. Krol, E. (1995), S. 18f. und Tanenbaum, A. S. (1998), S. 90f..
[26] Vgl. Tanenbaum, A. S. (1998), S. 90 und Krol, E. (1995), S. 19.
[27] Vgl. Gould, M. (1997), S. 50.
[28] Vgl. Gillet, S. E./Kapor, M. (1997), S. 23.
[29] Vgl. Shaw, R. (1997), S. 107ff. und Litan, R. E./Niskanen, W. (1998), S. 73.
[30] Reidenberg, J. R. (1997), S. 90.

of membership. Private contracts mediate the rights and responsibilities of participants. Different service provides offer different terms of adherence.

Rutkowski hält die Idee der Selbstorganisation auf der Basis von gleichgerichteten Interessen einer selbstlosen „Internetgemeinde" für einen Mythos[32]. Er stellt die Rolle des Marktes als Koordinationsmechanismus für das Internet heraus[33]:

For example, the huge, increasing important Internet business sector has no effective way to manifest its collective needs and interests in any of the existing governance mechanisms. Fortunately, an open and highly robust market has reduced the need for institutional mechanisms.

Zusammenfassend kann festgestellt werden, daß die weitgehende Selbstorganisation des Internets, auf der Basis historischer Gegebenheiten, gleichgerichteter Interessen und des Marktes, in Verbindung mit einer begrenzten und sehr informellen Koordinierung, bisher eine solide Grundlage für die Verwaltung des globalen Rechnernetzes dargestellt hat.

2.1.5 Das Internet als globaler elektronischer Marktplatz

Das Internet wird in immer stärkerem Maße kommerziell genutzt. Dies hängt insbesondere mit der steigenden Zahl der Nutzer und damit potentiellen Kunden und Geschäftspartner zusammen. Ursprünglich war, wie bereits dargestellt wurde, an eine kommerzielle Nutzung des Internets nicht gedacht worden. Diese wurde zunächst von der NSF sogar generell verboten. Nach der Aufhebung des Verbots eröffnete die Universalität des globalen Rechnernetzes allerdings die Möglichkeit zur Entwicklung von Konzepten zur kommerziellen Nutzung des Internets[34].

Zunächst beschränkten sich die Aktivitäten der Unternehmen im Internet auf bloße Präsenz, das Potential des globalen Netzes als Vertriebsweg für Güter und Dienstleistungen ist aber Mitte der 90er Jahre erkannt worden[35]. So sind derzeit alle deutschen Großunternehmen im Internet zumindest vertreten[36].

Electronic Commerce, die Geschäftsanbahnung und Geschäftsabwicklung im Internet, wird sowohl bei Anbietern als auch bei Nachfragern immer beliebter. Nach realistischen Schätzungen wird das Marktvolumen des Electronic Commerce in Deutschland von circa 500 Millionen D-Mark im Jahr 1998 auf über 5 Milliarden D-Mark im Jahr 2003 steigen, optimistische Schätzungen gehen sogar von mehr als 10 Milliarden D-Mark aus[37]. Weltweit betrugen die Umsätze durch Electronic Commerce im Jahr 1997 rund 13 Milliarden D-Mark und im neuen

[32] Vgl. Rutkowski, A. M. (1997), S. 99.
[33] Rutkowski, A. M. (1997), S. 103.
[34] Vgl. Judt, E. u. a. (1998), S. 773.
[35] Vgl. Hagen, J. U./Zagler, H. (1998), S. 217 und Burkhardt, T./Lohmann, K. (1998), S. 27f..
[36] Vgl. Bürklin, W. (1998), S. 327.
[37] Vgl. Hagen, J. U./Zagler, H. (1998), S. 217.

Jahrtausend wird mit einem Marktvolumen von über 50 Milliarden D-Mark gerechnet[38].

Das globale Rechnernetz entwickelt sich also zunehmend zu einem elektronischen Marktplatz. Solche virtuellen Märkte, die im Gegensatz zu ihren realweltlichen Pendants wirklich abstrakte Orte des Tausches sind, entsprechen weitgehend dem Konzept des Punktmarktes. Weitere Charakteristika elektronischer Märkte sind atomistische Marktstrukturen bei einfachem und schnellem Zugang, große Transparenz des Marktes, verbunden mit hohem Informationsstand der Marktteilnehmer, und geringe Transaktionskosten, unter anderem wegen der Ausschaltung von Zwischenhändlern[39]. Die stärkere Atomisierung der Märkte ergibt sich vor allem, weil beim Electronic Commerce regionale Faktoren, also Faktoren die von dem Ort abhängen, an dem Anbieter oder Kunden ansässig sind, weitgehend an Bedeutung verlieren. Damit werden die Märkte größer und die Wettbewerbsintensität nimmt zu. Dies führt zu bisher ungeahnten Möglichkeiten der überregionalen und internationalen Arbeitsteilung, so daß sich die Faktoreinsatz- und Produktionsbedingungen wahrscheinlich ändern werden, was zu einer Erhöhung der Produktivität führen kann[40].

Zudem sind die Anbieter auf elektronischen Märkten in der Regel jederzeit aktiv, also auch am Wochenende und in der Nacht. Somit existieren keine zeitlich bedingten Friktionen, die in der realen Welt zum Beispiel durch staatliche Vorschriften bezüglich der Ladenöffnungszeiten ausgelöst werden. Anders ausgedrückt kann festgestellt werden, daß für Internet-Shops das deutsche Ladenschlußgesetz nicht gilt.

Allerdings liegt auch auf elektronischen Märkten kein homogenes Güterangebot vor. Weiterhin existieren, durch die Notwendigkeit des Vorhandenseins einer entsprechenden Kommunikationsinfrastruktur bedingt, Zugangsbeschränkungen sowohl für Anbieter als auch für Nachfrager[41]. Dieses Problem hängt auch eng mit den Nutzungskosten der Informations- und Kommunikationstechnologie zusammen. In diesem Zusammenhang spielen die Kosten der Einrichtung eines Internet-Shops eine große Rolle. Wenn ein Anbieter am Electronic Commerce partizipieren und Güter global vertreiben will, reicht es nicht aus, einige Internet-Seiten auf einem beliebigen Server abzulegen, sondern es muß in beachtlichem Umfang in eine geeignete Kommunikationsinfrastruktur investiert werden. Diese Investitionen können für einen neuen Anbieter eine nahezu unüberwindliche Marktzutrittsbarriere darstellen. Andererseits dürfte der Aufbau eines globalen Vertriebssystems in der realen Welt noch höhere Kosten verursachen, so daß bisher nur re-

---

[38] Vgl. Bürklin, W. (1998), S. 327.

[39] Vgl. Mertens, P./Schumann, P. (1996), S. 526f., Reus, P. (1998), S. 57ff., Brandtweiner, R./Greimel, B. (1998), S. 39f., Bach, S./Erber, G. (1999), S. 142 und Schwarze, J. (1997), S. 368f..

[40] Vgl. Bach, G./Erber, G. (1999), S. 142, Greenspan, A. (1996), S. 692 und Wenninger, J. (1999), S. 4f..

[41] Vgl. Bach, G./Erber, G. (1999), S. 143.

gional tätige Anbieter ihre Güter möglicherweise doch leichter global vertreiben können, was natürlich für eine stärkere Atomisierung des Marktes spricht.

Weitere Probleme ergeben sich allerdings durch das gigantische und stark zunehmende Informationsangebot im Internet. Dadurch wird es immer schwieriger, die gesuchten Informationen mit vertretbarem Aufwand zu finden[42]. So ermöglichen die derzeit besten Suchmaschinen eine gezielte Suche in nur circa 16 Prozent der Inhalte des Internets[43]. Damit existieren unter Umständen doch Informationskosten in beträchtlichem Ausmaß. Zudem werden die Transaktionskosten auf elektronischen Märkten im Vergleich zu realen Märkten zwar reduziert, aber nicht völlig beseitigt[44]. Zusätzliche Hindernisse ergeben sich durch sprachliche und kulturelle Barrieren zwischen möglichen Marktteilnehmern am globalen Electronic Commerce und durch Unterschiede in der Gesetzgebung der Nationalstaaten[45]. Hier ist vor allem an das Vertragsrecht, die gesetzlichen Bestimmungen bezüglich der Gewährleistung und an das Urheberrecht zu denken.

Dennoch kommen elektronische Märkte dem Ideal des vollkommenen Marktes sehr nahe, zumal die Zugangsmöglichkeiten ständig verbessert werden, die Nutzung sich sehr stark verbilligt, in Deutschland insbesondere durch die Liberalisierung des Telefonmarktes, und Agentensysteme, also wissensbasierte Programme die bestimmte Aufgaben selbständig erfüllen können, die Informationssuche in Zukunft stark vereinfachen werden[46].

Der globale Marktplatz Internet wird auch Auswirkungen auf den Bankensektor haben. Internetbanking ermöglicht es den privaten Haushalten schon heute, unabhängig von Öffnungszeiten auch komplexere Leistungen ihrer Bank in Anspruch zu nehmen, was über konventionellere Vertriebswege von Direktbanken, wie zum Beispiel Telefon, Telefax oder Brief, nur in sehr begrenztem Umfang möglich war[47]. Die zunehmende Unabhängigkeit von großen Filialnetzen wird dabei die Konkurrenz zwischen den Banken erhöhen. Allgemein ist auch in diesem Markt mit einer stark abnehmenden Bedeutung von geographischen Faktoren zu rechnen; so existieren bereits virtuelle Banken, die gänzlich auf Filialen und den realen Kontakt mit Kunden verzichten[48]. Zu beachten ist auch, daß die abnehmende Bedeutung geographischer Faktoren sich nicht nur auf die nationale Ebene beschränkt. Das Internet wird folglich eine verstärkte internationale Konkurrenz im gesamten Finanzsektor zur Folge haben[49].

---

[42] Vgl. Brandtweiner, R./Greimel, B. (1998), S. 40f..

[43] Vgl. Lawrence, S./Giles, C. L. (1999), S. 108.

[44] Vgl. Merz, M. (1996), S. 12f. und Brandtweiner, R./Greimel, B. (1998), S. 41.

[45] Vgl. Bach, G./Erber, G. (1999), S. 143 und S. 145f. und Swire, P. P./Litan, R. E. (1998), S. 198f..

[46] Vgl. Brandtweiner, R./Greimel, B. (1998), S. 41, Greenspan, A. (1996), S. 691 und Bach, G./Erber, G. (1999), S. 143ff..

[47] Vgl. Buhl, H. U. u. a. (1999), S. 118, Veil, M. (1998), S. 153, Horvitz, P. M. (1996), S. 972 und Essinger, J. (1999), S. 222ff..

[48] Vgl. Abel, K. (1998), S. 63 und Reus, P. (1998), S. 67f..

[49] Vgl. White, L. H. (1998), S. 44, Reus, P. (1998), S. 57 und Abel, K. (1998), S. 66ff..

2.1.6 Agentensysteme auf elektronischen Märkten

Agentensysteme sind bereits als wissensbasierte Programme, die autonom bestimmte Aufgaben erfüllen können, definiert worden. Der Begriff der Autonomie ist in diesem Zusammenhang von großer Bedeutung; Agentensysteme können also auch ohne Rückkopplung mit dem Nutzer handeln[50]. Dabei kommuniziert die Agentensoftware nicht nur mit dem Nutzer sondern ebenso mit anderen Agentensystemen. Die Agentensoftware kann mobil sein und sich im Netz bewegen, um zum Beispiel auf verschiedenen Märkten zu agieren[51].

Ein bekanntes Beispiel für Agentensysteme sind die sogenannten Software Robots, die Daten sammeln und zum Teil auch Methoden der künstlichen Intelligenz nutzen, um einfach strukturierte Aufgaben zu erfüllen[52]. Verschiedene Suchmaschinen können als Beispiele für Software Robots angesehen werden. Intelligente Agenten verwenden dagegen fortschrittlichere Formen der künstlichen Intelligenz und sind daher in der Lage, auch komplexere Problemstellungen selbständig zu lösen.

Es ist damit zu rechnen, daß intelligente und mobile Agentensysteme schon in der nahen Zukunft ihre Nutzer beim Electronic Commerce unterstützen werden. Die Agentensysteme treffen sich dann auf elektronischen Märkten im Cyberspace um zu kommunizieren, zu verhandeln und zu kooperieren, wobei, den Präferenzen der Nutzer folgend, autonom die verschiedensten Aufgaben erfüllt werden[53]. Agentensysteme können in nahezu allen denkbaren Bereichen, von der Buchung einer Reise bis zum Online-Banking, Transaktionen für ihre Nutzer vornehmen. Die Programme sind dabei zum Beispiel in der Lage, auf den elektronischen Märkten schnell und zuverlässig nach dem günstigsten Preis für ein Gut zu suchen und dieses Gut für den Nutzer zu erwerben[54]. Daher haben die Agentensysteme das Potential, die Transaktions- und Informationskosten, die in einer Volkswirtschaft anfallen, dramatisch zu reduzieren.

2.1.7 Ein Zahlungsmittel für das Internet: Internetgeld

Das Potential der wirtschaftlichen Nutzung des Internets ist offensichtlich gewaltig. Entscheidend für die weitere explosive Entwicklung des Electronic Commerce wird aber die Bereitstellung eines Zahlungsmittels sein, welches auf die Transaktionen im Internet zugeschnitten ist[55]. Bisher war der durch die Ursprünge des Internet bedingte Mangel an einem geeigneten Zahlungssystem noch ein großes

---

[50] Vgl. Mertens, P./Schumann, P. (1996), S. 522, Burkhardt, T. (1998), S. 107, Brenner, W./Schubert, C. (1998), S. 27 und Zarnekow, R. (1998), S. 363.

[51] Vgl. Merz, M. (1996), S. 47f. und Zarnekow, R. (1998), S. 364.

[52] Vgl. Ollmert, C./Schinzer, H. (2000), S. 215.

[53] Vgl. Brandtweiner, R./Greimel, B. (1998), S. 41 und Brenner, W./Schubert, C. (1998), S. 27.

[54] Vgl. Merz, M. (1996), S. 51f., Mertens, P./Schumann, P. (1996), S. 522 und Brenner, W./Schubert, C. (1998), S. 31f..

[55] Vgl. Hagen, J. U./Zagler, H. (1998), S. 217, Coates, V. (1998), S. 26, Rapp, A. (1998), S. 13 und Thießen, F. (1998), S. 202f..

Hindernis für die Teilnahme einer breiteren Öffentlichkeit am Electronic Commerce.

Dabei erscheint das Internet zunächst aus Sicherheitsgründen nicht als geeignetes Medium für Finanztransaktionen. Durch das Übermittlungsprotokoll des globalen Rechnernetzes bedingt, passieren zu übermittelnde Datenpakete unter Umständen unzählige fremde Rechner. Dabei besteht für Außenstehende die Möglichkeit, den Datenstrom zu sichten, wobei Datenpakete auch modifiziert oder abgefangen werden können[56]. Da das Internet ein offenes Computernetzwerk darstellt, ist zudem der Kreis der Nutzer nicht klar abgegrenzt, was die Sicherheitsproblematik noch erheblich verschärft[57]. Diese Umgebung muß bei den Überlegungen bezüglich sinnvoller Konzepte für ein Internetgeld berücksichtigt werden, zumal Teile der „Internetgemeinde" einen geradezu sportlichen Ehrgeiz besitzen, Sicherheitsmaßnahmen anderer Nutzer des Internets auszuhebeln.

An ein Zahlungsmittel im Internet sind folglich bestimmte Anforderungen zu stellen, die sich vor allem auch aus der Sicherheitsproblematik ergeben. Natürlich muß das Internetgeld insbesondere die Geldfunktionen möglichst gut erfüllen, also geeignet sein, als Tausch- und Zahlungsmittel, als Wertaufbewahrungsmittel und als Recheneinheit dienen zu können[58]. Weitere allgemeine Überlegungen bezüglich der Geldfunktionen sollen später im Rahmen der Betrachtung von Geld- und Währungsordnungen angestellt werden.

Aus der Notwendigkeit, daß das Internetgeld die Geldfunktionen erfüllen können muß, ergeben sich zunächst grundlegende Anforderungen an die Sicherheit im Internetzahlungsverkehr, insbesondere Vertraulichkeit und Authentizität der Inhalte, Anonymität, Verbindlichkeit, Autorisierung der Beteiligten und Robustheit gegen Angriffe und Übertragungsfehler[59]. Weiterhin sind allgemeinere Anforderungen, vor allem Akzeptanz, Übertragbarkeit, Bedienungsfreundlichkeit und Wirtschaftlichkeit zu beachten und die Skalierbarkeit des Zahlungssystems ist zu gewährleisten, damit zusätzliche Nutzer die Funktionsfähigkeit des Systems nicht übermäßig negativ beeinflussen[60]. Diese Aufzählung der zu beachtenden Kriterien ist allerdings nicht überschneidungsfrei; so dürfte die Akzeptanz eines Zahlungsmittel zum Beispiel wesentlich von der Erfüllung der anderen Kriterien abhängen.

Die Europäische Zentralbank hat, aufbauend auf Überlegungen des Europäischen Währungsinstituts, einen Anforderungskatalog für elektronisches Geld

---

[56] Vgl. Weis, R. (1998), S. 94, McAndrews, J. J. (1999), S. 351 und Pernul, G./Röhm, A. W. (1997), S. 346.

[57] Vgl. Pernul, G./Röhm, A. W. (1997), S. 346 und Roberds, W. (1998), S. 46f..

[58] Vgl. Kristoferitsch, G. (1998), S. 39, Padovan, B./Bussiek, T. (1998), S. 242f. und Thießen, F. (1999), S. 13. Siehe auch Merz, M. (1996), S. 67.

[59] Vgl. Chamoni, P. (1997), S. 137, Pernul, G./Röhm, A. W. (1997), S. 347f., Hammel, C. v./Borcherding, M. (1998), S. 40f. und Thießen, F. (1999), S. 13.

[60] Vgl. Chamoni, P. (1997), S. 137, Sietmann, R. (1997), S. 18f., Merz, M. (1996), S. 68, Pernul, G./Röhm, A. W. (1997), S. 347f., Hammel, C. v./Borcherding, M. (1998), S. 40ff., Kristoferitsch, G. (1998), S. 39, Weißhuhn, A. (1998), S. 135ff. und Selbmann, M. (1999), S. 281ff..

entwickelt, wobei dem Internetgeld besondere Berücksichtigung geschenkt wurde[61]. Dieser Anforderungskatalog deckt sich zum Teil mit den hier bisher angestellten Überlegungen. Es werden sieben Kriterien als Mindestanforderung für ein entsprechendes Zahlungssystem aufgestellt. Diese Minimalanforderungen sind Bankenaufsicht, solide und transparente rechtliche Vorschriften, technische Sicherheit, Schutz gegen Mißbrauch, Meldung von für die monetären Aggregate relevanten Daten, Rückerstattung in Zentralbankgeld sowie Mindestreservepflicht[62]. Drei dieser Mindestanforderungen der Europäischen Zentralbank, die Mindestreservepflicht, die Meldung von monetären Aggregaten und die Notwendigkeit einer Bankenaufsicht, müssen allerdings, wie sich bei den Überlegungen zu wettbewerblichen Geld- und Währungsordnungen zeigen wird, überaus kritisch hinterfragt werden. Diese drei Anforderungen werden somit später noch zu diskutieren sein.

2.2 Konzepte des elektronischen Geldes

2.2.1 Abgrenzung der verschiedenen Konzepte

Allgemein wird unter elektronischem Geld ein Zahlungsmittel verstanden, das auf digitalen Werteinheiten zur Nutzung in Datenverarbeitungssystemen beruht[63]. Dabei sind derzeit grundlegend verschiedene Konzepte realisiert oder werden zumindest angedacht. Grundsätzlich kann zunächst zwischen kartengestütztem Zahlungsverkehr und elektronischem Zahlungsverkehr in Datennetzen unterschieden werden[64].

Für den kartengestützten Zahlungsverkehr sind Prepaid-Karten, also vorausbezahlte und kontenunabhängige Wertkarten auf der Basis eines die Informationen speichernden Chips (Smart Card), und Debit-Karten, die bei der Bezahlung zu einer Kontenbelastung führen, besonders relevant[65]. Daneben existieren auch Karten, die die Debit- und Prepaid-Funktion vereinen, wie zum Beispiel die Geldkarte, die sich in Deutschland wachsender Beliebtheit erfreut, und eine Vereinigung von ec-Karte und aufladbarer Chipkarte darstellt. Kredit-Chipkarten spielen, zumindest noch, eine untergeordnete Rolle. Als Besonderheit muß das britische Mondex-System angesehen werden, weil es als bisher einziges realisiertes System eine direkte Übertragung des elektronischen Geldes von Karte zu Karte ermöglicht und somit ein hervorragendes Substitut für Bargeld darstellt[66].

---

[61] Vgl. European Central Bank (1998), S. 5ff. und European Monetary Institute (1994), S. 1ff..
[62] Vgl. European Central Bank (1998), S. 23ff..
[63] Vgl. Rossel, M. (1997), S. 5, European Central Bank (1998), S. 7, Lukas, S. (1999), S. 377f. und Weiner, S. E. (1999), S. 8.
[64] Vgl. z. B. European Central Bank (1998), S. 7 und Deutsche Bundesbank (1999), S. 42.
[65] Vgl. Büschgen, H. E. (1997), S. 51f, Solomon, E. H. (1997), S. 60ff., Veil, M. (1998), S. 130ff., Thießen, F. (1998), S. 211f. und Essinger, J. (1999), S. 236ff..
[66] Vgl. Essinger, J. (1999), S. 248ff., Büschgen, H. E. (1997), S. 58 und Sheehan, K. P. (1998), S. 3.

Für den elektronischen Zahlungsverkehr im Internet existieren heute weltweit circa 30 Ansätze, die entweder reine Softwarelösungen oder aber Hard- und Softwarelösungen vorsehen. Zu erwähnen sind Prepaid-, Debit- und Kredit-Chipkarten mit Internetanschluß, Kreditkartenlösungen und Lastschriftverfahren mit persönlicher Identifikationsnummer (Internet-Pin), auf das Medium Internet abgestimmte Homebanking-Lösungen und rein softwarebasierte Internetgeldlösungen[67].

Auch die Bank für Internationalen Zahlungsausgleich geht grundsätzlich von zwei Varianten des elektronischen Geldes aus: Chipkartengeld und Computernetzgeld[68]. Dabei soll das elektronische Geld klar von den Zahlungssystemen abgegrenzt werden, die nur elektronische Medien in Verbindung mit konventionellen Zahlungsmitteln nutzen, also zum Beispiel kreditkartenbasierte Internet-Zahlungssysteme oder reine Debitkarten ohne Chip.

Inzwischen ist, wie die Chipkartenlösungen mit Internetanschluß zeigen, eine eindeutige Unterscheidung zwischen Kartengeldlösungen und Netzgeldlösungen allerdings nicht mehr möglich. Mit Chipkarten kann nicht nur im Internet gezahlt werden, es ist auch möglich, die Karten über das Netz aufzuladen, so daß das Internetgeld zu Zahlungszwecken in der realen Welt genutzt werden kann. Netzgeld und Chipkartengeld rückt also immer näher zueinander[69]. Folglich ist die Unterscheidung zwischen diesen beiden Formen des elektronischen Geldes schon nicht mehr aktuell. Godschalk kritisiert daher zurecht, daß die neue 6. Novelle des deutschen Kreditwesengesetzes diese überholte Klassifikation vornimmt und zu allem Überfluß Netzgeldemittenten stärker als Kartengeldemittenten reguliert[70]. So ist es für Kartengeldemittenten in Deutschland zum Beispiel unter gewissen Umständen möglich, von der behördlichen Aufsicht freigestellt zu werden, während Netzgeldemittenten diese Option nicht haben.

Wie sich noch zeigen wird, erscheint es sinnvoller, zwischen national und international genutzten Formen des elektronischen Geldes zu unterscheiden. Dabei kann aber festgestellt werden, daß nur auf Chipkarten gestützte Zahlungssysteme eher rein national genutzt werden dürften, während alle Zahlungssysteme, die Transaktionen über das Internet vornehmen, aufgrund der globalen Natur des Rechnernetzes, fast schon automatisch ein Potential zur internationalen Nutzung aufweisen. Daher verbleibt eine gewisse Berechtigung, weiterhin zwischen Netz- und Kartengeld zu unterscheiden, so daß diese Klassifizierung, auch weil die beiden Begriffe in der Literatur noch weitgehend Verwendung finden, im Rahmen dieser Arbeit weiterhin vorgenommen werden soll.

---

[67] Vgl. Büschgen, H. E. (1997), S. 59, McAndrews, J. J. (1997), S. 7ff., Thießen, F. (1998), S. 214f., Roberds, W. (1998), S. 46 und Lukas, S. (1999), S. 381ff..

[68] Vgl. Bank for International Settlements (1996), S. 1.

[69] Vgl. European Central Bank (1998), S. 7, Gentz, W. (1998), S. 18, Friederich, H.-J. (1999), S. 397 und Godschalk, H. T. C. (1999), S. 263f.. Siehe auch McAndrews, J. J. (1999), S. 350.

[70] Vgl. Godschalk, H. T. C. (1999), S. 263ff..

2.2.2 Beurteilung der Konzepte

Die grundlegenden Konzepte für ein Zahlungsmittel im Internet sind nun anhand der bereits dargestellten Anforderungen an elektronische Zahlungssysteme zu beurteilen. Hierbei ist insbesondere auf die Aspekte Sicherheit, Wirtschaftlichkeit und Akzeptanz zu achten.

Da Kreditkarten für die Zahlung von Kleinstbeträgen nicht wirtschaftlich sind und nicht alle Nutzer des Internets über eine Kreditkarte verfügen, wird nur ein Teil der zukünftigen Transaktionen im Internet über Zahlungssysteme abgewickelt werden, die auf Kreditkarten basieren[71]. Bedacht werden muß auch, daß solche Ansätze dem Kunden keine Anonymität gewähren können. Aus Sicherheitsgründen lehnen viele Autoren unverschlüsselte Transaktionen mit Kreditkarten im Internet, die auch heute noch von gewisser Bedeutung für das Online Shopping sind, ohnehin ab[72]. Es wird häufig festgestellt, daß Kreditkartentransaktionen nur dann vorgenommen werden sollten, wenn kryptologische Verfahren Anwendung finden.

Chipkartenlösungen mit Internetanschluß stellen eine sichere Lösung dar. Hier muß auf das schon erwähnte System Mondex verwiesen werden. Dieses auf Chipkarten basierende Zahlungsmittel drängt inzwischen auch ins Internet[73]. Allgemein kann allerdings festgehalten werden, daß solche Konzepte, zumindest zunächst, wegen der mangelnden Verbreitung von Kartenlesegeräten bei den potentiellen Konsumenten, keine große Akzeptanz finden dürften[74]. Auch ist es fraglich, ob es für Wirtschaftssubjekte, die nur gelegentlich im Internet einkaufen, ökonomisch sinnvoll sein wird, die entsprechende Hardware zu erwerben, selbst wenn in der Zukunft mit stark sinkenden Preisen für Kartenlesegeräte zu rechnen ist.

Daher ist von einer besonderen Bedeutung der rein softwarebasierten Internetgeldlösungen auszugehen. Es existieren verschiedene Systeme, die diese Grundkonzeption umsetzen. Zu nennen sind in diesem Zusammenhang zum Beispiel ecash, NetCash, Micro Mint und Millicent[75]. Häufig wird auch auf das Zahlungssystem CyberCoins verwiesen, das der Hersteller CyberCash zur Ergänzung seines kreditkartenbasierten Zahlungssystems für Transaktionen im Bereich der Kleinstbeträge entwickelt hat[76]. Hierbei handelt es sich jedoch um ein kontenba-

---

[71] Vgl. Judt, u. a. (1998), S. 777, Polysius, K. U. (1998), S. 31 und Thießen, F. (1999), S. 16.

[72] Vgl. Lynch, D. C./Lundquist, L. (1997), S. 33, McAndrews, J. J. (1997), S. 5 und Weis, R. (1998), S. 94.

[73] Vgl. Knorr, M./Schläger, U. (1997), S. 401f..

[74] Vgl. Polysius, K. U. (1998), S. 31.

[75] Vgl. Veil, M. (1998), S. 146, Kristoferitsch, G. (1998), S. 128ff., Lynch, D. C./Lundquist, L. (1997), S. 39ff., Knorr, M./Schläger, U. (1997), S. 399ff., Pernul, G./Röhm, A. W. (1997), S. 353, Weißhuhn, A. (1998), S. 147ff. und Lepschies, G. (1999), S. 127ff..

[76] Vgl. Lepschies, G. (1999), S. 133f., Sietmann, R. (1997), S. 112ff. und Rowland, P. (1999), S. 300ff..

siertes System, daß somit nach der Definition der Bank für Internationalen Zahlungsausgleich kein elektronisches Geld im eigentlichen Sinne darstellt[77].

Einen sehr interessanten Ansatz verfolgt das System eCHARGE. Dieses System nutzt Telekommunikationsinfrastrukturresourcen zu Zahlungszwecken; bei einer Transaktion im Internet wird eine separate Telekommunikationsverbindung aufgebaut und solange in Anspruch genommen, bis der zu zahlende Betrag erreicht ist[78]. Die Zahlung erfolgt dann über die Telefonrechnung des entsprechenden Telekommunikationsanbieters.

Natürlich lassen sich derzeit keine Voraussagen machen, welche dieser Systeme sich am Markt durchsetzen werden. Das derzeit wohl bekannteste und technologisch innovativste System dürfte aber ecash von der Firma DigiCash sein, welches die Deutsche Bank im Rahmen eines Testbetriebes in Deutschland erprobt hat. Dieses Zahlungssystem wird inzwischen auch in der Praxis genutzt.

2.2.3 Das System ecash von DigiCash

Das System ecash beruht auf dem Einwegtoken-Konzept[79]. Der Nutzer erwirbt bei seiner Bank Einweggeldeinheiten (Token). Dies geschieht, indem er mit Hilfe seiner elektronischen Geldbörse, einer auf seinem Computer installierten Software, Token mit dem gewünschten Wert vorbereitet und diesen Seriennummern zuteilt. Die elektronischen „Münzrohlinge“ werden nun an die ausgebende Bank gesandt und blind mit der digitalen Unterschrift der Bank signiert[80]. So wird sichergestellt, daß die Bank keine Verbindung zwischen den Token und dem Nutzer herstellen kann. Als Recheneinheit für die Token werden nationale Währungen genutzt. So gibt zum Beispiel die Mark Twain Bank of St. Louis seit 1995 in US-Dollar denominierte Token aus. Es muß aber betont werden, daß ecash grundsätzlich von nationalen Währungen unabhängig ist, so daß eine Emission von ecash auf der Grundlage privatwirtschaftlicher Währungsstandards nicht nur angedacht, sondern bereits in einem Testbetrieb realisiert wurde[81].

Die signierten elektronischen Einweggeldeinheiten werden auf einem Datenspeicher des Nutzers, zum Beispiel der Festplatte eines Computers, abgelegt. Mit diesen Geldeinheiten kann nun im Internet gezahlt werden. Die Software des Empfängers der jeweiligen Token überprüft dabei zunächst die digitale Unterschrift der Bank. Dann werden die Token über das Internet zu der entsprechenden Bank gesandt, wo unter anderem die Seriennummern der erhaltenen Token mit

---

[77] Vgl. Bibow, J./Wichmann, T. (1997), S. 135, Hammel, C. v./Borcherding, M. (1998), S. 46, Rowland, P. (1999), S. 302, Lepschies, G. (1999), S. 133, Godschalk, H. T. C. (1999), S. 262f. und Kabelac, G. (1999), S. 7f..
[78] Vgl. Rowland, P. (1999a), S. 306.
[79] Vgl. Furche, A./Wrightson, G. (1996), S. 53 und Knorr, M./Schläger, U. (1997), S. 399.
[80] Vgl. Chaum, D. (1997), S. 93, Merz, M. (1996), S. 72, Furche, A./Wrightson, G. (1996), S. 53f., Veil, M. (1998), S. 148, Wobst, R. (1998), S. 293ff. und Lukas, S. (1999), S. 384..
[81] Vgl. Böhle, K./Riehm, U. (1998), S. 46, Abel, K. (1998), S. 64 und Godschalk, H. T. C. (1999), S. 266.

den gespeicherten Seriennummern bereits ausgegebener Geldeinheiten verglichen werden[82]. So wird verhindert, daß mit bereits zu Zahlungszwecken genutzten Token ein weiteres Mal bezahlt werden kann. Weitere Details des recht komplizierten Zahlungsprotokolls sollen später diskutiert werden.

Nachdem die Zahlung abgewickelt worden ist, werden die Seriennummern der Geldeinheiten bei der ausgebenden Bank in die Datenbank der schon zu Zahlungszwecken genutzten Token aufgenommen. Aus Sicherheitsgründen sind alle Übertragungen über das Internet natürlich verschlüsselt. Weil eine weitere Nutzung der bereits verwendeten elektronischen Geldeinheiten aufgrund der Registrierung ausgeschlossen ist, kann der Empfänger die erhaltenen Token bei der Bank entweder gegen eine Gutschrift auf sein Konto oder gegen neue Token mit anderen Seriennummern einlösen.

Es ist damit zu rechnen, daß in naher Zukunft verschiedene Banken ecash in der selben Währung ausgeben werden und es auch zu Transaktionen in verschiedenen Währungen kommen wird, wenn sich ecash in der Praxis bewährt. Das System wird in einem solchen Fall zwar komplizierter, weil zusätzlich Clearingstellen für die Abwicklung des Zahlungsverkehrs zwischen den beteiligten Banken benötigt werden, die grundsätzliche Funktionsweise bleibt allerdings identisch[83].

Der größte Vorteil von ecash liegt darin, daß die Anonymität des Nutzers weitgehend gewährleistet werden kann[84]. Auch aus Sicherheitsgründen bestehen keine größeren Bedenken, alle Datenübertragungen über das Internet sind schließlich durch starke Kryptologie gesichert[85]. Ein Sicherheitsproblem kann aber für die auf der Festplatte des heimischen Computers abgelegten elektronischen Geldeinheiten bestehen. Bei einem unberechtigten Zugriff ist es unter Umständen möglich, daß der Eindringling Duplikate von den Token anlegt. Werden diese Duplikate für Zahlungen genutzt, so kommt es zu einer Erfassung der Seriennummern. Der rechtmäßige Eigentümer der Geldeinheiten kann seine Geldeinheiten nun nicht mehr verwenden[86]. Aus diesem Grund ist es für die Nutzer von ecash wichtig, ihre heimischen Rechner ausreichend vor unberechtigten Zugriffen zu schützen.

Probleme können sich unter Umständen durch eine hohe Netzbelastung ergeben, da die kryptologische Sicherung der Datenübertragungen über das Internet im Rahmen des Systems ecash sehr aufwendig ist. So führten die ersten Protokolle für Tokensysteme zu Datenübertragungen von circa 200 MByte pro Zahlung[87].

---

[82] Vgl. Furche, A./Wrightson, G. (1996), S. 54, Schneier, B. (1996), S. 167f., Knorr, M./Schläger, U (1997), S. 399, Bibow, J./Wichmann, T. (1997), S. 124f., Sietmann, R. (1997), S. 125, Hammel, C. v./Borcherding, M. (1998), S. 48 und Selbmann, M. (1999), S. 286.

[83] Vgl. Bibow, J./Wichmann, T. (1997), S. 126 und Hammel, C. v./Borcherding, M. (1998), S. 49.

[84] Vgl. Chaum, D. (1997), S. 93f., Knorr, M./Schläger, U. (1997), S. 399, Kristoferitsch, G. (1998), S. 130f. und Selbmann, M. (1999), S. 285.

[85] Vgl. Weis, R. (1998), S. 97 und Wobst, R. (1998), S. 295.

[86] Vgl. Schneier, B. (1996), S. 171f. und Wobst, R. (1998), S. 295.

[87] Vgl. Schneier, B. (1996), S. 174 und Wobst, R. (1998), S. 295f..

Das aktuelle Protokoll von ecash ist zwar praktikabler, dennoch können die recht umfangreichen Datenübertragung die Skalierbarkeit des Systems gefährden.

Von diesem möglichen Problem abgesehen, steht die Wirtschaftlichkeit von ecash außer Frage, da zum einen keine Investitionen in weitere Hardware notwendig sind und zum anderen das System so angelegt ist, daß es, im Gegensatz zur Nutzung von Kreditkarten, auch für Zahlungen von Kleinstbeträgen geeignet ist. Dabei läßt es sich einfach in bestehende Systeme integrieren[88]. Insbesondere der Vertrieb von Musik über das Internet mit Hilfe von MP3, einem Datenformat zur Speicherung von Audiodaten in hoher Klangqualität bei starker Kompression, dürfte die Nutzung von Zahlungssystemen wie ecash erfordern. Schließlich fallen beim Download von einzelnen Musikstücken nur Zahlungen in sehr kleinem Rahmen an, was die Nutzung von Kreditkarten sicherlich ausschließt. Dabei ist eine Zahlung mit einer Form des Internetgeldes aber geradezu unausweichlich, um das Geschäft sofort abzuschließen. Dies ist notwendig weil keine Geschäftsbeziehung in der realen Welt ausgelöst wird, es kommt schließlich nicht zu einer Lieferung der Ware. Daher besteht für den Anbieter der Musik das Risiko, daß der Nachfrager eine falsche Identität angibt und eine versprochene spätere Zahlung nicht einleitet.

2.2.4 Kryptologische Grundlagen des Systems ecash

Banknoten werden durch spezielle Drucktechniken, Seriennummern, Wasserzeichen, Metallstreifen und inzwischen sogar Hologrammen gegen Fälschungen geschützt; im virtuellen Raum des Internet muß aber auf weniger faßbare Methoden zur Verhinderung von Fälschungen zurückgegriffen werden[89]. Schließlich bestehen die digitalen Geldeinheiten nur aus auf Datenträgern gespeicherten Bits, also Nullen und Einsen. Hier kommt die Kryptologie ins Spiel. Sie dient nicht nur zum Schutz vor Fälschungen von elektronischen Geldeinheiten sondern hilft auch, die Übertragungen der entsprechenden Informationen über das Internet zu sichern.

Die kryptologischen Grundlagen von ecash sind in diesem Zusammenhang von besonderem Interesse, weil das Zahlungsprotokoll von ecash, wie bereits erwähnt, als bisher einziges Zahlungsverfahren im Internet eine weitestgehende Anonymität der Nutzer gewährleisten kann. Dabei beruht das System ecash auf Überlegungen des Mathematikers Chaum. Ein von Chaum vorgeschlagenes Protokoll für ein elektronisches Zahlungssystems soll nun vorgestellt werden. Dieses Protokoll findet, mit gewissen Modifikationen aufgrund der Anforderungen bei der praktischen Umsetzung, beim Zahlungssystem ecash Anwendung. Zur Vereinfachung soll in dieser Arbeit die sogenannte „Wechselgeldproblematik", die durch das Zahlungsprotokoll von ecash natürlich gelöst wird, nicht betrachtet werden. Es wird folglich angenommen, daß immer mit passenden elektronischen Geldeinheiten gezahlt wird.

---

[88] Vgl. Merz, M. (1996), S. 75.

[89] Vgl. Solomon, E. H. (1997), S. 67.

Es soll davon ausgegangen werden, daß das Wirtschaftssubjekt A dem Wirtschaftssubjekt B eine Zahlung in Höhe von b D-Mark zukommen lassen möchte. Bei ecash bereitet der Nutzer die elektronische Geldeinheit, wie bereits erläutert, zunächst mit der Hilfe der Geldbörsensoftware vor. Das Wirtschaftssubjekt A gibt dazu seine Identität durch eine vorher mit dem Emittenten vereinbarte Zahl I an[90]. Dann wird eine elektronische Geldeinheit mit dem gewünschten Betrag und einer Zufallszahl r versehen. Die Zufallszahl verfügt über eine ausreichende Anzahl von Dezimalstellen, um so die Existenz einer anderen nicht manipulierten Geldeinheit mit der identischen Zufallszahl praktisch auszuschließen. Danach erzeugt die Geldbörsensoftware von A drei Folgen von Zufallszahlen (a_i), (b_i) und (c_i)[91]. Diese verfügen über den gleichen Datentyp wie die Zahl I. Mittels einer allgemein bekannten Einweg-Hashfunktion, die eine kryptographische Prüfsumme bildet, werden daraufhin die zwei Folgen (x_i) und (y_i) bestimmt[92]:

(1) $$x_i = h\,(a_i, b_i) \text{ und}$$
(2) $$y_i = h\,(a_i \oplus I, c_i)\,.$$

Die elektronische Geldeinheit wird nun vom Emittenten mit einer blinden Signatur unterschrieben. Dazu werden insgesamt n elektronische Geldeinheiten mit gleichem Betrag angefertigt[93]. Dabei wird n von der Bank bestimmt. Die durch einen Blindfaktor unkenntlich gemachten Hashwerte dieser Schecks werden bei der Bank eingereicht. Dann werden n - 1 zufällig ausgewählte elektronische Geldeinheiten vollständig offengelegt, um Manipulationen von A zu erkennen[94]. Nun bucht der Geldemittent den Betrag b vom Konto des Wirtschaftssubjektes A ab und signiert blind den Hashwert der nicht offengelegten elektronischen Geldeinheit[95]. Die Signatur wird an A gesendet. Jede Manipulation fällt mit einer Wahrscheinlichkeit von (n - 1) / n auf, wobei es im Interesse des Emittenten liegt, für ein hinreichend großes n zu sorgen. Die endgültige elektronische Geldeinheit setzt sich aus dem Betrag b, der Seriennummer r, der Hashsumme und der Signatur der Bank zusammen. Mit dieser kann die Zahlung an B vorgenommen werden.

Das Wirtschaftssubjekt B prüft zunächst die Unterschrift der Bank. Dann wird eine Binärzahl Z generiert, die über i Bits z_i verfügt. Wirtschaftssubjekt A muß nun für jedes $z_i = 1$ dem B das entsprechende a_i, b_i und y_i sowie für jedes $z_i = 0$

---

[90] Vgl. Wobst, R. (1998), S. 293.
[91] Vgl. Chaum, D. u. a. (1990), S. 320f. und Wobst, R. (1998), S. 293.
[92] Vgl. Chaum, D. u. a. (1990), S. 321 und Wobst, R. (1998), S. 293.
[93] Vgl. Chaum, D. u. a. (1990), S. 321, Schneier, B. (1996), S. 166f. sowie Wobst, R. (1998), S. 293.
[94] Vgl. Chaum, D. u. a. (1990), S. 321, Chaum, D. u. a. (1990a), S. 296, Pailles, J. C. (1993), S. 264, Schneier, B. (1996), S. 135f. und S. 166f. sowie Wobst, R. (1998), S. 293.
[95] Vgl. Chaum, D. u. a. (1990), S. 321, Chaum, D. u. a. (1990a), S. 297 und Pailles, J. C. (1993), S. 264.

das entsprechende $a_i \oplus I$, c_i und x_i mitteilen[96]. Somit kann Wirtschaftssubjekt B die von A erhaltene Geldeinheit verifizieren. Nun wird die Transaktion zwischen A und B vorgenommen und die Seriennummer der elektronischen Geldeinheit, der Betrag sowie alle von A an B übermittelten Daten werden der Bank mitgeteilt und von dieser gespeichert.

Die Anonymität von A wird sichergestellt. Die Bank erhält zwar durch B die Seriennummer, den Betrag und alle von A an B übermittelten Daten, kann aber die Identität von A nicht ermitteln weil a_i und $a_i \oplus I$ Teilgeheimnisse von I sind und der Geldemittent für jedes i nur ein Teilgeheimnis kennt[97]. Bei der Unterschrift durch die Bank war die Hashsumme durch einen Blindfaktor unkenntlich gemacht worden und die Seriennummer wurde von A nicht angegeben[98].

Sollte A mit einer elektronischen Geldeinheit doppelt zahlen wollen, wird sich bei beiden Zahlungen, weil eine ausreichende Anzahl von Bits z_i existiert, immer mindestens ein z_i unterscheiden. Dann kennt der Emittent beide Teilgeheimnisse a_i und $a_i \oplus I$ und kann die Identität I ermitteln[99]. Verfügen die Geldeinheiten von zwei verschiedenen Wirtschaftssubjekten zufällig, das heißt ohne Manipulation, über identische Seriennummern, was überaus unwahrscheinlich ist, dann ergeben sich für verschiedene i mit an Sicherheit grenzender Wahrscheinlichkeit verschiedene I oder es kommt zu einem nicht sinnvollen I[100]. Sollte B eine von A erhaltene Geldeinheit mehrmals einreichen wollen, so erkennt die Bank den Betrug. Das gleichzeitige Vorliegen identischer Seriennummern und gleicher Binärzahlen Z ist ohne Manipulation praktisch unmöglich[101]. Da der Emittent seine Unterschrift überprüft, ist es auch nicht möglich, falsche Geldeinheiten einzureichen. Das Zahlungsprotokoll von ecash kann also Sicherheit und Anonymität gewährleisten.

2.3 Geldpolitisch relevante Auswirkungen des elektronischen Geldes

2.3.1 Elektronisches Geld als Finanzinnovation

Allgemein kann eine Finanzinnovation als ein Bündel aus Finanzdienstleistungen bezeichnet werden, welches der Markt in dieser Zusammenstellung bisher nicht angeboten hat[102]. Dabei wird zunächst eine Unterscheidung zwischen Finanzinnovationen, die Risiken aktiv beeinflussen, den sogenannten derivativen Finanzinnovationen, und Finanzinnovationen, die Risiken nicht aktiv beeinflussen, vorgenommen[103]. Das elektronische Geld ist dabei der zweiten Kategorie zuzuordnen, weil eine Umverteilung von Risiken kein primäres Ziel der Finanzinnovation

[96] Vgl. Chaum, D. u. a. (1990), S. 321, Chaum, D. u. a. (1990a), S. 297 und Wobst, R. (1998), S. 294.

[97] Vgl. Wobst, R. (1998), S. 294.

[98] Vgl. Wobst, R. (1998), S. 294.

[99] Vgl. Chaum, D. u. a. (1990), S. 322 und Chaum, D. u. a. (1990a), S. 298.

[100] Vgl. Wobst, R. (1998), S. 294.

[101] Vgl. Wobst, R. (1998), S. 294.

[102] Vgl. Bofinger, P. (1986), S. 142, Franzen, C. (1988), S. 18 und Dufey, G. (1989), S. 17f..

[103] Vgl. Köhler, B. (1996), S. 194f.. Siehe auch Franzen, C. (1988), S. 19 und Llewellyn, D. T. (1992), S. 23.

elektronisches Geld ist[104]. Weiterhin wird zwischen gänzlich neuen Finanzdienstleistungen, den sogenannten Basisinnovationen, und neuen Kombinationen bereits bekannter Finanzdienstleistungen, den Verfahrensinnovationen, unterschieden[105]. Elektronisches Geld stellt offensichtlich eine Basisinnovation dar.

Die Finanzinnovationen ergänzen nicht nur gängige Finanzinstrumente, sondern verdrängen diese häufig auch gänzlich vom Markt. Dieser Substitutionsprozeß kann durch eine Senkung von Informations- und Transaktionskosten, zum Beispiel aufgrund von technischem Fortschritt, durch eine Veränderung der Opportunitätskosten, zum Beispiel eine reduzierte Bargeldhaltung in Hochzinsphasen, und durch Regulierungsmaßnahmen des Staates, zum Beispiel die Umgehung der Mindestreservepflicht durch Banken auf den Offshore-Märkten, hervorgerufen werden[106]. Staatliche Regulierungsmaßnahmen und die Erhebung von Steuern werden von einigen Autoren sogar als Hauptgrund für die Entwicklung von Finanzinnovationen angesehen[107]. Da mit der Einführung von Finanzinnovationen in der Regel Kosten verbunden sind, müssen diese auch einen entsprechenden Nutzen mit sich bringen. In diesem Zusammenhang ist darauf hinzuweisen, daß Finanzinnovationen den Handlungsspielraum der Wirtschaftssubjekte vergrößern und helfen, die Effizienz der Finanzmärkte zu erhöhen[108]. Auslöser für die Entwicklung von Finanzinnovationen können sowohl die Finanzintermediäre als auch, durch starke Nachfrage nach bestimmten Leistungen, deren Kunden sein.

Die Finanzinnovation elektronisches Geld beeinflußt offensichtlich sowohl Transaktionskosten, als auch Opportunitätskosten und staatliche Regulierungsmaßnahmen, wie sich leicht anhand von Beispielen zeigen läßt. Bezogen auf die Transaktionskosten entfällt bei elektronischem Geld für die Konsumenten, den Einzelhandel und die Geschäftsbanken der aufwendige Umgang mit Bargeld; die Abwicklung des Zahlungsvorgangs wird also rationalisiert, zumal die Konsumenten von passendem Kleingeld für Automaten unabhängig werden[109]. Die Opportunitätskosten der Geldhaltung werden zum Beispiel dann berührt wenn auf elektronisches Geld Zinsen gezahlt werden[110]. Sollte das elektronische Geld nicht der Mindestreservepflicht unterliegen, könnte es für die Geschäftsbanken auch interessant sein, ihre Kunden dazu zu bewegen, Sichtdepositen in elektronisches Geld umzuwandeln, um so die Mindestreserve zu umgehen. Daher ist damit zu rechnen, daß insbesondere Bargeld aber eventuell auch Sichtdepositen durch elektronisches Geld verdrängt werden.

---

[104] Vgl. Köhler, B. (1996), S. 195.
[105] Vgl. Büschgen, H. E. (1997), S. 59ff. und Llewellyn, D. T. (1992), S. 19f.
[106] Vgl. Bofinger, P. (1986), S. 142, Streit, J. (1986), S. 44f., Walter, N. (1989), S. 28ff. und Harrington, R. (1992), S. 56.
[107] Vgl. Kane, E. J. (1984), S. 4f. und Miller, M. H. (1986), S. 460f..
[108] Vgl. Streit, J. (1986), S. 173, Dufey, G. (1989), S. 21, Walter, N. (1989), S. 39 und Löhr, D. (1991), S. 29f..
[109] Vgl. Wenninger, J./Laster, D. (1995), S. 2, Berndt, H. (1996), S. 395, Lacker, J. M. (1996), S. 1, Herreiner, D. K. (1997), S. 392, Sheehan, K. P. (1998), S. 4 und Kath, D. (1998), S. 218f..
[110] Vgl. Browne, F. X./Cronin. D. (1995), S. 104.

Jahr	Bargeldumlauf (in Prozent von M1) ohne Kassenbestände der Geschäftsbanken
1989	32,6 %
1990	27,1 %
1991	28,4 %
1992	29,9 %
1993	29,2 %
1994	29,6 %
1995	29,1 %
1996	26,9 %

Abbildung 4: Der Bargeldumlauf in Deutschland
Quelle: In Anlehnung an Köhler, B. (1996), S. 203, Daten: Deutsche Bundesbank.

Derzeit zeigen sich in Deutschland zwar erste Anzeichen einer abnehmenden Bedeutung des Bargelds, allerdings existiert noch immer eine signifikante Nachfrage nach Bargeld (Abbildung 4)[111]. Ähnliches gilt auch für viele andere europäische Länder[112]. Meister stellt daher nicht ganz ohne Berechtigung folgendes fest[113]:

Bei der Einführung neuer unbarer Zahlungsmittel wurde wiederholt die bargeldlose Gesellschaft für möglich gehalten und das Bargeld als eine vom Aussterben bedrohte Spezies bezeichnet. Das Bargeld hat sich demgegenüber als außerordentlich zählebig erwiesen.

Dennoch gibt es Fakten, die in ganz Europa auf eine stark zunehmende Bedeutung des elektronischen Zahlungsverkehrs hindeuten. So nutzen die Kunden des deutschen Einzelhandel inzwischen, wie Abbildung 5 zeigt, in steigendem Maße entsprechende Zahlungsformen. Der noch immer vorhandene Bedarf an Bargeld hat sicherlich auch mit der Ausweitung der Schattenwirtschaft in Deutschland und der Nutzung der D-Mark als Parallelwährung in Osteuropa zu tun und dürfte daher kaum eine solide Grundlage für die Nachfrage nach Zentralbankgeld darstellen, weil diese Geldnachfrage von Faktoren beeinflußt wird, die sich gänzlich der Kontrolle der inländischen Zentralbank entziehen[114]. Hier sei zum Beispiel auf die vorherrschenden Inflation in den weniger entwickelten Ländern verwiesen. Dowd hält bezogen auf die Vereinigten Staaten von Amerika fest[115]:

---

[111] Vgl. Köhler, B. (1996), S. 203 und Hartmann, W. (1995), S. 14.
[112] Vgl. Humphrey, D. B. u. a. (1996), S. 924f..
[113] Meister, E. (1996), S. 7.
[114] Vgl. Hartmann, W. (1995), S. 14, Kath, D./Franz, A. (1991), S. 93, Meister, E. (1995), S. 5 und Jordan, J. L./Stevens, E. J. (1997), S. 122, Dowd, K. (1998), S. 329f..
[115] Dowd, K. (1998), S. 339.

There is, of course, also the irony that the stability of the U. S. monetary system-and, hence, the health of the U. S. economy-would become very dependent on the activities of Colombian drug producers, the Russian mafia, and other unsavory elements.

	1994	1996	1997
Barzahlung	78,7	76,5	76,5
Kartengestützter Zahlungsverkehr	6,2	10,0	13,0
davon:			
EC-Lastschrift	1,7	4,0	6,5
Kreditkarte	3,3	3,5	3,5
Electronic Cash	0,8	2,0	2,5
Handelskarte	0,4	0,5	0,5
Scheck	8,3	6,5	3,5
Rechnung	6,5	6,5	6,5
Sonstiges	0,3	0,5	0,5

Abbildung 5: Zahlungsmittel im deutschen Einzelhandel (in Prozent)
Quelle: Kath, D. (1998), S. 216.

Dabei ist die Bargeldhaltung, wie sich noch zeigen wird, eine wichtige Größe im Rahmen der Durchführung der Geldpolitik. Hier stellt sich die Frage, wie die ausländische Nachfrage nach inländischem Bargeld, die in keinem festen Zusammenhang zum inländischen Sozialprodukt steht, eine entscheidende Rolle für die Geldpolitik spielen kann. Zudem ist auch in den weniger entwickelten Ländern nur kurz- und mittelfristig mit einem weiterhin hohen Bedarf an Bargeld der entwickelten Nationen zu rechnen, denn langfristig muß wohl auch in diesen Ländern eine zunehmende Verdrängung des Bargeldes durch elektronisches Geld erwartet werden[116].

Auch in den Vereinigten Staaten von Amerika werden die meisten Zahlungen derzeit zwar noch mit Bargeld vorgenommen, bezogen auf die im Zahlungsverkehr bewegten Werte ergibt sich für den Betrachter aber inzwischen schon ein anderes Bild (Abbildung 6)[117]. Das Internetgeld spielte 1995 natürlich keine Rolle. Insbesondere das Clearing der Banken über elektronische Medien, wie zum Beispiel das staatliche Clearingsystem Fedwire und das privatwirtschaftliche System CHIPS, ist für die hohen Beträge verantwortlich, die in den Vereinigten Staaten von Amerika in elektronischer Form transferiert werden[118]. Durch die neuen Technologien können nun die Vorteile elektronischer Zahlungssysteme auch für den Massenverkehr nutzbar gemacht werden[119].

[116] Vgl. Selgin, G. A. (1997), S. 98.
[117] Vgl. Solomon, E. H. (1997), S. 39.
[118] Vgl. Solomon, E. H. (1997), S. 40f..
[119] Vgl. Blinder, A. S. (1995), S. 1089.

	Anzahl der Transaktionen (Milliarden)	Wert der Transaktionen (Billionen US-Dollar)
Transaktionen in elektronischer Form	19	544
Transaktionen mit Schecks	62	73
Transaktionen mit Bargeld	550	2

Abbildung 6: Anzahl und Wert der Zahlungen in den Vereinigten Staaten von Amerika im Jahr 1995
Quelle: Solomon, E. H. (1997), S. 39.

Finanzinnovationen stellen im Geldwesen allerdings kein unbekanntes Phänomen dar. Das elektronische Geld kann als vorerst letzte Neuerung im Rahmen eines Entwicklungsprozesses angesehen werden, der vom Warengeld über die Banknote und das Buchgeld hin zu Zahlungssystemen auf digitaler Basis geführt hat[120].

2.3.2 Auswirkungen auf die Geldmenge

Wie bereits dargestellt wurde, muß zunächst davon ausgegangen werden, daß das elektronische Geld in bestimmtem Maße das Bargeld verdrängen wird[121]. Die Auswirkungen dieses Substitutionsprozesses lassen sich in einem zweistufigen Mischgeldsystem mit Geschäftsbanken und einer Zentralbank leicht anhand des Geldbasiskonzeptes analysieren[122]. Bei der Interpretation der Ergebnisse ist allerdings zu bedenken, daß dieser mechanistische Erklärungsansatz gewisse Schwächen aufweist.

Zunächst erfolgt die Analyse des Geldschöpfungsprozesses unter einer Reihe vereinfachender Verhaltensannahmen[123]. Die Zentralbankgeldschöpfung der Notenbank sowie das Kreditangebot der Geschäftsbanken wird nicht preistheoretisch fundiert und es erfolgt keine Erklärung der Kreditnachfrage der Privaten aus dem Modell heraus, sondern es wird unterstellt, daß die privaten Nichtbanken Bargeld und Sichtdepositen in einem bestimmten Verhältnis halten wollen. Ferner wird angenommen, daß die Geschäftsbanken keine Überschußreserven halten, was allerdings die Verhältnisse in Deutschland recht gut beschreibt. Auch von den Arbeitsguthaben (working balances) der Geschäftsbanken bei der Zentralbank wird abstrahiert. Damit werden die Geschäftsbanken in diesem Modell durch die Bargeldhaltung der Privaten und die staatlichen Mindestreservevorschriften bei der Geldschöpfung behindert und zur Nachfrage nach Zentralbankgeld gezwungen, welches nur vom Monopolisten Zentralbank bereitgestellt werden kann.

[120] Vgl. Bühl, A. (1998), S. 229ff., Solomon, E. H. (1997), S. 31 und Roberds, W. (1997), S. 42.
[121] Vgl. z. B. Kath, D./Franz, A. (1991), S. 93, Hartmann, W. (1994), S. 10, Krüger, M./Godschalk, H. T. C. (1998), S. 8, Kath, D. (1998), S. 207ff., Seitz, F./Ruckriegel, K. (1999), S. 228 und Friederich, H.-J. (1999), S. 398.
[122] Vgl. Söllner, F./Wilfert, A. (1996), S. 397ff. und Berentsen, A. (1998), S. 107ff..
[123] Vgl. z. B. Neldner, M. (1976), S. 22ff. und Goodhart, C. A. E. (1989), S. 136f..

Die Einführung von elektronischem Geld verringert nun die Nachfrage der Privaten nach Bargeld, weil das neue Zahlungsmittel bestimmte Geldfunktionen besser erfüllen kann als Bargeld. Um die Beziehung zwischen Geldmenge und Sozialprodukt zu erhalten, muß also der Geldmengenbegriff angepaßt werden. Mit anderen Worten ist der volkswirtschaftlich relevante Geldmengenbegriff nach der Einführung des elektronischen Geldes in jedem Fall ein Geldmengenaggregat, daß die Finanzinnovation elektronisches Geld einschließt. Anzusetzen ist bereits bei einem engen Geldmengenaggregat, da die neuen Formen des Geldes offensichtlich ein sehr gutes Substitut für Bargeld darstellen[124]. Es bietet sich daher an, die Geldmenge M1, also Bargeld BG und Sichtdepositen SD, um das elektronische Geld EG zu erweitern. Dieses Vorgehen führt zur Geldmenge M1':

$$M1' = BG + SD + EG \, . \qquad (3)$$

Die monetäre Basis MB, deren Bereitstellung ausschließlich vom Monopolisten Zentralbank vorgenommen wird, setzt sich, wenn von der Bargeldhaltung der Geschäftsbanken (Kassenbestände) abgesehen wird, aus dem Bargeld BG der Privaten und den von den Geschäftsbanken bei der Zentralbank hinterlegten Mindestreservebeständen RS zusammen. Hier soll zunächst davon ausgegangen werden, daß keine Minestreservepflicht für elektronisches Geld besteht, sondern nur für Sichtdepositen eine Mindestreserve mit dem Reservesatz r zu halten ist. Weil die privaten Wirtschaftssubjekte annahmegemäß Bargeld und Sichtdepositen in einem bestimmten Verhältnis zueinander halten wollen gilt[125]:

$$MB = BG + RS \, , \qquad (4)$$
$$RS = r * SD \, , \qquad (5)$$
$$BG = b * SD \text{ und} \qquad (6)$$
$$SD = MB / (b + r). \qquad (7)$$

Es erscheint nun sinnvoll, davon auszugehen, daß die Privaten auch elektronisches Geld, ähnlich wie Bargeld, in einem bestimmten Verhältnis zu den Sichtdepositen zu halten beabsichtigen. Daher ergibt sich:

$$EG = e * SD \text{ und} \qquad (8)$$
$$M1' = MB * (1 + b + e) / (b + r) \, . \qquad (9)$$

Im Extremfall könnte elektronisches Geld das Bargeld vollständig verdrängen. In einem solchen Szenario gilt b = 0 und der Multiplikator vereinfacht sich zu:

---

124 Vgl. Helleiner, E. (1998), S. 404 und Hartmann, W. (1996), S. 7.

125 Vgl. z. B. Burger, A. E. (1971), S. 8ff., Goodhart, C. A. E. (1989), S. 132ff. und Papademos, L./Modigliani, F. (1990), S. 423f..

$$(10) \qquad M1' = MB * (1 + e) / r .$$

Von den privaten Wirtschaftssubjekten ausgehende Umschichtungen zwischen den verschiedenen Komponenten der betrachteten Geldmenge können das Kreditschöpfungspotential des Geschäftsbankensystems beträchtlich vergrößern, weil Bargeld zu 100 Prozent Zentralbankgeld darstellt, auf Sichtdepositen aber nur zum Bruchteil r Mindestreserven in Zentralbankgeld zu halten sind und elektronisches Geld in diesem Modell per se keine Reserven bindet[126].

Diese Zusammenhänge sollen nun anhand eines hypothetischen Zahlenbeispiel näher analysiert werden. Bei dieser Betrachtung soll davon ausgegangen werden, daß $r = 0,02$ und $MB = 10000$ D-Mark gilt. Nun wird eine Szenario mit $e = 0$, das heißt Nichtexistenz des elektronischen Geldes und damit Gültigkeit der Geldmengenabgrenzung M1, und $b = 0,3$ mit einem Szenario verglichen, in dem $b = 0$ und $e = 0,3$ gelten soll:

$$(11) \qquad M1 = MB * (1 + b) / (b + r) = 10000\ DM * 1,3 / 0,32 = 40625\ DM \text{ und}$$
$$(12) \qquad M1' = MB * (1 + e) / r = 10000\ DM * 1,3 / 0,02 = 650000\ DM .$$

Eine solche Situation würde sich ergeben, wenn ceteris paribus das Bargeld von einem Tag zum anderen vollständig und in gleichen Ausmaß durch elektronisches Geld verdrängt wird[127]. Das Kreditschöpfungspotential des Geschäftsbankensystems hätte sich in diesem Fall versechzehnfacht. Vorerst ist mit einer vollständigen Verdrängung des Bargeldes jedoch nicht zu rechnen, so daß das beschriebene Szenario die Entwicklungen in der nahen Zukunft offensichtlich überzeichnet.

In der Literatur wird basierend auf den Ergebnissen der Geldmultiplikatoranalyse überwiegend die Meinung vertreten, daß insbesondere bei einer vollständigen Verdrängung des Bargelds die Mindestreserve auf Sichtdepositen von entscheidender Bedeutung ist[128]. So stellen Kath und Franz fest[129]:

> Wird das Bargeld verdrängt und darüber hinaus auf eine obligatorische Reservehaltung verzichtet, käme dies einem Durchtrennen der Nabelschnur zwischen der für die Aufrechterhaltung der Geldwertstabilität verantwortlichen Zentralbank und der volkswirtschaftlichen Geldversorgung gleich.

Es wird argumentiert, daß die Geschäftsbanken ohne Bargeldhaltung der Privaten und ohne Mindestreservepflicht die Möglichkeit hätten, die Geldmenge unendlich auszudehnen.

Zu beachten ist aber, daß die mechanistische Geldangebotstheorie die Realität nur begrenzt erklären kann. Die Geldschöpfung der Geschäftsbanken wird als

---

[126] Vgl. Braasch, B./Hesse, H. (1994), S. 51.

[127] Vgl. Janssen, O./Lange, C. (1998), S. 54.

[128] Vgl. z. B. Kath, D./Franz, A. (1991), S. 97, Braasch, B./Hesse, H. (1994), S. 51ff., Meister, E. (1996), S. 6 und Kath, D. (1998), S. 219f. anders bei Bibow, J./ Wichmann, T. (1997), S. 138.

[129] Kath, D./Franz, A. (1991), S. 97.

reines Liquiditätsproblem angesehen. Diese Interpretation ist allerdings, wie noch erläutert werden soll, überaus problematisch[130]. Schon anhand des einfachen Modells zur Bestimmung von M1' bei b = 0 kann gezeigt werden, daß die Geschäftsbanken bei der Geldschöpfung primär nicht durch die Mindestreservepflicht auf Sichtdepositen behindert werden, sie könnten die Menge des elektronischen Geldes in diesem Modell schließlich ohne Liquiditätsprobleme unendlich ausdehnen, sondern durch die Bereitschaft der privaten Nichtbanken, in Sichtdepositen und Bargeld einlösbares elektronisches Geld zu halten.

Das Kreditschöpfungspotential des Geschäftsbankensystems im Modell wird folglich in erster Linie durch den Wunsch der privaten Nichtbanken begrenzt, über Sichtdepositen und elektronisches Geld in einer bestimmten Proportion zueinander zu verfügen, also durch den Parameter e, der eine Portfolioentscheidung der privaten Nichtbanken darstellt. Die Haushalte werden im Modell zusätzliches elektronisches Geld nur halten, wenn auch in entsprechendem Maße Sichtdepositen geschaffen werden, was die Mindestreservehaltung der Banken erhöht und so Zentralbankgeld bindet.

Weiterhin muß bedacht werden, daß die Geschäftsbanken in der Realität auch ohne Mindestreserve in bestimmten Maße Reserven für das elektronische Geld halten werden, um die Konvertibilität in Depositen und Bargeld, die wohl von den meisten Nutzern des elektronischen Geldes gewünscht werden dürfte, zu gewährleisten. Diese freiwillige Reservehaltung der Geschäftsbanken würde zwar wahrscheinlich unter der durch die Mindestreservepflicht ausgelösten Reservehaltung liegen, so daß sich schon eine Erhöhung des Multiplikators ergeben müßte, ein sehr extremes Ansteigen ist somit aber nicht zu erwarten.

Fraglich ist nun, ob elektronisches Geld auch Sichtdepositen verdrängen wird[131]. Zwar können Systeme wie ecash und auf Chipkarten gespeicherte Geldeinheiten in gewissem Maße Sichtdepositen substituieren, die flexibleren Möglichkeiten des Zugriffs auf Sichtdepositen über elektronische Medien haben aber das Potential, die Bedeutung der Sichtdepositen sogar noch zu stärken. Der Gesamteffekt ist daher unklar. Sicher erscheint nur, daß der Bedarf der privaten Nichtbanken nach Kassenhaltung aufgrund der zeitunabhängigen Nutzungsmöglichkeiten von Bankdienstleistungen (vor allem über das Internetbanking) abnehmen wird, was, wie gezeigt wurde, je nach Umfang des Substitutionsprozesses, zu einem zumindest offensichtlichen Ansteigen des Geldmultiplikators führen sollte.

Es bleibt daher zunächst festzuhalten, daß die konventionelle Geldangebotstheorie die Einführung des elektronischen Geldes auf der Grundlage der Geldmultiplikatoranalyse als großes Problem ansieht und folglich die Bedeutung der Mindestreserve auf Sichtdepositen betont. Von diesem Standpunkt aus betrachtet, wäre auch eine Ausweitung der Reservepflicht auf elektronisches Geld zu

---

[130] Vgl. Tobin, J. (1971), S. 2 und Glasner, D. (1989), S. 173f..

[131] Vgl. Berentsen, A. (1998), S. 93, Friederich, H.-J. (1999), S. 402 und Seitz, F./Ruckriegel, K. (1999), S. 229. Siehe auch Mishkin, F. S./Strahan, P. E. (1999), S. 262.

begrüßen. Allerdings muß die theoretische Basis der Geldmultiplikatoranalyse als wenig überzeugend bezeichnet werden[132].

2.3.3 Auswirkungen auf die Umlaufsgeschwindigkeit

Die Umlaufsgeschwindigkeit des Geldes ist definiert als das Verhältnis des nominalen Sozialproduktes zu dem jeweils als relevant angesehenen Geldmengenaggregat:

$$v = (p * Y) / M . \tag{13}$$

Finanzinnovationen beeinflussen nun die Zahlungsgewohnheiten der Wirtschaftssubjekte und damit vor allem die Geldmenge. Finden neue Zahlungsmittel, zum Beispiel Formen des Internetgeldes, Anwendung und ergänzen oder verdrängen herkömmliche Formen des Geldes, so muß dieser Veränderung durch eine Neudefinition der betrachteten Geldmengenaggregate Rechnung getragen werden. Wenn eine entsprechende Anpassung nicht vorgenommen wird, geht der bisher bestehende Zusammenhang zwischen Geldmenge und nominalem Sozialprodukt verloren und die Umlaufsgeschwindigkeit des Geldes verliert die Aussagekraft[133]. Hierbei handelt es sich um ein eher statistisches Problem, wobei die Konstruktion geeigneter Geldmengenaggregate allerdings als theoretisch nicht trivial gelten darf. Noch größere Probleme für Wirtschaftstheorie und Wirtschaftspolitik ergeben sich dadurch, daß die Wirtschaftssubjekte aufgrund von Finanzinnovationen nicht nur ein Zahlungsmittel durch ein anderes substituieren, sondern ihre Zahlungsgewohnheiten auch in anderer Weise ändern.

Die neuen Finanzinnovationen werden, wie schon dargestellt wurde, in ganz starken Maße den Zugriff der privaten Haushalte auf die Leistungen ihrer Banken verbessern. Internetgeld und Internetbanking ermöglichen es, Finanztransaktionen unabhängig von den Öffnungszeiten der Banken vorzunehmen. Außerdem werden die Transaktionskosten dramatisch gesenkt, so daß es bei geringen Kosten für internationale elektronische Überweisungen über das Internet zum Beispiel für Kleinsparer wirtschaftlich werden kann, am Offshore-Banking teilzunehmen[134].

Weiterhin ist schon in naher Zukunft damit zu rechnen, daß Agentensysteme, die auch direkt in die elektronische Geldbörsensoftware eines Zahlungssystems für das Internet integriert sein könnten, automatisch überschüssige Kassenbestände über Nacht investieren[135]. Zudem erlauben Geldautomaten zu jeder Tageszeit den Zugriff auf Bargeld, wenn dieses benötigt werden sollte, was die Notwendigkeit zur Kassenhaltung stark senkt.

Insgesamt ermöglichen die aktuellen und absehbaren Finanzinnovationen also eine verbesserte Synchronisation zwischen Einnahmen und Ausgaben, so daß die

---

[132] Vgl. Goodhart, C. A. E. (1989), S. 132ff. und Papademos, L./Modigliani, F. (1990), S. 428.
[133] Vgl. Porter, R. D./Offenbacher, E. K. (1984), S. 52 und Goodhart, C. A. E. (1989), S. 46.
[134] Vgl. White, L. H. (1998), S. 44.
[135] Vgl. Berentsen, A. (1998), S. 93.

privaten Wirtschaftssubjekte ihre Kassenhaltung, unter Umständen sogar dramatisch, reduzieren können, was bedeutet, daß mit einem starken Ansteigen der Umlaufsgeschwindigkeit gerechnet werden muß[136]. Einige Autoren gehen sogar davon aus, daß die Umlaufsgeschwindigkeit des Internetgeldes einen beinahe unendlich großen Wert annehmen könnte, weil die Wirtschaftssubjekte durch das Medium Internet schnell und jederzeit Umschichtungen zwischen Aktiva, die Geld darstellen, und Aktiva, die kein Geld darstellen, durchführen können[137]. In einem solchen Fall würde die Relation der engen Geldmengenaggregate zum nominalem Sozialprodukt sehr stark sinken. Mit einer kleinen Menge Geldes ließe sich folglich ein großes nominales Sozialprodukt bewegen. Dieses Szenario wird von Godschalk folgendermaßen beschrieben[138]:

Statt einer „cashless" droht eine „moneyless society".

Eine Steigerung der Umlaufsgeschwindigkeit des Geldes aufgrund von Finanzinnovationen zeigt die Erhöhung der Effizienz im Zahlungsverkehr. Durch Internetgeld und Internetbanking könnte also das schon von Wicksell propagierte ideale Zahlungssystem mit einer nahezu unendlichen Umlaufsgeschwindigkeit des Zahlungsmediums und beinahe ohne einen Bestand an Zahlungsmitteln erreicht werden[139].

2.3.4 Auswirkungen auf den Seigniorage

Der reale Geldschöpfungsgewinn des Staates, der aus der unverzinslichen Zentralbankgeldhaltung der privaten Banken und Nichtbanken entsteht, wird als Seigniorage bezeichnet[140]. In einem zweistufigen Bankensystem mit einer Zentralbank und verschiedenen Geschäftsbanken schaffen auch die Geschäftsbanken Geld in Form von Sichtdepositen. Diese Einlagen werden nicht oder nur in geringem Maße verzinst, so daß auch im Geschäftsbankensektor ein Geldschöpfungsgewinn anfällt. Die Zentralbank und die Geschäftsbanken teilen sich folglich den Geldschöpfungsgewinn, der aus den Opportunitätskosten der Geldhaltung der privaten Nichtbanken folgt[141]. Der Bruttogeldschöpfungsgewinn der deutschen Geschäftsbanken für das Jahr 1991 wird zum Beispiel überschlagsmäßig auf 34,6 Milliarden D-Mark geschätzt[142].

---

[136] Vgl. Godschalk, H. T. C. (1983), S. 287, Hartmann, W. (1994), S. 10, Hartmann, W. (1996), S. 7, Furche, A./Wrightson, G. (1996), S. 83, Herreiner, D. K. (1997), S. 394 und Hartmann, W. (1999), S. 7.
[137] Vgl. White, L. H. (1998), S. 44.
[138] Godschalk, H. T. C. (1982), S. 212.
[139] Vgl. Wicksell, K. (1968), S. 54 und Cowen, T./Kroszner, R. S. (1990), S. 266f..
[140] Vgl. Mankiw, N. G. (1987), S. 328, Klein, M./Neumann, M. J. M. (1990), S. 205, Lange, C. (1995), S. 15, Lübbersmann, R. (1995), S. 21, Haslag, J. H. (1996), S. 6 und Haslag, J. H. (1998), S. 10.
[141] Vgl. Lange, C. (1995), S. 64f.. Siehe auch Klein, B. (1978), S. 4.
[142] Vgl. Lange, C. (1995), S. 63.

Es ist nun offensichtlich, daß die Einführung von elektronischem Geld den Geldschöpfungsgewinn beeinflußt[143]. Janssen und Lange analysieren die Auswirkungen des elektronischen Geldes auf den Seigniorage einer nationalen Zentralbank anhand eines einfachen Modells[144]. Es wird angenommen, daß Depositen nicht verzinst werden. Für die Opportunitätskosten oc der privaten Nichtbanken gilt daher wegen der entgangenen Zinserträge aufgrund der Geldhaltung[145]:

$$oc = i * (BG + DP)\,. \tag{14}$$

Aus diesen Opportunitätskosten der privaten Nichtbanken folgt der Geldschöpfungsgewinn, den sich der Geschäftsbankensektor und die Zentralbank teilen. Weil die privaten Nichtbanken annahmegemäß Depositen unverzinslich bei den Geschäftsbanken halten und die Geschäftsbanken diese Einlagen gegen Zinszahlungen als Kredite verleihen, ergibt sich folgender Geldschöpfungsgewinn des Geschäftsbankensystems pi_{GB}:

$$pi_{GB} = i * (DP - r * DP)\,. \tag{15}$$

Dabei wurde berücksichtigt, daß die Depositen einer Reservepflicht unterliegen, was die Geschäftsbanken zwingt, aufgrund der Depositenschöpfung Zentralbankgeld nachzufragen[146]. Von einer Verzinsung der Mindestreserve soll hier abgesehen werden.

Der Geldschöpfungsgewinn der Zentralbank pi_{ZB} ergibt sich aus dem Zentralbankgeld in der Form von Bargeld und Reserven. Es gilt:

$$pi_{ZB} = i * (BG + r * DP)\,. \tag{16}$$

Bei der Einführung von elektronischem Geld EG wird das neue Zahlungsmittel insbesondere Bargeld substituieren. Janssen und Lange folgern nun, daß die Verdrängung des Bargeldes zu einer Umverteilung des Geldschöpfungsgewinnes von der Zentralbank, also vom Staat, hin zu den Geschäftsbanken führt, wobei davon ausgegangen wird, daß die Einführung des elektronischen Geldes die Opportunitätskosten der privaten Nichtbanken nicht berührt[147].

[143] Vgl. z. B. Blinder, A. S. (1995), S. 1089f., Wenninger, J./Laster, D. (1995), S. 5, Meister, E. (1996), S. 6, Herreiner, D. K. (1997), S. 391, Greenspan, A. (1997), S. 49f., Groeneveld, J. M./Visser, A. (1997), S. 70, Ely, B. (1997), S. 104, Altvater, E. (1997), S. 107, Möker, U. (1998), S. 189, Janssen, O./Lange, C. (1998), S. 52, Friederich, H.-J. (1999), S. 401, Hartmann, W. (1999), S. 7 und Rolnick, A. J. (1999), S. 674.

[144] Vgl. Janssen, O./Lange, C. (1998), S. 52ff..

[145] Vgl. Janssen, O./Lange, C. (1998), S. 52.

[146] Vgl. Haslag, J. H. (1998), S. 12.

[147] Vgl. Janssen, O./Lange, C. (1998), S. 54ff..

Diese Schlußfolgerung läßt sich leicht mit Hilfe des vorgestellten Modells illustrieren. Es soll angenommen werden, daß ein bestimmter Teil des Bargeldes in gleichem Ausmaß durch die Finanzinnovation elektronisches Geld verdrängt wird. Folglich gilt:

(17) $$EG = \Delta BG .$$

Für die Opportunitätskosten der privaten Nichtbanken ergibt sich:

(18) $$oc = i * (DP + BG + EG - \Delta BG) .$$

Aufgrund von Gleichung (17) muß gelten:

(19) $$oc = i * (DP + BG) .$$

Ein Reservepflicht für elektronisches Geld soll nicht bestehen. Daher folgt:

(20) $$pi_{GB} = i * (EG + DP - r * DP) \text{ und}$$
(21) $$pi_{ZB} = i * (r * DP + BG - \Delta BG) .$$

Aufgrund der gesunkenen Nachfrage nach Zentralbankgeld ist der Geldschöpfungsgewinn der Zentralbank zurückgegangen. Das Modell zeigt also eine Umverteilung des Geldschöpfungsgewinnes zwischen Geschäftsbankensektor und Zentralbank klar auf. Die Umverteilung steigt mit zunehmender Verdrängung des Bargeldes. Eine Möglichkeit, diese sich abzeichnende Entwicklung zu kompensieren, liegt in der Einführung einer Mindestreserve auf elektronisches Geld. Durch die Reservepflicht kann die Zentralbank die Nachfrage nach Zentralbankgeld erhöhen und so einer Erosion des Seigniorage zumindest teilweise entgegenwirken[148].

Die Annahme, daß die Opportunitätskosten der privaten Nichtbanken durch die Einführung des elektronischen Geldes nicht berührt werden, ist jedoch sehr problematisch. So betonen sowohl Blinder als auch White, daß die Geschäftsbanken aufgrund der verstärkten internationalen Konkurrenz durch das Internet-Banking unter Umständen gezwungen sein werden, auf elektronisches Geld vergleichsweise hohe Zinsen zu zahlen und so die Opportunitätskosten der privaten Nichtbanken zu senken[149]. Außerdem muß berücksichtigt werden, daß sich die Effizienz der Geldnutzung durch die Finanzinnovation elektronisches Geld wahrscheinlich erhöhen dürfte, was durch eine Steigerung der Umlaufsgeschwindigkeit deutlich würde. Folglich ließe sich ceteris paribus ein bestimmtes nominales So-

---

[148] Vgl. Groeneveld, J. M./Visser, A. (1997), S. 86, Ely, B. (1997), S. 104 und Janssen, O./Lange, C. (1998), S. 58f..
[149] Vgl. Blinder, A. S. (1995), S. 1090 und White, L. H. (1998), S. 44.

zialprodukt mit einer geringeren Geldmenge bewegen, wobei das elektronische Geld natürlich in die dann relevante Geldmenge einbezogen wäre. Für die Verdrängung des Bargeldes durch das elektronische Geld müßte daher gelten:

$$EG < \Delta BG . \quad (22)$$

Die privaten Nichtbanken könnten aufgrund dieser absehbaren Entwicklung ihre Geldnachfrage und damit ihre Opportunitätskosten senken. Aufgrund dieser beiden Faktoren ist also eher mit einer Umverteilung der Geldschöpfungsgewinne zugunsten der privaten Nichtbanken zu rechnen[150].

Zusammenfassend kann festgestellt werden, daß die Größenordnung des Umverteilungsprozesse zwischen Zentralbank, Geschäftsbankensektor und privaten Nichtbanken davon abhängt, in welchem Maße das Bargeld substituiert wird, welchen Wert der Reservesatz auf elektronisches Geld annimmt, ob Zinsen auf elektronisches Geld gezahlt werden und wie sich die Umlaufsgeschwindigkeit des Geldes entwickelt. Der Seigniorage wird immer dann berührt, wenn sich die Menge des nachgefragten Zentralbankgeldes verändert.

2.3.5 Auswirkungen auf die Globalisierung der Finanzmärkte

Die weltweite Ausbreitung des Internets, der zunehmende Erfolg des Electronic Commerce und die Einführung des Internetgeldes sind einerseits sicherlich Folge und Ausdruck der Globalisierung, also des Zusammenwachsens der nationalen Finanz- und Gütermärkte[151]. Anderseits führt das Internet zu einer weiteren Beschleunigung der Globalisierung; die Globalisierung kann sogar als Nebenprodukt des technischen Fortschritts bei der Kommunikation betrachtet werden[152]. Abel beschreibt diese komplexen Wirkungszusammenhänge (bezogen auf die Finanzmärkte) folgendermaßen[153]:

> Bei dem Phänomen der Globalisierung der Finanzmärkte stellt sich auch im Bereich der Computerisierung heraus, daß Ursache und Wirkung nicht klar zu unterscheiden sind, da auch hier starke Wechselbeziehungen mit den anderen den Globalisierungsprozeß beeinflussenden Faktoren bestehen.

Und Zimmermann hält fest[154]:

> Das Internet dient als Motor des Wandels und als Symbol der Globalisierung.

---

[150] Vgl. Browne, F. X./Cronin, D. (1997), S. 156 und White, L. H. (1998), S. 44.
[151] Vgl. Abel, K. (1998), S. 51ff..
[152] Vgl. Stoll, H. R. (1998), S. 88. Siehe auch Okina, K. u. a. (1999), S. 21.
[153] Abel, K. (1998), S. 51f..
[154] Zimmermann, D. K. (1997), S. 6.

Die Überlegungen bezüglich der elektronischen Märkte haben gezeigt, daß Internet, Electronic Commerce und Internetgeld die weltweite Konkurrenz der Anbieter sowohl auf den Finanz- als auch auf den Gütermärkten verstärken dürften[155]. Bezogen auf die Finanzintermediäre ist, wie bereits angedeutet wurde, mit sinkenden Preisen für die Dienstleistungen zu rechnen. Lamfalussy führt aus[156]:

Intense competition in the financial sectors is leading to a narrowing of profit margins.

Banken werden, wegen steigender internationaler Kapitalmobilität durch Transaktionen über das Internet und der aus dieser Tatsache folgenden verstärkten internationalen Konkurrenz, zum Beispiel einerseits höhere Zinsen auf Einlagen zahlen müssen und andererseits gezwungen sein, im Kreditgeschäft die Zinsen zu senken. In diesem Zusammenhang spielt auch eine Rolle, daß sich die Banken in Staaten mit einer strikteren Regulierung des Bankensystems Nachteilen im globalen Wettbewerb ausgesetzt sehen. Der weltweit beobachtbare Prozeß der Deregulierung im Bank- und Versicherungswesen kann daher als Wettlauf um die Erhaltung der Wettbewerbsfähigkeit der nationalen Finanzplätze interpretiert werden. Auch auf den Gütermärkten werden die Profite der Anbieter sinken. Die unmittelbaren Auswirkungen werden hier vor allem die Anbieter von handelbaren Gütern treffen.

Dabei müssen sowohl auf den Finanz- als auch auf den Gütermärkten nicht unbedingt die Produzenten die Hauptlast dieser Entwicklung tragen. Die neuen Kommunikationstechnologien ermöglichen es schließlich, zum Beispiel durch den Verzicht auf Zwischenhändler oder Bankfilialen, den Vertrieb zu rationalisieren und so, bei steigendem Wettbewerbsdruck und sinkenden Preisen die Profite zu stabilisieren[157].

2.4 Modelle zur Bestimmung der Nachfrage nach elektronischem Geld

2.4.1 Vorbemerkungen

Nachdem nun mögliche Auswirkungen der Finanzinnovation elektronisches Geld auf entscheidende makroökonomische Größen wie Geldmenge und Umlaufsgeschwindigkeit des Geldes untersucht worden sind, ist es für die weiteren Überlegungen wichtig, zu analysieren, welche Faktoren die Nachfrage nach elektronischem Geld beeinflussen. Relevant ist hierbei insbesondere die Frage nach dem Umfang, in dem die privaten Wirtschaftssubjekte elektronisches Geld halten werden. Außerdem müssen auch die Interaktionen zwischen möglichen Nutzern des elektronisches Geld untersucht werden.

---

155 Vgl. z. B. Lamfalussy, A. (1995), S. 207, Browne F. X./Cronin, D. (1997), S. 160, Hoenig, T. M. (1997), S. 6, Burkhardt, T./Lohmann, K. (1998), S. 31 und Mishkin, F. S./Strahan, P. E. (1999), S. 270.

156 Lamfalussy, A. (1995), S. 208.

157 Vgl. Schwarze, J. (1997), S. 368f. und Gasman, L. (1997), S. 35.

Nur so läßt sich abschätzen, welche Determinaten für die erfolgreiche Verbreitung des elektronischen Geldes verantwortlich sind, und es kann festgestellt werden, ob das elektronische Geld überhaupt ein geldtheoretisch und geldpolitisch relevantes Phänomen darstellen wird. Weiterhin muß versucht werden, Aufschlüsse über das Zahlungsverhalten der Nutzer von elektronischem Geld zu erhalten, was für Überlegungen bezüglich der Durchführung und Durchführbarkeit der Geldpolitik von entscheidender Bedeutung ist.

2.4.2 Ein Kassenhaltungsmodell mit verschiedenen Geldarten

Um die Akzeptanz des elektronischen Geldes durch die Konsumenten zu untersuchen, soll das bekannte Kassenhaltungsmodell von Baumol um verschiedene Geldarten erweitert werden[158]. Dabei wird davon ausgegangen, daß das betrachtete Wirtschaftssubjekt in jeder Periode ein bestimmtes Einkommen erhält und dieses Einkommen vollständig zum Kauf einer bestimmten Menge eines Standardgutes X verwendet.

Der Konsum des Gutes erfolgt mit einer konstanten Rate, das Wirtschaftssubjekt kauft das zu konsumierende Gut aber in diskreten Intervallen und muß das Konsumgut daher lagern[159]. Es soll angenommen werden, daß Bestände des Gutes keinen Nutzen stiften. Das Wirtschaftssubjekt kann für seine Einkäufe drei verschiedene Arten von Geld nutzen. Diese sind Bargeld, Sichtdepositen und elektronisches Geld. Es kommt zu Z Einkäufen, wobei bei jedem Einkauf nur eine Art von Geld genutzt werden kann:

$$Z = Z_{BG} + Z_{SD} + Z_{EG}\,. \qquad (23)$$

Jeder Einkauf ist mit bestimmten, von der Art des verwendeten Geldes abhängenden Kosten b_{BG}, b_{SD} und b_{EG} verbunden. Es handelt sich hierbei sowohl um explizite Kosten, zum Beispiel Liefergebühren, als auch um implizite Kosten, wie zum Beispiel die benötigte Zeit. Offensichtlich muß gelten, daß die Menge der mit den drei Geldarten gekauften Güter gleich der insgesamt benötigten Menge an Gütern X ist:

$$X = X_{BG} + X_{SD} + X_{EG}\,. \qquad (24)$$

Neben den drei Geldarten existiert noch ein hochverzinsliches finanzielles Aktivum SP, welches nicht als Zahlungsmittel verwendet werden kann. Es besteht aber die Möglichkeit, Bestände dieses Aktivums in Geld umzuwandeln. Sichtdepositen und elektronisches Geld werden auch verzinst, wobei $i_{SD} < i_{SP}$ und $i_{EG} < i_{SP}$ gilt. Bargeld erbringt keine Zinserträge.

---

[158] Vgl. Baumol, W. J. (1952), S. 545ff., Santomero, A. M./ Seater, J. J. (1996), S. 945ff., Berentsen, A. (1998), S. 94ff. und Kabelac, G. (1999), S. 14ff..
[159] Vgl. Santomero, A. M./Seater, J. J. (1996), S. 946.

Um Bestände des finanziellen Aktivums SP in Geld umzuwandeln ist es notwendig, die Bank aufzusuchen, wobei jeweils nur eine Geldart erhalten werden kann. Es kommt zu T Umwandlungen:

(25) $$T = T_{BG} + T_{SD} + T_{EG} .$$

Jede Umwandlung ist mit entsprechenden Kosten a_{BG}, a_{SD} und a_{EG} verbunden. Die Auswirkungen aller Zinserträge und der Kosten von Einkäufen und Umwandlungen auf das Einkommen des Wirtschaftssubjekts und damit auf den Konsum des Standardguts sollen unberücksichtigt bleiben[160].

Das Wirtschaftssubjekt versucht nun, seine Geldhaltung zu optimieren. Dazu ist folgende Profitfunktion pi zu maximieren[161]:

(26) $$pi = i_{SP} * SP + i_{SD} * SD + i_{EG} * EG - a_{BG} * T_{BG} - a_{SD} * T_{SD} - a_{EG} * T_{EG} - b_{BG} * Z_{BG} - b_{SD} * Z_{SD} - b_{EG} * Z_{EG} .$$

Für die durchschnittlich gehaltenen Bestände der Aktiva AK^D gilt:

(27) $$AK^D = SP^D + BG^D + SD^D + EG^D + X^D .$$

Da Einkäufe und Umwandlungen von SP in Geld in gleichbleibenden diskreten Intervallen vorgenommen werden und die Rate des Konsums konstant ist, muß auch gelten[162]:

(28) $$AK^D = X / 2 ,$$
(29) $$BG^D + X^D_{BG} = X_{BG} / (2 * T_{BG}) ,$$
(30) $$SD^D + X^D_{SD} = X_{SD} / (2 * T_{SD}) ,$$
(31) $$EG^D + X^D_{EG} = X_{EG} / (2 * T_{EG}) ,$$
(32) $$X^D_{BG} = X_{BG} / (2 * Z_{BG}) ,$$
(33) $$X^D_{SD} = X_{SD} / (2 * Z_{SD}) \text{ und}$$
(34) $$X^D_{EG} = X_{EG} / (2 * Z_{EG}) .$$

Daraus folgt:

(35) $$BG^D = (BG^D + X^D_{BG}) - X^D_{BG} = X_{BG} / (2 * T_{BG}) - X_{BG} / (2 * Z_{BG}) ,$$
(36) $$SD^D = (SD^D + X^D_{SD}) - X^D_{SD} = X_{SD} / (2 * T_{SD}) - X_{SD} / (2 * Z_{SD}) ,$$
(37) $$EG^D = (EG^D + X^D_{EG}) - X^D_{EG} = X_{EG} / (2 * T_{EG}) - X_{EG} / (2 * Z_{EG}) \text{ und}$$
(38) $$SP^D = AK^D - BG^D - SD^D - EG^D - X^D_{BG} - X^D_{SD} - X^D_{EG} = X / 2 - X_{BG} / (2 * T_{BG}) - X_{SD} / (2 * T_{SD}) - X_{EG} / (2 * T_{EG}) .$$

---

[160] Vgl. Santomero, A. M./Seater, J. J. (1996), S. 949.
[161] Vgl. Santomero, A. M./Seater, J. J. (1996), S. 947, Berentsen, A. (1998), S. 94f. und Kabelac, G. (1999), S. 15.
[162] Vgl. Santomero, A. M./Seater, J. J. (1996), S. 948.

Durch einsetzen in die Profitfunktion (26) ergibt sich:

$$(39)\quad pi = i_{SP} * (X / 2 - X_{BG} / (2 * T_{BG}) - X_{SD} / (2 * T_{SD}) - X_{EG} / (2 * T_{EG}))$$
$$+ i_{SD} * (X_{SD} / (2 * T_{SD}) - X_{SD} / (2 * Z_{SD}))$$
$$+ i_{EG} * (X_{EG} / (2 * T_{EG}) - X_{EG} / (2 * Z_{EG}))$$
$$- a_{BG} * T_{BG} - a_{SD} * T_{SD} - a_{EG} * T_{EG} - b_{BG} * Z_{BG} - b_{SD} * Z_{SD} - b_{EG} * Z_{EG} .$$

Das Wirtschaftssubjekt bestimmt nun, wie oft es eine Geldart zum Einkauf benutzt, wieviele Umwandlungen des hochverzinslichen Aktivums in die entsprechenden Geldarten es vornimmt und welche Menge des Standardgutes es mit einer Geldart kauft[163].

Von besonderem Interesse ist natürlich, in welchem Maße elektronisches Geld gehalten wird. Für die optimalen Werte von T_{EG} und Z_{EG} folgt aus den entsprechenden Ableitungen der Profitfunktion (39)[164]:

$$(40)\quad i_{SP} * X_{EG} / (2 * T_{EG}^2) - i_{EG} * X_{EG} / (2 * T_{EG}^2) - a_{EG} = 0 ,$$
$$(41)\quad T_{EG}^2 = (i_{SP} - i_{EG}) * X_{EG} / (2 * a_{EG}) ,$$
$$(42)\quad T_{EG} = ((i_{SP} - i_{EG}) * X_{EG} / (2 * a_{EG}))^{1/2} ,$$
$$(43)\quad i_{EG} * X_{EG} / (2 * Z_{EG}^2) - b_{EG} = 0 ,$$
$$(44)\quad Z_{EG}^2 = i_{EG} * X_{EG} / (2 * b_{EG}) \text{ und}$$
$$(45)\quad Z_{EG} = (i_{EG} * X_{EG} / (2 * b_{EG}))^{1/2} .$$

Beschließt das Wirtschaftssubjekt, $X_{EG} = X_{EG}^*$ Güter mit elektronischem Geld zu erwerben, so ergibt sich für die Nachfrage nach elektronischem Geld durch Einsetzung der Gleichungen (42) und (45) in die Funktion der durchschnittlichen Nachfrage nach elektronischem Geld (37)[165]:

$$(46)\quad EG^D = ((X_{EG}^*)^2 / (4 * (i_{SP} - i_{BG}) * X_{EG}^* / (2 * a_{EG})))^{1/2}$$
$$- ((X_{EG}^*)^2 / (4 * i_{EG} * X_{EG}^* / (2 * b_{EG})))^{1/2} \text{ und}$$
$$(47)\quad EG^D = (a_{EG} * X_{EG}^* / (2 * (i_{SP} - i_{EG}))^{1/2} - (b_{EG} * X_{EG}^* / (2 * i_{EG}))^{1/2} .$$

Die Nachfrage nach elektronischem Geld hängt also von den Umwandlungskosten des elektronischen Geldes a_{EG}, von den Kosten pro Einkauf mit elektronischem Geld b_{EG} und der Verzinsung des elektronischen Geldes und der alternativen Anlageform SP i_{EG} sowie i_{SP} ab.

Das Netzgeld läßt sich über das Internet jederzeit bei wahrscheinlich vernachlässigbaren Umwandlungskosten in ein hochverzinsliches aber zu Zahlungszwekken nicht geeignetes Aktivum umwandeln. Daher ist damit zu rechnen, daß es für die Wirtschaftssubjekte attraktiv ist, auch bei kleinen Zinsdifferenzen ein Um-

---

[163] Vgl. Santomero, A. M./Seater, J. J. (1996), S. 949.
[164] Vgl. Santomero, A. M./Seater, J. J. (1996), S. 949.
[165] Vgl. Berentsen, A. (1998), S. 95.

schichtung in ein höher verzinsliches nicht liquides Aktivum vorzunehmen und erst kurz vor einer Zahlung wieder Internetgeld zu halten. Wenn also die Verzinsung des Internetgeldes nicht ausreichend hoch ist, werden die Wirtschaftssubjekte ihre Geldhaltung dramatisch reduzieren[166]. Mit anderen Worten wird sich mit der Einführung des Internetgeldes entweder eine sehr hohe Umlaufsgeschwindigkeit des Geldes ergeben oder aber das Internetgeld entwickelt sich zu einem gleichermaßen liquidem und hochverzinslichem Aktivum.

Diese zunächst kontrovers wirkende Beobachtung muß der herkömmlichen Geldtheorie allerdings nicht unbedingt widersprechen. Die Zinsdifferenz zwischen Geld und den hochverzinslichen aber illiquiden finanziellen Aktiva, die den Wirtschaftssubjekten als Alternative zur Geldhaltung zur Verfügung stehen, wird in der Regel mit einer Prämie aufgrund der Liquiditätsdienstleistungen des Geldes erklärt[167]. Sobald aber die Möglichkeit besteht, Geld jederzeit und nahezu ohne Kosten in hochverzinsliche Aktiva umzuwandeln, existiert ein Liquiditätsvorteil des Geldes nicht mehr. Somit ergibt sich eine Übereinstimmung der herkömmlichen geldtheoretischen Überlegungen mit den Ergebnissen der Untersuchung des Kassenhaltungsmodelles, weil auch die traditionelle Geldtheorie unter den angenommenen Bedingungen entweder ein Verschwinden der Liquiditätsprämie und damit auch der Zinsdifferenz diagnostiziert, oder aber davon ausgeht, daß die Wirtschaftssubjekte die Möglichkeit zu Umschichtungen intensiv nutzen werden und somit nahezu kein Geld mehr halten. Es läßt sich vielleicht etwas überspitzt formuliert feststellen, daß eine solche Entwicklung den Begriff der Liquidität ad absurdum führen würde. Wenn diese Situation eintreten sollte, wird auch die Definition von Geldmengenaggregaten erschwert, weil sich die Abgrenzung der verschiedenen Geldmengen an der Liquidität der in diesem Zusammenhang relevanten finanziellen Aktiva orientiert[168].

2.4.3 Ein spieltheoretisches Modell

Das vorgestellte Kassenhaltungsmodell liefert wichtige Einsichten bezüglich der Geldnachfrage der Wirtschaftssubjekte. Allerdings werden nur die Nachfrager nach Gütern betrachtet. Das Verhalten der Anbieter der Güter wird nicht untersucht, obwohl natürlich auch die Anbieter von entscheidender Bedeutung für den Erfolg einer Form des elektronischen Geldes sind[169].

Daher erscheint es sinnvoll, das Verhalten von Anbietern und Nachfragern modelltheoretisch zu betrachten. Die Grundlage der folgenden Überlegungen ist ein

---

[166] Vgl. Berentsen, A. (1998), S. 114 und Wallace, N. (1986), S. 202ff..

[167] Vgl. z. B. Hahn, F. H. (1990), S. 73ff., Hicks, J. R. (1989), S. 52, Chrystal, K. A. (1977), S. 842, Barnett, W. A. (1978), S. 145ff. und Kessel, R. A./Alchian, A. A. (1962), S. 522. Zum Zusammenhang zwischen Liquidität und Transaktionskosten siehe z. B. Miller, H. L. (1965), S. 43ff..

[168] Vgl. Yeager, L. B./Greenfield, R. L. (1989), S. 414 und Rahn, R. W. (1997), S. 83.

[169] Vgl. Wenninger, J./Laster, D. (1995), S. 2, Lacker, J. M. (1996), S. 1f., Rossel, M. (1997), S. 8, Groeneveld, J. M./Visser, A. (1997), S. 83, Berentsen, A. (1998), S. 97, Coates, V. (1998), S. 27, Seitz, F./Ruckriegel, K. (1999), S. 229 und Weiner, S. E. (1999), S. 9.

Modell, daß auf Berentsen zurückgeht[170]. Es soll davon ausgegangen werden, daß ein bestimmtes Zahlungsmedium existiert, zum Beispiel Bargeld, welches von allen Wirtschaftssubjekten akzeptiert wird. Nun wird auch elektronisches Geld eingeführt. Anbieter A und Nachfrager N, die die neue Geldform möglicherweise nutzen wollen, müssen zuvor bestimmte Investitionen tätigen[171]. Diese Investitionen ergeben sich zum Beispiel durch den Kauf eines Kartenlesers oder eines entsprechenden Softwareprodukts und auch durch die Mühe bei der Installation des Kartenlesers und der Software. Sowohl Anbieter als auch Nachfrager müssen nun entscheiden, ob es sich lohnt, diese Investitionen vorzunehmen. Der aus der Investition folgende Nutzen hängt dabei entscheidend vom Verhalten der anderen Anbieter und Nachfrager ab. Akzeptieren beispielsweise nur wenige Anbieter das neue elektronische Geld, so ist eine Investition der Nachfrager in die Nutzung des elektronischen Geldes kaum lohnenswert, andererseits wird wohl kaum ein Anbieter eine solche Investition tätigen, wenn nicht eine gewisse Anzahl von Nachfragern die neue Geldform nutzt[172].

Für die weiteren Überlegungen soll davon ausgegangen werden, daß nur jeweils ein repräsentativer Anbieter und Nachfrager existiert. Die Nutzung der bereits etablierten Geldform Bargeld BG verursacht für Anbieter und Nachfrager jeweils Kosten in Höhe von b_{BG}. Die Nutzung der neuen Geldform elektronisches Geld EG verursacht für beide Wirtschaftssubjekte jeweils Kosten in Höhe von b_{EG}. Außerdem muß vor der ersten Nutzung eine Investition f getätigt werden. Es soll gelten:

(48) $$b_{BG} > f + b_{EG}\,.$$

Berentsen argumentiert nun, daß die Profitabilität der Investition in das elektronische Geld für ein Wirtschaftssubjekt davon abhängt, wie sich das jeweils andere Wirtschaftssubjekt verhält. Die Wahrscheinlichkeit, daß der Anbieter in das elektronische Geld investiert soll w_A betragen. Entsprechend ist die Wahrscheinlichkeit, daß der Nachfrager in die neue Form des Geldes investiert w_N.

Wenn der Ertrag einer Transaktion ER beträgt, ergibt sich der folgende erwartete Profit pi_E des Anbieters[173]:

(49) $$pi_E = (1 - w_A) * (ER - b_{BG}) \\ + w_A * (w_N * (ER - b_{EG}) + (1 - w_N) * (ER - b_{BG}) - f)\,.$$

Der Anbieter wählt w_A so, daß pi_E maximiert wird. Die optimale Strategie ergibt sich folgendermaßen: Der Anbieter investiert bei $f < w_N * (b_{BG} - b_{EG})$ in die neue

[170] Vgl. Berentsen, A. (1998), S. 97.
[171] Vgl. Berentsen, A. (1998), S. 97.
[172] Vgl. Wenninger, J./Laster, D. (1995), S. 3 und Berentsen, A. (1998), S. 98. Siehe auch Roberds, W. (1998), S. 47.
[173] Vgl. Berentsen, A. (1998), S. 98.

Form des Geldes, bei $f > w_N * (b_{BG} - b_{EG})$ tätigt er keine Investition in die Nutzung des elektronisches Geldes. Wenn $f = w_N * (b_{BG} - b_{EG})$ gilt ist der Anbieter bezüglich der Investition indifferent. Je größer die Kosten sowohl der Investition f als auch der Nutzung des elektronischen Geldes b_{EG} sind, desto größer ist die Wahrscheinlichkeit, daß der Anbieter nicht investiert. Je größer die Kosten der Nutzung des Bargeldes b_{BG} und je wahrscheinlicher die Nutzung durch den Nachfrager w_N, desto größer ist die Wahrscheinlichkeit, daß der Anbieter investiert.

Für die erwarteten Ausgaben des Nachfragers ex_E gilt[174]:

(50)
$$ex_E = (1 - w_N) * (ER - b_{BG}) + w_N * (w_A * (ER + b_{EG}) + (1 - w_A) * (ER + b_{EG}) + f) .$$

Der Nachfrager wählt w_N so, daß ex_E minimiert wird. Analog zum Anbieter ergibt sich folgende optimale Strategie für den Nachfrager: Die Investition wird bei $f < w_A * (b_{BG} - b_{EG})$ getätigt, bei $f > w_A * (b_{BG} - b_{EG})$ sieht der Nachfrager von der Investition in das elektronische Geld ab. Gilt $f = w_A * (b_{BG} - b_{EG})$ so ist der Nachfrager indifferent. Die optimalen Strategien der beiden Wirtschaftssubjekte lassen sich in einem Diagramm abtragen (Abbildung 7). Dabei repräsentiert die Kurve I die Reaktion des Nachfragers und die Kurve II die Reaktion des Anbieters.

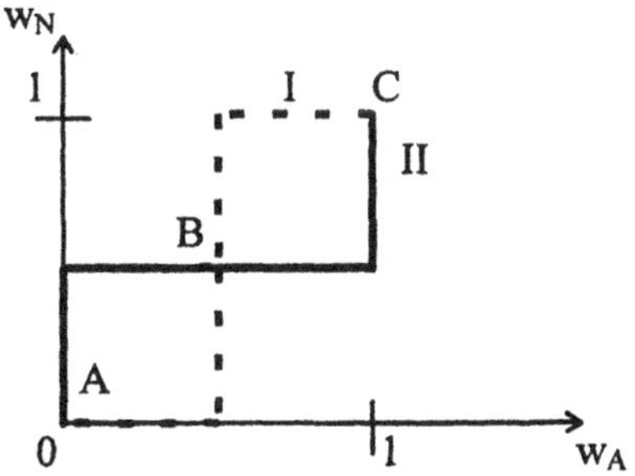

Abbildung 7: Strategische Interaktion zwischen den Nutzern des elektronischen Geldes
Quelle: Berentsen, A. (1998), S. 99.

Berentsen stellt folglich fest, daß drei Nash-Gleichgewichte existieren. Im ersten Gleichgewicht A wird das elektronische Geld nicht genutzt, obwohl die Nutzung für beide Wirtschaftssubjekte von Vorteil wäre. In Gleichgewicht B finden Bargeld und elektronisches Geld nebeneinander Anwendung. Das Gleichgewicht C repräsentiert eine Situation, in der nur elektronisches Geld genutzt wird. Nach Berentsen zeigt sich folglich, daß in diesem Modell die optimale Strategie eines Wirtschaftssubjektes maßgeblich vom Verhalten des anderen Wirtschaftssubjektes beeinflußt wird. Für die Produzenten eines elektronischen Geldes bedeutet dies,

[174] Vgl. Berentsen, A. (1998), S. 99.

daß sie, um mit ihrem neuen Zahlungsmittel Erfolg zu haben, alle potentiellen Nutzer nicht nur von der Vorteilhaftigkeit ihres Zahlungsmittels, sondern auch von einer möglichst weitgehenden Akzeptanz überzeugen müssen[175].

Es ergeben sich allerdings gewisse Zweifel an den Schlußfolgerungen Berentsens. Berentsens Aussage, daß dieses Modell auch dann über keine eindeutige Lösung verfügt, wenn $f = 0$ gilt und die Investition in elektronisches Geld somit keine Kosten verursacht, ist falsch. Wie die Auszahlungsmatrix (Abbildung 8) zeigt, ist in diesem Fall die Strategie in elektronisches Geld zu investieren für beide Wirtschaftssubjekte schwach dominant, was bedeutet, daß die Wirtschaftssubjekte durch die Wahl dieser Strategie nie schlechter, in mindestens einem Fall aber besser gestellt werden, als durch die Wahl der schwach dominierten Strategie.

		A: Investition in elektronisches Geld	A: keine Investition in elektronisches Geld
N	Investition in elektronisches Geld	$-(ER + b_{EG})$, $(ER - b_{EG})$	$-(ER + b_{BG})$, $(ER - b_{BG})$
N	keine Investition in elektronisches Geld	$-(ER + b_{BG})$, $(ER - b_{BG})$	$-(ER + b_{BG})$, $(ER - b_{BG})$

Abbildung 8: Das Spiel elektronisches Geld Version 1

Auch mit $f \neq 0$ ist die Lösung Berentsens problematisch. Es ist zwar richtig, daß drei Nash-Gleichgewichte existieren, bei Betrachtung der Auszahlungsmatrix (Abbildung 9) zeigt sich aber, daß wegen $b_{BG} > b_{EG} + f$ das Nash-Gleichgewicht im ersten Quadranten die beiden anderen Nash-Gleichgewichte auszahlungsdominiert[176].

		A: Investition in elektronisches Geld	A: keine Investition in elektronisches Geld
N	Investition in elektronisches Geld	$-(ER + b_{EG} + f)$, $(ER - b_{EG} - f)$	$-(ER + b_{BG} + f)$, $(ER - b_{BG})$
N	keine Investition in elektronisches Geld	$-(ER + b_{BG})$, $(ER - b_{BG} - f)$	$-(ER + b_{BG})$, $(ER - b_{BG})$

Abbildung 9: Das Spiel elektronisches Geld Version 2

[175] Vgl. Berentsen, A. (1998), S. 100.
[176] Vgl. Selten, R./Güth, W. (1979), S. 8.

Offensichtlich sollten Anbieter und Nachfrager also in das elektronische Geld investieren. Keines der beiden Wirtschaftssubjekt muß, vorausgesetzt beide handeln rational, damit rechnen, daß das andere Wirtschaftssubjekt nicht in das elektronische Geld investiert. Die Strategie, das neue Zahlungsmittel zu nutzen, ist vorteilhaft, weil die Finanzinnovation elektronisches Geld in diesem Modell überlegene Charakteristika aufweist. Das von Berentsen beschriebene Problem wäre dann eindeutiger, wenn zum Beispiel zwei Zahlungsmittel mit gleichwertigen Charakteristika neu eingeführt würden.

Daher soll nun angenommen werden, daß zwei Anbieter in Konkurrenz zueinander zwei verschiedene Arten des elektronischen Geldes EG1 und EG2 in eine Volkswirtschaft einführen, in der bisher nur Bargeld existierte, wobei jedes Wirtschaftssubjekt aus Kostengründen nur bereit ist, ein neues Zahlungsmittel neben dem Bargeld zu akzeptieren. Zur Nutzung einer Art des elektronischen Geldes müssen der Anbieter und der Nachfrager von Gütern in die entsprechenden Technologien investieren, was zu Kosten in Höhe von f_1 beziehungsweise f_2 führt. Daneben verursacht die Nutzung einer Form des elektronischen Geldes Kosten in Höhe von b_{EG1} beziehungsweise b_{EG2}. Es soll gelten:

(51) $$b_{BG} > b_{EG1} + f_1 = b_{EG2} + f_2$$

Für Anbieter und Nachfrager ergibt sich die in Abbildung 10 dargestellte Auszahlungsmatrix. Werden nur reine Strategien betrachtet, so ergeben sich drei Nash-Gleichgewichte. Hierbei handelt es sich um die Strategiekombinationen Investition in EG1 und Investition in EG1, Investition in EG2 und Investition in EG2 sowie keine Investition und keine Investition. Die ersten beiden Nash-Gleichgewichte sind bezogen auf ihre Auszahlungen identisch, was aus der Annahme der gleichwertigen Charakteristika der Zahlungsmittel EG1 und EG2 folgt. Daher kann das Kriterium der Auszahlungsdominanz nicht zur Selektion einer eindeutigen Lösung dienen. Da keine eindeutige Lösung existiert sind aber, wenn keine weiteren Informationen über die Wirtschaftssubjekte vorliegen, alle drei Nash-Gleichgewichte relevant, weil ein Wirtschaftssubjekt wegen $b_{BG} < b_{BG} + f_1$ beziehungsweise $b_{BG} < b_{BG} + f_2$ vor einer Investition in eine der beiden Formen des elektronischen Geldes zurückschrecken kann, und daher unter Umständen nur Bargeld nutzt. In diesem Zusammenhang sind nun die Überlegungen Berentsens wichtig. Die Wirtschaftssubjekte wollen natürlich Fehlinvestitionen in Technologien ohne Zukunft vermeiden. Daher muß die Bedeutung des Vertrauens in die Fähigkeit eines neuen Zahlungsmittels, sich am Markt als Standard zu etablieren, nochmals betont werden.

		A		
		Investition in EG1	Investition in EG2	keine Investition
	Investition in EG1	$-(ER + b_{EG1} + f_1)$, $(ER - b_{EG1} - f_1)$	$-(ER + b_{BG} + f_1)$, $(ER - b_{BG} - f_2)$	$-(ER + b_{BG} + f_1)$, $(ER - b_{BG})$
N	Investition in EG2	$-(ER + b_{BG} + f_2)$, $(ER - b_{BG} - f_1)$	$-(ER + b_{EG2} + f_2)$, $(ER - b_{EG2} - f_2)$	$-(ER + b_{BG} + f_2)$, $(ER - b_{BG})$
	keine Investition	$-(ER + b_{BG})$, $(ER - b_{BG} - f_1)$	$-(ER + b_{BG})$, $(ER - b_{BG} - f_2)$	$-(ER + b_{BG})$, $(ER - b_{BG})$

Abbildung 10: Das Spiel elektronisches Geld Version 3

Diese Situation rivalisierender Standards, die sich nun auf dem Markt für elektronisches Geld abzeichnet, erinnert an den Kampf um die dominierende Position sowohl im Markt für Videorecorder Anfang der 80er Jahre als auch im Markt für Betriebssysteme am Ende der 80er Jahre. Auf diesen Märkten haben sich JVC mit VHS und Microsoft mit MS-DOS durchgesetzt. Beide Standards gelten im Vergleich zu den damaligen Rivalen als technologisch zumindest nicht überlegen. Hier zeigt sich also, daß bei der Entwicklung von Standards nicht nur technologische Vorteile, sondern auch Marketing und Vertrauen eine große Rolle spielen.

Allerdings ist es bezogen auf das elektronische Geld auch möglich, daß Wirtschaftssubjekte in mehr als nur ein neues Zahlungsmittel investieren. Dies dürfte insbesondere dann gelten, wenn die Charakteristika der entsprechenden Finanzinnovationen hinreichend vorteilhaft und die Kosten einer Investition eher klein sind.

2.5 Elektronisches Geld und geldpolitische Steuerung

2.5.1 Vorbemerkungen

Die Auswirkungen des elektronischen Geldes auf die geldpolitischen Steuerungsmöglichkeiten einer Zentralbank werden in der Literatur sehr unterschiedlich beurteilt. Es lassen sich aber zwei extreme Positionen identifizieren. Zum einen existiert die Meinung, daß es keine problematischen Auswirkungen gibt, zum anderen wird die Hypothese vertreten, daß das elektronische Geld jede Form einer staatlichen Geldpolitik unmöglich machen könnte[177]. Die Auffassung der meisten Autoren liegt zwischen diesen beiden Extremen, wobei mögliche Schwierigkeiten

[177] Vgl. z. B. einerseits Bibow, J./Wichmann, T. (1997), S. 134ff. und andererseits Dowd, K. (1998), S. 327. In diesem Zusammenhang wird eine besonders extreme Position von Ely vertreten, der festhält, daß das elektronische Geld keinen Einfluß auf die geldpolitischen Steuerungsmöglichkeiten einer Zentralbank hat, weil die Geldversorgung ohnehin nicht von der Zentralbank kontrolliert werden kann, siehe Ely, B. (1997), S. 104ff..

durch das elektronische Geld in der Mehrzahl der Veröffentlichungen thematisiert werden[178].

Bei der Analyse der Folgen der Einführung des elektronischen Geldes für die geldpolitischen Steuerungsmöglichkeiten ist es, wie sich zeigen wird, sinnvoll, zwischen allgemeinen Auswirkungen, die auf alle Formen des elektronischen Geldes zurückgehen, und den Auswirkungen des möglicherweise global genutzten Internetgeldes zu unterscheiden[179].

2.5.2 Allgemeine Probleme durch das elektronische Geld

Die bisherigen Überlegungen haben insbesondere zwei Faktoren identifiziert, die die geldpolitischen Kontrollmöglichkeiten einer Zentralbank gefährden könnten. Diese beiden Faktoren sind zum einen die Erhöhung der Umlaufsgeschwindigkeit durch die gestiegene Effizienz der Geldnutzung und zum anderen das Ansteigen des Geldmultiplikators, insbesondere aufgrund der Verdrängung des Bargeldes. Die Ergebnisse der Geldmultiplikatoranalyse müssen natürlich vorsichtig interpretiert werden. Mit einer unendlichen Ausdehnung der Geldmenge, wie sie von Söllner und Wilfert unter bestimmten Umständen befürchtet wird, ist sicherlich nicht zu rechnen[180]. Schließlich werden die Geschäftsbanken, wie gezeigt worden ist, aufgrund der Erfordernisse des Marktes freiwillig Reserven halten[181]. Von einem möglicherweise sogar stark steigenden Geldmultiplikator ist aber wegen der Verdrängung des Bargeldes in jedem Fall auszugehen.

Nach der Ansicht vieler Autoren ergibt sich ein besonderes Problem für die Zentralbank, wenn elektronisches Geld nicht nur im Austausch mit Zentralbankgeld oder Depositen geschaffen wird, sondern auch im Rahmen einer Kreditvergabe entsteht[182]. Dabei betont Solomon, daß sowohl Geldmenge als auch Umlaufsgeschwindigkeit betrachtet werden müssen[183]:

> When Money exists as credits on an electronic net - one isn't quite certain where this would be at any given nanosecond - it becomes difficult if not impossible to seperate out the underlying M and its turnover, or velocity V. At the extreme, there is only one giant MV blob - money flow in its entirety.

---

[178] Vgl. z. B. Söllner, F./Wilfert, A. (1996), S. 397ff., Borchert, M. (1996), S. 42f., Spranz, D. (1996), S. 166f., Dowd, K. (1998), S. 327ff., Seitz, F./Ruckriegel, K. (1999), S. 228ff. und Hartmann, W. (1999), S. 7.

[179] Vgl. Spranz, D. (1996), S. 167.

[180] Vgl. Söllner, F./Wilfert, A. (1996), S. 401.

[181] Allerdings verliert die Zentralbank jede Möglichkeit zur Steuerung der Geldmenge, wenn die privaten Nichtbanken die Haltung von Bargeld völlig aufgeben, eine Mindestreservepflicht nicht durchgesetzt werden kann und die Geschäftsbanken zudem bei der Abwicklung des Interbankenclearings nicht mehr auf Zentralbankgeld zurückgreifen, sondern andere Aktiva nutzen (z. B. AAA-Bonds). Vgl. Klein, M. (2000), S. 13f. und King, M. (1999), S. 48f..

[182] Vgl. z. B. Söllner, F./Wilfert, A. (1996), S. 401, Borchert, M. (1996), S. 42, European Central Bank (1998), S. 13 und Deutsche Bundesbank (1999), S. 52.

[183] Solomon, E. H. (1997), S. 111.

Häufig wird die Meinung vertreten, daß die Zentralbank auch unter diesen schwierigen Bedingungen ihre Kontrollmöglichkeiten erhalten kann, wenn der Einsatz der geldpolitischen Instrumente an die veränderte Situation angepaßt wird[184]. Insbesondere drei Aktionsvariablen der Zentralbank, die Kürzung des Refinanzierungsvolumens der Geschäftsbanken, die Erhöhung der Mindestreserve und die Ausweitung der Reservepflicht auf das elektronische Geld, sind in diesem Zusammenhang relevant[185]. Bei diesen Überlegungen muß bedacht werden, daß der Seigniorage, also der Geldschöpfungsgewinn der Zentralbank, ceteris paribus dann sinkt, wenn die Geldbasis sich verkleinert. Der Seigniorage scheint zunächst keine direkte Bedeutung für die Geldpolitik zu haben. Groeneveld und Visser sowie Möker weisen allerdings darauf hin, daß ein starkes Absinken des Seigniorages unter Umständen eine Bedrohung für die Unabhängigkeit einer Zentralbank darstellen kann[186]. Möker stellt fest[187]:

> Die Notenbank wäre unter den extremen Umständen eines sehr weitgehenden Bargeldersatzes (...) insoweit dann ggf. auf die Zuteilung von Haushaltsmitteln durch andere öffentliche Stellen angewiesen, wodurch auch ihre Unabhängigkeit berührt werden könnte.

Da die Unabhängigkeit der Zentralbank vor allem in Deutschland häufig als Grundlage für eine stabilitätsorientierte Geldpolitik angesehen wird, könnte ein starkes Absinken des Seigniorages als Gefahr für die Solidität des Geldwesens angesehen werden. Diese Überlegung soll im Rahmen dieser Arbeit aber nicht weiter verfolgt werden.

Wenn die drei relevanten Aktionsvariablen einer Zentralbank näher betrachtet werden, muß es fraglich als erscheinen, ob sich eine Erhöhung von Reservesätzen oder eine Ausweitung der Reservepflicht überhaupt durchsetzen läßt. Sollten Internetgeld und Internetbanking, wie angenommen, die internationale Konkurrenz im Finanzsektor verstärken, dürfte die Sorge um die Konkurrenzfähigkeit des nationalen Bankensystems eine Verschärfung der Reservevorschriften unmöglich machen[188]. Folglich ergibt sich eine besondere Bedeutung der Kürzung der Refinanzierung.

Um die Implikationen dieser Vorgehensweise für die strategischen Optionen einer Zentralbank bezogen auf alle denkbaren Zwischenziele und Operating Targets zu untersuchen, fehlt hier der Platz. Daher sollen exemplarisch bestimmte Schwierigkeiten aufgezeigt werden.

Es ist natürlich von entscheidender Bedeutung, daß das elektronische Geld in das gesteuerte Geldmengenaggregat integriert wird, wenn die Zentralbank eine

---

[184] Vgl. Bibow, J./Wichmann, T. (1997), S. 134f. und Braasch, B./Hesse, H. (1994), S. 55f..

[185] Vgl. Bibow, J./Wichmann, T. (1997), S. 134ff., Braasch, B./Hesse, H. (1994), S. 54ff. und Söllner, F./Wilfert, A. (1996), S. 399.

[186] Vgl. Groeneveld, J. M./Visser, A. (1997), S. 70 und 84f. sowie Möker, U. (1998), S. 189.

[187] Möker, U. (1998), S. 189.

[188] Vgl. Jordan, J. L./Stevens, E. J. (1997), S. 121, Braasch, B./Hesse, H. (1994), S. 56, Berentsen, A. (1998), S. 114 und Dowd, K. (1998), S. 328.

Strategie der Geldmengensteuerung verfolgt. Nur so läßt sich ein fester Zusammenhang zwischen Geldmengenaggregat und Sozialprodukt erhalten. Die Erfassung einer um das elektronische Geld erweiterten Geldmenge wird sich insbesondere dann als schwierig erweisen, wenn auch Nichtbanken elektronisches Geld herausgeben.

Bei einer Steuerung der Geldmenge über das Operating Target Geldbasis führt eine Reduzierung der Refinanzierung, also ein Absinken der Geldbasis, zu einer Verkürzung der Bilanz und damit des geldpolitischen Hebels der Zentralbank[189]. In der Regel dürfte dieser verkürzte Hebel kein Problem darstellen. Es muß aber bei angespannten Situationen mit Schwierigkeiten gerechnet werden, weil sich Tendenzen zu einer, durch welche Faktoren auch immer ausgelösten, Erhöhung der Geldbasis unter Umständen mangels Masse nicht vollständig durch eine entsprechende Kürzung der Refinanzierung und damit eine entgegengesetzte proportionale Senkung der Geldbasis sterilisieren lassen. Will die Zentralbank zum Beispiel den Wechselkurs einer ausländischen Währung durch Ankäufe stabilisieren, ergibt sich möglicherweise ein Anstieg der Geldbasis, der aufgrund der Verkürzung der Bilanz der Zentralbank nicht gänzlich zurückgeführt werden kann. Wenn aber davon ausgegangen wird, daß das elektronische Geld sowohl zu einem hohen Geldmultiplikator m als auch zu einer hohen Umlaufsgeschwindigkeit v führt, so ist, wie an der Quantitätsgleichung zu sehen ist, schon bei einer kleinen Ausweitung der Geldbasis B mit einem erheblichen Inflationspotential zu rechnen:

$$Y * p = v * m * B . \tag{52}$$

Neben der gestiegenen Höhe sowohl des Multiplikators als auch der Umlaufsgeschwindigkeit des Geldes existiert ein wohl noch gewichtigeres Problem für die Durchführung der Geldmengensteuerung. Das elektronische Geld könnte nämlich nicht nur die Höhe, sondern auch die Variabilität der Umlaufsgeschwindigkeit vergrößern. Eine gewisse Stabilität dieser Größe ist aber eine Voraussetzung für den Erfolg des Konzepts der Geldmengensteuerung.

Viele Autoren sehen daher in der Verdrängung des Bargeldes und der daraus folgenden Verkürzung des geldpolitischen Hebels ein großes Problem für die Kontrollierbarkeit der Geldmenge und damit für die Stabilität des Preisniveaus[190]. Selgin schließt sich dieser Meinung allerdings nicht an. Er argumentiert, daß durch die Verdrängung des Bargeldes die Stabilität des Bankensystems erhöht wird, weil der schwankende Bargeldbedarf der privaten Nichtbanken, der für jede Zentralbank ein großes Problem darstellt, verschwindet[191]. Ohne die Notwendigkeit, Bargeld als Zahlungsmittel für die privaten Nichtbanken bereitstellen zu

[189] Vgl. Braasch, B./Hesse, H. (1994), S. 51, Issing, O. (1997), S. 619 und Möker, U. (1998), S. 198f., Friederich, H.-J. (1999), S. 404 und Deutsche Bundesbank (1999), S. 51.

[190] Vgl. z. B. Kath, D./Franz, A. (1991), S. 97 und Kath, D. (1998), S. 219f..

[191] Vgl. Selgin, G. A. (1997), S. 97f..

müssen, kann sich die Zentralbank auf die Produktion von Zentralbankgeld als Reservemittel für die Geschäftsbanken konzentrieren. Selgin führt aus[192]:

The U. S. money stock in public hands would then be fully privatized, with the Fed serving only as a source of bank reserves.

Weil der mechanistischen Sichtweise des Geldmultiplikators widersprochen wird, dürfte Selgins Meinung nur von den wenigsten Ökonomen geteilt werden. Eine genauere Analyse dieser Ausführungen Selgins soll im Anschluß an die in diesem Zusammenhang relevante Untersuchung von wettbewerblichen Geld- und Währungsordnungen erfolgen.

Die möglichen Auswirkungen der hier untersuchten Finanzinnovationen lassen sich, trotz der Einwände Selgins, durchaus als Schock in der monetären Sphäre auffassen. Nach Poole könnte in einem solchen Fall die Steuerung eines Zinssatzes der Geldmengensteuerung überlegen sein[193]. Aber auch eine Zinssteuerung kann für die Zentralbank durch das elektronische Geld überaus problematisch werden. Für die erfolgreiche Durchführung einer Geldpolitik auf der Grundlage der Zinssteuerung und, der Deutschen Bundesbank folgend, auch der Geldmengensteuerung über Refinanzierungssätze muß die Geldnachfrage eine abnehmende Funktion des Zinses sein[194]. Diese grundsätzliche Voraussetzung ist nun unter Umständen nicht mehr gegeben. Die aktuellen und absehbaren Finanzinnovationen werden, wie bereits gezeigt wurde, einen Einfluß auf die Geldnachfrage haben. In diesem Zusammenhang sind die Ergebnisse der Überlegungen im Rahmen des Kassenhaltungsmodells relevant. Zum einen könnten die privaten Nichtbanken ihre Geldhaltung so stark rationalisieren, daß für zinsbedingte Umschichtung kein Spielraum verbleibt und die Geldnachfrage nur noch von den Transaktionskosten sowie dem Stand der Technologie der Zahlungssysteme abhängt[195]. Die Folge wäre eine starke Abnahme der Zinselastizität der Geldnachfrage beziehungsweise sogar eine zinsunelastische Geldnachfrage, was die Steuerungsmöglichkeiten der Zentralbank einschränkt, weil die Geldnachfrage nicht oder nur noch in sehr geringem Ausmaße auf von der Zentralbank induzierte Zinsänderungen reagiert[196]. Zum anderen könnte die Zinsdifferenz zwischen liquiden und nicht liquiden Aktiva so gering werden, daß sich zinsbedingte Umschichtungen für die Wirtschaftssubjekte nicht mehr lohnen[197]. Auch in diesem Fall kommt es zu einer zinsunelastische Geldnachfrage; eventuell ist sogar damit zu rechnen, daß die Geldnachfrage sich bei steigenden Zinsen erhöht.

---

192 Selgin, G. A. (1997), S. 98.
193 Vgl. Poole, W. (1970), S. 200ff..
194 Vgl. Deutsche Bundesbank (1999), S. 51.
195 Vgl. Maier, G. (1983), S. 247 und Deutsche Bundesbank (1999), S. 51.
196 Vgl. Maier, G. (1983), S. 247f. und Seitz, F./Ruckriegel, K. (1999), S. 234.
197 Vgl. Solomon, A. M. (1982), S. 21f. und Deutsche Bundesbank (1997), S. 46.

Insgesamt ergeben sich für die Zentralbank durch die Charakteristika des elektronischen Geldes eine Reihe von Schwierigkeiten. Die herrschende Meinung in der Literatur dürfte aber davon ausgehen, daß dem „Problem" elektronisches Geld durch entsprechende Anpassung der Strategien und des Instrumentariums beizukommen ist. Inwieweit diese Einschätzung auch für das unter Umständen global genutzte Internetgeld gilt, muß nun überprüft werden.

2.5.3 Probleme durch das Internetgeld

Neben den allgemeinen Problemen, die aus den speziellen Charakteristika aller Formen des elektronischen Geldes folgen, sieht sich die Zentralbank bei dem Versuch, das Internetgeld zu kontrollieren, noch größeren Schwierigkeiten ausgesetzt. Diese Probleme ergeben sich insbesondere aus der zunehmenden Internationalisierung und Globalisierung. Dabei war die Internationalisierung für nationale Zentralbanken und Bankaufsichtsbehörden schon immer problematisch, weil diese Institutionen nur im Inland eine Regulierungsbefugnis haben[198].

Zunächst ergibt sich das Problem der Quantifizierung des von den Banken geschöpften Netzgeldes. Hier existieren Modelle, die zum Beispiel die Ausgabe von ecash um die Signatur einer Zentralbank erweitern[199]. Ein Token wäre dann nur gültig, wenn es sowohl von der ausgebenden Bank als auch von der Zentralbank signiert wurde. So ließe sich zunächst wenigstens ermitteln, wieviel Internetgeld von den nationalen Geschäftsbanken geschöpft wurde. Das Problem der Quantifizierung des von Nichtbanken geschaffenen Netzgeldes verbleibt, weil diese in der Regel nicht unter der Aufsicht der Zentralbank stehen.

Auch wenn es für geldpolitische Maßnahmen sicherlich notwendig ist, zu wissen, welche Menge an Internetgeld vorhanden ist, ergibt sich das Grundproblem einer nationalen oder supranationalen Zentralbank allerdings aus der Tatsache, daß das Internetgeld global von inländischen und ausländischen Wirtschaftssubjekten im Cyberspace des Internet genutzt wird. Damit existiert kein einheitlicher Währungsraum mehr.

Wie aber soll eine nationale oder supranationale Zentralbank eine Geldpolitik ohne eigenen Währungsraum durchführen? So wird zum Beispiel eine potentialorientierte Geldpolitik, wie sie von der Deutschen Bundesbank verfolgt wurde, für eine Zentralbank nahezu unmöglich, wenn Internetgeld auf der Basis der Währung dieser Zentralbank in großem Maße weltweite Verbreitung findet. Welchen Wert sollte die Zentralbank schließlich für das Wachstum des Produktionspotentials ansetzen? Der Personenkreis der Nutzer einer spezifischen Form des Netzgeldes dürfte, aufgrund der insbesondere von Datenschützern geforderten Anonymität bei Transaktionen im Internet, jedenfalls kaum abgrenzbar sein. Zudem muß davon ausgegangen werden, daß sich dieser Personenkreis aufgrund der starken globalen

---

[198] Vgl. z. B. Geigant, F. (1984), S. 556, Burns, A. F. (1988), S. 38f. und Köhler, B. (1996), S. 33ff..

[199] Vgl. Wrightson, G./Furche, A. (1997), S. 344ff. und Hartmann, M./Wrightson, G. (1997), S. 475ff..

Konkurrenz der Anbieter von Zahlungssystemen unter Umständen häufig und schnell verändert. Folglich besitzen die Zentralbanken nicht die Informationen, um festzustellen, wo und in welchem Umfang ihre jeweiligen Währungen eingesetzt werden.

Die geldpolitischen Kontrollmöglichkeiten der nationalen und supranationalen Zentralbanken sind also durch die zu befürchtende Auflösung der einheitlichen Währungsräume in starkem Maße bedroht. Dabei steigt die Gefahr des Einflußverlustes der Zentralbanken in dem Maße, indem die Bedeutung des Electronic Commerce zunimmt. Mit steigendem Umsatz im Electronic Commerce erhöht sich nämlich auch der Anteil des weltweit über das Internet, und somit potentiell mit der Hilfe von nicht im Inland emittiertem Netzgeld, bewegten Sozialprodukts. Auch wenn beim Electronic Commerce andere Zahlungsformen, zum Beispiel kontenbasierte Zahlungssysteme, Anwendung finden, besteht die Gefahr, daß selbst bei Transaktionen zwischen Inländern Dienstleistungen ausländischer Finanzintermediäre und ausländische Währungen genutzt werden. Außerdem kann Internetgeld, durch die mögliche Speicherung auf Smart Cards, inzwischen auch aus dem virtuellen in den realen Raum gelangen.

Entsprechende Probleme ergeben sich durch die grenzüberschreitende Natur des Cyberspace auch für viele andere Bereiche, in die der Staat regulierend eingreift. In diesem Zusammenhang ist zum Beispiel an den Vertrieb von Arzneimitteln über das Internet, an Fragen der Besteuerung und des Urheberrechts oder an das Glücksspiel im Netz zu denken[200].

Es erscheint daher wichtig, die mögliche Bedrohung der Einflußmöglichkeiten der Zentralbanken durch das Netzgeld näher zu analysieren. Da sich die zukünftigen Entwicklungen heute nur schwer abschätzen lassen und empirische Untersuchungen aufgrund von fehlenden Daten ohnehin nicht möglich sind, soll auf eine von Horwitz, einem der derzeit wohl prominentesten Vertreter der Neo-Österreichischen-Schule, vorgeschlagene Methodik zurückgegriffen werden. Horwitz stellt fest, daß die Äußerungen und Meinungen von qualifizierten Betrachtern im Prozeß der Generierung von Wissens von entscheidender Bedeutung sind[201]. Daher ist die Beschäftigung mit diesen Äußerungen und Meinungen, insbesondere in den Sozialwissenschaften, mindestens ebenso aufschlußreich wie ein formales Modell oder eine ökonometrische Analyse. Folglich soll nun die Einstellung anderer Autoren zu den aufgezeigten Problemen untersucht werden.

Gilroy betont den grenzüberschreitenden Charakter von Transaktionen im Internet und stellt die sich daraus ergebenden allgemeinen Probleme für staatliche Regulierungsbehörden dar[202]:

---

[200] Vgl. Gilroy, B. M. (1998), S. 11f., Swire, P. P./Litan, R. E. (1998), S. 199f., Froomkin, A. M. (1997), S. 142ff. und Rahn, R. W. (1997), S. 82f.. Frezza führt jedoch aus, daß staatliche Behörden entsprechende Probleme betonen, um weitgehende Kontrollen des überwiegend legal genutzten Electronic Commerce zu rechtfertigen, vgl. Frezza, B. (1997), S. 32.

[201] Vgl. Horwitz, S. (1992), S. 3ff..

[202] Gilroy, B. M. (1998), S. 12.

Digital technology seems to be obliterating the legal jurisdictions of the physical world as we once knew it and replacing them with the unbounded and largely lawless waves of cyberspace with a new "Metabottle" expressed as complex and highly liquid patterns of ones and zeros.

Padovan und Bussiek schätzen die sich abzeichnende Entwicklung bezogen auf das Netzgeld folgendermaßen ein[203]:

Im staatenlosen Internet verlieren die grundlegenden geldpolitischen Konzepte der staatlichen Territorialität und Souveränität ihre Bedeutung.

Bühl führt aus[204]:

(...) (D)er Virtuelle Raum hinterfragt auch auf finanzpolitischem Gebiet bestehende Ländergrenzen und damit die Autorität von Nationalbanken (...).

Rahn hält fest, daß weltweit die verschiedensten Finanzintermediäre elektronisches Geld emittieren können und eine Unterscheidung zwischen Aktiva, die Geld darstellen, und Aktiva, die kein Geld darstellen, immer schwieriger wird[205]:

The revolution taking place in electronic money means that banks and other organizations will be able to create their own money for transactional or investment purposes and literally move these moneys around the globe at the speed of light. (...) The existing distinctions between money, goods, services, and assets will increasingly disappear as they become more interchangeable.

Reidenberg gibt folgendes zu bedenken[206]:

Economic relationships need no physical situs. With electronic cash and new means of electronic stored value such as Cybercash and Mondex, Internet transactions may take place entirely on the network (...) without the resort to any national payment system.

Daher folgert er[207]:

The permeability of national borders destabilizes territorial rights.

Außerdem führt Reidenberg aus, daß die neuen Informationstechnologien nicht nur auf der internationalen Ebene zu problematischen Überlappungen der Aufgabenbereiche von staatlichen Regulierungsbehörden führen[208]:

In addition, network interactions defy clear disciplinary categorization. The regulation of an information transfer or transaction can easily cross sectoral lines. For example, a packet of information may contain electronic cash or payment instructions along with digitally reconstructed images of

---

[203] Padovan, B./Bussiek, T. (1998), S. 247.
[204] Bühl, A. (1998), S. 232.
[205] Rahn, R. W. (1997), S. 83.
[206] Reidenberg, J. R. (1997), S. 86.
[207] Reidenberg, J. R. (1997), S. 86.
[208] Reidenberg, J. R. (1997), S. 87.

an individual. In such a case, the legal interests cross many sectoral lines, including telecommunications, financial services, intellectual property, and privacy.

Ranzio-Plath gibt zu bedenken[209]:

Geld macht schon lange nicht mehr halt an nationalen Grenzen; das geographisch höchst mobile elektronische Geld wird erst recht auf internationalen Märkten verwendet werden. Elektronisches Geld hat somit weltweite Implikationen, insbesondere wenn die Zahlungen über Telekommunikationsnetze wie das Internet erfolgen. Es ist daher nicht vorstellbar, daß Regelungen allein auf nationaler oder auf europäischer Ebene ausreichen werden.

Kristoferitsch stellt das Probleme der Überlappung von Währungsräumen und nationalen Einflußsphären im Internet anschaulich an einem Beispiel dar[210]:

Angenommen, eine europäische Bank, die ihren Stammsitz auf den Cayman Islands hat, beginnt *unter Zuhilfenahme einer digitalen Währung* mit dem Verkauf Dollar-notierter Zahlungsinstrumente an Kunden in Japan. Dieses Beispiel wirft eine Reihe von Fragen auf: Welcher Staat, welche (Zentral-)Bank soll die Richtlinien (...) festlegen dürfen? Nach welchen Richtlinien sind von welchem Staat daraus resultierende Gesetzesverstöße zu ahnden?

Browne und Cronin führen aus[211]:

The Internet is an information network that has no physical presence and recognizes no national barriers. Even if a government succeeded in regulating the activities of Internet payment service providers in its jurisdiction, it is likely that consumers could turn to other service providers based abroad in order to avail of, for example, superior interest-earning opportunities being offered by those foreign operators.

Gramlich stellt bezogen auf die Tätigkeit eines internationalen Netzgeldemittenten fest[212]:

Dessen „gewerbliche" Aktivitäten können zwar durch das Sitzland (...) Verboten oder Beschränkungen unterworfen werden; im Hinblick auf die prinzipielle räumliche Beschränkung (einzel)staatlicher Jurisdiktion lassen sich Transaktionen im „cyber space" auf solche Weise aber kaum wirksam beeinflussen, kontrollieren oder gar verhindern.

Möker hält fest[213]:

Selbst bei einer Beschränkung der Herausgabefunktion von Netzgeld auf Banken muß mit Problemen gerechnet werden, da Banken im weltweiten Internet operieren können, die nicht dem im G 10-Bericht erreichten Bankenaufsichtsstandard genügen.

---

[209] Ranzio-Plath, C. (1999), S. 185.
[210] Kristoferitsch, G. (1998), S. 104.
[211] Browne, F. X./Cronin, D. (1997), S. 157.
[212] Gramlich, L. (1997), S. 13.
[213] Möker, U. (1998), S. 191.

Froomkin spricht in diesem Zusammenhang von „regulatory arbitrage“[214]:

(...) (T)he multinational nature of the Internet makes it possible for user to engage in *regulatory arbitrage* - to choose to evade disliked domestic regulations by communicating / transacting under regulatory regimes with different rules. Sometimes this will mean gravitating to jurisdictions with more lenient rules, or no rules at all; sometimes it will mean choosing more stringent foreign regimes (e. g., those with strong consumer protection laws) when stricter rules are more congenial.

Veil betont die gelpolitischen Konsequenzen der Auflösung der nationalen Währungsräume[215]:

Ein nächstes Problem digitaler Zahlungsmittel liegt in ihrer weltweiten Einsetzbarkeit. So können in einem Land Zahlungsmittel geschaffen werden, welche zur Bezahlung von Gütern dienen, die in einem anderen Währungsraum erzeugt wurden. Dies würde eine Geldpolitik wirkungslos werden lassen.

Auch die Deutsche Bundesbank hat das Problem erkannt[216]:

Darüber hinaus stellt Netzgeld die Geldpolitik vor zusätzliche Herausforderungen. Diese resultieren zunächst einmal aus der Möglichkeit seiner grenzüberschreitenden Nutzung und Emission. Insbesondere bei softwaregestützten Produkten ist denkbar, daß Inländer von einem ausländischen Emittenten herausgegebenes Geld für Käufe im Inland verwenden. Nehmen solche Transaktionen einen nennenswerten Umfang an und gehen diese mit einer verstärkten Geldhaltung im Ausland einher, dürfte sich der Zusammenhang zwischen heimischer Geldmenge und inländischem Transaktionsvolumen lockern.

Außerdem wird festgestellt[217]:

Darüber hinaus kann auch nicht ausgeschlossen werden, daß von der Geldpolitik unabhängige Netzgeldkreisläufe entstehen werden.

Die Deutsche Bundesbank scheint zu befürchten, daß sich im Internet private „Kunstwährungen“ entwickeln könnten und daß Zahlungssysteme ohne Bindung an das nationale Bankwesen und folglich die nationale Zentralbank entstehen könnten[218]. So stellt Hartmann bezogen auf das System Mondex fest[219]:

Bei einem sehr breiten Einsatz von Systemen dieser Art wäre erstmals ein ununterbrochener elektronischer Zahlungskreislauf ohne Einschaltung von Clearingstellen oder Rückgriff auf gesetzliche Zahlungsmittel möglich.

---

[214] Froomkin, A. M. (1997), S. 142.
[215] Veil, M. (1998), S. 152f..
[216] Deutsche Bundesbank (1999), S. 51f..
[217] Deutsche Bundesbank (1999), S. 52.
[218] Vgl. Hartmann, W. (1996), S. 6 und Godschalk, H. T.C. (1999), S. 266.
[219] Hartmann, W. (1996), S. 6.

Und weiter[220]:

Bisher nur theoretischer Natur sind dagegen Modelle über private Digital Cash Systeme mit eigenen Wert-einheiten, die von nationalen Währungen losgelöst sind. Es ist bekannt, daß einige international operierende Großfirmen auch schon über firmeneigene „Ersatzwährungen" nachgedacht haben. (...) Derartige Entwicklungen sind durch hoheitliche Maßnahmen leider nur schwer zu steuern, da diese Firmen weltweit operieren und sich damit Sanktionen ggf. leicht entziehen können.

Issings Äußerungen zu dieser Problematik scheinen von größerer Vorsicht und Zurückhaltung geprägt zu sein[221]:

Von besonderer Bedeutung beim Netzgeld ist natürlich das Problem der Erfassung und Kontrolle ausländischer Emittenten, bei denen es sich möglicherweise um Nichtbanken handelt und die sich einer staatlichen Meldepflicht entziehen könnten.

Abschließend kann auf folgende Äußerung Borcherts verwiesen werden, die die möglichen Probleme gut zusammenfaßt[222]:

Aber selbst dann, wenn cyber money nicht durch digitale Impulse im Internet als Währungseinheit ausgelegt ist, sondern beispielsweise durch reales Geld bei einer Bank fundiert wird, ist es geldpolitisch völlig inakzeptabel. Im cyber space wird nämlich funktionales und regionales „offshore-booking" durchgeführt. Dies bedeutet, daß Lieferungen innerhalb eines Währungsgebiets durch Zahlungsmittel beglichen werden, die außerhalb des Währungsgebiets geschaffen und/oder gebucht werden. Lieferungen von Waren und Dienstleistungen innerhalb eines Währungsgebietes stehen somit nicht mehr der Geldmenge dieses Währungsgebietes gegenüber und machen somit jede Geldpolitik ineffizient.

Es bleibt also festzustellen, daß die weltweite Nutzung des Internetgeldes, wie die bisherige Analyse gezeigt hat, die geldpolitischen Gestaltungsräume der Zentralbanken stark einschränken könnte. Diese Ansicht wird, wie die große Anzahl von Zitaten zeigt, auch in der Literatur häufig vertreten. In diesem Zusammenhang ist auch folgende Einschätzung Kings interessant[223]:

As a central banker interested in technology, should I regard this prospect as a dream or a nightmare? Perhaps the answer is that central bankers should enjoy life today.

Um die Kontrollmöglichkeiten der Zentralbanken zu erhalten, wird häufig als Notlösung vorgeschlagen, den nationalen Zentralbanken auch für die Schaffung des elektronischen Geldes, also einschließlich des Internetgeldes, ein Monopol zu

---

220 Hartmann, W. (1996), S. 6.
221 Issing, O. (1997), S. 620.
222 Borchert, M. (1996), S. 42.
223 King, M. (1999), S. 49.

gewähren, wenn sich kritische Situationen ergeben sollten[224]. Wann aber muß eine Situation als kritisch oder bedrohlich angesehen werden? Es sollte zudem bedacht werden, daß diese Lösung mit Sicherheit nicht effizient wäre. Insbesondere die Skalierbarkeit eines solchen Zahlungssystems müßte als problematisch gelten, da eine zentralisierte Instanz mit einem entsprechend umfangreichen Datenbestand schon bei kleineren Nutzerzahlen zu einem schlechten Antwortzeitverhalten des Systems führen würde[225]. Außerdem ständen für Transaktionen im Cyberspace weiterhin die Währungen verschiedener Zentralbanken und privater Emittenten aus den Nationen zur Verfügung, die ein entsprechendes Monopol nicht einführen. Borchert fordert daher[226]:

E-cash muß in einer nationalen Währung und darf nur innerhalb des betreffenden Währungsgebiets verwendet werden (...).

In diesem Zusammenhang sollte allerdings bedacht werden, daß der Electronic Commerce im Internet kein nationales Phänomen darstellt. Daher müssen mit dem Netzgeld Transaktionen auf dem globalen Marktplatz Internet möglich sein[227]. Folglich ist die von Borchert geforderte Einschränkung definitiv abzulehnen. Die Definition von einzelnen Währungsräumen dürfte im globalen Rechnernetz ohnehin unmöglich sein.

Eine Vielzahl von Autoren spricht sich für eine verstärkte internationale Zusammenarbeit bei der Regulierung des Internetgeldes aus[228]. Absprachen dieser Art führen jedoch, aufgrund unterschiedlicher Vorstellungen der partizipierenden Staaten, in der Regel nur zu einem Kompromiß auf der Grundlage des kleinsten gemeinsamen Nenners. Diese unterschiedlichen Vorstellungen der an einer Kooperation interessierten Länder folgen insbesondere aus verschiedenen Auffassungen der Politiker bezogen sowohl auf die Ziele und Instrumente als auch auf die Verteilung möglicher Kosten der Zusammenarbeit[229].

Heid weist konkret darauf hin, daß der angelsächsische Raum zum Beispiel eine Beschränkung der Ausgabe von Internetgeld auf Banken aus Wettbewerbsgründen wahrscheinlich ablehnen würde[230]. Auch dürfte es immer einige Länder geben, die versuchen werden, dem heimischen Bankensystem durch ein Ausschе-

---

[224] Vgl. Meister, E. (1996), S. 6, Braasch, B./Hesse, H. (1994), S. 56, Schreft, S. L. (1997), S. 75 und Möker, U. (1998), S. 201.

[225] Vgl. Merz, M. (1996), S. 68.

[226] Borchert, M. (1996), S. 43.

[227] Vgl. Judt, u. a. (1998), S. 773.

[228] Vgl. z. B. Hartmann, W. (1996), S. 7, Gramlich, L. (1997), S. 389, Lelieveldt, S. L. (1997), S. 1163ff., Litan, R. E. (1997), S. 278, Helleiner, E. (1998), S. 402, Möker, U. (1998), S. 197, Heid, M. (1998), S. 12f. und Ranzio-Plath, C. (1999), S. 185.

[229] Vgl. Hodgman, D. R./Resek, R. W. (1983), S. 169, Willett, T. D. (1984), S. 144, Cooper, R. N. (1987), S. 7ff., Schultze, C. L. (1988), S. 51f., Feldstein, M. S. (1988), S. 9ff., Dornbusch, R. (1988), S. 111, Laub, P. M. (1991), S. 25f. und Okina, K. u. a. (1999), S. 28f..

[230] Vgl. Heid, M. (1998), S. 13.

ren Wettbewerbsvorteile zu verschaffen[231]. Zudem wird die internationale Zusammenarbeit von Regulatoren nicht nur positiv beurteilt. Kane hält die internationale Kooperation der nationalen Regulierungsbehörden für eine Form der Kartellbildung, die den Wettbewerb zwischen den Regulatoren beschränkt und daher auch negative Folgen hat[232]. Ein weiteres Problem bei der Regulierung der Schöpfung von Internetgeld ergibt sich außerdem dadurch, daß die Nutzer des Internets staatliche Eingriffe eher kritisch betrachten[233].

Bühl äußert die Vermutung, daß die Deutsche Bundesbank versucht, die Gefahren des grenzüberschreitend genutzten Netzgeldes hervorzuheben, um die Akzeptanz dieser Form des Geldes schon zu untergraben bevor sich ein entsprechendes System entwickeln kann und so die gefährdete Monopolstellung der Zentralbank zu erhalten[234]. Diese Interpretation der Äußerungen von wichtigen Mitarbeitern der Deutschen Bundesbank ist aber wohl zu einseitig. Dennoch sind in diesem Zusammenhang einige Überlegungen bezüglich möglicher Risiken angebracht.

Natürlich ergeben sich durch den Einsatz der neuen Technologien auch neue Risiken. Zu nennen sind hier zum Beispiel rechtliche Unsicherheiten, etwa eine möglicherweise mangelnde Haftung ausländischer Finanzdienstleister bei operativen Problemen mit einem Zahlungssystem, oder Probleme bei einem Zusammenbruch ausländischer Netzgeldemittenten[235]. Von besonderem Interesse ist hierbei das systemische Risiko, also die Gefahr, daß Probleme in Teilen des Systems die Stabilität des Gesamtsystem gefährden könnten[236].

Lamfalussy betont in diesem Zusammenhang, daß die neuen Finanzinnovationen und das weltweite Zusammenwachsen der Märkte zwar einerseits neue Risiken schaffen, die durchaus das systemische Risiko erhöhen können, der Markt aber andererseits durch neue derivative Finanzinnovationen, Senkung der Transaktions- und Informationskosten sowie eine Verbreiterung der Finanzmärkte auch einen besseren Umgang mit den Risiken ermöglicht[237]. Er stellt fest[238]:

The potential difficulties which arise in a liberalised system, and with which both central bankers and market participants will have to learn to cope, should not be exaggerated. Many of the features have two facets: while they may be a source of instability, they often contain built-in shock absorbers. For example, the combined effect of financial innovations and technological progress is to put at the disposal of market participants powerful hedging instruments. My impression is that

---

[231] Vgl. Gowland, D. (1990), S. 33f., Kane, E. J. (1991), S. 34, Keely, M. C. (1991), S. 50, Löhr, D. (1991), S. 177 und White, L. J. (1994), S. 103.

[232] Vgl. Kane, E. J. (1991), S. 34f., siehe auch Wagster, J. D. (1996), S. 1322f. und Stoll, H. R. (1998), S. 98.

[233] Vgl. Söllner, F./Wilfert, A. (1996), S. 403.

[234] Vgl. Bühl, A. (1998), S. 233.

[235] Vgl. Hartmann, W. (1996), S. 6, Meister, E. (1996), S. 6 und Deutsche Bundesbank (1999), S. 50.

[236] Vgl. Solomon, E. H. (1997), S. 154f. und Herreiner, D. K. (1997), S. 394f..

[237] Vgl. Lamfalussy, A. (1994), S. und Lamfalussy, A. (1995), S. 211.

[238] Lamfalussy, A. (1995), S. 211.

these are being used with increasing efficiency at the level of individual firms. Globalisation has increased the depth and liquidity of financial markets.

Allerdings erhöhen die Finanzinnovationen auch die Volatilität der Märkte; bezogen auf die Wechselkurse nimmt somit das Wechselkursänderungsrisiko zu[239]. Köhler sieht in der erhöhten Volatilität aber ein Zeichen für eine verstärkte Reagibilität der Finanzmärkte und somit für eine verbesserte Funktionsfähigkeit des Marktes[240].

Häufig wird darauf hingewiesen, daß das elektronische Geld nicht instantan die heutigen Finanzmärkte revolutionieren wird, so daß den Zentralbanken in gewissem Maße Zeit bleibt, Entwicklungen zu beobachten und entsprechend zu handeln[241]. Diese Einschätzung ist sicherlich korrekt, aber gerade in der Übergangsphase, in der entscheidende Größen wie Geldnachfrage, Bargeldhaltung oder Umlaufsgeschwindigkeit sehr variabel und nicht schätzbar sein werden, wird es für die Zentralbanken besonders schwierig, eine geldpolitische Steuerung durchzuführen. Zeit ist ohnehin ein entscheidender Faktor. Das Netzgeld könnte eine so intensive globale Konkurrenz der Finanzdienstleister auslösen, daß es zu überaus rasanten Entwicklungen kommt. Die Zentralbanken und Regulierungsbehörden wären in einer solchen Situationen möglicherweise nicht in der Lage, jeweils rechtzeitig zu reagieren[242].

Noch fundamentalere Kritik an dem Versuch, die Produktion des Internetgeldes zu regulieren kommt von Wriston, der in dem globalen Markt Internet ein komplexes adaptives System sieht[243]:

These great complex systems are nonlinear and tend to resemble biological rather than mechanical systems. In these systems, chaos theory postulates that small events tend to have large consequences over time.

In einem solchen System verliert der Staat nach Wriston die Möglichkeit, eine gezielte Wirtschaftspolitik zu betreiben, was natürlich auch die Geldpolitik betrifft[244].

Zusammenfassend kann gesagt werden, daß das elektronische Geld die Geldpolitik der Zentralbanken weltweit stark erschweren kann. Ausschließlich national genutztes Chipkartengeld dürfte zwar ein beherrschbares Phänomen darstellen, eine geldpolitische Kontrolle des Internetgeldes könnte für nationale und suprana-

---

[239] Vgl. Köhler, B. (1996), S. 30 und Walter, N. (1989), S. 36.
[240] Vgl. Köhler, B. (1996), S. 30. Siehe auch Quirk, P. J. (1996), S. 43.
[241] Vgl. Söllner, F./Wilfert, A. (1996), S. 399.
[242] Vgl. Meyer, L. H. (1999), S. 346 sowie Keleher, R. E. (1992), S. 186, Hoenig, T. M. (1996), S. 9, Hoening, T. M. (1997), S. 6f., Stoll, H. R. (1998), S. 88, Litan, R. E./Niskanen, W. (1998), S. 53 und Okina, K. u. a. (1999), S. 26. Taylor stellt allerdings fest, daß die Informationstechnologie der Zentralbank auch hilft, Daten schneller auszuwerten, vgl. Taylor, J. B. (1998), S. 19ff..
[243] Wriston, W. B. (1998), S. 337.
[244] Vgl. Wriston, W. B. (1998), S. 342.

tionale Zentralbanken aber unmöglich sein. Geigant stellte bereits im Jahr 1988 bezogen auf das elektronische Geld fest[245]:

Die „Währungs- und Notenbank“ ist unter dem Ansturm der Finanzinnovationen nicht mehr die trutzige Burg, die sie einmal war.

Mit dem Aufkommen des Internetgeldes könnte schon in naher Zukunft aus der einst so trutzigen und nun belagerten Burg leicht eine geschleifte Burg werden.

2.5.4 Ein Weltgeld und die Theorie der optimalen Währungsräume

Konsequent weitergedacht ist die extremste Form der Zusammenarbeit nationaler und supranationaler Zentralbanken die Einführung einer Weltwährung und die Einrichtung einer einzigen Zentralbank, die die Verantwortung für die weltweite Geldversorgung übernimmt.

Dabei ist die Idee einer Weltzentralbank nicht neu. So hat Triffin bereits in den 60er Jahren den Ausbau des Internationalen Währungsfonds zu einer de facto Weltzentralbank vorgeschlagen, um einer zu dieser Zeit befürchteten internationalen Reservemittelknappheit entgegenzuwirken[246]. Ähnliche Gedanken finden sich auch bei anderen Autoren[247]. Die folgenden, inzwischen geradezu prophetisch erscheinenden, Äußerungen von Hicks deuten ebenfalls in diese Richtung[248]:

Only in a national economy that is largely self-contained, can a national central bank be a true central bank; with the development of world markets, and (especially) of world financial markets, national central banks take a step down, becoming single banks in a world-wide system, not at the 'centre' any longer. Thus the problem that was (partially) solved by the institution of national central banks has reappeard, and is still unsolved (though we are trying to solve it), on the world level.

Natürlich ist die Einrichtung einer Weltzentralbank ein Lösungsansatz für die Probleme, die sich für nationale und internationale Zentralbanken bei der Regulierung des Internetgeldes durch die Überlappung der Währungsräume ergeben. Schließlich existiert dann nur noch eine Zentralbank und ein Währungsraum. Dieser Währungsraum müßte zumindest alle Länder umfassen, in denen Internetgeld genutzt wird. Es ergibt sich aber, wie schon bei der internationalen Koordination der Regulierung des Geldwesens, das Problem, daß sich die verschiedenen Nationen zunächst verständigen müssen und es besteht wiederum die Gefahr, daß einzelne Länder ausscheren. Wenn weitgehende Einigkeit zwischen einer Vielzahl

---

245 Geigant, F. (1988), S. 427.
246 Vgl Triffin, R. (1968), S. 61ff..
247 Vgl. z. B. Fischer, S. (1983), S. 180ff., Hankel, W. (1983), S. 22ff. und Cooper, R. N. (1987), S. 247ff.. Auch McKinnons Vorschlag der gemeinsamen Steuerung der globalen Geldmenge durch die wichtigsten Zentralbanken der Welt geht in diese Richtung, siehe McKinnon, R. I. (1982), S. 324ff., McKinnon, R. I. (1988), S. 91ff. McKinnon, R. I. (1990), S. 12ff. und McKinnon, R. I. (1993), S. 40. Siehe auch Stiglitz, J. E. (1999), S. 32.
248 Hicks, J. R. (1969), S. 60.

von Nationen besteht, könnte die Idee aufkommen, politischen Druck auf Länder auszuüben, die sich den entsprechenden Entwicklungen verschließen wollen. Ein solches Vorgehen ist aber zumindest diplomatisch problematisch.

Die Errichtung einer Weltzentralbank würde noch weitere Vorteile mit sich bringen, die die Wohlfahrt einer Nation steigern können. In diesem Zusammenhang ist an die Einsparung der wechselkursbedingten Transaktions- und Informationskosten bei Geschäften zwischen verschiedenen Regionen mit bisher eigenen Währungen und an den Wegfall des Wechselkursänderungsrisikos bei solchen Transaktionen zu denken, so daß insgesamt der Handel stimuliert werden könnte[249]. Eckwert und Broll weisen allerdings darauf hin, daß das Wecheslkursrisiko in einem kompetitiven Markt voll diversifizierbar ist und keine realwirtschaftlichen Auswirkungen hat[250]. Unter bestimmten Umständen kann eine erhöhte Volatilität des Wechselkurses den internationalen Handel sogar anregen[251]. Eine stärkere Volatilität des Wechselkurses kann auch, wie schon erwähnt, als erhöhte Funktionsfähigkeit des Marktes interpretiert werden und somit dazu beitragen, wünschenswerte Anpassungen schnell und effizient herbeizuführen[252].

Natürlich sind mit der Schaffung einer Weltzentralbank auch Kosten verbunden. Hier ist insbesondere der Verzicht auf das Anpassungsinstrument Wechselkurs, und damit auf eine autonome Geldpolitik, zu nennen[253]. Außerdem ergibt sich, je nach Verteilung des anfallenden Geldschöpfungsgewinnes zwischen den

---

[249] Vgl. Grubel, H. G. (1970), S. 319ff., Hamada, K. (1977), S. 15f., Salin, P. (1977), S. 177f., Fischer, S. (1983), S. 187, Cooper, R. N. (1986), S. 100, Canzoneri, M. B./Rogers, C. A. (1990), S. 420ff., Menkhoff, L./Sell, F. L. (1992), S. 388., Talvas, G. S. (1993), S. 668f., Thomasberger, C. (1993), S. 4, Copeland, L. S. (1994), S. 284ff., Goodhart, C. A. E. (1995), S. 458ff., Crawford, M. (1996), S. 97, Auria, L. (1997), S. 26f. und Buiter, W. H. (1999), S. 288.

[250] Vgl. Eckwert, B. /Broll, U. (1997), S. 254ff.. Zudem können die Kosten der Wechselkursvolatilität bei flexiblen Wechselkursen geringer sein, als die Kosten, die durch alternative Arrangements entstehen würden (z. B. durch Kapitalverkehrskontrollen oder Fluktuationen auf anderen Märkten), vgl. Frenkel, J. A. (1982), S. 201f., Edison, H. J./Melvin, M. (1990), S. 20f. und Meltzer, A. H. (1993), S. 106. Es könnte sogar sinnvoll sein, Fluktuationen auf die gut entwickelten Devisenmärkte zu konzentrieren, um so den Anpassungsdruck auf weniger gut entwickelte Märkte (z. B. den Arbeitsmarkt) zu verringern.

[251] Vgl. Broll, U./Eckwert, B. (1999), S. 178ff.. Diese sehen in Wechselkursschwankungen eine Option, die von der Exportindustrie eines Landes zu vermehrten Ausfuhren genutzt wird, wenn sich eine Abwertung der heimischen Währung ergibt. Eine Untersuchung von Klitgaard zeigt jedoch, daß japanische Exporteure generell ihre Gewinnmargen und nicht das Volumen der Ausfuhren anpassen. Bei einer Abwertung des Yen weiten diese Unternehmen also ihre Gewinnmargen aus und erhöhen nicht die Produktionsmengen und ihren Marktanteil; entsprechend sinkt bei einer Auffwertung des Yen nicht das Volumen der Ausfuhren, sondern der Profit der Exporteure, siehe Klitgaard, T. (1999), S. 41ff..

[252] Vgl. Köhler, B. (1996), S. 30 und Quirk, P. J. (1996), S. 43.

[253] Vgl. Menkhoff, L./Sell, F. L. (1992), S. 387f., Thomasberger, C. (1993), S. 4, Talvas, G. S. (1993), S. 669, Copeland, L. S. (1994), S. 291ff., Goodhart, C. A. E. (1995), S. 460ff., Crawford, M. (1996), S. 97 und Auria, L. (1997), S. 22f..

partizipierenden Ländern, möglicherweise auch eine Verringerung des Seigniorages und damit ein Verzicht auf Steuereinnahmen[254].

Es ist nun ein Vergleich zwischen Kosten und Nutzen durchzuführen[255]. Mit anderen Worten stellt sich also die Frage, ob die gesamte Welt ein optimaler Währungsraum ist und der Verzicht auf das Anpassungsinstrument Wechselkurs folglich als sinnvoll angesehen werden kann. Die Beantwortung dieser Frage ist schwierig. In der Literatur finden sich insbesondere vier Kriterien zur Abgrenzung eines optimalen Währungsraumes, die helfen können, zumindest eine grobe Beurteilung der Situation vorzunehmen. Diese Kriterien sind eine hohe Faktormobilität zwischen den beteiligten Nationen, der Offenheitsgrad eines Landes, der Grad der Produktdiversifikation eines Landes und die Homogenität der Präferenzen in den beteiligten Nationen, insbesondere bezogen auf die Inflationsraten[256].

Eine hohe Faktormobilität führt bei Ungleichgewichtssituationen zwischen zwei Regionen zu Faktorwanderungen, die helfen, das Ungleichgewicht zu beseitigen. Dieser Ausgleichsmechanismus sorgt dafür, daß nicht auf das Instrument Wechselkursanpassung zurückgegriffen werden muß[257]. Länder mit einer hohen Faktormobilität können also leichter an einer Währungsunion teilnehmen.

Das Kriterium der Offenheit eines Landes läßt sich durch die Relation von produzierten handelbaren zu produzierten nichthandelbaren Gütern ausdrücken. Je größer die Offenheit eines Landes ist, desto stärker wirken sich Veränderungen des Wechselkurses auf die inländische Wirtschaft aus, so daß es für ein offenes Land sinnvoll sein kann, auf flexible Wechselkurse zu verzichten[258].

Eine Nation mit einer stärker diversifizierten Produktion weist eine geringere Anfälligkeit gegen außenwirtschaftliche Störungen auf und benötigt daher das

---

[254] Vgl. Auria, L. (1997), S. 23 und Lange, C./Nolte, F. (1998), S. 494ff.. Canzoneri und Rogers betonen in diesem Zusammenhang die Bedeutung des Verzichts über die Kontrolle der Generierung von Seigniorage, siehe Canzoneri, M. B./Rogers, C. A. (1990), S. 420ff..

[255] Besondere Probleme eines Vergleichs von Kosten und Nutzen einer Währungsunion erörtert z. B. Melitz, vgl. Melitz, J. (1995), S. 496. Siehe auch Menkhoff, L./Sell, F. L. (1992), S. 386ff..

[256] Vgl. Talvas, G. S. (1993), S. 666f., Thomasberger, C. (1993), S. 3ff., Willms, M. (1996), S. 134ff., Traud, G. R. (1996), S. 9f., Little, J. S./Olivei, G. P. (1999), S. 66 und Buiter, W. H. (1999), S. 294.

[257] Vgl. Mundell, R. A. (1961), S. 657ff., siehe auch Fleming, J. M. (1970), S. 472, Willett, T. D./Tower, E. (1970), S. 51f., Willett, T. D./Tower, E. (1970a), S. 409, Salin, P. (1977), S. 179ff., Menkhoff, L./Sell, F. L. (1992), S. 383f., Talvas, G. S. (1993), S. 666, Thomasberger, C. (1993), S. 4f., Traud, G. R. (1996), S. 11f. und Buiter, W. H. (1999), S. 295f.. Häufig wird insbesondere der Produktionsfaktor Arbeit betrachtet. Cooper betont dagegen die Bedeutung der Mobilität des Kapitals, vgl. Cooper, R. N. (1986), S. 94.

[258] Vgl. McKinnon, R. I. (1963), S. 718ff., siehe auch Grubel, H. G. (1970), S. 320, Willett, T. D./Tower, E. (1970), S. 53f., Willett, T. D./Tower, E. (1970a), S. 409f., Salin, P. (1977), S. 184ff., Menkhoff, L./Sell, F. L. (1992), S. 384f., Thomasberger, C. (1993), S. 5, Talvas, G. S. (1993), S. 666f., Melitz, J. (1995), S. 498, Traud, G. R. (1996), S. 36f., Crawford, M. (1996), S. 99ff. und Little, J. S./Olivei, G. P. (1999), S. 67.

Anpassungsinstrument Wechselkursveränderung in geringerem Maße[259]. In solchen Ländern entstehen bei der Partizipation an einer Währungsunion also geringere Kosten.

Unter dem Kriterium Homogenität der Präferenzen können verschiedene Ansätze zusammengefaßt werden, die in der Literatur teilweise separat betrachtete werden, sich aber überschneiden. Die Homogenität der Präferenzen in den relevanten Ländern kann sich zum Beispiel auf die Inflationsraten beziehen. Generell spielen bei diesem Kriterium vor allem politische und kulturelle Überlegungen eine große Rolle[260].

Die Identifikation eines optimalen Währungsraumes mit der Hilfe der vorgestellten Kriterien ist jedoch nicht unproblematisch. Die Kriterien beruhen auf einer partialanalytischen Sichtweise und widersprechen sich teilweise[261]. So stellt Wolfrum fest[262]:

> Setzt man eine diversifizierte Volkswirtschaft gleich mit einer großen Volkswirtschaft, dann ist davon auszugehen, daß diese auch geschlossen im Sinne der Definition von McKINNON ist. Geschlossene Volkswirtschaften sollen jedoch durch flexible Wechselkurse gegenüber der Außenwelt abgegrenzt sein, wohingegen nach KENENs Argumentation gerade diese, da diversifiziert, durch fixe Wechselkurse verbunden sein müssen, um nicht Stabilitätsnachteile zu erhalten.

Goodhart argumentiert ähnlich[263]:

> Again Kenen argued that the less diversified a region's products, the more necessary it is for that region to maintain a flexible exchange rate. (...) But the smaller the area, the more likely that it will be concentrating on the production of a limited number of goods. This principle appears to lead to the curious conclusion, that the smaller the region, the greater the need for an independent monetary policy and flexible exchange rates.

Dennoch können die vorgestellten Kriterien bei der Bestimmung eines optimalen Währungsraums zumindest einen Anhaltspunkt geben.

Daher soll nun aufgrund der vorgestellten Kriterien beurteilt werden, ob die Welt in ihrer Gesamtheit einen optimalen Währungsraum darstellt. Copeland hält, bezogen auf den Grad der Diversifikation der Produktion eines Landes, fest, daß in der Zukunft mit einer steigenden Spezialisierung der Nationen zu rechnen ist, weil sich die Produktion eines bestimmten Gutes in den Regionen konzentrieren wird, in denen komparative Kostenvorteile bei der Herstellung dieses Gutes vor-

---

259 Vgl. Kenen, P. (1970), S. 49, siehe auch Salin, P. (1977), S. 183f., Menkhoff, L./Sell, F. L. (1992), S. 385, Thomasberger, C. (1993), S. 5, Traud, G. R. (1996), S. 58f. und Talvas, G. S. (1993), S. 667.

260 Vgl. Fleming, J. M. (1970), S. 476, Willett, T. D./Tower, E. (1970a), S. 411, Wolfrum, O. (1994), S. 82f. und Traud, G. R. (1996), S. 103ff..

261 Vgl. Willett, T. D./Tower, E. (1970a), S. 413, Goodhart, C. A. E. (1989), S. 417ff., Menkhoff, L./Sell, F. L. (1992), S. 386f. und Wolfrum, O. (1994), S. 83ff..

262 Wolfrum, O. (1994), S. 89.

263 Goodhart, C. A. E. (1989), S. 421.

liegen[264]. Daher kann sich eine erhöhte Anfälligkeit der stärker spezialisierten Länder gegen externe Schocks ergeben, so daß nach Kenen von einem Verzicht auf flexible Wechselkurse abgesehen werden sollte. Copeland führt aus[265]:

For example, when (if ever) a truly free market in coal is established, whichever country ends up with the lion's share of (...) production will have an economy which is highly sensitive to fluctuations in world energy markets.

Diese Argumentation ist sicherlich nicht von der Hand zu weisen. Andererseits dürfte durch die Senkung der Informations- und Transaktionskosten, vor allem im Zusammenhang mit elektronischen Märkten im Internet, der internationale Handel angeregt werden. So werden geringwertige handelbare Güter, die aber bisher durch die hohen Informations- und Transaktionskosten im internationalen Handel de facto nichthandelbare Güter dargestellt haben, nun wirklich zu handelbaren Gütern. Daher muß von einem steigenden Offenheitsgrad der am Electronic Commerce teilnehmenden Nationen ausgegangen werden, was nach McKinnon für die Abschaffung flexibler Wechselkurse und eine Währungsunion spricht. Die Betrachtung der beiden Kriterien Grad der Produktdiversifizierung und Grad der Offenheit ergibt also kein eindeutiges Bild.

Weiterhin bleibt festzustellen, daß der Produktionsfaktor Kapital sehr mobil ist und, wie gezeigt wurde, durch Transaktionen über das Internet noch mobiler werden dürfte[266]. Die Mobilität des Produktionsfaktors Arbeit ist dagegen global sehr eingeschränkt. Hier zeichnet sich zwar bezogen auf hochqualifizierte Arbeitnehmer, die Humankapital akkumuliert haben, eine stark erhöhte Mobilität ab und auch Tele-Working über das Internet führt zu einer verstärkten virtuellen Mobilität des Faktors Arbeit, da die persönliche Anwesenheit an einem bestimmten Ort bei einer solchen Form der Arbeitsorganisation nicht notwendig ist, insbesondere die weniger qualifizierten Arbeitnehmer sind aber weiterhin kaum mobil. Außerdem behindern familiäre und kulturelle Bindungen sowohl die Mobilität der qualifizierten als auch der weniger qualifizierten Arbeitnehmer[267]. Ohnehin bestehen weltweit große kulturelle und politische Unterschiede. Die gesamte Welt ist folglich kein optimaler Währungsraum. Einige Autoren bezweifeln sogar, daß die Europäische Union oder die Vereinigten Staaten von Amerika einen optimalen Währungsraum bilden[268].

---

[264] Vgl. Copeland, L. S. (1994), S. 307.
[265] Copeland, L. S. (1994), S. 307.
[266] Buiter weist aber zurecht darauf hin, daß nur die Mobilität von Finanzkapital sehr hoch ist, während die Mobilität von Realkapital in der Regel ein geringes Ausmaß annimmt, vgl. Buiter, W. H. (1999), S. 296.
[267] Vgl. Fleming, J. M. (1970), S. 485, Salin, P. (1977), S. 198, Eichengreen, B. (1990), S. 163ff., Crawford, M. (1996), S. 97f., Traud, G. R. (1996), S. 16 und Buiter, W. H. (1999), S. 296.
[268] Vgl. z. B. Krugman, P. R. (1992), S. 192f., Menkhoff, L./Sell, F. L. (1992), S. 390ff., Goodhart, C. A. E. (1995), S. 452f., Willms, M. (1996), S. 134ff., Auria, L. (1997), S. 206ff. und Little, J. S./Olivei, G. P. (1999), S. 66 sowie Salin, P. (1990), S. 368.

Von der Einrichtung einer Weltzentralbank sollte daher zumindest vorerst abgesehen werden. Es ist zwar möglich, daß insbesondere das Internet einen weltweiten Prozeß der Konvergenz auf wirtschaftlicher, politischer, kultureller und sozialer Ebene auslösen könnte, weil die Bedeutung regionaler Faktoren sinkt, diese Entwicklung ist aber noch nicht absehbar. Außerdem besteht Grund zu der Befürchtung, daß diese Konvergenz nur die entwickelten Länder betreffen könnte, die bereits heute in starkem Maße an der Kommunikation im Internet partizipieren. Die weniger entwickelten Länder würden in einem solchen Szenario noch weiter hinter die entwickelten Länder zurückfallen.

Selbst eine Währungsunion zwischen den entwickelten Staaten ist aber unwahrscheinlich. Insbesondere die bereits erläuterten politischen Differenzen, die auch mit einem Interesse am Machterhalt und dem daraus folgenden Beharren auf hergebrachten Strukturen aufgrund von politischer und bürokratischer Effizienz der staatlichen Institutionen zu tun haben, dürften die Einrichtung einer Weltzentralbank stark erschweren[269]. Goodhart gibt zu bedenken[270]:

> It is not possible to establish a 'one-world' system, or solution, to international monetary relationships, in a world effectively divided among independent powers. Indeed, it is difficult enough to forge a monetary union between a small number of like-minded neighbouring countries.

Thomasberger verweist darauf, daß die Befürworter der Errichtung einer Weltzentralbank die praktischen Probleme unterschätzen, die sich im täglichen Geschäft für eine solche Institution (zum Beispiel bei der Bestimmung von Refinanzierungssätzen oder Refinanzierungsvolumina) ergeben, und stellt daher fest[271]:

> Aber woher nehmen sie die Gewißheit, daß eine Weltzentralbank zu etwas fähig ist - der Stabilisierung des Preisniveaus - wozu sich nationale Institutionen immer wieder als unfähig erwiesen haben.

Außerdem muß, wenn schon davon ausgegangen wird, daß die angesprochenen praktischen Probleme überwindbar sind, in jedem Fall hinterfragt werden, wie effizient eine Weltzentralbank die globale Stabilität des Bank- und Geldwesens gewährleisten kann. Soll die Zentralbank zum Beispiel ein Monopol für die Ausgabe des Netzgeldes in der Form von ecash erhalten, so besteht die Gefahr, daß die Skalierbarkeit eines solchen Systems als ungenügend beurteilt werden müßte, in noch größerem Ausmaß als bei einem nationalen Emissionsmonopol.

---

[269] Vgl. z. B. Hodgman, D. R./Resek, R. W. (1983), S. 169 und Goodhart, C. A. E. (1989), S. 429.
[270] Goodhart, C. A. E. (1989), S. 429.
[271] Thomasberger, C. (1993a), S. 335.

3. Wettbewerbliche Geld- und Währungsordnungen

3.1 Geld und Geldfunktionen

3.1.1 Das Wesen des Geldes

Die Nutzung bestimmter Gegenstände zur Vereinheitlichung und Vereinfachung des Tausches in primitiven Gesellschaften erscheint logisch. Frühe Formen eines solchen Warengeldes stellten zum Beispiel Rinder, Salz und Äxte dar[272]. Die ersten abstrakten Formen des Warengeldes, die Vorläufer von Münzen aus Eisen, Gold, Kupfer oder Silber, hatten ihren Ursprung in sakralen Handlungen[273]. Diese Objekte wurden bei religiösen Veranstaltungen als Schmuck und Rangabzeichen genutzt und dienten als Wertmaßstab für Opfergaben.

Auch wenn der Ursprung des Geldes nicht in der Zweckmäßigkeit beim Tauschakt begründet liegen mag, muß festgestellt werden, daß der entscheidende Grund für die Entwicklung des Geldes in allen wichtigen Kulturen insbesondere in der den Tausch vereinfachenden Wirkung zu sehen ist[274]. Dabei ist der Begriff der Evolution von entscheidender Bedeutung[275]. Geld entwickelt, je nach Bedarf der jeweiligen Volkswirtschaft, schrittweise neue Formen. Im Rahmen dieses Entwicklungsprozesses werden von den Finanzdienstleistern, ausgehend vom Ochsen über Münzen, Banknoten, Buchgeld bis hin zum elektronischen Geld, immer weniger greifbare Formen des Geldes bereitgestellt.

Auch wenn der staatliche Eingriff in das Geldwesen heute allgegenwärtig ist, betont Menger, daß das Geld zumindest ursprünglich kein Geschöpf des Staates ist, sonder ein Produkt eines evolutionären Prozesses darstellt[276]. Nach dieser Auffassung entsteht das Geld im Rahmen einer spontanen Ordnung aus Eigennutz, weil alle Wirtschaftssubjekte die Vorteilhaftigkeit des Phänomens Geld erkennen[277]. Kindleberger verweist darauf, daß die Evolution des Geldes kein linearer Prozeß ist, weswegen nicht alle Bereiche einer Volkswirtschaft in gleichem Maße und zur gleichen Zeit von den Weiterentwicklungen betroffen sind; so war zum Beispiel im Frankreich des späten 19. Jahrhunderts der Tausch von Waren in den eher ländlichen Gegenden noch häufig anzutreffen, bei Geschäften auf einer gehobenen nationalen Ebene dominierten Gold und Silber als Tausch- und Zahlungsmittel und der internationale Handel wurde in der Regel über verschiedene Instrumente der Kreditvergabe abgewickelt[278].

Eine genaue Definition des Phänomens Geld ist schwierig. Häufig wird das Geld über die Geldfunktionen definiert. Folglich ist Geld, was Geldfunktionen

---

[272] Vgl. Melitz, J. (1974), S. 12ff. und Richter, R. (1990), S. 120f..

[273] Vgl. Gerloff, W. (1947), S. 34, Pryor, F. L. (1977), S. 396 und Harlandt, H. (1989), S. 16.

[274] Vgl. Einzig, P. (1966), S. 345f. und Pryor, F. L. (1977), S. 397 und 407.

[275] Vgl. Menger, C. (1892), S. 239ff., Harlandt, H. (1989), S. 6ff. und Terres, P. (1999), S. 21.

[276] Vgl. Menger, C. (1892), S. 255.

[277] Vgl. Menger, C. (1892), S. 239ff., Selgin, G. A./White, L. H. (1987), S. 440ff., Selgin, G. A. (1988), S. 16ff. und Terres, P. (1999), S. 21ff..

[278] Vgl. Kindleberger, C. P. (1984), S. 21.

ausübt[279]. Als Geldfunktionen werden dabei, wie bereits erwähnt, die Tausch- und Zahlungsmittelfunktion, die Funktion als Wertaufbewahrungsmittel sowie die Vorgabe einer Recheneinheit angesehen.

Die Vorteile, die sich für die Wirtschaftssubjekte ergeben, wenn gewisse Vereinbarungen über Tausch- und Zahlungsmittel getroffen werden, lassen sich leicht zeigen. Bei einem direkten Tausch von Waren muß bei den partizipierenden Wirtschaftssubjekten entweder eine doppelte Koinzidenz der Wünsche vorliegen, was unwahrscheinlich ist, oder aber es wird ein aufwendiger Ringtausch nötig[280]. In diesem Fall entstehen, zumindest wenn keine vollständigen Informationen vorliegen, hohe Transaktions- und Informationskosten. Daher wird in der Literatur festgestellt, daß eine einfache Tauschwirtschaft ohne bestimmte Tauschmittel nur auf relativ primitiven Stufen einer Kultur denkbar ist[281]. Die Zahlungsmittelfunktion des Geldes geht noch über die Tauschmittelfunktion hinaus, weil ein Zahlungsmittel auch zur Übertragung von Krediten und als Medium für die Tilgung von Schulden dient.

Wird der Tauschakt mit der Hilfe des Geldes zeitlich auseinandergezogen, so übernimmt das Geld eine Wertaufbewahrungsfunktion. Dabei dürften Wirtschaftssubjekte nur bereit sein, Geld für eine längere Zeit zu halten, wenn es zu keiner bedeutenden Verschlechterung der Kaufkraft des Geldes kommt, also nur dann, wenn mit einer gewissen Stabilität des Wertes des Geldes zu rechnen ist.

Durch die Vereinbarung einer Recheneinheit wird der Tausch erleichtert, weil der Marktwert eines Gutes in Bezug zu einem Standardgut ausgedrückt werden kann. So ergibt sich in einer einfachen Tauschwirtschaft mit n Gütern eine Matrix mit n^2 Tauschrelationen. Da auf der Hauptdiagonalen die Tauschrelation jeweils eins beträgt und alle anderen Tauschrelationen in der Form Gut $n_1 = x$ * Gut n_2 und Gut $n_2 = (1 / x)$ * Gut n_1 zweifach in der Matrix enthalten sind, existieren $(n * (n - 1)) / 2$ relevante Tauschrelationen[282]. Durch die Nutzung einer Recheneinheit müssen hingegen nur $(n - 1)$ Tauschrelationen beachtet werden.

Allgemein kann zunächst festgehalten werden, daß die in einer Volkswirtschaft als Geld verwendeten Vermögensobjekte beim Tauschakt möglichst geringe Transaktionskosten verursachen sollten[283]. Brunner und Meltzer sowie Alchian begründen die Nutzung von Geld insbesondere mit informationsökonomischen Überlegungen[284]. In einer Tauschwirtschaft stehen die Wirtschaftssubjekte bei Transaktionen vor einem Problem, weil sie nicht über vollständige Informationen

---

[279] Vgl. Hicks, J. R. (1967), S. 1.

[280] Vgl. Niehans, J. (1969), S. 707f., Selgin, G. A./White, L. H. (1987), S. 440f., Harlandt, H. (1989), S. 13f., Ostroy, J. M./Starr, R. M. (1990), S. 26f. und Horwitz, S. (1992), S. 19.

[281] Vgl. Melitz, J. (1974), S. 1, Brunner, K./Meltzer, A. H. (1971), S. 785, Schulz-Kirchner, U. (1984), S. 25f. und Ostroy, J. M./Starr, R. M. (1990), S. 29.

[282] Vgl. Hicks, J. R. (1967), S. 3, Brunner, K./Meltzer, A. H. (1971), S. 787, Butos, W. N. (1986), S. 865, Dittus, P. (1987), S. 32ff. und Richter, R. (1990), S. 117ff..

[283] Vgl. Yeager, L. B. (1968), S. 67 und Niehans, J. (1969), S. 717.

[284] Vgl. Brunner, K./Meltzer, A. H. (1971), S. 784ff. und Alchian, A. A. (1977), S. 133ff..

verfügen. Es müssen also in erheblichem Umfang Suchkosten aufgewandt werden, um eine gewisse Markttransparenz zu erreichen. Die benötigten Informationen umfassen unter anderem Hinweise auf mögliche Tauschpartner, die Qualität der angebotenen Güter sowie die bei der gegenwärtigen Marktlage akzeptablen Preise[285].

Wird ein Gut als Standard gewählt, in dem Preise ausgedrückt werden, so verbessert sich die Vergleichbarkeit, was zu geringeren Informationskosten führt, weil die Wirtschaftssubjekte die Marktlage leichter erfassen können[286]. Dabei ist insbesondere eine gewisse Homogenität des Standardgutes wünschenswert, um das Problem von Qualitätsunterschieden beim Tausch wenigstens von einer Seite her zu eliminieren[287]. Diese Zusammenhänge lassen sich wie in Abbildung 11 darstellen. Es wird davon ausgegangen, daß zwei Güter X und Y existieren. Ein Wirtschaftssubjekt ist in der Lage, das Gut X herzustellen und möchte in bestimmtem Umfang das Gut Y durch Tausch erwerben. Das Wirtschaftssubjekt kann nun entweder ein ungünstiges Tauschverhältnis bei geringen Informationskosten akzeptieren (Kurve A), oder, was in diesem Fall rational ist, Suchkosten in der Form von Zeit aufwenden, wodurch zwar zunächst die Möglichkeit zur Produktion des Gutes X eingeschränkt wird, was aber schließlich zu einem günstigeren Tauschverhältnis zwischen den Gütern führt (Kurve B)[288].

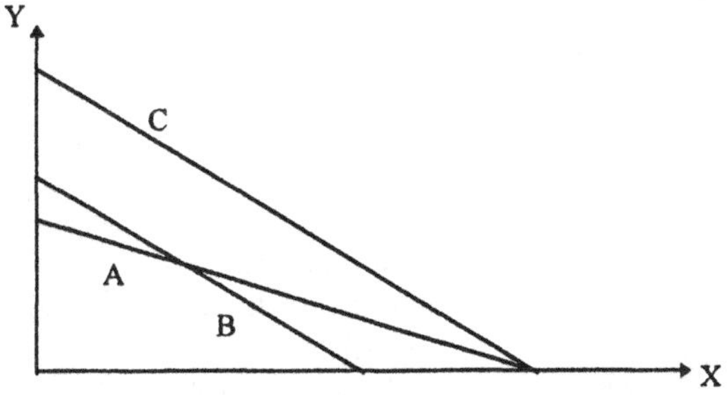

Abbildung 11: Informationskostenersparnis durch die Nutzung von Geld
Quelle: In Anlehnung an Brunner, K./Meltzer, A. H. (1971), S. 790.

Dabei besteht die Schwierigkeit, daß das Wirtschaftssubjekt a priori die Effizienz der Suche nach günstigeren Tauschangeboten nicht einschätzen kann. Zudem hängt diese Effizienz auch maßgeblich von der Qualität des ersten Tauschangebotes ab, die natürlich dem Zufall unterliegt. Durch die Einführung von Geld (Kurve C) läßt sich die Markttransparenz erhöhen, so daß die geringen Informationskosten einer eingeschränkten Suche mit dem günstigen Tauschverhältnis einer um-

---

285 Vgl. Brunner, K./Meltzer, A. H. (1971), S. 786 und Alchian, A. A. (1977), S. 133f..
286 Vgl. Brunner, K./Meltzer, A. H. (1971), S. 787f..
287 Vgl. King, R. G./Plosser, C. I. (1986), S. 112.
288 Vgl. Brunner, K./Meltzer, A. H. (1971), S. 794f..

fangreichen Suche ohne Geld verbunden werden können. Die Nutzung des Geldes erhöht also die Wohlfahrt des betrachteten Wirtschaftssubjektes.

3.1.2 Geld in der neoklassischen Theorie

In der Realität begegnen die Wirtschaftssubjekte dem Geld nahezu überall. Der neoklassischen Theorie bereitet die Erklärung des Phänomens Geld aber große Schwierigkeiten. Schließlich sorgt die unsichtbare Hand des Marktes in der Neoklassik für die Markträumung bei einem Gleichgewichtspreis[289]. Horwitz beschreibt anschaulich[290]:

> No excess supplies or demands of any commodities could exist. No one would face frustration trying to buy or sell at prevailing prices.

Für Geld ist in einer solchen Welt kein Platz. Dies liegt an den restriktiven Annahmen, die der neoklassischen Theorie zugrunde liegen[291]. Weil vollständige Informationen vorausgesetzt werden, wird von Informations- und Transaktionskosten abstrahiert. In einem solchen Umfeld kann die Wirtschaft natürlich problemlos auf direktem Tausch ohne die Nutzung von Geld beruhen. Daher bleibt festzuhalten, daß die Existenz des Geldes entscheidend vom Vorliegen von Informationsasymmetrien und Informations- und Transaktionskosten abhängt.

Ebenso kennt die Neoklassik keine Banken und andere Finanzintermediäre, weil auch die Nachfrage nach deren Dienstleistungen im wesentlichen auf Informationskosten beruht. Allgemein haben Banken insbesondere zwei Funktionen. Sie stellen erstens ein Zahlungsmittel für Vermögensübertragungen bereit und übernehmen zweitens die Anlage des Vermögens der Überschußeinheiten bei den Defiziteinheiten[292]. Die Rechtfertigung der Existenz eines Tausch- und Zahlungsmittels auf der Grundlage informationsökonomischer Überlegungen ist bereits erfolgt. Auch die zweite Aufgaben der Banken basiert vor allem auf der Überwindung von Friktionen, die sich durch das Vorliegen von Informationskosten ergeben. Banken und andere Finanzintermediäre können nämlich helfen, Informationsasymmetrien auf den Finanzmärkten zu überwinden. Schließlich ist es für einen Anleger schwierig, Informationen über die Wirtschaftssubjekte zu sammeln, die auf den Finanzmärkten Kapital nachfragen[293]. Der Spezialist Bank kann diese Aufgabe effizienter erfüllen und Kapitalnachfrager besser beurteilen und überwachen. Zudem ist es Banken einfacher möglich, eine bessere Risikostreuung zu verwirklichen[294].

---

289 Vgl. Horwitz, S. (1992), S. 16.
290 Horwitz, S. (1992), S. 16.
291 Vgl. Davidson, P. (1978), S. 140f..
292 Vgl. Johnson, H. G. (1968), S. 972, Fama, E. F. (1980), S. 39f. und Papademos, L./Modigliani, F. (1990), S. 443.
293 Vgl. Illing, G. (1985), S. 118 und Goodhart, C. A. E. (1989), S. 104ff..
294 Vgl. Diamond, D. W. (1984), S. 400ff..

Allerdings bestehen auch zwischen Anlegern und Banken Informationsasymmetrien und eine Prinzipal-Agenten-Beziehung[295]. Um in diesem Zusammenhang das Auftreten von Problemen zu vermeiden, muß eine anreizkompatible Gestaltung der Verträge zwischen diesen Vertragspartnern gewährleistet werden. Eine Möglichkeit einer solchen Vertragsgestaltung liegt darin, den Wert der Einlagen bei einer Bank zu fixieren um so den Prinzipal weitgehend unabhängig vom Wirken des Agenten zu machen[296]. Diese Strategie wird zum Beispiel bei den heute üblichen Depositenformen verfolgt. Die sich durch diese Vertragsgestaltung ergebende Problematik des Bank Runs bei geschäftlichen Mißerfolgen des Agenten Bank soll später näher betrachtet werden.

Geld und Finanzintermediäre werden in einer Welt ohne Informations- und Transaktionskosten also nicht benötigt. Liegen aber, wie in der Realität, keine vollständigen Informationen vor und existieren daher Informations- und Transaktionskosten, so ist das Geld als Brücke zwischen Angebot und Nachfrage auf den Gütermärkten sinnvoll und auch die Dienstleistungen der Finanzintermediäre werden benötigt. Dabei ist klar, daß Veränderungen, die die in einer Volkswirtschaft anfallenden Informations- und Transaktionskosten berühren, auch Auswirkungen auf das Geld- und Bankwesen haben müssen.

3.2 Geld- und Währungsordnungen

3.2.1 Grundsätzliche Überlegungen

Ein wichtiger Bestandteil der Wirtschaftsordnung eines Landes ist die Geld- und Währungsordnung[297]. Mit dem Begriff Geldordnung werden alle rechtlich festgelegten sowie informellen Konventionen bezüglich des nationalen Zahlungsverkehrs und die herrschenden Gegebenheiten umschrieben[298]. Entsprechendes gilt im internationalen Rahmen für den Begriff Währungsordnung[299].

Geld- und Währungsordnung sollten dabei nicht voneinander losgelöst betrachtet werden. So ergibt sich für ein Land, das auf nationaler Ebene einen Goldstandard einführt und damit die Geldschöpfung der Zentralbank an die vorhandenen Goldreserven bindet, automatisch auch die Eingliederung in einen internationalen Goldstandard, der alle Nationen umfaßt, die die Goldkonvertibilität ihrer Währung gewährleisten[300]. Zudem erscheint es mehr als fraglich, ob die Unter-

---

[295] Vgl. King, R. G. (1983), S. 136 und Illing, G. (1985), S. 125.

[296] Vgl. Diamond, D. W. (1984), S. 402, Calomiris, C. W./Kahn, C. M. (1991), S. 500 sowie Chant, J. F. (1992), S. 56f. und 60f..

[297] Vgl. Anderegg, R. G. (1994), S. 40 und Neldner, M. (1998), S. 287.

[298] Vgl. Neldner, M. (1998), S. 287, Lindsey, D. E. (1986), S. 168, Richter, R. (1988), S. 209ff., Anderegg, R. G. (1994), S. 40 und Richter, R. (1990), S. 103ff.. Eine engere Definition findet sich bei Brunner sowie Rolnick und Weber, vgl. Brunner, K. (1984), S. 188 und Rolnick, A. J./Weber, W. E. (1998), S. 12.

[299] Vgl. Wolfrum, O. (1994), S. 17 und Neldner, M. (1998), S. 287.

[300] Vgl. Reynolds, A. (1983), S. 213, Bordo, M. D. (1984), S. 24, Aliber, R. Z. (1986), S. 117 und Bordo, M. D./Kydland, F. E. (1995), S. 430. Siehe auch Cooper, R. N. (1986), S. 85 und Stützel, W. (1975), S. 10.

scheidung zwischen Geld- und Währungsordnung bei einer steigenden Bedeutung des Internetgeldes und der damit verbundenen Internationalisierung der Finanzmärkte noch als sinnvoll angesehen werden kann. Offensichtlich ist jedoch, daß die neuen Technologien im Zahlungsverkehr eine Diskussion um die Ausgestaltung des Geldwesens unabdingbar machen.

Die Funktions- und Leistungsfähigkeit des Geldwesens, sowohl auf nationaler als auch auf internationaler Ebene, ist in jedem Fall von entscheidender Bedeutung für den Wirtschaftsprozeß. Anderegg stellt hierzu fest[301]:

> Die Suche nach einer geeigneten Geldordnung bzw. Währungsverfassung ist mit der zentralen Frage einer optimalen Balance zwischen Freiheit und Ordnung verhaftet.

In der Geldtheorie haben sich im Laufe der Zeit die verschiedensten Ansätze entwickelt, um eine optimale Balance zwischen Freiheit und Ordnung im Geldwesen herbeizuführen. In der Praxis dominiert jedoch seit der Umsetzung der Peelschen Bankakte in England, also seit 1844, eine einseitig auf die staatliche Sicherstellung der Ordnung im Geldwesen fixierte Sichtweise.

3.2.2 Formen von Geld- und Währungsordnungen

Nationale Geldordnungen werden insbesondere auf der Grundlage von drei Kriterien voneinander abgegrenzt. Zunächst wird zwischen einlösbarem und uneinlösbarem Geld unterschieden[302]. Einlösbares Geld muß vom Emittenten auf den Wunsch eines Nutzers des Geldes hin in einer vorgegebenen Relation in bestimmte Aktiva eingetauscht werden. Dabei können für Geldemittenten staatliche Dekkungs- und Reservevorschriften bestehen. Liegt hingegen uneinlösbares Geld vor, so existiert eine entsprechende Konvertibilität nicht.

Das zweite Kriterium ergibt sich aus der Unterscheidung zwischen marktwirtschaftlichen und zentralverwaltungswirtschaftlichen Geldordnungen[303]. Bei einer marktwirtschaftlichen Geldordnung steht es allen Wirtschaftssubjekten offen, sich im Rahmen der gesetzlichen Regelungen als Geldemittent zu betätigen. Von einer zentralverwaltungswirtschaftlichen Geldordnung wird dagegen gesprochen, wenn dem Staat ein Monopol oder Teilmonopol für das Geldangebot eingeräumt wird.

Ein weiteres wichtiges Unterscheidungskriterium ergibt sich aus der Frage, ob die nationale Geldordnung die Verwendung einer einheitlichen Recheneinheit

---

301 Anderegg, R. G. (1994), S. 40.

302 Vgl. Neldner, M. (1998), S. 287f., Friedman, M. (1982), S. 99, Richter, R. (1988), S. 211, Richter, R. (1990), S. 111f., Bergman, U. M. u. a. (1998), S. 67f. und Rolnick, A. J./Weber W. E. (1998), S. 12. Alternativ betonen einige Autoren die Unterscheidung in diskretionäre sowie regelgebundene Geldordnungen und fassen den Goldstandard und andere Formen einlösbarer Geldordnungen als regelgebundene Geldordnungen auf, vgl. z. B. Lindsey, D. E. (1986), S. 172f. und Bordo, M. D. (1993), S. 160f..

303 Vgl. Neldner, M. (1998), S. 289f.. Siehe auch Schulz-Kirchner, U. (1984), S. 67.

vorsieht[304]. Diese Zusammenhänge werden zusammenfassend in Abbildung 12 dargestellt und mit Beispielen illustriert.

nationale Geldordnung

einlösbares Geld		uneinlösbares Geld	
marktwirtschaftliche Ordnung	zentralverwaltungswirtschaftliche Ordnung	zentralverwaltungswirtschaftliche Ordnung	marktwirtschaftliche Ordnung
Bankfreiheit Einlösung: staatlich vorgeschrieben in Gold, Silber etc. Recheneinheit: staatlich vorgegeben und durch Einlösungsmedium definiert *BFH-System* Einlösung: Einlösungsversprechen in verschiedene Aktiva (indirekte Konvertibilität) Recheneinheit: staatlich vorgegeben	*Goldstandard* Einlösung: staatlich vorgeschrieben in Gold Recheneinheit: staatlich vorgeschrieben und durch Gold definiert *Currency Board* Einlösung: staatlich vorgeschrieben in Devisen Recheneinheit: staatlich vorgeschrieben und durch Wechselkurs definiert	*Fiat Money* Einlösung: nicht vorgeschrieben Recheneinheit: staatlich vorgeschrieben (aber unter Umständen nicht für den gesamten Währungsraum einheitlich, wie zum Beispiel in der europäischen Währungsunion bis 2002)	*Währungskonkurrenz* Einlösung: nicht vorgeschrieben (aber freiwillig möglich) Recheneinheit: nicht vorgeschrieben

Abbildung 12: Möglichkeiten zur Ausgestaltung der nationalen Geldordnung
Quelle: In Anlehnung an Neldner, M. (1998), S. 288.

In der Realität dominieren heute Mischformen. Der Staat verfügt in der Regel über ein Teilmonopol für die Schöpfung von Zentralbankgeld, Geschäftsbankengeld wird dagegen im Rahmen einer marktwirtschaftlichen Ordnung von verschiedenen

[304] Vgl. Neldner, M. (1998), S. 289.

privaten Emittenten durch Kreditgeldschöpfung produziert[305]. Für das Geschäftsbankengeld existiert eine Einlösungsverpflichtung in Zentralbankgeld. Bei Sichtdepositen müssen die privaten Geldemittenten der Einlösungsverpflichtung sogar sofort nachkommen. Die privaten Geldemittenten sind üblicherweise den von staatlichen Aufsichtsbehörden erlassenen Vorschriften unterworfen, also zum Beispiel Mindestreservevorschriften und Vorschriften bezüglich des Eigenkapitals. Auch die Recheneinheit wird vom Staat fixiert.

Die hier aufgeführten Formen der wettbewerblichen Organisation des Geldwesens werden später noch eingehend untersucht. Zunächst soll nur festgestellt werden, daß sich aufgrund der zunehmenden Inflationsproblematik und der unzureichenden theoretischen Begründungen des Staatseingriffs in die Geldproduktion insbesondere in den letzten 25 Jahren verschiedene Strömungen entwickelt haben, die sich für eine Stärkung des Wettbewerbs in der Geldschöpfung aussprechen.

Allgemein sehen wettbewerbliche Geld- und Währungsordnungen vor, daß alle Formen eines staatlichen Geldschöpfungsmonopols beseitigt werden. Die Geldproduktion ist diesen Vorstellungen folgend weitgehend oder sogar vollständig dem Privatsektor zu überlassen[306]. Von grundlegender Bedeutung ist dabei die Überlegung, daß der Wettbewerb zwischen den Geldemittenten zu einer effizienten und stabilen Geldversorgung führen wird. In der Vielzahl der Veröffentlichungen zu wettbewerblichen Geld- und Währungsordnungen lassen sich gewisse grundlegende Muster erkennen. In der Regel wird zwischen Währungskonkurrenz, Bankfreiheit und Neuer Monetärer Ökonomie unterschieden[307].

Der Begriff Währungskonkurrenz ist eng verbunden mit den Namen Klein, Tullock und von Hayek. Diese Autoren sprechen sich für ein Geldwesen mit einer Vielzahl konkurrierender privater und unter Umständen auch staatlicher Währungen aus. Zwingende Deckungs- und Einlösungsvorschriften für die unterschiedlichen Währungen existieren dabei in der Regel nicht, es steht den Emissionsbanken aber natürlich offen, freiwillige Einlösungsversprechungen zu geben.

Die Bankfreiheit (free banking) ist ein Ansatz, der vor allem in der Diskussion um die Ausgestaltung des Geld- und Bankwesens in Großbritannien bis 1844 eine wichtige Rolle spielte und dessen aktuelle geldpolitische Bedeutung insbesondere von White, Dowd und Selgin betont wurde. Diese Form einer wettbewerblichen Währungsordnungen sieht für das von privaten Banken geschaffenen Geld eine rechtlich vorgeschriebene Einlösungspflicht in ein bestimmtes einheitliches Reservemedium vor. Dieses Reservemedium dient auch als Recheneinheit.

Unter dem Begriff Neue Monetäre Ökonomie werden die Arbeiten der verschiedensten Autoren zusammengefaßt, so daß in diesem Zusammenhang von einer recht uneinheitlichen Denkschule zu sprechen ist. Über besondere Bekannt-

[305] Vgl. Fama, E. F. (1983), S. 15, Vollmer, U. (1996), S. 191 sowie Neldner, M. (1998), S. 287 und 289f..

[306] Vgl. Becker, G. S. (1993), S. 20ff..

[307] Vgl. White, L. H. (1983), S. 290f., Selgin, G. A./White, L. H. (1994), S. 1718ff., Neldner, M. (1998), S. 289 und Seiche, F. (1997), S. 97.

heit verfügt das auf Greenfield und Yeager zurückgehende BFH-System. Grundsätzlich handelt es sich bei den Vorschlägen der Neuen Monetären Ökonomie um reine Buchgeldsysteme.

Es sollte allerdings berücksichtigt werden, daß in der Literatur eine geradezu babylonische Sprachverwirrung bezüglich wettbewerblicher Geld- und Währungsordnungen vorherrscht. Zum Beispiel wird der Begriff Währungskonkurrenz gelegentlich auch als Synonym für alle wettbewerblichen Geld- und Währungsordnungen angesehen und Währungskonkurrenz oder Neue Monetäre Ökonomie werden als eine Form der Bankfreiheit bezeichnet[308]. Außerdem existiert eine alternative Systematik zur Kategorisierung wettbewerblicher Geld- und Währungsordnungen nach Bofinger, die im Rahmen dieser Arbeit aber nicht näher betrachtet werden soll[309].

Bezogen auf die Währungsordnung wird zunächst zwischen Devisenzwangswirtschaften, mit staatlich fixiertem Wechselkurs, Devisenabführungszwang für inländische Wirtschaftssubjekte sowie staatlich organisierter Devisenzuteilung, und dem Vorliegen freier Konvertibilität unterschieden[310].

Freie Konvertibilität bedeutet dabei die Abwesenheit von staatlicher Devisenbewirtschaftung. Neldner unterscheidet bezogen auf die Wechselkursbildung drei Varianten der freien Konvertibilität[311]. Diese sind flexible Wechselkurse, fixe Wechselkurse und Währungsunionen. Flexible Wechselkurse können frei beweglich am Markt (free floating) oder unter staatlicher Manipulation gebildet werden (managed floating)[312]. Fixe Wechselkurse lassen sich, wie im Fall eines Warenreservestandards, durch Automatismen oder durch marktkonforme staatliche Devisenmarktinterventionen erreichen[313]. Letztere können auf der Grundlage multilateraler Vereinbarungen oder fallweiser Entscheidungen beruhen. Dabei ist zwischen fixen, stufenflexiblen oder gleitenden Paritäten zu unterscheiden[314]. Die Realisierung einer Währungsunion kann durch eine unwiderrufliche Fixierung der Wechselkurse ohne Bandbreiten (monetary union) oder durch die Einführung einer ein-

---

[308] Vgl. z. B. Meltzer, A. H. (1983), S. 95, Brunner, K. (1984), S. 203f., Ellis, L. V. (1987), S. 136f., Visser, H. (1991), S. 91 und Hülsmann, J. G. (1996), S. 4.
[309] Vgl. Bofinger, P. (1985), S. 29ff..
[310] Vgl. Neldner, M. (1998), S. 290. Zu Außenhandel ermöglichenden staatlichen Maßnahmen im Rahmen einer auf Devisenzwangswirtschaft beruhenden Währungsordnung siehe Ethier, W. J. (1992), S. 318ff..
[311] Vgl. Neldner, M. (1998), S. 290ff..
[312] Vgl. Friedman, M. (1982), S. 99, Cooper, R. N. (1986), S. 87, Cooper, R. N. (1987), S. 4f., Wolfrum, O. (1994), S. 17ff., Quirk, P. J. (1996), S. 44, Cooper, R. N. (1999), S. 109ff., Little, J. S./Olivei, G. P. (1999), S. 65f.. Eine kontroverse Sichtweise findet sich bei Hanke, S. H. (1999), S. 337f..
[313] Vgl. Oppenheimer, P. M. (1982), S. 190ff., Neldner, M. (1998), S. 292, Bergman, U. M. u. a. (1998), S. 68 und Hanke, S. H. (1999), S. 337f.. Willett diskutiert in diesem Zusammenhang Fragen der Glaubwürdigkeit und der Signalwirkung, siehe Willett, T. D. (1998), S. 809ff..
[314] Vgl. Cooper, R. N. (1987), S. 4f. und Cooper, R. N. (1999), S. 109ff..

heitlichen Gemeinschaftswährung (currency union) erfolgen[315]. Die verschiedenen Varianten sind in Abbildung 13 zusammengefaßt.

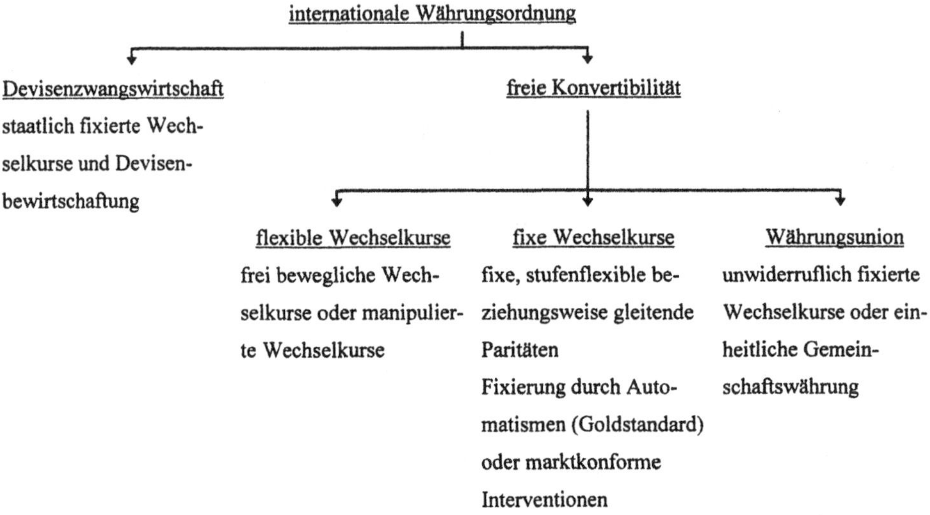

Abbildung 13: Möglichkeiten zur Ausgestaltung der internationalen Währungsordnung
Quelle: In Anlehnung an Neldner, M. (1998), S. 291.

Die bisherigen knappen Ausführungen bezüglich wettbewerblicher Geld- und Währungsordnungen waren auf nationale Gesichtspunkte fokussiert. Daher soll zunächst festgehalten werden, daß zum Beispiel mit der Einführung der Währungskonkurrenz im nationalen Rahmen auch eine völlig flexible Bildung der Wechselkurse der entsprechenden Währung auf internationaler Ebene verbunden wäre. Das institutionelle Arrangement Bankfreiheit mit dem Reservemedium Gold als nationale Geldordnung würde eine Nation in einen Goldstandard eingliedern, der alle das Reservemedium Gold nutzenden Währungsräume umfassen müßte.

3.2.3 Kriterien zur Beurteilung von Geld- und Währungsordnungen

Bevor Überlegungen bezüglich alternativer Geld- und Währungsordnungen angestellt werden können, ist zu untersuchen, welche Kriterien für die Beurteilung einer Geld- und Währungsordnung überhaupt relevant sind. Allgemein lassen sich zunächst das mikroökonomische Kriterium Effizienz und das makroökonomische Kriterium Stabilität nennen[316].

---

[315] Vgl. Neldner, M. (1998), S. 294, siehe auch Traud, G. R. (1996), S.2f..

[316] Vgl. Hall, R. E. (1983), S. 34, Link, F. J. (1984), S. 7ff., Hall, R. E. (1986), S. 224, Dittus, P. (1987), S. 10 und Seiche, F. (1997), S. 43. Ähnlich (allerdings mit einer etwas anderen Verwen-

Das mikroökonomische Kriterium Effizienz muß sowohl auf das Geldangebot, im Sinne einer Minimierung des Ressourceneinsatzes, als auch auf die Geldnachfrage, im Sinne einer Minimierung der mit der Geldhaltung verbundenen Kosten, bezogen werden[317]. Das makroökonomische Kriterium Stabilität ist einerseits auf den Geldwert, also das Preisniveau, und andererseits auf das Bankensystem, also die Vermeidung von Bankenkrisen, anzuwenden[318].

Dabei sollte beachtet werden, daß es zu Zielkonflikten kommen kann. Diese Konflikte können sowohl innerhalb der makro- beziehungsweise mikroökonomischen Kriterien als auch zwischen den makro- und mikroökonomischen Kriterien bestehen. Ein Beispiel für den ersten Fall ist ein offenes Lombardfenster im Falle inflationärer Gefahren. Bezogen auf die Geldwertstabilität mag die Einstellung der Lombardkredite durch die Zentralbank wünschenswert erscheinen; die Sorge um die Stabilität des Bankensystems könnte ein solches Vorgehen aber als nicht angebracht erscheinen erlassen[319]. Zielkonflikte im Sinne des zweiten Falles ergeben sich zum Beispiel im Goldstandard. Aus Gründen der Effizienz könnte die Aufhebung der die Geldschöpfung beschränkenden Deckungsvorschriften angebracht sein. Ängste bezüglich der Aufrechterhaltung der Preisniveaustabilität sprächen jedoch unter Umständen für eine Beibehaltung der Golddeckung.

In der Literatur wird insbesondere in Frage gestellt, ob alternative Geld- und Währungsordnungen, die darauf zielen, den Einfluß des Staates bei der Geldschöpfung einzuschränken, die notwendige Stabilität im Geldwesen herbeiführen können. Daher sollen bei den folgenden Überlegungen vor allem die Kriterien bezüglich der Stabilität betrachtet werden. Dabei darf der wichtige Faktor Effizienz aber natürlich nicht vergessen werden[320].

3.3 Der Staat als Garant eines stabilen Geldwesens

3.3.1 Grundsätzliche Überlegungen

Auch in der aktuellen Literatur wird häufig noch die These vertreten, daß in einer ungedeckten Papiergeldwährung das staatliche Notenemissionsmonopol und die Steuerung des Bankensystems durch eine staatliche Zentralbank unabdingbar für die Stabilität einer Währung sind. Es wird argumentiert, daß die Knappheit des Geldes nur durch eine staatliche Zentralbank gewährleistet werden kann, die durch die Kontrolle der Quantität des Geldes erst die Qualität einer Währung sicherstellt[321].

Selbst Friedman, der wirklich nicht im Verdacht steht, einen Eingriff des Staates in den Wirtschaftsprozeß leichtfertig zu befürworten, spricht sich für die

---

dung der Begriffe) argumentieren auch Gowland und Capie, vgl. Gowland, D. (1990), S. 39f. sowie Capie, F. (1999), S. 118.

[317] Vgl. Seiche, F. (1997), S. 45.

[318] Vgl. Cagan, P. (1986), S. 34, Seiche, F. (1997), S. 45 und Crockett, A. (1997), S. 8f..

[319] Vgl. Liepmann, P. (1980), S. 169.

[320] Vgl. Dittus, P. (1987), S. 10.

[321] Vgl. z. B. Lücken-Klaßen, M. (1993), S. 11f. und Altvater, E. (1997), S. 99f..

Existenz von staatlichen Zentralbanken aus[322]. Es ist aber fraglich, ob die Existenz einer staatlichen Zentralbank eine hinreichende Bedingung für die Preisniveaustabilität einer Währung ist.

Eine Zentralbank muß als Teil des politischen Systems aufgefaßt werden. Die verschiedensten Interessengruppen versuchen, Einfluß auf die Entscheidungen der Zentralbank zu nehmen. Dieser politische Druck auf die Zentralbank führt insbesondere in Verbindung mit einem diskretionären Spielraum zur Durchführung der Geldpolitik zu einer beträchtlichen Inflationsgefahr. Die staatliche Geldpolitik hat sich folglich als eine Quelle ständiger Inflation erwiesen[323]. Selbst die Deutsche Bundesbank, die über ein großes Maß an institutioneller Unabhängigkeit verfügt und die somit gegen eine politische Einflußnahme besser gewappnet gewesen ist, konnte diesem Trend nicht entscheidend entgegenwirken. Die Deutsche Mark hat, vor allem in den 60er und 70er Jahren, stark an Wert verloren und stellt dennoch eine der stabilsten Währungen der Welt dar[324]. Die Bedrohung, die sich für das Geldwesen durch die unglückliche Kombination von politischer Einflußnahme auf die Zentralbank und diskretionärer Geldpolitik ergeben hat, ist in den 80er Jahren allerdings klar erkannt worden[325]. Durch Regelbindung der Geldpolitik, Unabhängigkeit der Zentralbank oder Rechenschaftspflicht (accountability) der Leitung der Zentralbank wurde die Inflation zumindest vorerst unter Kontrolle gebracht.

Dennoch muß festgestellt werden, daß der staatliche Eingriff in die Geldschöpfung keine hinreichende Bedingung für eine stabile Währung darstellt. Allerdings wird häufig argumentiert, daß die Existenz einer staatlichen Zentralbank zumindest eine notwendige Bedingung für die Sicherstellung der Preisniveaustabilität ist. Zur Begründung dieser Auffassung dient zunächst die Annahme, daß das Finanz- und Bankensystem inhärent instabil ist (nach der Meinung einiger Anhänger dieser These reicht nicht einmal die Existenz einer staatlichen Zentralbank aus, um diese Instabilität zu beseitigen)[326]. Zudem wird darauf verwiesen, daß Geld erstens ein öffentliches Gut darstellt und daß zweitens bei der Geldproduktion ein natürliches Monopol vorliegt[327]. Folglich müßte es zu einem Marktversagen bei der pri-

---

[322] Vgl. Friedman, M. (1951), S. 211, Friedman, M. (1960), S. 7f. und Friedman, M. (1984), S. 46. Friedman scheint seine Ansichten jedoch überdacht zu haben, vgl. Friedman, M. (1987), S. 373ff..

[323] Vgl. Woll, A. (1979), S. 412, Edwards, J. R. (1980), S. 107, Barro, R. J. (1982), S. 105, Bordo, M. D./Schwartz, A. J. (1983), S. 64ff., Meltzer, A. H. (1983), S. 94f., Bernholz, P. (1983), S. 398, Bernholz, P. (1986), S. 477, Link, F. J. (1986), S. 2 und Dorn, J. A. (1989), S. 278.

[324] Vgl. Deane, M./Pringle, R. (1994), S. 352f., Seiche, F. (1997), S. 11, England, C. (1997), S. 140f., Dowd, K. (1993), S. 566 und Derix, H.-H. (1985), S. 1.

[325] Vgl. z. B. Barro, R. J. (1982), S. 105ff., Barro, R. J./Gordon, D. B. (1983), S. 589ff., Buchanan, J. M. (1983), S. 145f., Christ, C. F. (1983), S. 121ff. und Canzoneri, M. B. (1985), S. 1056ff..

[326] Vgl. Guttentag, J./Lindsay, R. (1968), S. 992ff., Kindleberger, C. P. (1978), S. 14, Minsky, H. P. (1982), S. 24ff., Dow, S. C./Earl, P. E. (1982), S. 142ff., Minsky, H. P. (1984), S. 22f., Hicks, J. R. (1989), S. 110f., Dow, S. C. (1996), S. 702, und Altvater, E. (1997), S. 100ff., kritisch hierzu z. B. Seifert, E. (1984), S. 172ff. und Schwartz, A. J. (1986), S. 22ff..

[327] Vgl. Friedman, M. (1960), S. 7f., Meltzer, A. H. (1969), S. 35, Kindleberger, C. P. (1972), S. 434f., Laidler, D. E. W. (1977), S. 321, Kindleberger, C. P. (1978), S. 9f., Hamada, K. (1977), S. 16, Altvater, E. (1997), S. 100, Laidler, D. E. W. (1993), S. 32ff., Dow, S. C./Smithin, J. (1999), S.

vaten Geldproduktion kommen und ein staatlicher Eingriff in den Markt dürfte unabdingbar sein.

3.3.2 Geld als öffentliches Gut

In der Literatur besteht über die Abgrenzung des Begriffes öffentliches Gut keine einheitliche Meinung[328]. Dennoch handelt es sich hier um ein Standardargument zur Begründung des Staatseingriffes in die Produktion.

Auf Samuelson geht das Kriterium der Nichtrivalität im Konsum zurück[329]. Nichtrivalität im Konsum bedeutet, daß der Nutzen eines Wirtschaftssubjektes beim Konsum eines Gutes nicht gemindert wird, wenn auch andere Wirtschaftssubjekte gleichzeitig dieses Gut konsumieren. Das entsprechende Gut ist folglich unabhängig von der Zahl der Nutzer in gleicher Qualität für alle Konsumenten verfügbar.

Demsetz betont die Nichtanwendbarkeit des Ausschlußprinzipes als entscheidendes Charakteristikum eines öffentlichen Gutes[330]. Die Nichtanwendbarkeit des Ausschlußprinzipes ist dann gegeben, wenn Wirtschaftssubjekte nicht vom Konsum eines Gutes zurückgehalten werden können, so daß sich das Problem des Free Riding ergibt.

Nach Musgrave liegt ein öffentliches Gut nur dann vor, wenn bei einem Gut sowohl Nichtrivalität im Konsum als auch Nichtanwendbarkeit des Ausschlußprinzips gegeben ist[331]. Von dieser Definition wird im folgenden ausgegangen. Nun soll untersucht werden, ob Geld ein öffentliches Gut darstellt. Hier soll bei den einzelnen Geldfunktionen angesetzt werden, weil später auch wettbewerbliche Geld- und Währungsordnungen zu diskutieren sind, die nur die private Produktion bestimmter Geldfunktionen vorsehen.

Offensichtlich liegt bei der Geldfunktion Recheneinheit keine Rivalität im Konsum vor[332]. Vielmehr entsteht einem Wirtschaftssubjekt durch möglichst weite Verbreitung der Recheneinheit, die dieses selbst nutzt, ein zusätzlicher Nutzen, weil die Notwendigkeit von Umrechnungen entfällt. Dieser positive externe Effekt soll später im Rahmen der Untersuchung der Netzwerkeffekte im Geldwesen näher betrachtet werden. Weiterhin ist es wohl auch nicht möglich, Wirtschaftssubjekte von der Nutzung einer Recheneinheit auszuschließen[333]. Daher scheint die Geldfunktion Recheneinheit ein öffentliches Gut darzustellen.

Bei der Geldfunktion Tausch- und Zahlungsmittel ist das Ausschlußprinzip dagegen offensichtlich weitgehend anwendbar; so ist es bezogen auf die Deposi-

---

83f., Johnson, H. G. (1968), S. 975, Melvin, M. (1988), S. 442, Hoskins, W. L. (1993), S. 184f. und Bindseil, U. (1997), S. 18.

[328] Vgl. z.B. Kalt, J. P. (1981), S. 565ff., Vaubel, R. (1984), 28f. und Vaubel, R. (1986), S. 930.

[329] Vgl. Samuelson, P. A. (1954), S. 387f..

[330] Vgl. Demsetz, H. (1970), S. 306.

[331] Vgl. Musgrave, R. A. (1969), S. 126ff..

[332] Vgl. Yeager, L. B. (1983), S. 321, Vaubel, R. (1984), S. 29f. und Bofinger, P. (1985), S. 198.

[333] Vgl. Bofinger, P. (1985), S. 199 und Seiche, F. (1997), S. 50.

ten einer Bank zum Beispiel durchaus möglich, für bestimmte Wirtschaftssubjekte kein Konto einzurichten und diese Wirtschaftssubjekte somit von den entsprechenden monetären Dienstleistungen auszuschließen. Ähnliches gilt auch für das elektronische Geld. Schwieriger ist die Lage bei den Banknoten eines Geldproduzenten. Diese zirkulieren ohne direkte Anbindung an den Emittenten in der gesamten Volkswirtschaft und dienen dabei als Tausch- und Zahlungsmittel, so daß das Ausschlußprinzip offensichtlich nicht anwendbar ist. Weil die Wirtschaftssubjekte für die monetären Dienstleistungen der Banknoten mit dem entgangenen Zinsertrag durch die Bargeldhaltung zahlen, ergibt sich hier aber dennoch kein Problem des Free Riding. Daher liegt auch kein Marktversagen vor.

Weiterhin existiert, bezogen auf die Geldfunktionen Tausch- und Zahlungsmittel sowie Wertaufbewahrungsmittel, sicherlich Rivalität im Konsum, weil eine Geldeinheit, unabhängig davon ob es sich um Bargeld, Depositen oder elektronisches Geld handelt, zu einem bestimmten Zeitpunkt ausschließlich vom jeweiligen Besitzer genutzt werden kann und entsprechend auch nur diesem Nutzen stiftet[334]. Gleiches gilt für die Wertaufbewahrungsfunktion. White argumentiert[335]:

> Money satisfies neither the non-rivalness-in-consumption criterion nor the non excludability criterion associated with public goods: The money one individual owns is excluded from ownership by anyone else, and the liquidity services provided by that money cannot simultaneously be enjoyed by anyone else.

Geld stellt also bezogen auf die Geldfunktionen Wertaufbewahrungsmittel sowie Tausch- und Zahlungsmittel kein öffentliches Gut dar.

Damit kann Geld im allgemeinen nicht als öffentliches Gut betrachtet werden, nur die Geldfunktion Recheneinheit läßt sich als öffentliches Gut auffassen. In diesem Zusammenhang ist es allerdings fraglich, ob die traditionellen Abgrenzungskriterien für öffentliche Güter überhaupt auf die Geldfunktion Recheneinheit angewandt werden können[336]. Zwar kann bezweifelt werden, daß der Markt bereit wäre, die Produktion des Gutes Geldrecheneinheit zu übernehmen, wenn bei der Produktion dieser Geldfunktion Kosten anfallen würden, die Produktionskosten der Recheneinheit werden aber in der Regel als vernachlässigbar gering angesehen, wobei davon ausgegangen wird, daß die Recheneinheit nicht im eigentlichen Sinne produziert wird[337].

Ein staatlicher Eingriff in die Geldproduktion läßt sich also offensichtlich nicht mit dem Argument des Vorliegens eines öffentlichen Gutes begründen. In diesem Zusammenhang muß auch berücksichtigt werden, daß der Staat, selbst wenn ein

---

[334] Vgl. White, L. H. (1983), S. 292, Bofinger, P. (1985), S. 199, Vaubel, R. (1984), S. 29, Vaubel, R. (1985), S. 556, Vaubel, R. (1986), S. 934, White, L. H. (1988), S. 468 und Selgin, G. A. (1988), S. 154, kritisch hierzu Picht, H. (1988), S. 412f..

[335] White, L. H. (1983), S. 292.

[336] Vgl. Engels, W. (1981), S. 9.

[337] Vgl. Selgin, G. A. (1988), S. 154 und Seiche, F. (1997), S. 50f., anders bei Terres, P. (1999), S. 90.

Gut eindeutig als öffentliches Gut identifiziert wurde, nur dann in jedem Fall der geeignete Anbieter ist, wenn davon ausgegangen wird, daß es sich bei diesem um eine allwissende und wohlwollende Institution handelt, die in jeder Situation das jeweilige Optimum erreicht[338]. Ansonsten könnten die Kosten eines möglichen Staatsversagens die Kosten des Marktversagens überwiegen.

Zudem kann mit dem Argument, daß Geld ein öffentliches Gut darstellt, zwar die Existenz eines staatlichen Geldproduzenten gerechtfertigt werden, die Notwendigkeit eines staatlichen Emissionsmonopols zur Begrenzung der Quantität des Geldes läßt sich aber nicht erklären, weil der Markt ein öffentliches Gut nicht in zu hohem sondern in zu geringem Maße bereitstellt[339]. Um die Einführung eines staatlichen Emissionsmonopoles zur Kontrolle der Geldmenge zu rechtfertigen muß folglich argumentiert werden, daß Geldwertstabilität ein öffentliches Gut darstellt, so daß kein Emittent bereit ist, die Geldwertstabilität durch eine Begrenzung der Geldschöpfung zu produzieren[340]. Dieses Problem ergibt sich vor allem im Rahmen einer ungedeckten Geld- und Währungsordnung, so daß weitere Überlegungen hierzu bei der Untersuchung der Währungskonkurrenz erfolgen sollen.

3.3.3 Geldschöpfung als natürliches Monopol

Von einem natürlichen Monopol wird gesprochen, wenn ein einzelner Anbieter die Gesamtnachfrage zu geringeren Kosten befriedigen kann als eine größere Anzahl von Anbietern: Ein natürliches Monopol ergibt sich also, wenn Subadditivität der Kosten vorliegt[341]. In einer solchen Situation muß von einem Marktversagen ausgegangen werden, weil der Anbieter verglichen mit dem Vorliegen einer vollständigen Konkurrenz eine geringe Menge bei einem höheren Preis produziert und daher eine Monopolrente abschöpft. Um die Abschöpfung der Monoplrente zu verhindern, wird in dieser Situation in der Regel ein Eingriff des Staates in den Wirtschaftsprozeß gefordert.

Hinreichende aber nicht notwendige Bedingung für das Vorliegen eines natürlichen Monopols sind, zumindest bei einem Einproduktunternehmen, sinkende Grenzkosten[342]. Auch konstante Grenzkosten bei der Existenz von Fixkosten und Situationen mit einem hohen Fixkostenblock, der nicht von sinkenden variablen Kosten kompensiert wird, führen zu einem natürlichen Monopol. Es ist nun zu untersuchen, ob die Geldproduktion ein natürliches Monopol darstellt. Dabei soll, wie schon bei den Betrachtungen bezüglich des Vorliegens eines öffentlichen Gutes, wiederum bei den einzelnen Geldfunktionen angesetzt werden.

---

338 Vgl. Kalt, J. P. (1981), S. 570, Lovik, L. W. (1987), S. 25f. und White, L. J. (1994).
339 Vgl. Vaubel, R. (1985), S. 555.
340 Vgl. Dow, S. C. (1996), S. 698 sowie Kindleberger, C. P. (1972), S. 435, Gorton, G. (1985), S. 279, kritisch hierzu Vaubel, R. (1984), S. 29 und Vaubel, R. (1986), S. 935.
341 Vgl. Posner, R. A. (1969), S. 548 und Baumol, W. J. (1977), S. 809.
342 Vgl. Baumol, W. J. (1977), S. 809 und S. 814.

Dittus stellt bezogen auf die Recheneinheit fest[343]:

Die Recheneinheit ist in diesem Sinne ein natürliches Monopol.

Diese Beurteilung wird mit Effizienzsteigerungen durch den Gebrauch einer einheitlichen Recheneinheit und mit sinkenden Koordinationskosten begründet. Terres hingegen hält fest, daß es sich hier um Netzwerkeffekte auf der Verwendungsseite handelt, die bei der Untersuchung des Vorliegens eines natürlichen Monopols keine Rolle spielen und separat betrachtet werden müssen[344]. Dowd führt aus, daß eine Recheneinheit nicht im eigentlichen Sinne produziert wird und stellt fest[345]:

A natural monopoly argument is however an argument about production and therefore it cannot apply to a situation where production is absent.

Bezogen auf die Recheneinheit kann also nicht von einem natürlichen Monopol gesprochen werden[346].

Bei den Geldfunktionen Tausch- und Zahlungsmittel und Wertaufbewahrungsmittel erweisen sich die Überlegungen als komplizierter. Es soll zunächst die hinreichende Bedingung für das Vorliegen eines natürlichen Monopols, also sinkende Grenzkosten, überprüft werden. Die Produktion der Geldgüter (money goods) scheint nur eher vernachlässigbare variable Kosten zu verursachen[347]. Dies würde bedeuten daß ein natürliches Monopol vorliegt. Claassen sowie Dreyhaupt und Siepmann weisen aber darauf hin, daß die eigentlichen Kosten der Geldschöpfung bei der Produktion der Gelddienstleistungen (monetary services) entstehen, wobei nicht ohne weiteres von sinkenden Grenzkosten ausgegangen werden kann[348].

Das Vorliegen von gewissen Größenvorteilen im Bank- und Geldwesen dürfte allgemein nicht bezweifelt werden. So wird bezogen auf gedeckte Geld- und Währungsordnungen ausgeführt, daß die optimale Reservehaltung einer Bank nur unterproportional mit der Größe steigt[349]. Dieses Argument ist nicht von der Hand zu weisen und soll später im Rahmen der Betrachtung der optimalen Reservehaltung einer Bank näher untersucht werden. Die sich aus diesem Zusammenhang ergebenden Größenvorteile sind allerdings sehr begrenzt und spielen ohnehin keine Rolle, wenn die Haltung von Reservemitteln marktgerecht verzinst wird, weil dann aus der Reservehaltung keine Opportunitätskosten erwachsen[350]. Selgin und

---

343 Dittus, P. (1987), S. 34.
344 Vgl. Terres, P. (1999), S. 74f..
345 Dowd, K. (1992), S. 386.
346 Vgl. z. B. Selgin, G. A. (1988), S. 154 und Terres, P. (1999), S. 75.
347 Vgl. Friedman, M. (1951), S. 211 und Friedman, M. (1960), S. 7f..
348 Vgl. Claassen, E. M. (1984), S. 51 und Dreyhaupt, K.-F./Siepmann, U. (1978), S. 142.
349 Vgl. Baltensperger, E. (1972), S. 470ff., Vaubel, R. (1984), S. 46 und Dowd, K. (1992), S. 381.
350 Vgl. Dowd, K. (1992), S. 382, Dowd, K. (1994), S. 296 und Terres, P. (1999), S. 78.

White stellen zudem fest, daß die Größenvorteile bei der Reservehaltung ab einer bestimmten Größe einer Bank durch mit der Größe steigende Kosten in anderen Bereichen (die sich insbesondere aus wachsenden Organisationsproblemen ergeben) überkompensiert werden[351].

Ein wichtiger Kostenfaktor für eine Bank sind auch die Kosten, die bei der Überprüfung von Kreditnehmern entstehen. Diamond betont in diesem Zusammenhang die Bedeutung von Fixkosten, so daß von Größenvorteilen aufgrund von Fixkostendegressionseffekten auszugehen ist[352]. White hingegen stellt fest, daß eine Bank bei einer Ausweitung der Kreditvergabe auch an bisher weniger bekannte Kunden Kredite vergibt[353]:

These costs presumably rise at the margin, since as the bank expands its discounting it must resort to borrowers whose credit-worthiness it knows less well. The bank must either incur greater unit costs to screen these borrowers, or suffer a greater precentage of defaulters among them.

Neben Größenvorteilen sind auch Verbundvorteile relevant, die sich zum Beispiel durch das Cross Selling, also dem Vertrieb verschiedener Finanzdienstleistungen durch einen Finanzintermediär, ergeben. Es kann weiterhin argumentiert werden, daß größere Banken Diversifizierungsvorteile leichter nutzen können, indem sie ihre Portfolios stärker streuen und so eine vorteilhafte Risikostruktur erreichen. Terres hält aber auch diese Vorteile für begrenzt, so daß schon mittelgroße Geldemittenten von einer Ausweitung ihrer Größe aus diesem Grund nicht mehr profitieren, zumal für kleinere Emissionsbanken die Möglichkeit besteht, Risikoausgleichsverträge mit anderen Banken abzuschließen oder einen Risikotransfer über den Abschluß von Versicherungen herbeizuführen[354].

Allgemein läßt sich feststellen, daß die Beurteilung der Bedeutung von Fixkosten im Bank- und Geldwesen schwierig ist. Einerseits sind hohe Fixkosten anzusetzen. Ein Standardbeispiel für hohe Fixkosten ist das Rechenzentrum einer Bank, das unabhängig von der Nutzung gewisse Kapazitäten vorhalten muß[355]. Anderseits müssen insbesondere die variablen Kosten bei der Produktion der Gelddienstleistungen als beträchtlich angesehen werden. Hier kann zum Beispiel an eine mögliche Verzinsung des Geldes oder den zinslosen Kredit, der sich bei der Zahlung mit Kreditkarten für den Käufer ergibt, gedacht werden[356].

Die historischen Erfahrung mit Geldemittenten im Rahmen einer wettbewerblichen Geld- und Währungsordnung zeigen, daß offensichtlich kein Trend hin zu einer Monopolisierung der Geldemission besteht[357]. Diese Erfahrungen werden später noch näher betrachtet. Zunächst soll ein Überblick über aktuellere Studien

---

[351] Vgl. White, L. H./Selgin, G. A. (1987), S. 454 und White, L. H./Selgin, G. A. (1994), S. 1723.
[352] Vgl. Diamond, D. W. (1984), S. 393ff..
[353] White, L. H. (1982), S. 15.
[354] Vgl. Terres, P. (1999), S. 80.
[355] Vgl. Link, F. J. (1986), S. 119f. und Süchting, J./Paul, S. (1998), S. 14.
[356] Vgl. Claassen, E. M. (1971), S. 267.
[357] Vgl. z. B. Rockoff, H. (1974), S. 141ff. und White, L. H. (1982), S. 42ff..

gegeben werden. Allerdings hält Terres zeitgenössische Untersuchungen der Kostenstruktur von Banken aufgrund der weitgehenden Regulierung der Depositenschöpfung für nur bedingt geeignet, um Rückschlüsse auf das Vorliegen eines natürlichen Monopols bei der Geldproduktion im Rahmen einer wettbewerblichen Geld- und Währungsordnung zu ziehen[358]. Dennoch können entsprechende Studien zumindest gewisse Anhaltspunkte liefern.

Verschiedene zeitgenössische Untersuchungen in den Vereinigten Staaten von Amerika haben ergeben, daß Größenvorteile nur eingeschränkt existieren und bis zu einer bestimmten Bilanzsumme (manche Autoren sprechen von circa 100 Millionen US-Dollar, andere von etwa 500 Millionen US-Dollar) vorliegen; ab dieser Bilanzsumme bis hin zur Bilanzsumme von 1 Milliarde US-Dollar lassen sich keine Größenvorteile nachweisen, teilweise ergeben sich sogar Diseconomies of Scale, und erst ab 1 Milliarde US-Dollar Bilanzsumme kommt es einigen Studien folgend wiederum zu Größenvorteilen, wobei das Optimum mit einer Bilanzsumme von 2 bis 10 Milliarden US-Dollar nur grob eingegrenzt werden konnte[359]. Risikodiversifikationsvorteile lassen sich zwar bei einem steigendem Portfoliobestand der Banken nachweisen, dies gilt allerdings nur bis zu einer Portfoliogröße von circa 1 Milliarde US-Dollar[360]. Allgemein können jedoch keine bedeutenden Verbundvorteile beobachtet werden, bei sehr großen Banken ergeben sich teilweise sogar Diseconomies of Scope[361]. Berger und Humphrey stellen auf der Grundlage ihrer Untersuchung des Bankensystems in den Vereinigten Staaten von Amerika fest, daß die Kostenstruktur einer Bank weniger von der Größe oder der Diversifizierung und mehr von der allgemeinen Effizienz abhängt, die vor allem von anderen Faktoren, wie zum Beispiel der Angemessenheit der Organisationsstruktur oder der Qualität des Personals beeinflußt wird[362].

Mit steigendem Bilanzvolumen sinken die durchschnittlichen Gesamtkosten der Banken also zunächst, steigen dann an, sinken wieder und steigen schließlich spätestens ab einer Bilanzsumme von etwa 10 Milliarden US-Dollar kontinuierlich. Mit diesem Ergebnis deckt sich die Beobachtung, daß im zeitgenössischen Bankwesen sowohl in Westeuropa als auch in Nordamerika zwar gewisse Konzen-

---

[358] Vgl. Terres, P. (1999), S. 79.

[359] Vgl. Benston, G. J. (1972), S. 316ff., Kalish, L./Gilbert, R. A. (1972), S. 293ff., Benston, G. J. u. a. (1982), S. 436ff., Gilligan, T. u. a. (1984), 400f., Clark, J. A. (1984), S. 55ff., Berger, A. N. u. a. (1987), S. 511ff., Boyd, J. H./Graham, S. L. (1991), S. 4ff., Pulley, L. B./Braunstein, Y. M. (1992), S. 229, Berger, A. N. u. a. (1993), S. 227ff., Mitchell, K./Onvural, N. M. (1996), S. 192, Clark, J. A. (1996), S. 343ff., Siems, T. F./Clark, J. A. (1997), S. 5ff. und Süchting, J./Paul, S. (1998), S. 14f.. Anders bei Lawrence, C./Shay, R. P. (1986), S. 80f..

[360] Vgl. Süchting, J./Paul, S. (1998), S. 20.

[361] Vgl. Berger, A. N. u. a. (1987), S. 513ff., Mitchell, K./Onvural, N. M. (1996), S. 194 und Süchting, J./Paul, S. (1998), S15f. anders bei Lawrence, C./Shay, R. P. (1986), S. 82f. und Pulley, L. B./Braunstein, Y. M. (1992), S. 229.

[362] Vgl. Berger, A. N./Humphrey, D. B. (1991), S. 140ff., siehe auch Kwan, S. H./Eisenbeis, R. A. (1996), S. 16ff. und Daniels, K./Tirtiroglu, D. (1996), S. 36ff..

trationstendenzen feststellbar sind, sich aber kein Trend zu einer Monopolisierung ergibt.

Zusammenfassend läßt sich daher sagen, daß das Vorliegen eines natürlichen Monopols im Bank- und Geldwesen nicht diagnostizierbar ist. Der staatliche Eingriff in die Geldschöpfung kann mit diesem Argument also offensichtlich nicht begründet werden[363].

3.3.4 Netzwerkeffekte und Netzwerkexternalitäten im Geldwesen

Netzwerkeffekte entstehen, wenn sich bei der Bildung oder Erweiterung von Netzen positive oder negative Effekte ergeben, die nicht über den Markt vermittelt werden. In diesem Zusammenhang wird zwischen Netzwerkeffekten und Netzwerkexternalitäten unterschieden. Von Netzwerkeffekten wird gesprochen, wenn der Nutzen eines Netzteilnehmers auch von der Anzahl der Teilnehmer eines Netzes abhängt[364]. Dabei können sich positive und negative Netzwerkeffekte ergeben. Netzwerkexternalitäten stellen allgemein gesprochen positive Netzwerkeffekte dar[365]. Liebowitz und Margolis halten fest[366]:

> However, we reserve the term "network externality" for a specific kind of network effect in which the equilibrium exhibits unexploited gains from trade regarding network participation.

Netzwerkeffekte und Netzwerkexternalitäten können zu Problemen führen, weil der einzelne mögliche Netzteilnehmer die positiven oder negativen Effekte, die sich durch seine Partizipation an einem Netz für andere Teilnehmer ergeben, bei seiner Beitrittsentscheidung zum Netz nicht berücksichtigt. Der individuelle Nutzen kann daher vom gesellschaftlichen Nutzen abweichen. In diesem Zusammenhang ist es insbesondere fraglich, ob sich beim Aufbau eines neuen Netzes eine hinreichende Anzahl von Teilnehmern finden wird, um die sogenannte kritische Masse zu erreichen, die für den Erfolg des Netzwerkes entscheidend ist.

Die ersten Teilnehmer eines neuen Netzes gehen immer ein besonderes Risiko ein, weil sie unter Umständen Wechselkosten tragen müssen und ihr Nutzen von der unsicheren Teilnahme anderer Wirtschaftssubjekte abhängt. So kann die Adaption neuer und vorteilhafter Technologien behindert und verzögert werden. Aus diesen Gründen wird von einigen Autoren die Notwendigkeit eines staatliches Eingriffes gesehen.

Liebowitz und Margolis sowie Terres weisen darauf hin, daß Netzwerkeffekte grundsätzlich von Skaleneffekten zu unterscheiden sind, weil Netzwerkeffekte

---

[363] Vgl. z. B. Baltensperger, E./Dermine, J. (1987), S. 69 und White, L. H. (1988), S. 471f..

[364] Vgl. Katz, M. L./Shapiro, C. (1985), S. 424, Liebowitz, S. J./Margolis, S. E. (1994), S. 135, Katz, M. L./Shapiro, C. (1994), S. 94, Knieps, G. (1994), S. 52 und Economides, N. (1996), S. 215ff..

[365] Vgl. Katz, M. L./Shapiro, C. (1985), S. 424, Liebowitz, S. J./Margolis, S. E. (1994), S. 135, Knieps, G. (1994), S. 52 und Economides, N. (1996), S. 212.

[366] Liebowitz, S. J./Margolis, S. E. (1994), S. 135.

von der Anzahl der Teilnehmer und Skaleneffekte von der Ausbringungsmenge abhängen[367]. Da eine Erhöhung der Teilnehmerzahl in der Regel mit einer Ausweitung der Produktion verbunden ist, ergeben sich zwar Überschneidungen, diese müssen aber nach Terres analytisch klar voneinander getrennt werden[368].

Im Geldwesen sind insbesondere positive Netzwerkeffekte zu betrachten, die sich ergeben, weil Geld, wenn es allgemein akzeptiert wird und eine möglichst einheitliche Form annimmt, am besten geeignet ist, um die Transaktionen zwischen den Wirtschaftssubjekten zu vereinfachen[369]. Daneben existieren negative Netzwerkeffekte durch Vertrauensexternalitäten, die sich dadurch zeigen, daß das Vertrauen der Wirtschaftssubjekte in die Stabilität einer Emissionsbank auch vom Vertrauen in die Solidität der anderen Geldproduzenten eines Geld- und Bankwesens abhängen kann[370]. Das Vorliegen solcher Vertrauensexternalitäten wird in der Literatur überaus kritisch diskutiert und soll später im Rahmen der Untersuchung von Bank Runs näher betrachtet werden.

Claassen vergleicht die positiven Netzwerkeffekte im Geldwesen mit der Telekommunikation; der Umlauf zweier verschiedener Währungen und die Existenz zweier inkompatibler Fernsprechsysteme in einem Gebiet führen zu sehr ähnlichen Problemen[371]. Nach Claassen muß ein Wirtschaftssubjekt, daß für alle Kommunikationsteilnehmer erreichbar sein will, wegen der Inkompatibilität der Systeme, nicht nur die Fernsprechanlagen beider Anbieter erwerben, sondern es entstehen auch noch weitere Informations- und Transaktionskosten, weil zum Beispiel beide Fernsprechanlagen über unterschiedliche Telefonnummern verfügen können[372].

Entsprechend ergeben sich auch im Geldwesen höhere Informations- und Transaktionskosten wenn inkompatible Zahlungssysteme existieren. Die Wirtschaftssubjekte müssen eine höhere Transaktionskassenhaltung in Kauf nehmen, wenn sie in jedem Fall Transaktionen vornehmen wollen, weil sie dann jeweils beide Zahlungsmittel halten müssen[373]. Außerdem entstehen Kalkulationskosten, da zum Beispiel bei Preisvergleichen Umrechnungen nötig sind[374]. Es handelt sich hier um ein Koordinationsproblem, daß dem Koordinationsspiel Berentsens ähnelt, wobei es jedoch nicht nur um inkompatible Technologien sondern um den gesamten Währungsstandard geht. Gehring stellt fest[375]:

---

[367] Vgl. Liebowitz, S. J./Margolis, S. E. (1994), S. 135 und Terres, P. (1999), S. 50.

[368] Vgl. Terres, P. (1999), S. 50.

[369] Vgl. Claassen, E. M. (1984), S. 51f., Vaubel, R. (1984), S. 33f., Engels, W. (1985), S. 589f., Dowd, K. (1993), S. 558, Dowd, K./Greenaway, D. (1993), S. 1180 und Buiter, W. H. (1999), S. 288.

[370] Vgl. Vaubel, R. (1984), S. 32.

[371] Vgl. Claassen, E. M. (1984), S. 52f..

[372] Vgl. Claassen, E. M. (1984), S. 52.

[373] Vgl. Swoboda, A. K. (1968), S. 39ff., Chrystal, K. A. (1977), S. 840f. und Claassen, E. M. (1984), S. 51.

[374] Vgl. Claassen, E. M. (1984), S. 51f..

[375] Gehring, B. (1978), S. 462.

Offenbar ist es für Anbieter und Nachfrager von Vorteil, sich auf das „richtige" Geld zu spezialisieren, auf jene Währung nämlich, welche nach Maßgabe der Tauscherwartungen möglichst viele Transaktionen mit Partnern erlaubt, die dasselbe Geld verwenden.

Es kann daher als sinnvoll angesehen werden, den Staat in das Geldwesen eingreifen zu lassen, um eine Vereinheitlichung herbeizuführen und so Koordinationsprobleme aus dem Weg zu räumen. Claassen und Terres halten aber fest, daß diese Sichtweise zu einseitig ist und vor allem von der Wertaufbewahrungsfunktion des Geldes abstrahiert[376].

Dabei wird die Existenz verschiedener Währungen in einer Volkswirtschaft mit unterschiedlichen Ertragsraten und Ertragsrisiken sowie anderen Unterschieden bei den von verschiedenen Geldproduzenten angebotenen monetären Dienstleistungen gerechtfertigt[377]. Negative Erträge der Geldhaltung ergeben sich aus einer Inflation bei Abwesenheit einer angemessenen Verzinsung, positive Erträge aus einer Deflation oder einer Verzinsung der Geldhaltung. Bei Unterschieden hinsichtlich der Präferenzen der Geldnachfrager ist die Existenz von weitgehenden Wahlmöglichkeiten im Geldwesen also unter Umständen volkswirtschaftlich optimal. Terres führt aus[378]:

In einer wettbewerblichen Währungsordnung hingegen käme es zu einem Optimierungskalkül, in dem eine Abstimmung zwischen mehr Vielfalt und dadurch bessere Befriedigung der jeweiligen Präferenzen und mehr Einheitlichkeit und dadurch geringeren Transaktionskosten aufgrund einfacherer Tauschsequenzen erfolgen würde. Ein wettbewerblicher Selektionsprozeß könnte zur Entdeckung der von den Geldnutzern gewünschten Anzahl von Geldarten und damit zur Auswahl von unterschiedlichen Währungsnetzen führen.

Neben dem Netzeffekt, der sich aus der Anzahl der am Netz teilnehmenden Wirtschaftssubjekte ergibt, muß folglich noch ein weiterer Faktor beachtet werden. Dieser zweite Faktor wird als Technologieeffekt bezeichnet. Der Technologieeffekt ist unabhängig von der Anzahl der Netzteilnehmer[379]. Bezogen auf das Geldwesen beschreibt er die Fähigkeit eines Geldes, die Geldfunktionen entsprechend der Präferenzen der Geldnachfrager zu erfüllen[380]. Daher umfaßt der Technologieeffekt nicht nur den Faktor Zahlungstechnologie sondern zum Beispiel auch die Qualität eines Geldes, als Wertspeicher dienen zu können.

In diesem Zusammenhang sind die Untersuchungen Chens interessant, der die auf Silber- und Kupfermünzen basierende Parallelwährung analysiert, die in China zwischen 1650 und 1850 existiert hat[381]. Obwohl zwischen den von privaten

376 Vgl. Claassen, E. M. (1984), S. 53 und Terres, P. (1999), S. 52.
377 Vgl. Girton, L./Roper, D. (1981), S. 22, Cowen, T./Kroszner, R. S. (1994), S. 35, Butos, W. N. (1986), S. 866f., Terres, P. (1999), S. 52, Chen, C. (1972), S. 100f. sowie Chen, C. (1975), S. 362f. und 371f.. Siehe auch Chrystal, K. A. (1977), S. 841.
378 Terres, P. (1999), S. 55.
379 Vgl. Knieps, G. (1994), S. 52.
380 Vgl. Terres, P. (1999), S. 58.
381 Vgl. Chen, C. (1973), S. 96ff. und Chen, C. (1975), S. 359ff..

Emittenten hergestellten Silbermünzen und den staatlichen Kupfermünzen ein flexibler Wechselkurs bestanden hat, der zeitweilig stark variierte, kam es im betrachteten Zeitraum, also innerhalb von 200 Jahren, nicht zu der Schaffung eines einheitlichen Währungsstandards[382]. Während die Kupfermünzen vor allem im ländlichen Norden Verwendung fanden, dominierte im reicheren und stärker industrialisierten Süden die Nutzung von Silbermünzen[383]. Folglich kann festgestellt werden, daß historische Beispiele für Situationen existieren, in denen unterschiedliche Präferenzen der Geldnachfrager gegen eine, die Transaktions- und Informationskosten senkende, Erhöhung der Homogenität des Währungsstandards eines Landes gesprochen haben[384].

Die dargestellten Zusammenhänge sollen nun anhand eines spieltheoretischen Modells untersucht werden, das auf Überlegungen von Dowd und Greenaway sowie Terres beruht[385]. Dabei wird davon ausgegangen, daß zwei Wirtschaftssubjekte A und B sowie zwei Währungen W1 und W2 existieren. Die beiden Wirtschaftssubjekte nutzen die Währung W1, können aber durch Aufwendung der Wechselkosten w zur neuen Währung W2 wechseln. Der Nutzen von A und B hängt vom Netzwerkeffekt und vom Technologieeffekt ab. Zunächst soll davon ausgegangen werden, daß für die Wirtschaftssubjekte A und B homogene Präferenzen gelten, was beiden auch bekannt ist. Der Technologieeffekt der Währungen t_{W1} beziehungsweise t_{W2} ist unabhängig von der Anzahl der Netzteilnehmer. Der Netzwerkeffekt n, der nicht von der verwendeten Währung abhängt, weil der entsprechende Nutzen nur aus der Interaktion der partizipierenden Wirtschaftssubjekte folgt, ist dagegen eine Funktion der Netzteilnehmer x. Der Nutzen der Wirtschaftssubjekte wird daher für Währung W1 durch die Nutzenfunktion $U = t_{W1} + n * x$ und für Währung W2 durch die Nutzenfunktion $U = t_{W2} + n * x - w$ angegeben[386]. Dabei erscheint es unter Umständen sinnvoller, die beiden Spieler als zwei gleich große Gruppen von Wirtschaftssubjekten zu interpretieren, da sich sonst bei einer Netzzersplitterung auch für ein einzelnes Wirtschaftssubjekt ein positiver Netzwerkeffekt ergeben würde. Weil es sich um kein substantielles Problem handelt, soll darauf aber nicht weiter eingegangen werden, so daß weiterhin von zwei Wirtschaftssubjekten gesprochen wird.

Beide Spieler stehen vor der Entscheidung, ob ein Wechsel zu der Währung W2 ökonomisch sinnvoll ist. Aufgrund des Netzwerkeffektes hängt der Nutzen eines Wirtschaftssubjektes auch von der Entscheidung des anderen Wirtschaftssubjektes ab. Es ergibt sich die in Abbildung 14 dargestellte Auszahlungsmatrix.

---

382 Vgl. Chen, C. (1972), S. 101, Chen, C. (1973) S. 96 und Chen, C. (1975), S. 360ff..
383 Vgl. Chen, C. (1973), S. 96 und Chen, C. (1975), S. 362.
384 Vgl. Chen, C. (1975), S. 371.
385 Vgl. Dowd, K./Greenaway, D. (1993), S. 1181ff. und Terres, P. (1999), S. 59ff..
386 Vgl. Terres, P. (1999), S. 59.

		A	
		nicht wechseln	wechseln
B	nicht wechseln	$t_{W1} + n * 2$, $t_{W1} + n * 2$	$t_{W1} + n$, $t_{W2} + n - w$
	wechseln	$t_{W2} + n - w$, $t_{W1} + n$	$t_{W2} + n * 2 - w$, $t_{W2} + n * 2 - w$

Abbildung 14: Das Spiel Währungswechsel Version 1
Quelle: In Anlehnung an Terres, P. (1999), S. 60.

Bei dem oben dargestellten Spiel existiert das Problem einer möglichen Netzwerkzersplitterung und damit die Notwendigkeit eines staatlichen Eingriffes in der Regel nicht. Die Wirtschaftssubjekte werden aufgrund der homogenen Präferenzen beide wechseln, wenn ein Emittent eine neue Währung herausgibt, die über so vorteilhafte Charakteristika verfügt, daß die Wechselkosten überkompensiert werden. Es wird sich also immer die Währung durchsetzen, die in der jeweiligen Situation am besten geeignet ist, die Wünsche der Wirtschaftssubjekte zu erfüllen. Allerdings kann es in zwei außergewöhnlichen Situationen zu einer Netzwerkzersplitterung kommen. Diese Möglichkeit ergibt sich erstens, wenn der Nutzen aus den vorteilhaften Charakteristika einer neuen Währung durch die Wechselkosten genau aufgewogen wird, und zweitens, wenn gleichzeitig mehrere neue Anbieter gleichwertige Währungen auf den Markt bringen.

Allerdings scheint es insbesondere beim Technologieeffekt kaum realistisch zu sein, von homogenen Präferenzen der Geldnachfrager auszugehen[387]. So kann zum Beispiel davon ausgegangen werden, daß Wirtschaftssubjekte, die sich als Schuldner Forderungen ausgesetzt sehen ceteris paribus ein geringeres Interesse an der Geldwertstabilität haben, als Wirtschaftssubjekte, die in der Position eines Gläubigers sind. Terres weist in diesem Zusammenhang darauf hin, daß insbesondere die unterschiedlichen Präferenzen der Geldnutzer einen Grund für die Existenz unterschiedlicher Währungen in einer Volkswirtschaft sein können[388].

Daher soll nun ein Spiel betrachtet werden, das den beiden Wirtschaftssubjekten unterschiedliche Präferenzen bezüglich des Technologieeffekts zuordnet (Abbildung 15). Dabei soll den Wirtschaftssubjekten die Technologiepräferenz des jeweils anderen Spielers nicht bekannt sein. Die Implikationen, die sich aus diesem Spiel ergeben, sind nun weniger einfach zu überschauen.

[387] Vgl. Terres, P. (1999), S. 61.
[388] Vgl. Terres, P. (1999), S. 61. Siehe auch Krüger, M./Godschalk, H. T. C. (1998), S. 11.

		A: nicht wechseln	A: wechseln
B	nicht wechseln	$t_{W1B} + 2 * n$, $t_{W1A} + 2 * n$	$t_{W1B} + n$, $t_{W2A} + n - w$
	wechseln	$t_{W2B} + n - w$, $t_{W1A} + n$	$t_{W2B} + 2 * n - w$, $t_{W2A} + 2 * n - w$

Abbildung 15: Das Spiel Währungswechsel Version 2
Quelle: In Anlehnung an Terres, P. (1999), S. 63.

Eindeutig ist zunächst, daß ein Wirtschaftssubjekt dann wechseln wird, wenn der zusätzliche Nutzen, der sich aus der Differenz der Technologieeffekte ergibt, größer ist, als der negative Nutzen aus den Wechselkosten und der möglichen Netzwerkzersplitterung. Ein Wechsel ist also immer vorteilhaft, wenn gilt:

(53) $$t_{W2A} - t_{W1A} > n + w \text{ beziehungsweise}$$

(54) $$t_{W2B} - t_{W1B} > n + w\ .$$

Außerdem ist klar, daß die Wirtschaftssubjekte nicht wechseln werden, wenn der zusätzliche Nutzen aus der Differenz der Technologieeffekte nicht zumindest die Wechselkosten aufwiegt. Ein Wirtschaftssubjekt wird folglich keinesfalls wechseln, wenn gilt:

(55) $$t_{W2A} - t_{W1A} < w \text{ beziehungsweise}$$

(56) $$t_{W2B} - t_{W1B} < w\ .$$

In allen anderen Fällen existiert ein Koordinationsproblem für das betrachtet Wirtschaftssubjekte, weil die optimale Entscheidung auch vom Verhalten des jeweils anderen Spielers abhängt, dessen Technologiepräferenz nicht bekannt ist[389]. Hier könnte sich ein Staatseingriff zur Lösung des Koordinationsproblemes als nützlich erweisen, denn ein staatliches Emissionsmonopol und die daraus folgende weitere Nutzung der hergebrachten Währung durch die Wirtschaftssubjekte führt eine Koordination herbei[390].

Es ist nun zu prüfen, in welchen Fällen ein staatliches Emissionsmonopol sinnvoll sein kann. In einer Situation, in der wegen $t_{W2A} - t_{W1A} > w$ und $t_{W2B} - t_{W1B} > w$ beide Wirtschaftssubjekte unentschieden sind, ist zwar eine Koordination sinnvoll, ein staatliches Emissionsmonopol mit einem Verbleib bei der ursprüngli-

[389] Vgl. Dowd, K./Greenaway, D. (1993), S. 1183f..
[390] Vgl. Dowd, K./Greenaway, D. (1993), S. 1187.

chen Währung muß aber als volkswirtschaftlich suboptimal angesehen werden. Vorteilhaft wäre ein koordinierter Übergang beider Wirtschaftssubjekte zu dem neuen Emittenten. Außerdem ist festzuhalten, daß ein staatliches Emissionsmonopol immer dann zumindest nicht paretooptimal ist, wenn es für mindestens einen Spieler sinnvoll erscheint, die Währung zu wechseln. Ist keiner der beiden Spieler fest entschlossen, die alte Währung weiter zu nutzen, so muß das Emissionsmonopol auch in diesen Fällen als suboptimal angesehen werden. Halten es beide Spieler für optimal, die ursprüngliche Währung weiterhin zu nutzen, so ist die Einrichtung eines staatlichen Emissionsmonopols zwar weder suboptimal noch nicht paretooptimal, muß aber als unnötig angesehen werden, weil kein Koordinationsproblem existiert.

Nur in wenigen Fällen erweist sich ein Emissionsmonopol also als unter Umständen sinnvoll. Solche Situation stellen sich ein, wenn es für ein Wirtschaftssubjekt optimal ist, die alte Währung weiterhin zu nutzen, während das andere Wirtschaftssubjekt keine eindeutige Entscheidung treffen kann. Abbildung 16 faßt die Überlegungen zusammen und zeigt, unter welchen Umständen ein staatliches Emissionsmonopol mit einem Verbleib der alten Währung unter Umständen hilfreich sein könnte.

	Spieler A wechselt nicht	Spieler A ist unentschlossen	Spieler A wechselt
Spieler B wechselt nicht	Emissionsmonopol unnötig	Emissionsmonopol unter Umständen sinnvoll	Emissionsmonopol nicht paretooptimal
Spieler B unentschlossen	Emissionsmonopol unter Umständen sinnvoll	Emissionsmonopol suboptimal	Emissionsmonopol suboptimal
Spieler B wechselt	Emissionsmonopol nicht paretooptimal	Emissionsmonopol suboptimal	Emissionsmonopol suboptimal

Abbildung 16: Währungsnetze und staatliches Emissionsmonopol

Selbst wenn das staatliche Emissionsmonopol als sinnvoll angesehen werden kann, ist aber jeder weniger weitgehende Eingriff, der eine Koordination zwischen den beiden Wirtschaftssubjekten gewährleistet, ebenso wirkungsvoll. Ein solcher alternativer Eingriff könnte die Herbeiführung von Absprachen zwischen den Spielern sein[391].

[391] Die Vereinheitlichung des Währungsstandards ohne staatliche Eingriffe durch die „unsichtbare Hand" beschreibt Menger, C. (1892), S. 239ff.. Siehe auch Selgin, G. A./White, L. H. (1987), S. 440ff., Selgin, G. A. (1988), S. 17f., Wärneryd, K. (1989), S. 615f., Wärneryd, K. (1990), S. 119ff. und White, L. H. (1999), S. 3ff.. Blankart und Knieps führen aus, daß jeweils unterschiedliche Grade der Standardisierung möglich sind. Sie halten fest, daß der Nutzen aus der Standardisierung mit zunehmender Tiefe der Vereinheitlichung sinkt. Vgl. Blankhart, C. B./Knieps, G. (1993), S. 39ff.. Siehe auch Farrell, J./Saloner, G. (1985), S. 80f. und Knieps, G. (1994), S. 59f..

Auch sollte beachtet werden, daß die Realität mit dem hier vorgestellten statischen Modell nur unzureichend beschrieben werden kann. In einem wiederholten Spiel könnte ein Wirtschaftssubjekt eine Vorreiterrolle einnehmen und so für eine Periode eine Netzwerkzersplitterung herbeiführen, woraufhin das andere Wirtschaftssubjekt in der nächsten Periode auch die Währung wechselt. Ein staatliches Emissionsmonopol mit einer erzwungenen Weiternutzung der alten Währung erweist sich in einem solchen Spiel nicht nur als innovationshemmend, sondern auch, abhängig von der Zeitpräferenzrate der Wirtschaftssubjekte und der Anzahl der Wiederholungen des Spieles, als wahrscheinlich suboptimal. Blankart und Knieps stellen fest[392]:

> Since standardization narrows the scope within which market search is feasible, we suppose that private and social benefits of standardization are smaller in a dynamic than in a static world.

Allen Autoren, die, wie bereits dargestellt, einen Staatseingriff in die Geldproduktion fordern, weil der Markt aufgrund der Wechselkosten und der Unsicherheit bezüglich der Größe des Teilnehmerkreises unter Umständen die Weiterentwicklung eines Netzwerkes behindert, ist daher entgegenzuhalten, daß sich eine staatliche Monopolisierung als für die Fortentwicklung eines Netzes noch gefährlicher erweisen dürfte[393]. Dies gilt insbesondere, weil der Staat unter Umständen von Gruppen beeinflußt wird, die an einer Weiterentwicklung des Netzwerkes nicht interessiert sind.

Weiterhin ist darauf zu verweisen, daß die Netzwerktheorie den Adapter als Mittel zur Herstellung der Kompatibilität von Netzen kennt[394]. Bezogen auf Währungsnetze ist hier vor allem auf den Adapter Devisenmarkt zu verweisen. Effiziente Devisenmärkte, die zu einer kostengünstigen Kompatibilität verschiedener Währungsnetze führen, dürften für die Wirtschaftssubjekte eine vorteilhafte Alternative zu einem staatlichen Emissionsmonopol darstellen[395].

Ein staatliches Emissionsmonopol läßt sich also auf der Grundlage des vorgestellten Modells kaum rechtfertigen, da dieser Eingriff in aller Regel eine entweder suboptimale, nicht paretooptimale oder unnötige Maßnahme darstellt und nur in einer sehr begrenzten Zahl von Fällen überhaupt sinnvoll sein kann, wobei für solche Situationen auch weniger weitgehende Lösungsansätze existieren.

3.3.5 Die Existenz der Zentralbank als Ergebnis eines evolutionären Prozesses

Einige Autoren, insbesondere Goodhart, sehen in der Entwicklung von Zentralbanken einen natürlichen Prozeß der Auslese, der die Zentralbank als zumindest

---

[392] Blankart, C. B./Knieps, G. (1993), S. 45.

[393] Vgl. Tenholt, H. (1985), S. 188, Farrell, J./Saloner, G. (1986), S. 74 und Blankart, C. B./Knieps, G. (1993), S. 46 und Knieps, G. (1994), S. 58f..

[394] Vgl. Katz, M. L./Shapiro, C. (1985), S. 434 und Katz, M. L./Shapiro, C. (1994), S. 110.

[395] Vgl. Terres, P. (1999), S. 65f..

vorläufige Krönung des modernen Geldwesens hervorgebracht hat; die Anhänger dieser These verweisen vor allem auf die bereits kurz angesprochenen ressourcensparenden positiven wirtschaftlichen Effekte einer zentralisierten Haltung von Reserven[396]. Diese Einsparungen bei der Reservehaltung, die später im Rahmen der Untersuchung der optimalen Reservehaltung näher betrachtet werden, sollen zur Bildung von Zentralbanken führen. Wenn es sich als korrekt erweist, daß die Entwicklung der Zentralbanken sich im Rahmen eines evolutionären Entwicklungsprozesses ergeben hat, würde dies dafür sprechen, von wettbewerblichen Geld- und Währungsordnungen Abstand zu nehmen, weil die Zentralbank ihre Überlegenheit im darwinistischen Sinne bewiesen hätte[397].

Es erscheint angebracht, bei den folgenden Betrachtungen ein besonders Augenmerk auf die Entstehung der Bank of England zu legen, weil diese in der Vergangenheit eine Vorreiterrolle bei der Entwicklung der Zentralbanken eingenommen hat und, seit der Umsetzung der Peelschen Bankakte von 1844, häufig als Modell für die moderne Zentralbank angesehen wird. Diese besondere Bedeutung der Bank of England hat nicht zuletzt damit zu tun, daß Großbritannien zur Zeit der Entwicklung der Zentralbanken die wohl bedeutendste Volkswirtschaft darstellte. Smithin führt aus[398]:

> The emphasis placed by many writers on the British historical experience and debates reflects the importance of Britain and the Bank of England in the world economy of the nineteenth and early twentieth century.

In nahezu allen Regionen hat der Staat aus machtpolitischen und finanziellen Interessen der jeweiligen Herrscher, insbesondere wegen der Möglichkeit der Herabsetzung des Edelmetallgehaltes der Münzen, schon früh das Münzwesen an sich gerissen; auch England macht hier keine Ausnahme[399].

Mit dem Aufkommen der Banken, die zunächst nur im Depositengeschäft tätig waren und Gold oder Silber gegen Gebühren einlagerten, gewann die Finanzinnovation Banknote in immer stärkerem Maße an Bedeutung. Erste Formen von Papiergeld fanden sich in China zwar schon im ersten Jahrhundert nach Christus, in Europa wurden Banknoten aber erst seit dem 12. Jahrhundert produziert[400]. Im 14. Jahrhundert begann das Papiergeld in ganz Europa Fuß zu fassen, wobei insbesondere Kaufleute die Finanzinnovation Banknote nutzten, um sich den umständlichen und vor allem auf Reisen nicht ungefährlichen Umgang mit Gold zu erspa-

---

396 Vgl. Goodhart, C. A. E. (1988), S. 46, Goodhart, C. A. E. (1992), S. 18, Goodhart, C. A. E. u. a. (1994), S. 87, Congdon, T. (1981), S. 17, Cooper, R. N. (1989), S. 395, Chick, V. C. (1993), S. 80ff., Hoskins, W. L. (1993), S. 184f. und Dow, S. C./Smithin, J. (1999), S. 80.
397 Vgl. Seiche, F. (1997), S. 65.
398 Smithin, J. (1994), S. 52.
399 Vgl. Brunner, K. (1982), S. 11, Shenfield, A. (1984), S. 84, Selgin, G. A./White, L. H. (1987), S. 442, Glasner, D. (1989), S. 8 und S. 39 sowie Rolnick, A. J. u. a. (1997), S. 9f..
400 Vgl. Vaubel, R. (1978), S. 368 und Harlandt, H. (1989), S. 56f..

ren[401]. Die ersten Bankgeschäfte wurden von Geldwechslern und Pfandleihern sowie, insbesondere in England, von Goldschmieden betrieben[402]. In Großbritannien fanden Banknoten aber erst im 17. Jahrhundert weitere Verbreitung. Selgin und White halten fest[403]:

English goldsmiths evidently became transfer bankers during the seventeenth century (...).

Dabei stellten die frühen Banknote nicht mehr als ein Zertifikat dar, daß die Einlagerung einer bestimmten Menge Goldes oder Silbers bei einem Finanzdienstleister bescheinigte[404]. Nach und nach begannen die Finanzintermediäre auch Kreditgeld zu schöpfen, weil klar wurde, daß eine hundertprozentige Deckung zur Gewährleistung der Konvertibilität in der Regel aufgrund des Gesetzes der großen Zahl nicht notwendig ist[405]. In dieser Zeit war der Begriff der Konvertibilität im Zusammenhang mit der Finanzinnovation Banknote von entscheidender Bedeutung.

Anfänglich griffen die Staaten, wohl aus Ignoranz, weil Banknoten zunächst in der Regel nicht als Geld angesehen wurden, nicht nach der Kontrolle über die Produktion der Banknoten. Die privaten Banken in ganz Europa entwickelten sich folglich frei von staatlichen Eingriffen recht erfolgreich. Dabei hatten die großen privaten Bankhäuser durchaus ihren Anteil an der wirtschaftlichen Blüte des Europas der Renaissance.

Verschiedene Autoren betonen die militärische Bedeutung der staatlichen Kontrolle über die Geldschöpfung[406]. Schon in der Antike wurde in Kriegszeiten der Seigniorage durch eine Herabsetzung des Edelmetallgehalts der Münzen erhöht, so daß schnell finanzielle Mittel zur Kriegsfinanzierung zur Verfügung standen[407]. Daher ist es nicht verwunderlich, daß, mit zunehmender Verdrängung des Münzgeldes durch die Finanzinnovation Banknote, die Kontrolle des Bankwesens verstärkt in den Fokus staatlicher Kontrolle geriet. Glasner führt aus[408]:

As Money has evolved from its ancient origins as just another commodity, a growing share of all monetary instruments in most countries has been created by banks; and the significance of the monopoly over coinage has correspondingly diminished. (...) Consequently, the development of banking institutions posed a threat to the existing state monopoly over money.

---

[401] Vgl. Harlandt, H. (1989), S. 57f. und Glasner, D. (1989), S. 22f..
[402] Vgl. Born, K. E. (1976), S. 17, Shenfield, A. (1984), S. 85, Selgin, G. A./White, L. H. (1987), S. 442f., Glasner, D. (1989), S. 23ff. sowie Harlandt, H. (1989), S. 57f. und 61ff..
[403] Selgin, G. A./White, L. H. (1987), S. 443.
[404] Vgl. Tenholt, H. (1985), S. 35, Selgin, G. A. (1987), S. 436f. und Harlandt, H. (1989), S. 58f..
[405] Vgl. Born, K. E. (1976), S. 17, Tenholt, H. (1985), S. 36, Selgin, G. A./White, L. H. (1987), S. 443 Selgin, G. A. (1987), S. 437, Harlandt, H. (1989), S. 59f. und Hicks, J. R. (1989), S. 56f..
[406] Vgl. Engels, W. (1977), S. 193, Benston, G. J. (1986), S. 4, Glasner, D. (1989), S. 36ff., Glasner, D. (1998), S. 21ff. und Selgin, G. A./White, L. H. (1999), S. 156.
[407] Vgl. Glasner, D. (1989), S. 30f. und Glasner, D. (1998), S. 26.
[408] Glasner, D. (1998), S. 27.

Hartmann gibt bezogen auf die militärische Bedeutung des Geld- und Bankwesens die Worte eines Marschalls des französischen Königs Ludwig XII. wieder[409]:

Um erfolgreich Krieg zu führen, sind drei Dinge absolut nötig: erstens Geld, zweitens Geld und drittens Geld.

Damals war die Generierung des Seigniorages durch die Einlösungsgarantie der Banknoten in Gold allerdings deutlich schwieriger als in der heutigen Zeit des uneinlösbaren Geldes. In der Regel nutzte der Staat daher bestimmte Banken, um zu möglichst günstigen Konditionen auf den nationalen und internationalen Kapitalmärkten finanzielle Mittel zur Kriegsfinanzierung zu sammeln und setzte die Konvertibilität der Währung in sehr kritischen Situationen, in England zum Beispiel zur Zeit der napoleonischen Kriege, für die eigene Hausbank aus[410]. Santoni stellt, bezogen auf diese Aussetzung der Konvertibilität der Noten der Bank of England, fest[411]:

Of course, the Bank's contract with its depositors to redeem its notes at a fixed price in terms of gold got in the way of the government's interest and, on February 26, 1797, the King and Privy Council ordered the bank to suspend specie payments (...).

Trotz der Beschränkungen durch die Goldkonvertibilität der Banknoten war die Monopolisierung der Banknotenproduktion, wegen der Monopolrente und vor allem aufgrund der Möglichkeit, die Konvertibilität bei Bedarf auszusetzen, für den Staat also wirtschaftlich und politisch attraktiv. Selgin und White fassen die historischen Entwicklungen folgendermaßen zusammen[412]:

Governments have come to supply currency, and to restrict the private supply of currency and deposits, not to remedy market failures, but to provide themselves with seigniorage and loans on favorable terms. Government currency monopolies and bank regulations can thus be understood as part of the tax system.

In diesem Zusammenhang muß zudem festgehalten werden, daß der Seigniorage eine für Politiker attraktive Form der Besteuerung darstellt, weil es sich um eine eher versteckte Steuer handelt[413].

Es ist daher kaum verwunderlich, daß auch die spätere englische Zentralbank nicht eingerichtet worden ist, um das englische Bankwesen zu vervollkommnen. Vielmehr hat der kaum kreditwürdige englische König Wilhelm von Oranien, auf

---

[409] Hartmann, P. C. (1980), S. 27. Siehe hierzu auch Stützel, W. (1975), S. 14f..

[410] Vgl. Hartmann, P. C. (1980), S. 27ff., Shenfield, A. (1984), S. 86f., Santoni, G. (1986), S. 222f., White, L. H. (1988a), S. 302f., Hicks, J. R. (1989), S. 53f. Bordo, M. D. (1993), S. 161 sowie Bordo, M. D./White, E. N. (1994), S. 242 und S. 256. Siehe auch Bordo, M. D./Kydland, F. E. (1995), S. 451ff. und Bergman, U. M. u. a. (1998), S. 69.

[411] Santoni, G. (1986), S. 222.

[412] Selgin, G. A./White, L. H. (1999), S. 155.

[413] Vgl. Banaian, K. u. a. (1994), S. 39 und Selgin, G. A./White, L. H. (1999), S. 158.

das Anraten fähiger Berater hin, 1694 ein beschränktes Notenemissionsrecht für 1,2 Millionen £ an die Bank of England verkauft, um die Finanzierung eines Krieges gegen Frankreich zu sichern[414]. Hier zeigt sich die militärische Dimension der Geldschöpfung ganz eindeutig. So stellt West fest[415]:

It has been shown that the Bank of England originated in a deal between monopoly seeking financiers and a revenue-hungry government with war-seeking propensities.

Nach und nach hat die Bank of England weitere Privilegien vom Staat erworben; hier ist unter anderem auf das Notenemissionsmonopol für den wirtschaftlich besonders attraktiven Raum London zu verweisen[416].

Provinzbanken (country banks), die außerhalb von London Banknoten herausgaben, wurden durch staatliche Eingriffe behindert, um die hervorgehobene Stellung der Bank of England zu sichern. So beschränkte der Staat die Zahl der Gesellschafter solcher Provinzbanken bis zum Jahre 1826 auf sechs, was die Stabilität dieser Institute nachhaltig untergrub[417]. Dabei hingen alle Nachfrager von Finanzdienstleistungen, die nicht im Großraum London ansässig waren, von diesen kleinen und schlecht kapitalisierten Banken ab, weil die Bank of England die Geschäfte in der Provinz für wenig rentabel hielt und daher ihre Aktivitäten im wesentlichen auf London beschränkte[418]. Mit der Peelschen Bankakte von 1844 wurde die Position der Bank of England als Zentralbank endgültig festgeschrieben. Der Umfang der Geldschöpfung der nun zur englischen Zentralbank aufgestiegenen Bank of England wurde gesetzlich geregelt[419]. Andere Staaten folgten dem englischen Modell und richteten Zentralbanken nach dem Vorbild der Bank of England ein.

Zwar war nun die Banknotenproduktion weitgehend unter der Kontrolle der Bank of England, mit der steigenden Bedeutung des Buchgeldes, die sich bereits vor 1844 abzeichnete, trat eine weitere Bedrohung für den staatlichen Einfluß auf das Geldwesen hervor. Daher stellt sich die Frage, warum mit der Peelschen Bankakte von 1844 nur die Notenproduktion und nicht auch die Buchgeldproduktion monopolisiert wurde[420]. Lutz verweist darauf, daß nach den Überlegungen der Currency-Schule, die die theoretische Grundlage für diesen Eingriff des Staates

---

414 Vgl. Conant, C. A. (1927), S. 81f., Cameron, R. (1967), S. 20, Engels, W. (1977), S. 193, Kindleberger, C. P. (1984), S. 52f., Tenholt, H. (1985), S. 36, Santoni, G. (1986), S. 221, White, L. H. (1988a), S. 303, Glasner, D. (1989), S. 34f., Smith, V. C. (1990), S. 11f., Bowen, H. V. (1997), S. 34 und West, E. G. (1997), S. 127f..

415 West, E. G. (1997), S. 133.

416 Vgl. Vaubel, R. (1978), S. 370, White, L. H. (1982), S. 67f., Santoni, G. (1986), S. 222, White, L. H. (1988a), S. 303f. und Smith, V. C. (1990), S. 12.

417 Vgl. White, L. H. (1982), S. 68, Dowd, K. (1989), S. 119, Schuler, K. (1992), S. 10, Bordo, M. D./Schwartz, A. J. (1995), S. 463 und West, E. G. (1997), S. 128f..

418 Vgl. White, L. H. (1982), S. 68f. und Bowen, H. V. (1997), S. 36.

419 Vgl. Tenholt, H. (1985), S. 39f., Born, K. E. (1976), S. 22f. und Glasner, D. (1989), S. 81f..

420 Vgl. Lutz, F. A. (1962), S. 42ff. und Gerding, R. (1986), S. 194f..

bildeten, Depositen kein Geld darstellten, so daß von einer weitgehenden Regulierung der Buchgeldproduktion abgesehen wurde[421]. Diese Ansicht war natürlich bereits im Jahre 1844 falsch, weil schon damals auch zu Zahlungszwecken auf Sichtdepositen zurückgegriffen werden konnte. Lutz sucht daher nach Gründen, warum nur die Notenproduktion und nicht die Buchgeldschöpfung verstaatlicht werden sollte, findet aber keine überzeugenden Argumente[422].

Natürlich wurde allen Staaten, die, dem Vorbild Englands folgend, von einer Verstaatlichung der Buchgeldproduktion abgesehen hatten, nach und nach klar, daß auch Sichtdepositen Geld darstellten. Auf die Finanzinnovation Buchgeld wurde in vielen Ländern mit der Einführung einer Mindestreserve reagiert. Damit war, der herkömmlichen Geldtheorie folgend, die staatliche Kontrolle über die Geldschöpfung wieder gewährleistet. Außerdem induziert eine bindende Mindestreserve eine zusätzliche Nachfrage nach Zentralbankgeld und hilft somit, den Geldschöpfungsgewinn zugunsten des Staates umzuverteilen.

Insgesamt zeigen die bisherigen Ausführungen, daß die folgende Feststellung von Greenfield und Yeager sicherlich korrekt ist[423]:

> Our existing system is far from the pure product of any such evolution.

Zwar kann die Entwicklung des Geldes als evolutionärer Prozeß angesehen werden, diese Evolution ist noch heute bei der Entstehung von Finanzinnovationen zu beobachten, die Zentralbanken sind aber nicht das Ergebnis einer Auslese durch den Markt, sondern weitestgehend das Produkt der staatlichen Regulierung[424]. Es ist theoretisch möglich, daß auch die Evolution durch den Wettbewerb letztlich zur Entstehung von Zentralbanken geführt hätte, wie Goodhart behauptet. Solche Überlegungen müssen aber aufgrund der staatlichen Eingriffe in das Geldwesen reine Spekulation bleiben.

Das Argument der natürlichen Entwicklung von Zentralbanken ist ohnehin nur eine Variante des Arguments vom Vorliegen eines natürlichen Monopols bei der Geldschöpfung[425]. Auch im Rahmen dieser Diskussion konnte kein wirklich eindeutiges Urteil gefällt werden. Es bleibt aber festzustellen, daß klare Argumente für die Notwendigkeit der Existenz von Zentralbanken wiederum nicht gefunden worden sind, so daß der folgenden Einschätzung Liepmanns zugestimmt werden kann[426]:

---

[421] Vgl. Lutz, F. A. (1962), S. 42.
[422] Vgl. Lutz, F. A. (1962), S. 43ff..
[423] Vgl. Greenfield, R. L./Yeager, L. B. (1983), S. 303.
[424] Vgl. Engels, W. (1977), S. 163 und Richter, R. (1990), S. 337.
[425] Bei der Diskussion um das natürliche Monopol zeigt sich übrigens, daß das Ergebnis eines evolutionären Prozesses nicht immer ein anzustrebendes Arrangement sein muß.
[426] Liepmann, P. (1980), S. 32.

Eine eindeutige, auf wissenschaftlichen Erkenntnissen beruhende, ökonomische Fundierung der Sonderstellung der Banken fehlt (...).

Auch Engels argumentiert ähnlich und hält, bezogen auf die Rolle der Geldtheorie bei der Einrichtung der Zentralbanken, fest[427]:

Die Geldtheorie wurde nicht zur Begründung, sondern allenfalls zur Rechtfertigung dieser Entwicklung gebraucht.

3.4 Die Währungskonkurrenz

3.4.1 Grundsätzliche Überlegungen

Allgemein wird mit dem Begriff Währungskonkurrenz eine Geld- und Währungsordnung beschrieben, in der die Wirtschaftssubjekte für ihre finanziellen Transaktionen verschiedene Währungen zur Auswahl haben. Die Literatur diskutiert unterschiedliche Ausgestaltungen eines entsprechenden Systems. Zum einen ist ein Wettbewerb zwischen verschiedenen staatlichen Währungen möglich, wie er von von Hayek in „Choice of Currency" vorgeschlagen wurde[428]. In diesem Zusammenhang hat sich ein besonderes Interesse an der Währungskonkurrenz durch die Diskussion um den Hard-ECU-Plan ergeben. Im Rahmen dieses Planes sollte die Währungskonkurrenz zwischen den Währungen der europäischen Zentralbanken und dem neu einzuführenden ECU durch einen Verdrängungswettbewerb zur Schaffung einer Währungsunion zwischen den Ländern der damaligen Europäischen Gemeinschaft führen[429]. Vaubel stellt allerdings fest, daß der Endpunkt eines entsprechenden Prozesses nicht unbedingt eine einheitliche Währung hätte sein müssen, weil die Entscheidung über die Vorteilhaftigkeit einer Währungsunion dem Markt überlassen worden wäre[430]. Trotz der Unterstützung durch die britische Regierung sind entsprechende Pläne zur Schaffung einer einheitlichen Währung in Europa nicht umgesetzt worden[431].

Weiterhin könnten auch private Währungen in den Währungswettbewerb eintreten. In diesem Zusammenhang wäre eine Währungskonkurrenz mit verschiedenen, in andere Vermögensobjekte, zum Beispiel Gold oder Silber, einlösbaren Währungen denkbar[432]. Der weitestgehende Ansatz, der auch als Grundlage für die folgenden Überlegungen dienen soll, ist jedoch ein Wettbewerb zwischen pri-

---

427 Engels, W. (1977), S. 193.
428 Vgl. Hayek, F. A. v. (1976), S. 17ff..
429 Vgl. Vaubel, R. (1972), S. 137ff., Walter, N. (1972), S. 45ff., Vaubel, R. (1978), S. 45ff., Christie, H./Fratianni, M. (1978), S. 24f., Triffin, R. (1978), S. 141ff., Salin, P. (1984), S. 282ff., Klamm, W. (1985), S. 12f., Salin, P. (1990), S. 368ff., Vaubel, R. (1990), S. 177ff., Vaubel, R. (1990a), S. 938ff. und Holthusen, J. (1995), S. 86ff..
430 Vgl. Vaubel, R. (1990), S. 177.
431 Vgl. Wood, G. E. (1990), S. 384f., Dowd, K. (1993a), S. 282f., Holthusen, J. (1995), S. 182ff., Goodhart, C. A. E. (1995), S. 489, Crawford, M. (1996), S. 146 und Neldner, M. (1998), S. 289.
432 Vgl. Seiche, F. (1997), S. 114.

vaten Währungen und ohne zwingende Einlösungsverpflichtungen nach von Hayeks Vorschlag in „Denationalisation of Money“[433].

3.4.2 Die Funktionsweise der Währungskonkurrenz

Der Grundpfeiler der Währungskonkurrenz ist nach von Hayek die Abschaffung des Notenemissionsmonopols der staatlichen Zentralbanken[434]. Nur wenn der Staat auf sein Emissionsmonopol verzichtet, besteht die Möglichkeit, daß auch private Banken eigene Währungen emittieren können. Dabei muß es den privaten Emittenten freistehen, Geld in allen denkbaren Formen zu schöpfen, was neben Münzen, Banknoten, Sichtdepositen, Termindepositen und Spardepositen heutzutage natürlich auch elektronisches Geld einschließt.

Um einen solchen Wettbewerb zwischen verschiedenen Währungen zu ermöglichen, müssen alle staatlichen Vorschriften aufgehoben werden, die die freie Wahl der Währung durch die Wirtschaftssubjekte einschränken[435]. Ansonsten könnte der Staat die Bedeutung einzelner Währungen stärken. Insbesondere Kontrahierungs- und Annahmezwang für eine bestimmte Währung, Regelungen betreffs der bei der Buchführung zu nutzenden Währung und alle anderen Formen der staatlichen Diskriminierung von Währungen dürfen daher in einem System der Währungskonkurrenz nicht bestehen. Ferner sind staatliche Vorschriften bezüglich des Bankgeschäfts, wie Deckungs- und Einlösungsvorschriften und die Mindestreserve, abzuschaffen.

Die Währungen der verschiedenen Geldproduzenten müssen sich allerdings eindeutig voneinander unterscheiden lassen, da es einem Emittenten sonst nicht möglich ist, die Eigentumsrechte an seiner Währung durchzusetzen[436]. Wenn die Unterscheidbarkeit der Währungen nicht gegeben ist, profitiert eine Emissionsbank nicht davon, Geldwertstabilität durch eine Begrenzung der Quantität des geschöpften Geldes zu produzieren, weil die anderen Geldproduzenten und deren Kunden nicht von dem durch die Bereitstellung der Geldwertstabilität gestifteten Nutzen ausgeschlossen werden können. In diesem Fall würden die Emissionsbanken in einer auf stoffwertlosem Geld basierenden Geld- und Währungsordnung Geldwertstabilität und somit auch Dienstleistungen des Geldes nicht produzieren und folglich, wie bereits angedeutet, solange Geld schöpfen, bis der Wert des Geldes den Produktionskosten entspricht, die, weil Gelddienstleistungen nicht bereit-

[433] Vgl. Hayek, F. A. v. (1990), S. 23ff.. Zum Wandel der Ansichten Hayeks im Bereich der Geldtheorie und Geldpolitik siehe z. B. Klausinger, H. (1997), S. 195ff. und White, L. H. (1999a), S. 109ff..
[434] Vgl. Hayek, F. A. v. (1990), S. 23.
[435] Vgl. Hayek, F. A. v. (1990), S. 27.
[436] Vgl. Hayek, F. A. v. (1990), S. 51, Thompson, E. A. (1974), S. 431f. und Girton, L./Roper, D. (1979), S. 235f. und S. 238.

gestellt werden, nur aus der Herstellung des Geldgutes folgen und daher zumindest nahezu vernachlässigbar sind[437]. Damit hätte das Geld keinen Wert.

Entscheidend für das reibungslose Funktionieren der Währungskonkurrenz ist weiterhin die Existenz von flexiblen Wechselkurse zwischen den eindeutig unterscheidbaren Währungen der verschiedenen Emittenten[438]. Nur dann kann das Anti-Greshamsche Gesetz wirken, wonach das „gute" Geld das „schlechte" Geld verdrängt. Dieser Mechanismus ist das entscheidende Regulativ der Währungskonkurrenz. Eine Abwertung einer Währung offenbart schließlich das Vorliegen eines Überangebotes an dieser Währung. Unterbleiben schnelle Maßnahmen der die abwertende Währung emittierenden Bank - in diesem Zusammenhang ist insbesondere an kursstützende Rückkäufe der eigenen Währung mit der Folge eines Rückgangs der entsprechenden Geldmenge zu denken - so muß es auf dem Gütermarkt zu einem Anstieg der in dieser Währung ausgedrückten Preise kommen[439]. Für die Nutzer einer abwertenden Währung ist folglich eine Abwanderung zu einem verläßlicheren Geldanbieter ökonomisch rational, da sie durch den Preisanstieg einen realen Kaufkraftverlust erleiden und weitere Preisanstiege erwarten müssen. In diesem Prozeß hat auch die Presse, die die verschiedenen Emittenten jederzeit beobachtet und die jeweils aktuellen Wechselkurse veröffentlicht, eine große Bedeutung. So hält von Hayek fest[440]:

> For a decision so important for business as which currency to use in contracts and accounts, all possible information would be supplied daily in the financial press, and have to be provided by the issuing banks themselves for the information of the public. Indeed, a thousand hounds would be after the unfortunate banker who failed in the prompt responses required to ensure the safeguarding of the value of the currency he issues.

Melvin verweist darauf, daß nicht die durchschnittliche Inflationsrate einer Währung, sondern die Vorhersagbarkeit der Inflationsraten die entscheidende Dimension für die Akzeptanz darstellt, weil sich die Wirtschaftssubjekte gegen eine erwartete Inflation durch den Abschluß entsprechender Verträge schützen können und auch der Geldschöpfungsgewinn des Emittenten nicht steigt, wenn das Geld entsprechend der Fisher-Zinsformel marktgerecht verzinst wird[441]. Diese Argumentation ist zwar nachvollziehbar, dennoch ergeben sich für die Geldnachfrager auch durch eine erwartete Inflation, vor allem aufgrund von Kosten der Anpassung, Wohlfahrtsverluste, die zum Beispiel aus häufigen Veränderungen der

---

437 Vgl. Friedman, M. (1951), S. 211 und Friedman, M. (1960), S. 7. Siehe auch Pesek, B. P./Saving, T. R. (1967), S. 115f..

438 Vgl. Hayek, F. A. v. (1990), S. 43.

439 Vgl. Edwards, J. R. (1980), S. 110f. und Gerding, R. (1986), S. 101, kritisch hierzu Chen, C. u. a. (1995), S. 279ff..

440 Hayek, F. A. v. (1990), S. 53.

441 Vgl. Melvin, M. (1988), S. 437.

Preisauszeichnungen folgen[442]. Zudem weisen viele Autoren darauf hin, daß mit einem Anstieg der Inflationsrate auch die Variabilität der Inflation zunimmt[443].

Außerdem ist die Abwertung der Währung einer Emissionsbank insbesondere deswegen problematisch, weil von Hayek davon ausgeht, daß die Geldemittenten versprechen, die Kaufkraft ihrer Währung bezogen auf ein bestimmtes Güterbündel stabil zu halten, um Vertrauen in ihr Geld zu schaffen[444]. Eine Abwertung bedeutet nun, daß ein Geldemittent das Versprechen, für die Kaufkraftstabilität seiner Währung zu sorgen, gebrochen hat. Folglich muß es zu einem Vertrauensverlust bei den Nutzern der entsprechenden Währung kommen.

Da es für diese Nutzer in einem solchen Fall, aufgrund des Vertrauensverlustes, wohl rational ist, zu einem anderen Geldanbieter zu wechseln, liegt es im langfristigen Interesse jedes Geldemittenten, Abwertungen zu verhindern, weil durch eine Abwertung die Bereitschaft der Nichtbanken sinkt, Geld des abwertenden Geldemittenten zu halten. Folglich sinkt auch der zukünftige Profit des Geldemittenten. Mit anderen Worten werden die Banken aufgrund ihres längerfristigen Interesses an Profiten das von den Geldnachfragern gewünschte wertstabile Geld anbieten, wobei sich die verschiedenen um Kunden konkurrierenden Banken über den Marktmechanismus quasi selbst kontrollieren[445]. Im Rahmen der Währungskonkurrenz steht den Nutzern des Geldes also nicht nur die auch gegenüber einer monopolistischen Zentralbank existierende Möglichkeit zum Widerspruch (voice) bei mangelhafter Leistungsfähigkeit offen, sondern sie können zudem viel einfacher abwandern (exit)[446].

Nach von Hayek werden im Währungswettbewerb langfristig in einer Region nur wenige verschiedene Währungen überleben[447]. Wenn davon ausgegangen wird, daß die innerhalb eines Währungsraumes lebenden Wirtschaftssubjekte nahezu identische Präferenzen haben, dürften die in diesem Währungsraum nebeneinander existierenden Währungen sich sehr ähnlich sein[448]. Diese Schlußfolgerung ergibt sich, weil die Emittenten ihre Währungen, den Präferenzen der Geldnachfrager in der Region entsprechend, gegenüber nahezu identischen Güterbündeln wertstabil halten werden. Daher wird sich der Wechselkurs zwischen den in einer bestimmten Region nebeneinander genutzten Währungen solider Emittenten kaum verändern, so daß sich zum Beispiel Probleme aufgrund des Wechselkursänderungsrisikos relativieren[449]. Zwischen den Währungen verschiedener Regio-

---

442 Vgl. Banaian, K. u. a. (1994), S. 31.

443 Vgl. Louge, D. E./Willett, T. D. (1976), S. 151ff., Foster, E. (1978), S. 346ff., McClure, J. H./Willett, T. D. (1988), S. 180f., Ball, L. (1992), S. 371ff. Golob, J. E. (1994), S. 29ff. und Banaian, K. u. a. (1994), S. 32ff..

444 Vgl. Hayek, F. A. v. (1990), S. 47f. und Hayek, F. A. v. (1979), S. 5f..

445 Vgl. Link, F. J. (1986), S. 20f..

446 Vgl. Vaubel, R. (1986), S. 929 und Nuck, S. W. (1994), S. 40. Siehe auch Stützel, W. (1975), S. 13ff. und allgemein Hirschman, A. O. (1970), S. 21ff..

447 Vgl. Hayek, F. A. v. (1990), S. 75f..

448 Vgl. Gerding, R. (1986), S. 103f., Link, F. J. (1986), S. 22 und Dowd, K. (1993), S. 568f..

449 Vgl. Link, F. J. (1986), S. 134.

nen sind natürlich dennoch beträchtliche Schwankungen möglich[450]. Ob die in einer bestimmten Region lebenden Wirtschaftssubjekte sehr ähnliche Präferenzen bezüglich einer Währung haben, kann allerdings, wie im Rahmen der Untersuchung von Netzwerkeffekten im Geldwesen angedeutet wurde, auch kritisch hinterfragt werden.

3.4.3 Das Greshamsche und das Anti-Greshamsche Gesetz

Das Greshamsche Gesetz besagt, daß in einer Doppelwährung das „schlechte" Geld das „gute" wertstabile Geld verdrängt[451]. Eine Doppelwährung liegt dann vor, wenn in einem Währungsraum zwei verschiedene Geldarten existieren, zum Beispiel Silbergeld und Goldgeld, für deren Austauschverhältnis der Staat einen fester Wechselkurs festgelegt hat. Die Logik des Greshamschen Gesetzes kann leicht erklärt werden. Kommt es zu einem verhältnismäßig stärkeren Anstieg der Menge einer Art des Geldes, im oben angesprochenen Beispiel etwa durch neue Silberfunde, so werden die Wirtschaftssubjekte bemüht sein, daß „gute" nun seltenere Geld zu horten und das „schlechte" Geld für Zahlungen zu nutzen, weil eine Anpassung des Wechselkurses zwischen den beiden Geldarten zwar in der Zukunft erwartet wird, aufgrund des staatlich fixierten Austauschverhältnisses aber zunächst nicht möglich ist.

Daher verschwindet das „gute" Geld zunehmend aus der Nutzung und die in „schlechtem" Geld ausgedrückten Güterpreise steigen[452]. Diese vom Greshamschen Gesetz beschriebene Situation ist jedoch nicht endgültig. Private Wirtschaftssubjekte werden bereit sein, bei der Bezahlung mit „gutem" Geld einen entsprechenden Preisnachlaß zu gewähren und manche Güter dürften wohl nur gegen Zahlung mit „gutem" Geld zu kaufen sein[453]. Die de jure Doppelwährung wird folglich zumindest teilweise de facto zu einer Parallelwährung.

Da der Staat, zum Beispiel bei Steuerzahlungen, in der Regel keinen Nachlaß bei einer Zahlung mit „gutem" Geld gewähren wird, sammelt sich bei ihm das „schlechte" Geld. Diese Situation muß von den staatlichen Stellen als unannehmbar angesehen werden. So sah sich der Staat im China der Ming-Dynastie aufgrund einer Papiergeldinflation im Jahre 1375 gezwungen, Zahlungen mit Gold und Silber, die beide über feste Wechselkurse an das Papiergeld gebunden waren, bei Transaktionen zwischen privaten Wirtschaftssubjekten unter Androhung schwerster Strafen zu verbieten[454]. Daher betont auch Selgin, daß die Gültigkeit des Greshamschen Gesetzes nicht nur von der Existenz eines fixen Wechselkurses zwischen dem guten und dem schlechten Geld abhängt, sondern auch von der

---

[450] Vgl. Gerding, R. (1986), S. 103f. und Link, F. J. (1986), S. 22.
[451] Vgl. Vaubel, R. (1977), S. 437, Starbatty, J (1982), S. 390ff. und Bernholz, P. (1989), S. 465.
[452] Vgl. Bernholz, P. (1997), S. 38.
[453] Vgl. Rolnick, A. J./Weber, W. E. (1986), S. 193 und Bernholz, P. (1989), S. 476ff..
[454] Vgl. Bernholz, P. (1997), S. 44.

Wirksamkeit der staatlichen Maßnahmen zur Durchsetzung des fixen Wechselkurses[455].

Fälschlich wird gelegentlich angenommen, daß das Greshamsche Gesetz allgemein gilt[456]. Daher muß noch einmal festgestellt werden, daß die Gültigkeit dieses Gesetzes nur gegeben ist, wenn zwischen den Geldarten ein fester Wechselkurs herrscht. In einem System der Währungskonkurrenz existieren jedoch flexible Wechselkurse zwischen den Währungen der unterschiedlichen Geldemittenten, daher kann das Greshamsche Gesetz in diesem Fall keine Anwendung finden[457]. Vielmehr gilt hier das Anti-Greshamsche Gesetz, was bedeutet, daß das „schlechte" Geld vom „guten" Geld verdrängt wird[458].

3.4.4 Die Stabilität der Währungskonkurrenz

Die Überlegungen zur Stabilität eines Systems der Währungskonkurrenz sollen zunächst unter der Annahme abgeleitet werden, daß alle Wirtschaftssubjekte über vollkommene Voraussicht verfügen. Da der Nutzen der monetären Dienstleistungen eines Geldes M_J letztlich von der Fähigkeit bestimmt wird, mit diesem Geld Güter kaufen zu können, ergibt sich für den Nutzen eines Wirtschaftssubjektes, welches M_J Einheiten des Geldes des Geldemittenten J bei einem auf dieses Geld bezogenen Preisniveau p_J hält, folgender Ausdruck[459]:

$$N = N((M_J / p_J), \beta_J) . \qquad (57)$$

Dabei stellt β_J das Vertrauen des Wirtschaftssubjekts in den Emittenten J dar. Mit anderen Worten handelt es sich bei β_J um eine Maßgröße für die Reputation des Geldproduzenten J[460]. Das Geld wird mit i_{MJ} verzinst. Neben dem finanziellen Aktivum Geld soll ein hochverzinsliches finanzielles Aktivum SP existieren, in welches das Geld J umgetauscht werden kann. Dieses hochverzinsliche finanzielle Aktivum könnte zum Beispiel eine Form von festverzinslichen Wertpapieren sein. Solche Papiere werden bezogen auf das Geld J mit i_{SPJ} verzinst, leisten aber keine Liquiditätsdienste. Die Alternativkosten der Geldhaltung in einem betrachteten Zeitabschnitt betragen folglich $(i_{SPJ} - i_{MJ})$. Die Zinsdifferenz $(i_{SPJ} - i_{MJ}) / p_J$ muß im Gleichgewicht dem realen Preis für die monetären Dienstleistungen einer marginalen Einheit des Geldes J p_{NJ} / p_J entsprechen[461]:

$$(i_{SPJ} - i_{MJ}) / p_J = (\delta N / \delta M_J) * (p_{NJ} / p_J) . \qquad (58)$$

---

455 Vgl. Selgin, G. A. (1996), S. 641f..

456 Vgl. Hayek, F. A. v. (1984), S. 326f. und Hayek, F. A. v. (1990), S. 41.

457 Vgl. Klein, B. (1974), S. 431 und Schöler, K. (1986), S. 353.

458 Vgl. Hayek, F. A. v. (1990), S. 43.

459 Vgl. Klein, B. (1974), S. 424.

460 Vgl. Gerding, R. (1986), S. 107f..

461 Vgl. Klein, B. (1974), S. 425, Schulz-Kirchner, U. (1984), S. 132 und Gerding, R. (1986), S. 108.

Daraus folgt:

(59) $$p_{NJ} / p_J = (i_{SPJ} - i_{MJ}) / ((\delta N / \delta M_J) * p_J) .$$

Der reale Preis der Dienstleistungen des Geldes J p_{NJ} / p_J hängt folglich von den Opportunitätskosten der Geldhaltung und den marginalen Liquiditätsdiensten des Geldes ab[461].

Existieren unregulierte und miteinander im Wettbewerb stehende Geldproduzenten in einer Welt, in der die Nachfrager nach den Dienstleistungen des Geldes vollkommene Informationen bezüglich der zukünftigen Geldversorgung und damit auch der Veränderungen des Preisniveaus haben, so gilt für den Geldemittenten J bei der Produktion der monetären Dienstleistungen die reale Kostenfunktion[462]:

(60) $$C_J = C_J (N) .$$

Die Nachfragekurve nach den Dienstleistungen eines jeden Geldproduzenten ist bezogen auf den realen Preis der Dienstleistungen des Geldes unendlich elastisch. Daraus folgt, daß der reale Preis der Dienstleistungen des Geldes gleich den realen marginalen Kosten der Produktion der Dienstleistungen sein muß[463]:

(61) $$p_{NJ} / p_J = d\, C_J / d\, N = (\delta C_J / \delta (M_J / p_J)) * (d\, (M_J / P_J) / d\, N) + (\delta C_J / \delta \beta_J) * (d\, \beta_J / d\, N) .$$

Da alle Veränderungen aufgrund der vollkommenen Informationen von den Geldnachfragern antizipiert werden, ist das Vertrauen in den Geldproduzenten J β_J unbegrenzt. Daher ergibt sich[464]:

(62) $$p_{NJ} / p_J = d\, C_J / d\, (M_J / p_J) \text{ und}$$
(63) $$(i_{SPJ} - i_{MJ}) = (d\, C_J / d\, (M_J / p_J)) * ((\delta N / \delta M_J) * p_J) .$$

Gleichung (63) beschreibt ein metastabiles Gleichgewicht[465]. Ein Geldemittent würden keine übermäßige Ausweitung seiner Geldschöpfung in Betracht ziehen, da die Geldnachfrager bei einem solchen Vorgehen wegen der vollkommenen Informationen entweder abwandern oder eine Verringerung der Zinsspanne her-

---

461 Vgl. Schulz-Kirchner, U. (1984), S. 132 und Gerding, R. (1986), S. 109.
462 Vgl. Klein, B. (1974), S. 425.
463 Vgl. Klein, B. (1974), S. 425
464 Vgl. Gerding, R. (1986), S. 111. Eine alternative Form der Darstellung findet sich bei Klein, B. (1974), S. 425f. und Schulz-Kirchner, U. (1984), S. 133. Die jeweiligen Gleichungen entsprechen sich, weil das Vertrauen in einen Geldproduzenten bei vollständigen Informationen unerheblich ist.
465 Vgl. Klein, B. (1974), S. 427f., Gerding, R. (1986), S. 112 und White, L. H. (1999), S. 229f..

beiführen würden[466]. Saving weist darauf hin, daß in dieser Situation das Preisniveau nicht eindeutig determiniert ist[467]. Das unter dieser Bedingung abgeleitete Ergebnis kann kaum überraschen. Wenn die Geldnachfrager wissen, daß der von ihnen gewählte Geldanbieter J seine Geldschöpfung ausdehnt und folglich die in Geld J ausgedrückten Preise steigen, sind sie nur bereit, das Geld J bei entsprechend steigenden Zinsen i_{MJ} weiterhin zu halten.

Die Annahme der vollkommenen Information muß aber natürlich als unrealistisch angesehen werden. Auch in einer Modellwelt ohne vollständige Informationen über die zukünftigen Veränderungen der Geldschöpfung des Geldemittenten J gilt, daß der reale Preis für die Gelddienstleistungen gleich den Produktionskosten dieser Dienstleistung sein muß. Allerdings spielt in der Abwesenheit von vollständigen Informationen auch das Vertrauen der Geldnutzer in einen Emittenten eine Rolle. Daher muß Gleichung (62) modifiziert werden. Nun sind auch die Kosten zu berücksichtigen, die beim Aufbau einer Reputation entstehen[468]:

(64) $$p_{NJ} / p_J = d\, C_J / d\, N\,.$$

Die durch β_J wiedergegebene Reputation eines Geldproduzenten ist bei unvollständigen Informationen von entscheidender Bedeutung. Diese Reputation, die als Vertrauenskapital betrachtet werden kann, hat für die Geldnachfrager einen Wert, weil Investitionen der Geldanbieter in ihre Reputation verloren gehen, wenn diese versuchen, unerwartet die Geldschöpfung auszudehnen[469].

Im Sinne der Neuen Institutionen Ökonomie stellt die Reputation somit eine Geisel oder ein Pfand in den Händen der Geldnachfrager dar. Die gestellten Geiseln oder Pfänder werden bei einem entsprechenden Fehlverhalten des Geldproduzenten beseitigt beziehungsweise gehen in den Besitz der Geldnutzer über, was, wie sich noch zeigen wird, eine Auswirkung auf die Anreizstrukturen in diesem Modell haben kann.

Eine Möglichkeit zum Aufbau einer Reputation ist das Wohlverhalten in der Vergangenheit. Natürlich ist es für neue Geldproduzenten unmöglich, auf diese Weise Vertrauenskapital zu bilden. Weitere Möglichkeiten, die auch neuen Geldemittenten offenstehen, sind ein Einlösungsversprechen (Konvertibilität), Investitionen in Reserven, eindrucksvolle Gebäude und fähige Mitarbeiter, sowie der Abschluß von Versicherungen[470]. Dabei dürfte die Konvertibilität in andere Wäh-

[466] Vgl. Gerding, R./Starbatty, J. (1980), S. 29, Schulz-Kirchner, U. (1984), S. 134 und White, L. H. (1999), S. 230. Siehe auch Thompson, E. A. (1974), S. 441.
[467] Vgl. Saving, T. R. (1976), S. 990f. Siehe auch Gurley, J. G./Shaw, E. S. (1960), S. 253ff..
[468] Vgl. Gerding, R. (1986), S. 113 und Klein, B. (1974), S. 434f..
[469] Vgl. Klein, B. (1974), S. 432ff. und Klein, B./Leffler, K. B. (1981), S. 626f..
[470] Vgl. Klein, B. (1974), S. 434 und Klein, B. (1978), S. 5f.

rungen oder in Güter zur Schaffung von Vertrauen insbesondere bei der Einführung einer neuen Währung von großer Bedeutung sein[471].

Das Ausmaß der Geldschöpfung eines Emittenten hängt natürlich von den mit der Geldproduktion verbundenen Gewinnen ab. Klein bestimmt den realen Periodenertrag der Geldproduktion folgendermaßen[472]:

$$(65) \quad pi_J / p_J = ((i_{SPJ} - i_{MJ}) * (M_J / p_J)) + (((\Delta M_J / M_J) - (\Delta p_J / p_J)^*) * (M_J / p_J)) .$$

Der erste Term der rechten Seite von Gleichung (65) gibt die mit den in der Vorperioden an die Geldproduzenten übertragenen Ressourcen erzielten Zinserträge wieder. Dieser Ausdruck läßt sich als Rendite des Vertrauenskapitals der entsprechenden Bank interpretieren[473]. Der zweite Term der rechten Seite von Gleichung (65) gibt den Profit der Bank aus der Ausweitung der Realkasse wieder[474]. Für die Bank ergibt sich ein Täuschungsgewinn, wenn die realisierte Preisniveauänderung durch eine nicht vorhergesehene Geldmengenausweitung über der von den Geldnutzern antizipierten Preisniveauänderung $(\Delta p_J / p_J)^*$ liegt. Die Verfolgung einer solchen Geschäftspolitik durch den Geldemittenten führt aber zu einem Verlust von Vertrauenskapital und damit zu einer Senkung der zukünftigen Profite[475]. Der Reputationsmechanismus kann die Bank also von einer zu expansiven Geschäftspolitik abhalten. Kleins Variante des Anti-Greshamschen Gesetzes lautet daher[476]:

(...) (H)igh confidence monies will drive out low confidence monies.

Weitere Überlegungen zu Reputation und Geldschöpfungsgewinnen sollen im Rahmen der Diskussion um die Zeitinkonsistenz der privaten Geldschöpfung erfolgen. Hier muß nur noch kurz ein möglicher Zusammenhang zwischen der Investition in Vertrauenskapital und dem Vorliegen eines natürlichen Monopols in der Geldproduktion untersucht werden. So akzeptiert Melvin prinzipiell die das Preisniveau stabilisierende Wirkung der Vertrauenskapitalbildung, hält aber fest, daß Investitionen in das Vertrauenskapital für den Geldemittenten generell Fixkosten darstellen[477]. Diese Fixkosten führen nach Melvin zu einem natürlichen Monopol in der Geldschöpfung; er gibt zu bedenken[478]:

---

[471] Vgl. Edwards, J. R. (1980), S. 112f. und Selgin, G. A. (1994a), S. 811. Siehe auch Hayek, F. A. v. (1979), S. 4.
[472] Vgl. Klein, B. (1974), S. 436. Siehe auch Gerding, R. (1986), S. 115.
[473] Vgl. Klein, B. (1974), S. 434f., Klein, B. (1978), S. 6f. und Gerding, R. (1986), S. 115.
[474] Vgl. Gerding, R. (1986), S. 115. Siehe auch Klein, B. (1974), S. 436f..
[475] Vgl. Klein, B. (1974), S. 436f., Klein, B. (1978), S. 8 und Klein, B./Leffler, K. B. (1981), S. 627.
[476] Klein, B. (1974), S. 433.
[477] Vgl. Melvin, M. (1988), S. 437ff..
[478] Melvin, M. (1988), S. 455..

Since the confidence-creating selling costs associated with creating real balances are generally fixed costs, the money industry is essentially a natural monopoly.

White widerspricht dieser Auffassung und betont die Bedeutung der variablen Kosten beim Aufbau einer Reputation[479]. In diesem Zusammenhang ist White zuzustimmen, weil im Rahmen einer privaten nichteinlösbaren Währung davon ausgegangen werden kann, daß die Geldnachfrager ein besonderes Interesse am Eigenkapitalbestand eines Geldemittenten hätten und sicherlich erwarten würden, daß das Eigenkapital in einer bestimmten Proportion zur produzierten Geldmenge steht.

3.4.5 Das Problem der Sekundäremissionen

Jede Emissionsbank kann zwar ihre eigene Geldproduktion, die sogenannte Primäremission, kontrollieren, andere Geschäftsbanken haben aber die Möglichkeit, als Sekundäremittent Buchgeld in der Währung einer beliebigen Emissionsbank zu schöpfen[480]. Vor allem bei einer großen Anzahl von Sekundäremittenten kann sich ein beträchtliches Kreditschöpfungspotential dieser „schmarotzenden“ Banken ergeben[481]. Folglich besteht die Gefahr, daß der betroffene Primäremittent durch die Buchgeldschöpfung der Sekundäremittenten die Kontrolle über den Geldumlauf seiner Währung verliert und somit die Kaufkraft der Währung nicht mehr sicherstellen kann[482].

Eine Lösung dieses möglichen Problems liegt im Verbot von Sekundäremissionen. Ein solches Verbot ist aber nicht sinnvoll, da es eine einschneidende und den Wettbewerb nachhaltig einschränkende Marktzutrittsbeschränkung darstellt[483]. Dies gilt insbesondere, weil ein Unternehmen, daß plant, eine Geldproduktion auf der Basis einer eigenen Währung aufzubauen, höchstwahrscheinlich zunächst als Sekundäremittent einer bereits existierenden Währung in Erscheinung treten wird, um Erfahrungen zu sammeln und Kunden zu gewinnen.

Ob das Problem der Sekundäremittenten wirklich von großer Bedeutung ist, kann allerdings auch bezweifelt werden. Ein Primäremittent wird einem Sekundäremittenten, der sich in Zahlungsschwierigkeiten befindet, natürlich nicht hilfreich zur Seite stehen[484]. Da der Sekundäremittenten in einer solchen Situation von einem Bank Run bedroht wird, muß davon ausgegangen werden, daß die Sekundäremittenten gezwungen sind, zu jedem Zeitpunkt in beträchtlichem Umfang Reserven an Bargeld und Depositen des Primäremittenten zu halten, um einem möglichen Run vorzubeugen[485]. Folglich nimmt von Hayek an, daß die Sekundäremit-

---

[479] Vgl. White, L. H. (1988), S. 471f..
[480] Vgl. Hayek, F. A. v. (1990), S. 64f., Schüller, A. (1977), S. 43 und Pool, F. (1998), S. 119.
[481] Vgl. Hayek, F. A. v. (1990), S. 64 und Gerding, R./Starbatty, J. (1980), S. 56.
[482] Vgl. Link, F. J. (1986), S. 189 und Pool, F. (1998), S. 120.
[483] Vgl. Link, F. J. (1986), S. 191.
[484] Vgl. Hayek, F. A. v. (1990), S. 65.
[485] Vgl. Link, F. J. (1986), S. 190.

tenten bei der Buchgeldschöpfung Reserven in Höhe von nahezu 100 Prozent halten werden[486]. Damit existiert aber beinahe kein Kreditschöpfungspotential der Sekundäremittenten, so daß diese kein besonderes Problem darstellen.

3.5 Die Bankfreiheit

3.5.1 Die historische Diskussion um die Bankfreiheit

Insbesondere in Großbritannien wurde seit der Gründung der Bank of England eine kontroverse Debatte über die Notwendigkeit eines staatlichen Eingriffs in das Bankwesen geführt. Diese Diskussion wurde gelegentlich vom Streit der Currency- und Banking-Schule überlagert[487]. Dabei betonten die Anhänger der Banking-Schule die Endogenität der Geldproduktion in Abhängigkeit vom Bedarf der Volkswirtschaft, während die Anhänger der Currency-Schule von der Exogenität der Geldmenge ausgingen und daher zur Abwendung inflationärer Tendenzen eine klare quantitative Begrenzung der Geldschöpfung forderten[488]. Nach White, der neben der Currency- und der Banking-Schule auch die Free-Banking-Schule als eigenständige Denkrichtung ansieht, existierten in dieser Zeit sogar drei relevante Strömungen[489]. White faßt die grundlegenden Aussagen der drei Schulen folgendermaßen zusammen[490]:

> To contrast the three positions even more summarily: while the Currency School held that any bank could over-issue, and the Banking School that no bank could over-issue, the Free Banking School held that only a central bank like the Bank of England could over-issue.

Smith unterscheidet einerseits zwischen Anhängern der Banking- sowie der Currency-Schule und andererseits zwischen Anhängern der Central-Banking- und der Free-Banking-Schule und kommt somit insgesamt sogar auf vier verschiedene Gruppen (Banking- und Central-Banking-Schule, Banking- und Free-Banking-Schule, Currency- und Central-Banking-Schule sowie Currency- und Free-Banking-Schule)[491].

Besonders heftige Debatten ergaben sich im Parlament immer dann, wenn die Bank of England weitere Privilegien erhalten sollte oder ihre Charta erneuert werden mußte. Was die Diskussionen besonders interessant machte, ist die Tatsache, daß sich sowohl Wirtschaftstheoretiker als auch Politiker und Praktiker aus dem Bereich des Geld- und Bankwesens mit Beiträgen beteiligten[492]. Bekannte Gegner der Bankfreiheit waren Longfield und McCulloch, die beide zu zeigen versucht

---

[486] Vgl. Hayek, F. A. v. (1990), S. 65.
[487] Vgl. Smith, V. C. (1990), S. 171ff., White, L. H. (1982), S. 90ff. und Gerding, R. (1986), S. 52.
[488] Vgl. Fetter, F. W. (1965), S. 187ff., Neldner, M. (1976a), S. 241ff., Tenholt, H. (1985), S. 48ff., Gerding, R. (1986), S. 47ff., Glasner, D. (1989), S. 80ff., Goodhart, C. A. E. (1992), S. 18f. und Müller, M. (1998), S. 23ff..
[489] Vgl. White, L. H. (1982), S. 91ff..
[490] White, L. H. (1982), S. 92f..
[491] Vgl. Smith, V. C. (1990), S. 144f..
[492] Vgl. Cameron, R. (1967), S. 15 und White, L. H. (1982), S. 90ff..

haben, daß wichtige Bremsmechanismen der bankfreiheitlichen Systeme nicht funktionieren[493]. Die wohl wichtigsten Anhänger stellten Parnell, Hodgskin und Scrope dar[494]. Auch Mushet kann dieser Gruppe zugeordnet werden[495]. Die historische Diskussion in Großbritannien ist zudem besonders aufschlußreich, weil in Schottland ein offensichtlich erfolgreich operierendes System der Bankfreiheit existiert hat.

Mit der Peelschen Bankakte wurde die Diskussion in Großbritannien zugunsten der Gegner der Bankfreiheit entschieden. Dieser Ausgang der Debatte hatte aber weniger mit den Argumenten der Anhänger des Zentralbankwesens und mehr mit politischem Druck zu tun[496]. Einige Argumente der historischen Debatte sind auch für die heutige Diskussion von großer Bedeutung. Inbesondere ein Modell von Longfield soll im Rahmen dieser Arbeit noch näher untersucht werden.

3.5.2 Die Funktionsweise der Bankfreiheit

Mit dem Begriff Bankfreiheit wird eine wettbewerbliche Geld- und Währungsordnung beschrieben, bei der private Banken die Freiheit zur Geldemission haben, was auch die Ausgabe von Noten und Münzen einschließt. Das von den Banken geschaffene Geld ist in ein einheitliches Reservemedium einlösbar[497]. Für die weiteren Überlegungen soll zunächst davon ausgegangen werden, daß es sich bei dem Reservemedium um Gold handelt. Denkbar wäre auch eine Einlösung in Silber, staatliches Papiergeld oder ein bestimmtes anderes Gut oder Güterbündel[498].

Wird von der Verpflichtung zur Einlösung abgesehen, so existieren in einem idealtypischen System der Bankfreiheit keine weiteren staatlichen Eingriffe in das Geld- und Bankwesen, die über die Regulierung von anderen Branchen hinausgehen. Daher ist zum Beispiel eine Mindestreservepflicht mit dem System der Bankfreiheit unvereinbar. Durch die staatlich vorgeschriebene Einlösepflicht existiert eine einheitliche Recheneinheit für das im Rahmen der privaten Geldschöpfung produzierte Geld[499]. Die von den privaten Banken ausgegebenen Noten basieren zwar auf der einheitlichen Recheneinheit, lassen sich aber eindeutig einem Emittenten zuordnen.

Jede Bank wird aus Gründen des eigenen Interesses auch die Noten einer anderen reputabelen Bank zum Nennwert annehmen. Die Vorteilhaftigkeit eines solchen Vorgehens läßt sich leicht zeigen. Es ist für ein Wirtschaftssubjekt mit

---

[493] Vgl. McCulloch, J. R. (1831), S. 46ff. und Longfield, S. M. (1840), S. 218ff..
[494] Vgl. Parnell, H. (1827), S. 20ff., Hodgskin, T. (1827), S. 178ff. und Scrope, G. P. (1832), S. 439ff..
[495] Vgl. Mushet, R. (1826), S. 180ff..
[496] Vgl. Engels, W. (1977), S. 193, Schulz-Kirchner, U. (1984), S. 102 und Glasner, D. (1989), S. 81f..
[497] Vgl. White, L. H. (1982), S. 5, Selgin, G. A. (1987), S. 436, Dowd, K. (1988), S. 643 und Dowd, K. (1996), S. 680f..
[498] Vgl. White, L. H. (1985), S. 124f., Selgin, G. A. (1988), S. 142f. und S. 171, Selgin, G. A. (1994), S. 1449 sowie Seiche, F. (1997), S. 135.
[499] Vgl. Selgin, G. A. (1988), S. 32 und Visser, H. (1991), S. 91.

einem gewissen Aufwand verbunden, Noten zu akzeptieren, die nicht von der eigenen Hausbank herausgegeben wurden, wenn diese Noten zunächst bei der ausgebenden Bank in Gold eingetauscht werden müssen und das erhaltene Gold dann bei der Hausbank gegen die gewünschten Noten der Hausbank oder eine Gutschrift auf dem Konto eingelöst werden muß. Daher wird ein Wirtschaftssubjekt Noten einer anderen Bank, je nach Aufwand, daß heißt insbesondere abhängig von der räumlichen Distanz zum Emittenten, nur gegen einen Abschlag oder aber gar nicht annehmen. Beschließen nun zwei Emittenten, die Noten des jeweils anderen zum Nennwert in eigenes Geld oder in Gold umzuwandeln, so erhöht sich die Akzeptanz und somit der Umlauf der Noten beider Emittenten[500].

Da keine der beiden Banken die in der Regel nicht verzinsten Noten des anderen Emittenten akkumulieren will und auch die Ausgabe der fremden Noten anstelle eigener Noten keine Option darstellt, werden beide Banken einen regelmäßigen Austausch der Noten gegen das Reservemedium Gold einrichten[501]. Für alle Beteiligten ist es vorteilhaft, wenn weitere Banken in das Arrangement einsteigen. Letztlich werden die Noten aller reputabelen Emittenten des Währungsraumes von jedem Emittenten zum Nennwert akzeptiert, was dazu führt, daß diese Banknoten auch von allen Nichtbanken im Währungsraum ohne Abschlag angenommen werden.

In einem entwickelten bankfreiheitlichen System wird sich, dem Notenclearing entsprechend, auch ein Clearing für Überweisungen von Depositen entwickeln. Insgesamt ist davon auszugehen, daß sich aus bilateralen Arrangements letztlich ein den ganzen Währungsraum umspannendes Clearing für Noten und Depositen von reputabelen Emissionsbanken herausbilden wird[502]. Dabei dürfte es sinnvollerweise zu einer Verrechnung der Bruttoforderungen und -verbindlichkeiten der Banken kommen, so daß nur Nettoabrechnungssalden durch einen Transfer einer entsprechenden Menge Goldes ausgeglichen werden. Entscheidend ist, daß sich eine Bank, die systematisch mehr Geld schöpft, als von den Nichtbanken gehalten wird, im Clearing immer positiven Nettoabrechnungssalden gegenübersieht, die zu Abflüssen des Reservemediums Gold führen[503].

Ein Wirtschaftssubjekt, das Banknoten erhält, die nicht von der Hausbank ausgegeben wurden, kann diese Noten entweder halten, bei der ausgebenden oder einer anderen fremden Bank gegen Gold eintauschen oder bei der eigenen Haus-

[500] Vgl. White, L. H. (1982), S. 36, White, L. H. (1984), S. 292, Selgin, G. A./White, L. H. (1987), S. 446, Selgin, G. A. (1988), S. 25 und Dowd, K. (1988), S. 647.

[501] Vgl. White, L. H. (1982), S. 36f., White, L. H. (1984), S. 292f., Selgin, G. A. (1987), S. 438, Selgin, G. A. (1988), S. 26 und Dowd, K. (1988), S. 647. Rashid und Samad stellen jedoch fest, daß zur Zeit der Bankfreiheit im US-Bundesstaat Illinois insbesondere kleinere Banken auch Banknoten von größeren Banken hielten, vgl. Rashid, S./Samad, A. (1996), S. 63. Grund für die engen Beziehungen zwischen Finanzintermediären in Illinois könnte allerdings besondere gesetzlichen Regelungen sein, vgl. Dwyer, G. P. (1996), S. 12.

[502] Vgl. Selgin, G. A./White, L. H. (1987), S. 445ff., Selgin, G. A. (1988), S. 27 und Dowd, K. (1988), S. 647f..

[503] Vgl. White, L. H. (1984), S. 289, Selgin, G. A. (1987), S. 438 und Dowd, K. (1988), S. 648.

bank gegen Noten, Depositen oder Gold einlösen. Übertragungen von Depositen zwischen Kunden unterschiedlicher Banken werden von der empfangenden Bank dem Konto des entsprechenden Wirtschaftssubjektes gutgeschrieben. Dieses kann die Depositen bei Bedarf transferieren sowie eine Umwandlung in Noten der eigenen Bank oder in Gold vornehmen. Dabei wird der Wettbewerb zwischen den Emittenten dazu führen, daß die Banken auf Depositen Zinsen zahlen. Eventuell werden auch auf große Noten Zinsen gezahlt, bei kleinen Noten dürfte dies jedoch unwirtschaftlich sein[504].

3.5.3 Die Stabilität eines Systems der Bankfreiheit

Es erscheint sinnvoll, davon auszugehen, daß die Banken in einem bankfreiheitlichen System als private Unternehmen das Ziel der Gewinnmaximierung verfolgen werden. Die Bilanz einer Bank, die Noten emittiert, kann vereinfacht wie in Abbildung 17 dargestellt werden, wobei davon ausgegangen wird, daß Kredite nur durch Diskontierung von Wechseln vergeben werden[505].

Aktiva	Passiva
GO	BG
BI	DP
	EK

Abbildung 17: Die Bilanz einer Emissionsbank
Quelle: White, L. H. (1982), S. 9, White, L. H. (1984), S. 281 und White, L. H. (1999), S. 56.

Die Darstellung in Gleichungsform führt zu[506]:

$$(66) \qquad GO + BI = BG + DP + EK \, .$$

Der Bestand an Gold GO und Wechseln BI entspricht dem ausgegebenen Bargeld BG, den geschaffenen Depositen DP und dem Eigenkapital EK. Alle Bestände werden dabei in Gewichtseinheiten des Goldes gemessen. Das Eigenkapital soll exogen gegeben sein:

$$(67) \qquad EK = EK_{EX} \, .$$

Die Profitfunktion der Bank pi ergibt sich, wenn auf Banknoten keine Zinsen gezahlt werden, aus den mit dem Zins i_{BI} multiplizierten Beständen an Wechseln

[504] Vgl. White, L. H. (1984), S. 283 und Selgin, G. A. (1988), S. 30.
[505] Vgl. White, L. H. (1982), S. 9f. und White, L. H. (1984), S. 280f..
[506] Vgl. White, L. H. (1982), S. 10, White, L. H. (1984), S. 281 und White, L. H. (1999), S. 56.

abzüglich der mit dem Zins i_{DP} multiplizierten Depositen, der Liquiditätskosten LI und der sonstigen Kosten CO der Bank[507]:

(68) $$pi = i_{BI} * BI - i_{DP} * DP - CO - LI .$$

Die Zinssätze werden als gegeben betrachtet. Für die Größe CO soll gelten[508]:

(69) $$CO = co(GO, BI, BG, DP) \text{ mit}$$
(70) $$\delta\, CO / \delta\, GO = 0 ,$$
(71) $$\delta\, CO / \delta\, BI > 0 ,$$
(72) $$\delta\, CO / \delta\, BG > 0 \text{ und}$$
(73) $$\delta\, CO / \delta\, DP > 0 .$$

Bezogen auf Gleichung (70) stellt White fest[509]:

> The operating costs of holding specie are costs of storage and security. These may be flat or even slightly falling at the margin without disturbing the second-order conditions for an interior optimum.

Liquiditätskosten sind Kosten, die der Bank entstehen, wenn Liquiditätsprobleme absehbar sind und der Geldproduzent daher kurzfristig und schnell Reserven beschaffen muß, sei es durch den Kauf oder die Ausleihung von Gold. Diese Kosten entstehen zum Beispiel durch einen besonders schnellen Antransport von Gold. Dabei ist es sinnvoll, für LI folgende Annahmen zu treffen[510]:

(74) $$LI = li(GO, BG, DP) \text{ mit}$$
(75) $$\delta\, LI / \delta\, GO < 0 ,$$
(76) $$\delta\, LI / \delta\, BG > 0 \text{ und}$$
(77) $$\delta\, LI / \delta\, DP > 0 .$$

Es ergibt sich folgende Lagrange-Funktion[511]:

(78) $$pi\,(GO, BI, BG, DP, EK_{EX}) = i_{BI} * BI - i_{DP} * DP - CO - LI + \lambda\,(- GO - BI + BG + DP + EK_{EX}) ,$$
(79) $$\delta\, pi / \delta\, GO = - \delta\, CO / \delta\, GO - \delta\, LI / \delta\, GO - \lambda = 0 ,$$
(80) $$\delta\, pi / \delta\, BI = i_{BI} - \delta\, CO / \delta\, BI - \lambda = 0 ,$$
(81) $$\delta\, pi / \delta\, BG = - \delta\, CO / \delta\, BG - \delta\, LI / \delta\, BG + \lambda = 0 ,$$
(82) $$\delta\, pi / \delta\, DP = - i_{DP} - \delta\, CO / \delta\, DP - \delta\, LI / \delta\, DP + \lambda = 0 \text{ und}$$

---

507 Vgl. White, L. H. (1982), S. 10., White, L. H. (1984), S. 301 und White, L. H. (1999), S. 56.
508 Vgl. White, L. H. (1982), S. 11 und S. 14ff. sowie White, L. H. (1999), S. 56.
509 White, L. H. (1982), S. 15.
510 Vgl. White, L. H. (1982), S. 11, White, L. H. (1984), S. 302 und White, L. H. (1999), S. 57.
511 Vgl. White, L. H. (1982), S. 12 und White, L. H. (1984), S. 302.

(83) $\delta pi / \delta \lambda = - GO - BI + BG + DP + EK_{EX} = 0$.

Daher folgt:

(84) $$\delta CO / \delta BG + \delta LI / \delta BG = i_{DP} + \delta CO / \delta DP + \delta LI / \delta DP = i_{BI} - \delta CO / \delta BI = - \delta CO / \delta GO - \delta LI / \delta GO .$$

Die Ergebnisse lassen sich paarweise interpretieren[512]:

(85) $i_{BI} - \delta CO / \delta BI = - \delta CO / \delta GO - \delta LI / \delta GO$,
(86) $i_{BI} - \delta CO / \delta BI = \delta CO / \delta BG + \delta LI / \delta BG$,
(87) $i_{BI} - \delta CO / \delta BI = i_{DP} + \delta CO / \delta DP + \delta LI / \delta DP$,
(88) $- \delta CO / \delta GO - \delta LI / \delta GO = \delta CO / \delta BG + \delta LI / \delta BG$,
(89) $- \delta CO / \delta GO - \delta LI / \delta GO = i_{DP} + \delta CO / \delta DP + \delta LI / \delta DP$ und
(90) $\delta CO / \delta BG + \delta LI / \delta BG = i_{DP} + \delta CO / \delta DP + \delta LI / \delta DP$.

Die einzelne Bank wird solange Geld schöpfen, bis folgende Bedingungen erfüllt sind: Erstens muß der marginale Nettoertrag der Kreditvergabe, der sich aus der Verzinsung der Kredite abzüglich der marginalen sonstigen Kosten der Kreditvergabe ergibt, gleich dem marginalen Nettoertrag der Bank aus der Goldhaltung sein, der sich, wegen $\delta LI / \delta GO < 0$, aus der Reduktion der marginalen Liquiditätskosten durch die Goldhaltung abzüglich der marginalen sonstigen Kosten der Goldhaltung ergibt[513]. Zweitens muß der marginale Nettoertrag der Kreditvergabe gleich den marginalen Kosten der Notenemission sein, die sich aus der Summe der marginalen sonstigen Kosten der Ausgabe von Banknoten und der marginalen Liquiditätskosten der Notenausgabe ergeben[514]. Drittens muß der marginale Nettoertrag der Kreditvergabe gleich den marginalen Kosten der Schaffung von Depositen sein, die sich aus der Summe der Zinszahlungen auf die Haltung von Depositen, der marginalen sonstigen Kosten der Depositenschöpfung und den marginalen Liquiditätskosten der Depositenschöpfung ergeben[515]. Viertens muß der marginale Nettoertrag der Goldhaltung gleich den marginalen Kosten der Bargeldausgabe sein[516]. Fünftens muß der marginale Nettoertrag der Goldhaltung gleich den marginalen Kosten der Depositenschöpfung sein[517]. Sechstens schließlich müssen die marginalen Kosten der Bargeldausgabe gleich den marginalen Kosten der Depositenschöpfung sein[518]. Aufgrund der Annahmen bezüglich der Kostenfunktionen der sonstigen Kosten und der Liquiditätskosten ist es für die

512 Vgl. White, L. H. (1982), S. 12f. und White, L. H. (1999), S. 58f..
513 Vgl. White, L. H. (1982), S. 12f., White, L. H. (1984), S. 284 und White, L. H. (1999), S. 58.
514 Vgl. White, L. H. (1982), S. 13, White, L. H. (1984), S. 284 und White, L. H. (1999), S. 58.
515 Vgl. White, L. H. (1982), S. 13, White, L. H. (1984), S. 284 und White, L. H. (1999), S. 59.
516 Vgl. White, L. H. (1982), S. 13f., White, L. H. (1984), S. 284 und White, L. H. (1999), S. 59.
517 Vgl. White, L. H. (1982), S. 14, White, L. H. (1984), S. 284 und White, L. H. (1999), S. 59.
518 Vgl. White, L. H. (1982), S. 14, White, L. H. (1984), S. 284 und White, L. H. (1999), S. 59.

einzelne Bank daher nicht wirtschaftlich, die Geldausgabe grenzenlos auszuweiten.

Nach der Betrachtung einer einzelnen Bank ist nun das Bankensystem als Ganzes zu untersuchen. Es soll von einer geschlossenen Volkswirtschaft ausgegangen werden, in der verschiedene notenemittierende Banken und ein funktionsfähiges System des Interbankenclearings existieren[519]. Außerdem wird angenommen, daß die Nichtbanken eine bestimmte Menge an Banknoten und Depositen halten wollen. Da der Umgang mit Banknoten und Depositen weniger aufwendig ist, ziehen alle Nichtbanken das von den Banken geschaffene Geld vollwertigen Goldmünzen vor[520]. Gold wird also nur zur Abwicklung von Interbankenzahlungen benötigt und läuft nicht zwischen den Nichtbanken um. Diese Annahme kann als sinnvoll betrachtet werden, wenn von überaus angespannten Situationen (Bankenkrise) abgesehen wird. Weiterhin erscheint es plausibel anzunehmen, daß jedes Wirtschaftssubjekt zwar die Noten aller reputabelen Banken im Währungsraum zum Nennwert akzeptiert, Depositen jedoch nur bei einer einzigen Bank, der Hausbank, zu halten bereit ist. Das System läßt sich folgendermaßen beschreiben[521]:

(91) $$M = DP + BG \ .$$

Die Geldmenge ergibt sich aus den vom Bankensystem geschaffenen Depositen DP und Banknoten BG. Zunächst soll eine Situation betrachtet werden, die nicht durch eine Bankenkrise gekennzeichnet ist. Es gilt:

(92) $$R = GO \, .$$

Die Banken halten Reserven, um der Einlösung von Noten und Depositen in Gold begegnen zu können. Da die Nichtbanken annahmegemäß kein Gold halten, solange der Stabilität der Banken vertraut wird, erklärt sich die Nachfrage nach Gold ausschließlich aus dem Clearing der Banken, wobei es zur Abwicklung der Interbankenverbindlichkeiten genutzt wird.

Im langfristigen Gleichgewicht muß der Erwartungswert der Reservebewegungen einer Bank gleich Null sein, weil weder andauernde Reserveabflüsse noch kontinuierliche Reservezuflüsse für einen Geldemittenten wirtschaftlich sind. Es besteht noch kein Gleichgewicht auf dem Markt für Reservemittel, wenn eine Bank Kreditvergabe und Geldschöpfung ausdehnt und somit weitere Reservemittel nachfragt. Das Gleichgewicht ist erst erreicht, wenn keine Bank mehr geplant Bewegungen von Reservemitteln auslöst. Christ folgend soll davon ausgegangen werden, daß jede Bank des betrachteten Bankensystems n voneinander unabhän-

---

[519] Schon Gurley und Shaw haben auf die Bedeutung des Interbankenclearings verwiesen, vgl. Gurley, J. G./Shaw, E. S. (1960), S. 256.
[520] Vgl. Selgin, G. A. (1987), S. 438 und Selgin, G. A. (1988), S. 31.
[521] Vgl. Selgin, G. A./White, L. H. (1994), S. 1722.

gige Transaktionen vornimmt, die die Reserven betreffen[522]. Eine solche Transaktion kann zum Beispiel die Einlösung einer fremden Banknote gegen Depositen sein. Die Annahme, daß die Transaktionen voneinander unabhängig sind, ist in der Regel unproblematisch[523]. Nur während eines Bank Runs muß von einer positiven Korrelation zwischen den Reservetransaktionen ausgegangen werden. Die Untersuchung einer solchen angespannten Situationen, in der die Nichtbanken Gold nachfragen, soll aber erst später im Rahmen der Betrachtung von Bank Runs erfolgen.

Eine Emissionsbank muß folglich davon ausgehen, daß die nominalen Reservebewegungen, denen sie sich ausgesetzt sieht, einen Erwartungswert von Null haben. Bei insgesamt n relevanten Transaktionen und einem Preisniveau von p ist die Varianz der nominalen Reservebewegungen σ^2 einer Bank von der Varianz einer einzelnen Transaktionen $\sigma_T{}^2$ abhängig und es muß $\sigma = p * \sigma_T * (n)^{1/2}$ gelten[524]. Dabei hängt die Anzahl der relevanten Transaktionen nicht von der Geldmenge sondern allenfalls vom realen Sozialprodukt ab[525]. Hier zeigt sich, daß die Anhänger der Bankfreiheit von der quantitativen Neutralität des Geldes im Rahmen einer wettbewerblichen Geld- und Währungsordnung ausgehen.

Ein Geldemittent wird, um Illiquiditäten zu vermeiden, aus Vorsichtsgründen Reserven halten, die proportional zur Varianz der nominalen Reservebewegungen sind, wobei der Proportionalitätsfaktor q die Risikoscheue der Emissionsbank widerspiegelt. Dabei kann für q eine negative Abhängigkeit vom Zins und eine positive Abhängigkeit von den Kosten, die einer Bank durch eine Reservemittelknappheit entstehen, unterstellt werden[526]. Existieren im betrachteten Bankensystem x Banken von gleicher Größe und mit identischer Risikopräferenz, so wird die gesamte Nachfrage nach Reserven im Gleichgewicht $R = x * q * p * \sigma_T * (n)^{1/2}$ betragen[527]. Es gilt[528]:

(93) $$\sigma = p * \sigma_T * (n)^{1/2} ,$$
(94) $$R = x * q * \sigma ,$$

---

522 Vgl. Christ, C. F. (1993), S. 187.

523 Vgl. Mellon, W. G./Orr, D. (1961), S. 617, Baltensperger, E. (1972), S. 470f. und Baltensperger, E. (1980), S. 9. Kritisch hierzu Poole, W. (1968), S. 781, nach Olivera, J. H. G. (1971), S. 1100f. ändert aber auch eine serielle Korrelation nichts an den im folgenden vorgestellten Ergebnissen.

524 Vgl. Christ, C. F. (1993), S. 187 und Baltensperger, E. (1974), S. 206.

525 Vgl. Selgin, G. A./White, L. H. (1994), S. 1725, n soll hier aber als exogen gegebene Größe betrachtet werden.

526 Vgl. Baltensperger, E. (1972), S. 471, Baltensperger, E. (1974), S. 207, Baltensperger, E. (1980), S. 5, Selgin, G. A. (1989), S. 82 und Selgin, G. A. (1994), S. 1452.

527 Hier zeigen sich die bereits angedeuteten Größenvorteile bei der Reservehaltung. Wenn davon ausgegangen wird, daß die Anzahl der Reservetransaktionen im ganzen Bankensystem A exogen gegeben ist, so daß $x * n = A$ gilt, muß es bei einer Abnahme der Zahl der Banken x zu einer entsprechenden Zunahme der Reservetransaktionen pro Bank n und somit, wegen $R = x * q * p * \sigma_T * (n)^{1/2}$, zu einem Absinken der Nachfrage der Banken nach Reservemittel kommen.

528 Vgl. Christ, C. F. (1993), S. 198 und Selgin, G. A. (1994), S. 1452f..

(95) $$M * v = p * Y .$$

Daher ergibt sich im Gleichgewicht[529]:

(96) $$\sigma = R / (q * x) ,$$
(97) $$p = R / (q * x * \sigma_T * (n)^{1/2}) ,$$
(98) $$M = (Y * R) / (v * q * x * \sigma_T * (n)^{1/2}) ,$$
(99) $$M * v = (Y * R) / (q * x * \sigma_T * (n)^{1/2}) \text{ und}$$
(100) $$R = M * v * (q * x * \sigma_T * (n)^{1/2}) / Y .$$

Es zeigt sich, daß ceteris paribus jede Erhöhung der Geldschöpfung der Banken, also von M, aufgrund der Konstanz der anderen Größen zu einer proportionalen Erhöhung der Nachfrage der Banken nach Reserven führt[530]. Folglich ergibt sich bei einer gegebenen Menge an Gold eine bestimmte Geldmenge und ein bestimmtes Preisniveau.

Ein Vorteil eines bankfreiheitlichen Systems offenbart sich, wenn analog zur herkömmlichen Geldmultiplikatoranalyse der Geldmultiplikator eines solchen Bankensystems abgeleitet wird. Es erscheint sinnvoll, anzunehmen, daß die Banken in gleichem Maße Reserven für Banknoten und Depositen zu halten beabsichtigen[531]. Daher gilt:

(101) $$R = r * (BG + DP) .$$

Aufgrund von Gleichung (91) und Gleichung (92) folgt:

(102) $$M = GO / r .$$

Der Geldmultiplikator eines bankfreiheitlichen Systems beträgt also 1 / r und ist somit unabhängig von der Bargeldhaltung der Nichtbanken[532]. Der schwankende Bargeldbedarf der Nichtbanken, der in zweistufigen Systemen mit Zentralbanken ein so großes Problem darstellt, weil Fehleinschätzungen der Zentralbanken bei der Prognose des Bargeldhaltungsquotienten zu einer zu üppigen oder zu geringen Versorgung der Volkswirtschaft mit Zentralbankgeld führen, bereitet folglich im System der Bankfreiheit keine Schwierigkeiten.

Ein weiterer großer Vorteil eines bankfreiheitlichen Systems besteht darin, daß die Größe M * v automatisch stabilisiert wird. Gleichung (100) impliziert, daß ceteris paribus eine Veränderung der Umlaufsgeschwindigkeit auch zu einer entsprechend entgegengesetzten Veränderung der Geldmenge führt, damit ein

[529] Vgl. Christ, C. F. (1993), S. 198 und falsch bei Selgin, G. A./White, L. H. (1994), S. 1724.
[530] Vgl. Selgin, G. A./White, L. H. (1994), S. 1724.
[531] Vgl. Selgin, G. A./White, L. H. (1994), S. 1722 und Selgin, G. A. (1994), S. 1454.
[532] Vgl. Selgin, G. A. (1988), S.114, Selgin, G. A. (1988a), S. 626, Selgin, G. A. (1994), S. 1454 und Selgin, G. A./White, L. H. (1994), S. 1722.

Gleichgewicht auf dem Markt für Reservemittel herrscht[533]. Eine Variation des Preisniveaus ist in diesem Zusammenhang ausgeschlossen, weil eine solche Veränderung wegen Gleichung (93) zu einer proportionalen Veränderung von σ und daher, aufgrund von Gleichung (94), zu einer proportionalen Anpassung der Nachfrage nach Reserven führen würde. Da die Reserven aber exogen bestimmt sind, kommt nur eine Variation der Geldmenge in Betracht[534].

Fällt zum Beispiel die Umlaufsgeschwindigkeit, so reduziert sich der Umlauf des Geldes und damit der Reservebedarf der Banken im Clearing. Folglich werden die Geldemittenten ihre Reservehaltung senken, wodurch der Geldmultiplikator und damit die Geldmenge steigt. So hat die Hortung von Banknoten keine deflationären Auswirkungen. Entsprechend steigt mit der Erhöhung der Umlaufsgeschwindigkeit, und damit mit einem verstärkten Umlauf des Geldes, der Bedarf der Emissionsbanken an Reservemitteln. Die gestiegene Reservehaltung senkt so den Geldmultiplikator und die Geldmenge. Finanzinnovationen, die die Umlaufsgeschwindigkeit erhöhen, haben daher keine inflationäre Wirkung.

Diese stabilisierende Wirkung kann in einem bankfreiheitlichen System nur dann in vollem Umfang erreicht werden, wenn das Reservemedium nur zu Reservezwecken dient. Nutzen die Nichtbanken das Reservemedium auch zu Zahlungszwecken, kann die volle stabilisierende Wirkung nicht erreicht werden[535].

Es ist nochmals auf die besondere Bedeutung des Interbankenclearings für die Stabilität eines bankfreiheitlichen Systems hinzuweisen. Weitet eine Bank aus einem Gleichgewichtszustand heraus ceteris paribus ihre Geldschöpfung aus, so kommt es beim Clearing der Geldemittenten zu einem Abfluß von Reserven dieser Bank an die anderen Banken des Bankensystems. Aufgrund dieses Absinkens der Reserven der Bank steigt das Risiko, bei weiteren Reserveabflüsse die Liquidität nicht mehr gewährleisten zu können.. Der marginale Nettoertrag der Kreditschöpfung sinkt also unter den marginalen Nettoertrag der Goldhaltung[536]. Folglich muß die expansive Bank ihre Geldschöpfung zurückführen, um wieder eine optimale Reservehaltung zu erreichen. Zunächst ist eine sehr restriktive Geldschöpfung notwendig, damit über das Clearing Gold in die ehemals expansive Bank gelangt[537]. Erst wenn Reserven wieder in ausreichendem Maße vorhanden sind, kann auf die vor der Expansion übliche Geschäftspolitik umgeschwenkt werden. Eine zweite mögliche Vorgehensweise der Bank wäre die Beschaffung zusätzlicher Reserven, was jedoch aufgrund der Annahmen bezüglich der Kostenfunktionen nicht sinnvoll ist. Dabei ist die genaue Ausgestaltung des Interbankenclearings

---

533 Vgl. Selgin, G. A. (1989), S. 84, Selgin, G. A. (1994), S. 1452, Selgin, G. A./White, L. H. (1994), S. 1725, Garrison, R. W. (1996), S. 118 und White, L. H. (1999), S. 67.

534 Vgl. Selgin, G. A. (1994), S. 1453.

535 Vgl. Christ, C. F. (1993), S. 198, Selgin, G. A./White, L. H. (1994), S. 1725 und Selgin, G. A. (1994), S. 1456f..

536 Vgl. White, L. H. (1982), S. 33 und White, L. H. (1984), S. 290f..

537 Vgl. White, L. H. (1982), S. 33, White, L. H. (1984), S. 291 und Selgin, G. A./White, L. H. (1994a), S. 209.

prinzipiell nicht von Bedeutung. Wichtig ist nur, daß eine möglichst schnelle Abwicklung gewährleistet werden muß. Allerdings kann durch den Übergang von bilateralen Clearingarrangements zu einem multilateralen Clearing die Effizienz erhöht werden. Dies läßt sich leicht anhand eines Beispiels zeigen.

Betrachtet wird ein Bankensystem mit den drei Banken A, B und C[538]. Bank A soll über Noten der Bank B im Wert von 2000 Gewichtseinheiten des Goldes verfügen. Bank B hält Noten der Bank C im Wert von 2000 Gewichseinheiten des Goldes und Bank C besitzt Banknoten der Bank A im Wert von 1000 Gewichtseinheiten. Wenn das Interbankenclearing auf der Grundlage bilateraler Clearingarrangements vorgenommen wird ergibt sich, je nach Reihenfolge der Abwicklung, ein Bedarf an Gold im Wert von 2000 bis 4000 Gewichtseinheiten. Der höchste Reservemittelbedarf besteht, wenn die Bank B zunächst das Clearing mit Bank A vornimmt und 2000 Gewichtseinheiten Gold transferiert, dann das Clearing mit Bank C abwickelt und 2000 Gewichtseinheiten Gold erhält und es abschließend zum Clearing zwischen Bank A und C kommt, wobei Bank A 1000 der 2000 von B erhaltenen Gewichtseinheiten Gold an C transferiert, so daß im Interbankenclearing insgesamt 4000 Gewichtseinheiten Gold benötigt worden sind. Bei einem multilateralen Clearing wird das gesamte Interbankenclearing dagegen durch einen Transfer von 1000 Gewichtseinheiten Gold von Bank C zu Bank B abgewickelt.

Neben dem Clearing existieren noch zwei weitere Mechanismen, die die Geldschöpfung der Banken beschränken und somit die Stabilität des Bankensystems sicherstellen. Wird von der Untersuchung einer geschlossenen Volkswirtschaft abgegangen und eine offene Volkswirtschaft betrachtet, so kann der Geldmengen-Preismechanismus für Stabilität sorgen (external drain). Banknoten der Banken eines Währungsraums werden in der Regel nur innerhalb des betrachteten Währungsraums akzeptiert. Der Außenhandel zwischen zwei Volkswirtschaften mit bankfreiheitlichen Systemen auf der Basis des Goldes muß daher über das Reservemedium Gold abgewickelt werden. Sollten die Banken in einem Land, aus welchen Gründen auch immer, ceteris paribus in zu großem Maße Geld schöpfen, so wird sich die Geldmenge erhöhen. Dies führt zu einer erhöhten Nachfrage, was, neben einer Erhöhung der Preise im betrachteten Währungsraum, auch die Importe anregen wird. Daher wird Gold ins Ausland abfließen. Die Banken müssen nun auf den sinkenden Reservebestand mit einem temporär besonders restriktiven Vorgehen bei der Geldschöpfung reagieren, um wieder zu Reserven zu kommen, so daß das Gold aus dem Ausland wegen sinkender Nachfrage und damit sinkenden Exporten zurückfließt[539]. Dieser Mechanismus ist allerdings auch unter den Anhängern wettbewerblicher Geld- und Währungsordnungen umstritten[540]. Außerdem wirkt der Geldmengen-Preismechanismus ohnehin nur längerfristig, weil

---

[538] Vgl. Selgin, G. A. (1988), S. 26f. und Seiche, F. (1997), S. 139f..

[539] Vgl. Bordo, M. D. (1981), S. 4, White, L. H. (1982), S. 32ff., Bordo, M. D. (1984), S. 24f., White, L. H. (1984), S. 290 und White, L. H. (1999), S. 61f..

[540] Vgl. Terres, P. (1999), S. 336f.. Siehe auch Reynolds, A. (1983), S. 213.

zeitaufwendige Bewegungen von Reservemitteln über große räumliche Distanzen vorgenommen werden müssen[541]. Daher spielt dieser Mechanismus in den Augen der Anhänger der Bankfreiheit keine bedeutende Rolle.

Der dritte relevante Stabilisierungsmechanismus ergibt sich aus der Möglichkeit, daß die Nichtbanken Banknoten und Depositen in das Reservemedium eintauschen, was die Menge des Reservemediums verkleinert und so die Geldschöpfung der Banken einschränkt (internal drain)[542]. Bezogen auf die Einlösung von Noten durch die Nichtbanken stellt Neldner fest[543]:

> Mit vermehrten Noteneinlösungen des Publikums ist hingegen erst dann zu rechnen, wenn das Notenclearing als Bremsautomatismus versagt (...).

Weil der Umgang mit dem Reservemedium für die Nichtbanken umständlich ist, werden diese eine Einlösung nur dann verlangen, wenn sich Banken völlig undiszipliniert verhalten. Daher stellt dieser Stabilisierungsmechanismus der Einlösung eine Ausnahmeerscheinung dar, die in einem gut funktionierenden System der Bankfreiheit nur äußerst selten vorkommen sollte. Die besondere Bedeutung des Abzuges von Reservemitteln durch die privaten Nichtbanken liegt in dem Drohpotential, daß den Nichtbanken zur Disziplinierung der Geldemittenten gewährt wird. Dabei wirkt dieser Mechanismus überaus schnell[544].

Grundlage der Stabilität eines bankfreiheitlichen Systems ist also die Einlösungspflicht der Banken in Verbindung mit der Knappheit des Reservemediums[545]. Dabei hat der Bremsmechanismus des Interbankenclearings eine besondere Bedeutung zur Sicherstellung der Stabilität des Bankensystems.

3.5.4 Die Bankfreiheit und die Real Bills Doctrine

Die Real Bills Doctrine besagt, daß bei der Erhöhung der Geldmenge keine inflationären Tendenzen drohen, wenn die Geldschöpfung durch Diskontierung guter Handelswechsel mit begrenzter Laufzeit vorgenommen wird, weil die Handelswechsel einen Bezug zur Produktion aufweisen und so in der realen Sphäre verankert sind[546]. Die Geldmenge wird daher als exogene Größe betrachtet, die sich den Bedürfnissen der Wirtschaft anpaßt. Diese Real Bills Doctrine, die die theoreti-

---

541 Vgl. White, L. H. (1982), S. 33.

542 Vgl. White, L. H. (1982), S. 34, Selgin, G. A. (1988), S. 81 und White, L. H. (1999), S. 60f., sowie Oppenheimer, P. M. (1982), S. 187, Reynolds, A. (1983), S. 212 und Leijonhufvud, A. (1987), S. 136

543 Neldner, M. (1996), S. 178.

544 Vgl. White, L. H. (1982), S. 33.

545 Vgl. Selgin, G. A. (1988), S. 32.

546 Vgl. Humphrey, T. M. (1982), S. 3f., Gerding, R. (1986), S. 42 und Smithin, J. (1994), S. 57.

sche Grundlage der Banking-Schule darstellte, hat die Geldpolitik verschiedener Notenbanken bis in das 20. Jahrhundert hinein beeinflußt[547].

Die Gültigkeit der Real Bills Doctrine ist aber, zumindest in der oben vorgestellten Form, mehr als umstritten. In der Diskussion um die Real Bills Doctrine spielen zwei Gegenargumente eine zentrale Rolle. Das erste Argument ist eher praktischer Natur. Die Gegner der Real Bills Doctrine führen aus, daß mehrere verschiedene Handelswechsel auf einem einzigen Wirtschaftsgut basieren können[548]. So stellt Humphrey fest[549]:

> Goods (...) may be sold a number of times, each time giving rise to a real bill.

Außerdem können sich Wechsel noch im Umlauf befinden, wenn das zugrundeliegende Gut nicht mehr existiert.

Noch wichtiger ist das zweite, eher theoretische, Gegenargument. Die in diesem Zusammenhang zu diskutierende Problematik liegt darin, daß die Bindung der Geldemission an eine nominale Größe ein stabiles Preisniveau nicht garantieren kann[550]. Dieses Problem soll mit der Hilfe eines einfachen mehrperiodigen Modells analysiert werden. Dabei wird vereinfachend davon ausgegangen, daß das Sozialprodukt in allen Perioden eine Konstante darstellt. Die Geldmenge in der Periode t ist nach der Real Bills Doctrine proportional zu den diskontierten Handelswechseln und damit zum nominalen Sozialprodukt der Periode t - 1[551]:

$$M_t = a * p_{t-1} * Y . \tag{103}$$

Außerdem gilt:

$$M_t * v = p_t * Y . \tag{104}$$

Daher folgt:

$$p_t = a * v * p_{t-1} . \tag{105}$$

Gilt $a * v > 1$, was in der Literatur häufig angenommen wird, so ergibt sich eine instabile Differenzengleichung und das Preisniveau steigt kontinuierlich[552]. Ist dagegen $a * v < 1$, so stellt sich für das Preisniveau ein Gleichgewichtswert von

---

547 Vgl. Friedman, M./Schwartz, A. J. (1963), S. 191f., Schultz, B. (1976), S. 49f., Meyer, F. W./Schüller, A. (1976), S. 31 und 34f., Friedman, M. (1982), S. 103, Havrilesky, T. (1993), S. 88 und Bordo, M. D./Schwartz, A. J. (1995), S. 468.

548 Vgl. Humphrey, T. M. (1982), S. 9 und Bordo, M. D./Schwartz, A. J. (1995), S. 469. Eine ähnliche Kritik findet sich bei Selgin, siehe Selgin, G. A. (1989a), S. 498ff..

549 Humphrey, T. M. (1982), S. 9.

550 Vgl. Girton, L./Roper, D. (1979), S. 243 und Gerding, R. (1986), S. 44.

551 Vgl. Smithin, J. (1994), S. 57 und Humphrey, T. M. (1982), S. 4f..

552 Vgl. Humphrey, T. M. (1982), S. 5 und Smithin, J. (1994), S. 57.

Null ein. Die Real Bills Doctrine stellt somit keine Garantie für ein stabiles Preisniveau dar, weil keine Beziehung zwischen a und v besteht, die für a * v = 1 sorgt[553].

Im Rahmen der Bankfreiheit wird eine übermäßige Ausdehnung der Geldmenge aber durch die Konvertibilität in Gold oder ein anderes vorher bestimmtes Reservemedium verhindert. Die Konvertibilität verankert die Geldschöpfung in der realen Sphäre. In diesem Zusammenhang stellen Smithin und Schwartz fest, daß eine an der Real Bills Doctrine orientierte Geldschöpfung der Emissionsbanken in einer auf Konvertibilität beruhenden Geldordnung einen zusätzlichen stabilisierenden Effekt haben kann[554].

Es ist darauf zu verweisen, daß durch eine auf die Real Bills Doctrine ausgerichtete Geschäftspolitik der Banken sowohl die Liquidität als auch das Kreditausfallrisiko der entsprechenden Geldemittenten positiv beeinflußt wird. Die positive Liquiditätswirkung ergibt sich, weil nur kurzfristige Kredite vergeben werden. Die positiven Auswirkungen auf das Kreditausfallrisiko folgen aus der Tatsache, daß gute Handelswechsel nur von Schuldnern herausgegeben werden, deren Bonität über alle Zweifel erhaben ist.

Glasner stellt fest, daß es für einen Geldemittenten in einem bankfreiheitlichen System nicht einfach ist, die bezogen auf die Wünsche der Geldnachfrager optimale Geldschöpfungsstrategie zu bestimmen. Er schlägt daher die Real Bills Doctrine als Richtschnur für die Geschäftspolitik einer Bank vor. Die Orientierung an der Real Bills Doctrine kann als hilfreich betrachtet werden, weil die kurze Laufzeit der Diskontkredite eine schnelle Anpassung an neue Gegebenheiten ermöglicht. So kann zum Beispiel mit einer Einschränkung der Kreditvergabe nahezu sofort auf eine sinkende Geldnachfrage reagiert werden. Glasner führt aus[555]:

> Holding short-term assets, like real bills, would allow banks to avoid losses from having to dispose of long-term illiquid assets on short notice.

Es ist für Geldemittenten in einem bankfreiheitlichen System sicherlich sinnvoll, in bestimmtem Maß kurzfristige Kredite zu vergeben, um bei Liquiditätsproblemen schnell reagieren zu können. Dennoch muß es, auch aus Gründen der Risikostreuung, als fraglich erscheinen, ob eine Emissionsbank, entsprechend der Real Bills Doctrine, insbesondere kurzfristige Kredite im Firmenkundengeschäft vergeben sollte. Daher bleibt festzustellen, daß eine Orientierung der Geldproduzenten an der Real Bills Doctrine weder hinreichende noch notwendige Bedingung für die Preisniveaustabilität in einem bankfreiheitlichen System ist.

---

[553] Vgl. Humphrey, T. M. (1982), S. 5.

[554] Vgl. Smithin, J. (1994), S. 58 und Schwartz, P. (1984), S. 97. Siehe auch Fetter, F. W. (1965), S. 9f.. Kritisch hierzu Dowd, K. (1989), S. 61f..

[555] Glasner, D. (1992), S. 889.

3.5.5 Probleme mit der Stabilität: Longfield und McCulloch

Ein Problem mit dem Stabilisierungsmechanismus des Notenaustauschs kann sich ergeben, wenn die Banken die Geldschöpfung im Gleichschritt ausweiten. Dann kommt es zwischen den Emissionsbanken trotz einer Ausweitung der Geldmenge im Durchschnitt nicht zu Reservebewegungen aufgrund des Interbankenclearings, weil sich in diesem Fall die Reserveforderungen und Reserveverbindlichkeiten der Banken zu Null addieren[556]. In seinen frühen Arbeiten stellt auch White dieses Problem dar, hält die Möglichkeit einer gemeinsamen Expansion aller Banken des Bankensystems aber für praktisch ausgeschlossen, weil dazu Absprachen unter den Banken nötig sind und eine Umsetzung entsprechender Vereinbarungen nicht zustande kommen dürfte[557]. Nach dieser Ansicht genügen schon wenige nicht expandierende Banken um eine Überemission des Bankensystems zu vermeiden. In den späteren Arbeiten zur Bankfreiheit stellen Selgin und White jedoch klar, daß sich bei einer gemeinsamen und gleichförmigen Expansion aller Geldemittenten der Erwartungswert der Reserveabflüsse der Emissionsbanken zwar nicht ändert, die Varianz der nominalen Reservemitteltransaktionen aber steigt[558]. Diese Veränderung ergibt sich, weil die Bruttoabrechnungssalden beim Clearing, im Gegensatz zu den Nettoabrechnungssalden, mit der verstärkten Geldschöpfung steigen. Aufgrund der gestiegenen Varianz erhöht sich auch der Reservebedarf der Banken, so daß sich somit auch eine Begrenzung der Geldproduktion ergibt. Terres betont in diesem Zusammenhang die Bedeutung des Vorsichtsmotivs bei der Reservehaltung der Emissionsbanken[559]:

> Die Vorsichtsreservehaltung der Banken steigt und fällt nämlich mit einer Veränderung in der Höhe der Brutto-Abrechnungssalden, auch wenn der durchschnittliche Nettoreservebedarf der Banken durch die Änderung der Bruttosalden nicht berührt wird.

Diese Ergebnisse decken sich mit den hier bereits angestellten Überlegungen zur optimalen Reservehaltung der Banken, die zu Gleichung (94) geführt haben. Es bleibt daher festzuhalten, daß der Reservebedarf der Banken auch dann steigt, wenn die Banken die Geldschöpfung im Gleichschritt erhöhen, wodurch die Geldproduktion beschränkt wird.

Trotzdem besteht in Teilen der Literatur die Auffassung, daß die Geldanbieter nicht nur bei einer gemeinsamen Ausweitung der Geldschöpfung, sondern auch bei der Existenz von Banken, die von einer Expansion absehen, nicht von einer generellen Überemission abgehalten werden können[560]. Entsprechende Überlegungen gehen insbesondere auf ein Modell von Longfield aus dem Jahre 1840

---

[556] Vgl. Goodhart, C. A. E (1988), S. 29f. und Bordo, M. D./Schwartz, A. J. (1995), S. 455.

[557] Vgl. White, L. H. (1982), S. 34f. und S. 171 sowie White, L. H. (1984), S. 291.

[558] Vgl. Selgin, G. A. (1987), S. 446f., Selgin, G. A. (1988), S. 74, Selgin, G. A. (1994), S. 1454f., Selgin, G. A./White, L. H. (1994), S. 1724 und White, L. H. (1999), S. 63f..

[559] Terres, P. (1999), S. 186.

[560] Vgl. Longfield, S. M. (1840), S. 218f., Lutz, F. A. (1962), S. 36f., Smith, V. C. (1990), S. 85, Neldner, M. (1996), S. 180, Bofinger, P. (1986), S. 170 und Goodhart, C. A. E. (1988), S. 48.

zurück[561]. In diesem Modell existieren nur zwei notenemittierende Banken A und B, die zunächst über einen gleichen Marktanteil und identische Bestände an Gold verfügen und ihre Notenausgabe ausschließlich auf der Grundlage von Diskontkrediten mit einer Laufzeit von vier Wochen vornehmen[562]. Somit kommt es bei jeder der beiden Banken wöchentlich zu einer Rückzahlung von einem Viertel der gewährten Kredite. Da beide Banken über gleiche Marktanteile verfügen, ergibt sich im Durchschnitt ein Clearingsaldo von null, weil jeweils die eine Hälfte der aus den Kreditrückzahlungen in die Bank strömenden Banknoten eigene Noten sind und die andere Hälfte Banknoten der Konkurrenz darstellen. In der Ausgangssituation haben beide Banken jeweils Noten im Wert von 40000 Gewichtseinheiten des Goldes ausgegeben und verfügen über Goldreserven von 15000 Gewichtseinheiten (Abbildung 18)[563].

Ausgangssituation	Bank A	Bank B
Noten	40000	40000
Gold	15000	15000
Diskontkredite	40000	40000

Abbildung 18: Die Ausgangssituation des Longfield-Modells
Quelle: Gerding, R. (1986), S. 59 und Neldner, M. (1996), S. 180.

Weitet Bank A ceteris paribus durch Kreditvergabe den Notenumlauf um 20000 Gewichtseinheiten des Goldes aus, so werden die Nichtbanken, deren Bedarf an Noten sich schließlich nicht geändert hat, Noten im Wert 20000 Gewichtseinheiten in Gold eintauschen. Es wird davon ausgegangen, daß die Wirtschaftssubjekte Noten einer bestimmten Bank nicht präferieren, so daß von einer nichtdiskreminierenden Nachfrage nach Banknoten gesprochen werden kann. Da der Marktanteil der Bank A nun 60 Prozent beträgt, werden bei ihr voraussichtlich Noten im Wert von 12000 Gewichtseinheiten eingereicht, so daß die übrigen 8000 Gewichtseinheiten bei Bank B eingelöst werden[564]. Auf der Grundlage dieser Überlegungen wird die in Abbildung 19 wiedergegebene Endsituation konstruiert. Aufgrund der aus der verstärkten Kreditvergabe folgenden erhöhten Rückzahlungen von Krediten verfügt die Bank A im Durchschnitt über so viele Noten der Bank B, daß keine Clearingsalden entstehen. Der Mechanismus des Notenaustauschs scheint also die Ausweitung der Geldschöpfung nicht zu verhindern. Ähnliche Überle-

[561] Vgl. Longfield, S. M. (1840), S. 218f..
[562] Vgl. Longfield, S. M. (1840), S. 218f., Gerding, R. (1986), S. 58ff., Smith, V. C. (1990), S. 85f. und Neldner, M. (1996), S. 180.
[563] Vgl. Longfield, S. M. (1840), S. 218 und Smith, V. C. (1990), S. 86.
[564] Vgl. Longfield, S. M. (1840), S. 218, Smith, V. C. (1990), S. 86 und Gerding, R. (1986), S. 61.

gungen, wenn auch weniger stringent, finden sich bei McCulloch bereits im Jahre 1831[565].

Endsituation	Bank A	Bank B
Noten	48000	32000
Gold	3000	7000
Diskontkredite	60000	40000
wöchentliche Kreditrückzahlung	15000	10000
in Noten der Bank A	9000	6000
in Noten der Bank B	6000	4000

Abbildung 19: Die Endsituation des Longfield-Modells
Quelle: Neldner, M. (1996), S. 180.

Das Longfield-Modell muß aber sehr kritisch betrachtet werden. Es stellt sich die Frage, wieso die Bank A überhaupt einen Anreiz hat, den Notenumlauf ceteris paribus auszuweiten, da dieses Vorgehen zu einer Abweichung von der optimalen Reservehaltung führt. Wenn sich die Risikofreude einer Bank nicht erhöht hat, muß eine solche Geschäftspolitik, wie die mikroökonomischen Betrachtung einer Bank im System der Bankfreiheit gezeigt hat, als irrational angesehen werden[566]. Schließlich steigen die Bruttoabrechnungssalden im Clearing und somit auch die Varianz der Reserveabflüsse. Weiterhin muß die Bank nicht nur mit Goldabflüssen durch den Notenaustausch der Geldemittenten, welche nach Longfield im Durchschnitt vermieden werden können, sondern auch mit weiteren Abflüssen an die Nichtbanken rechnen, weil die Nichtbanken die Geschäftspolitik von Bank A möglicherweise für nicht angemessen halten. Der dann erfolgenden Abzug von Gold müßte die Bank A schwer treffen. Aufgrund der ursprünglichen Abflüsse von Gold hält zwar auch Bank B nicht mehr im gewünschten Maße Reserven, das Verhältnis von ausgegebenen Noten zu gehaltenem Gold ist bei dieser Bank aber weitaus günstiger. Damit steigt das Illiquiditätsrisiko der überemittierenden Bank aufgrund der stärker gefallenen Reservehaltung in höherem Maße als das der Illiquiditätsrisiko der nicht expandierenden Bank[567].

Trotzdem meint Neldner, in Anlehnung an Longfield, daß für Bank B nur zwei relevante Vorgehensmöglichkeiten existieren; erstens könnte die eigene Notenausgabe verringert werden, um zu einer optimalen Reservehaltung zu kommen und zweitens könnte Bank B selbst expansiv werden[568]. Die Einschränkung der

[565] Vgl. McCulloch, J. R. (1831), S. 46.
[566] Vgl. White, L. H. (1982), S. 167f..
[567] Vgl. Gerding, R. (1986), S. 62.
[568] Vgl. Neldner, M. (1996), S. 181 und Longfield, S. M. (1840), S. 219.

eigenen Geldschöpfung wird dabei als wenig attraktiv eingeschätzt, so daß Longfield festhält[569]:

Thus a bank may be driven in self-defence to take up the system of over-trading adopted by its competitors (...).

Bei genauerer Betrachtung ergeben sich für die Bank B aber noch weitere Optionen. Ein Argument gegen das Longfield-Modell liegt darin, daß die nichtexpansive Bank über die Möglichkeit verfügt, sich bei den Nichtbanken gezielt Noten der expansiven Bank zu beschaffen, um durch eine Einlösung in Gold die Illiquidität der expansiven Bank herbeizuführen[570]. Dieses Vorgehen war insbesondere in der Anfangszeit der Bankfreiheit in Schottland durchaus nicht ungewöhnlich und wird als Notenduell bezeichnet. Die Auswirkungen solcher Notenduelle sollen später noch näher betrachtet werden. Bezogen auf das Longfield-Modell muß zunächst festgestellt werden, daß die Bank B aufgrund der bei ihr eingehenden Noten über den Grad der Ausdehnung der Geldschöpfung durch Bank A ziemlich genau unterrichtet ist. Um Bank A in schwere Liquiditätsprobleme bringen zu können, muß sich Bank B in diesem Modell nur Noten der Bank A im Wert von etwas mehr als 3000 Gewichtseinheiten beschaffen. Das sind nur circa 6 Prozent der im Umlauf befindlichen Noten der Bank A. Die Überlegenheit der Bank B in einem Notenduell ist offensichtlich, schließlich müßte Bank A Noten der Bank B im Wert von über 7000 Gewichtseinheiten erwerben, also immerhin schon mehr als 21 Prozent des Notenumlaufes, um Liquiditätsprobleme für Bank B herbeiführen zu können. Die Bank A sollte daher, wegen der zu befürchtenden Gegenreaktion der Bank B, im Gleichgewicht von einer Ausweitung der Notenausgabe absehen. Entsprechendes gilt natürlich auch für Bank B, was bedeutet, daß Bank A und Bank B ihren Notenumlauf gegenseitig kontrollieren.

Eine weitere mögliche Vorgehensweise der Bank B, die das von Longfield aufgeworfene Problem umgeht, liegt darin, die Annahme von Noten der expansiven Bank A einzustellen und den regelmäßigen Notenaustausch mit der Bank A auszusetzen um die Reputation der expansiven Bank A zu gefährden und folglich den Umlauf der Noten dieser Bank zu behindern. Das Ziel dieser Maßnahme liegt darin, die Nichtbanken zu einer diskriminierenden Nachfrage nach Banknoten zu bewegen. Dieses Vorgehen der Bank B ist jedoch nicht unproblematisch. Weil Bank A weiterhin Noten der Bank B annimmt, kommt es im Clearing zumindest solange zu Reserveabflüssen bei Bank B, bis eine hinreichende Anzahl von Wirtschaftssubjekten beginnt, die Noten von Bank A zu diskriminieren. Der regelmäßige Notenaustauch ist zwar ausgesetzt, die Bank B wird sich den Einlösungen der eigenen Noten durch die Bank A aber trotzdem nicht entziehen können.. Das hier beschriebene Vorgehen der Bank B ist daher insbesondere dann sinnvoll,

569 Longfield, S. M. (1840), S. 219.
570 Vgl. Glasner, D. (1989), S. 57.

wenn die Nichtbanken schnell auf die Maßnahme von Bank B reagieren. In einem Bankensystem mit einer Vielzahl von Banken könnte der Ausschluß vom regelmäßigen Notenaustausch auch bei einer gewissen Trägheit der Nichtbanken dann Wirkung zeigen, wenn viele Banken nicht expandieren. In diesem Umfeld müßten die wenigen expansiven Banken nach einem Ausschluß vom Notenaustausch ihre Geschäftspolitik ändern, um wieder am Notenaustausch teilnehmen zu können und somit als reputabele Bank zu gelten. Die bei einer langsamen Reaktion der Nichtbanken zwischenzeitlich entstehenden Reserveabflüsse zu den wenigen expansiven Banken sind für eine einzelne nicht expandierende Bank kaum bedrohlich, weil die vorübergehende Last auf eine große Zahl von Banken verteilt wird.

Das Longfield-Modell zeigt klar, daß die Bedeutung der Reputation eines Geldemittenten auch im System der Bankfreiheit eine Rolle spielt. Die Kritik Longfields an der Bankfreiheit hängt entscheidend davon ab, daß die Noten bestimmter Emittenten, zum Beispiel der Hausbank, von den Geldnachfragern nicht präferiert werden. Liegt diese Vorraussetzung nicht vor, so werden gezielt die Noten der überemittierenden Bank eingelöst und die von Longfield erörterte Problematik ergibt sich nicht[571]. Longfields Annahme einer nichtdiskriminierenden Nachfrage nach Banknoten erscheint aber zunächst unproblematisch, weil die Wirtschaftssubjekte die Noten aller reputabelen Banken, die am regelmäßigen Notenaustausch teilnehmen, als nahezu perfekte Substitute ansehen dürften. Schließlich lassen sich die Banknoten solcher Emittenten bei allen reputabelen Banken einlösen.

Selgin hingegen nimmt an, daß die Geldnachfrager bestimmte Noten bevorzugen werden, wobei zwar die Noten aller reputabelen Emittenten ohne Abschlag angenommen werden, zu Zwecken der Geldhaltung jedoch nur die Banknoten eines bestimmten Emittenten genutzt werden[572]:

> Consumers favour particular brands of notes, not by accepting them at favourable exchange rates, but by retaining them as part of their asset portfolios, spending (...) unwanted notes.

Die Rationalität, die dieser Annahme zugrunde liegt, ist nicht von der Hand zu weisen. Schließlich können die Geldnachfrager die Solidität der ihnen gut bekannten Emissionsbanken besser beurteilen. Allerdings stellen die Banknoten der verschiedenen Geldproduzenten bei einem bestehenden Notenclearing der Emittenten so enge Substitute dar, daß die Geldnachfrager die mit einer Bevorzugung bestimmter Banknoten einhergehenden Mühen wohl nicht auf sich nehmen werden. Selgins Annahme kann daher nicht vollständig überzeugen.

Auch wenn die Geldnachfrager in einem entwickelten System der Bankfreiheit also keine Präferenzen für bestimmte Banknoten bilden, muß aber davon ausgegangen werden, daß die Wirtschaftssubjekte Depositen in der Regel nur bei einer

---

[571] Vgl. Neldner, M. (1996), S. 168.
[572] Selgin, G. A. (1994), S. 1450.

Bank halten. Damit existiert also ein diskriminierendes Vorgehen der Geldnachfrager, allein schon um zum Beispiel nicht mehrmals fixe Kontoführungsgebühren zahlen zu müssen. Hier offenbart sich eine große Schwäche des Longfield-Modells, weil von der Existenz der Depositen gänzlich abstrahiert wird. Ein solches Modell mag zwar zu Longfields Zeiten unter Umständen noch akzeptabel gewesen sein, in der aktuellen Diskussion muß aber eine Erweiterung des Modells um die Geldform Depositen erfolgen.

Die historischen Erfahrungen in Schottland zeigen, daß der Umlauf von Gold vernachlässigbar gering war[573]. Diese Tatsache läßt sich einfach erklären. Weil der Umgang mit dem Reservemedium, wie bereits erwähnt wurde, für die Nichtbanken aufwendig ist, werden sie, zumindest solange kein Bank Run zu befürchten ist, kein Gold halten. Auf der Grundlage dieser Erkenntnis ist davon auszugehen, daß die Wirtschaftssubjekte überschüssige Banknoten nicht in das aufwendig zu handhabende Reservemedium Gold, sondern in verzinste Depositen bei ihrer Hausbank eintauschen werden[574]. Ein solches Vorgehen der Geldhalter führt nicht dazu, daß Gold aus dem Bankensystem abfließt. Gold wird damit nur zum Clearing zwischen den Banken verwendet. Aus Longfields Annahme der nichtdiskriminierenden Nachfrage nach Banknoten, die letztlich die Grundlage des im Modell aufgezeigten Problems ist, folgt, daß die Depositenhaltung der Nichtbanken und der Notenumlauf unabhängig voneinander sein müssen, weil andernfalls gewisse Banknoten präferiert würden. Daher soll, dem Longfield-Modell folgend, davon ausgegangen werden, daß die Anzahl der Konteninhaber und die Summe der insgesamt gehaltenen Depositen gleichmäßig auf beide Banken verteilt ist. Verglichen mit dem ursprünglichen Longfield-Modell ergibt sich eine völlig veränderte Situation (Abbildung 20). Dabei wird vereinfachend angenommen, daß vor der Expansion keine Depositen bestanden haben.

Die Wirtschaftssubjekte lösen wiederum insgesamt Noten im Wert von 20000 Gewichtseinheiten des Goldes ein. Die Noten werden aber bei der jeweiligen Hausbank in verzinste Depositen umgetauscht. Aufgrund der Annahme des gleich großen Kundenkreis der Banken werden bei beiden Emittenten Depositen im Wert von 10000 Gewichtseinheiten hinterlegt. Da der Marktanteil der Noten von Bank A 60 Prozent beträgt, erhalten beide Banken durchschnittlich Noten der Bank A im Wert von 6000 Gewichtseinheiten und Noten der Bank B im Wert von 4000 Gewichtseinheiten. Daher entsteht im Clearing ein einmaliger Saldo von 2000 Einheiten Gold zugunsten der nicht expandierenden Bank B. Es zeigt sich, daß die Reservehaltung der Bank B, im Gegensatz zum ursprünglichen Longfield-Modell, sowohl absolut als auch relativ zur Geldschöpfung gestiegen ist. Da die Bank B nun über das gewünschte Maß hinaus Reserven hält, muß eine Reaktion erfolgen.

---

[573] Vgl. White, L. H. (1989), S. 376, Dowd, K./Sampson, A. A. (1993), S. 382 und Selgin, G. A. (1994), S. 1250.
[574] Vgl. Glasner, D. (1992), S. 880f. und Selgin, G. A. (1994), S. 1250.

Variation des Longfield-Modells	Bank A	Bank B
Noten	48000	32000
Depositen	10000	10000
Gold	13000	17000
Diskontkredite	60000	40000
wöchentliche Kreditrückzahlung	15000	10000
in Noten der Bank A	9000	6000
in Noten der Bank B	6000	4000

Abbildung 20: Eine Variation des Longfield-Modells

Entweder werden 1250 Einheiten des Goldes auf dem Markt für Reservemittel angeboten oder es wird eine moderate Erhöhung der Geldproduktion in Höhe von 3333,33 Gewichtseinheiten des Goldes angestrebt, um zu einer optimalen Reservehaltung zurückzukehren. Auch Bank A weicht von der optimalen Reservehaltung ab. Sie hält, wie auch schon im ursprünglichen Longfield-Modell, in zu geringem Maße Reserven. Dieses unerklärliche und irrationale Verhalten der Bank A führt zu einem erhöhten Illiquiditätsrisiko.

Dabei existiert für die Depositenproduktion einer Bank ein weiterer Bremsmechanismus[575]. Dieser Mechanismus folgt aus der Verzinsung der Depositen. Es soll davon ausgegangen werden, daß auf Banknoten keine Zinsen gezahlt werden. Die Produktionskosten des Geldes, insbesondere auch die unter Umständen höheren Kosten der Produktion von Banknoten aufgrund der - verglichen mit Depositen - größeren Liquidität, werden zunächst nicht untersucht, weil die Betrachtung auf den Einflußfaktor Zins fokussiert werden soll.

Wie bereits festgestellt wurde, kann angenommen werden, daß die Geldnachfrager nur in begrenztem Maße unverzinsliche Banknoten halten und nicht gewünschte Banknoten in Depositen umtauschen. Um die Geldnachfrager zu einer erhöhten Haltung von als Kreditgeld geschaffenen Depositen zu bewegen und damit einen Abfluß von Gold zu verhindern, muß ein Geldemittent die Verzinsung der Depositen erhöhen, was zu steigenden Kosten führt. Gleichzeitig sinkt auf der anderen Bilanzseite der Bank der Ertrag der Kreditvergabe, weil eine verstärkte Kreditvergabe nur durch eine Senkung des Kreditzinses möglich ist (Abbildung 21)[576]. Den mit einer höheren Verzinsung der Depositen steigenden Grenzkosten der Depositenproduktion stehen also sinkende Zinsen aus der Kreditvergabe und damit zurückgehende Grenzerträge der Kreditgeldschöpfung gegenüber. Eine Bank wird die Geldschöpfung nur solange ausdehnen, wie der Grenzertrag über den Grenzkosten liegt.

[575] Vgl. Glasner, D. (1992), S. 879ff..

[576] Vgl. Glasner, D. (1989), S. 65f. und Glasner, D. (1992), S. 880.

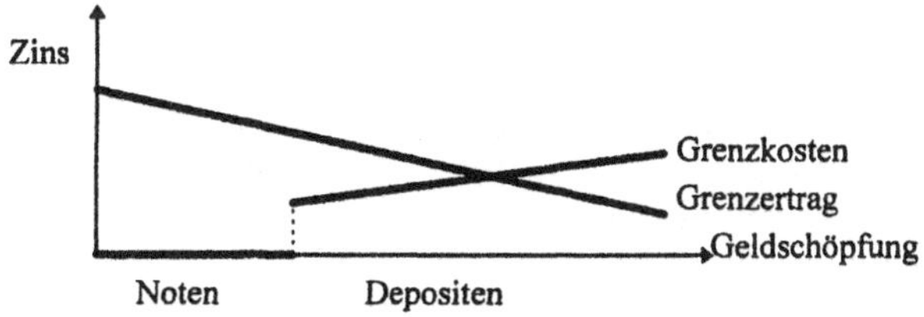

Abbildung 21: Zins und Geldschöpfung
Quelle: In Anlehnung an Glasner, D. (1992), S. 881.

Die Geldproduktion der Emittenten wird folglich durch die Veränderung von Soll- und Haben-Zins begrenzt. Werden auch die sonstigen Kosten der Geldproduktion berücksichtigt, so gilt, daß eine Bank die Geldschöpfung fortsetzten wird, bis die Differenz zwischen Soll- und Haben-Zins, die mit steigender Geldproduktion sinkt, gleich den Grenzkosten der sonstigen Geldproduktionskosten ist, welche in der Regel mit einer erhöhten Geldproduktion steigen oder zumindest konstant bleiben[577]. Glasner stellt fest[578]:

(...) (S)ince, at the margin, a bank can increase its outstanding liabilities only by increasing its deposits, competition among banks to induce the public to hold deposits would reduce the profit margin on deposits sufficiently to eliminate any incentive to create additional deposits. A bank would expand its balance sheet only to the point at which the spread between the return on the assets it acquires and the interest it pays on its liabilities just equals the marginal cost of performing such intermediation.

Die Produktion von Banknoten wird also dadurch behindert, daß die Geldnachfrager überschüssige Noten in verzinste Depositen einlösen. Die Schaffung von Depositen wiederum wird über die Veränderung der Zinsen am Markt begrenzt.

Zusammenfassend läßt sich sagen, daß das Longfield-Modell überaus kritisch betrachtet werden muß. White stellt bezogen auf dieses Modell fest, daß sich auf der Grundlage von wenig sinnvollen Grundannahmen nahezu alles beweisen läßt; Gerding argumentiert ähnlich[579]. Whites Äußerung muß zugestimmt werden, weil das Longfield-Modell nicht erklärt, warum eine Bank von der ursprünglichen Reservehaltung abweichen soll. Selbst wenn von diesem Mangel abgesehen wird, ergibt sich im Longfield-Modell nicht zwangsläufig eine generelle Expansion beider Banken, weil noch weitere sinnvolle Handlungsalternativen der nichtexpansiven Bank bestehen. Somit kann keinesfalls schlüssig bewiesen werden, daß der Bremsmechanismus des Interbankenclearings nicht wirkt. Dennoch wird dem Longfield-Modell von einigen Autoren auch in aktuelleren Arbeiten eine besonde-

577 Vgl. Glasner, D. (1992), S. 880. Siehe auch Gurley, J. G./Shaw, E. S. (1960), S. 253ff..
578 Glasner, D. (1992), S. 880.
579 Vgl. White, L. H. (1982), S. 169 und Gerding, R. (1986), S. 63.

re Bedeutung zugesprochen[580]. So stellt Lutz bezogen auf die Argumentation von McCulloch und Longfield fest[581]:

Longfield hatte das Argument weiter entwickelt und damit auf seinen höchsten Stand gebracht. (...) Nach ihm ergibt sich, daß die expansive Bank (...) kein Gold an die andere verliert, daß also insofern keine automatische Bremse gegeben ist.

Und Smith führt sogar aus, daß das Longfield-Modell das wichtigste Argument gegen die Bankfreiheit darstellt[582]:

The point raised by the Longfield argument is by far the most important controversial point in the theory of free banking.

Wenn dieser Einschätzung gefolgt wird, spricht, wie die genaue Untersuchung des Longfield-Modells gezeigt hat, offensichtlich nichts gegen die Einführung der Bankfreiheit.

3.5.6 Die Bedeutung von Notenduellen

Wie schon kurz angesprochen stellen Notenduelle eine gezielte und massive Einlösung von Noten einer Bank durch die Konkurrenz dar. Das Ziel dieses Vorgehens liegt darin, eine Illiquidität der konkurrierenden Bank herbeizuführen und den Gegner so vom Markt zu verdrängen[583]. Dazu kauft ein Geldemittent große Mengen von Banknoten eines bestimmten Konkurrenten an. Bei Ritzmann findet sich ein auf die Zeit der privaten Notenbanken in der Schweiz vor 1881 bezogenes Zitat aus einer Studie aus dem Jahre 1928, das die Vorgänge eines Notenduells anschaulich beschreibt[584]:

Um das Banknotengeschäft der Bank für Graubünden zu stören, kam die zweite Direktion der Graubündner Kantonalbank u. a. auf die geistreiche Idee, an der Kassa der Kantonalbank möglichst viele Noten der ersteren ansammeln zu lassen, um ihr dieselben dann en bloc zur Einlösung zu präsentieren, was stets in einem Moment geschah, von dem angenommen werden konnte, dass er der Bank für Graubünden besonders ungelegen sei.

Solche Notenduelle werden in der Literatur häufig sehr negativ beurteilt und als Gefahr für die Stabilität und Effizienz eines bankfreiheitlichen Systems angesehen[585].

Ex post mag diese Ansicht unter Umständen begründet sein. Durch Notenduelle kann es schließlich bei einzelnen Banken zu Liquiditätsengpässen und mögli-

---

580 Vgl. Lutz, F. A. (1962) S. 36, Smith, V. C. (1990), S. 85ff., Neldner, M. (1996), S. 180ff. und Neldner, M. (1996a), S. 2f..
581 Lutz, F. A. (1962), S. 36.
582 Smith, V. C. (1990), S. 88.
583 Vgl. Munn, C. W. (1975), S. 50ff. und Dowd, K. (1988a), S. 323.
584 Ritzmann, F. (1973), S. 92.
585 Vgl. Terres, P. (1999), S. 175, Shah, P. J. (1997), S. 3 und Ritzmann, F. (1973), S. 92.

cherweise sogar zu Insolvenzen mit der Folge von Zusammenbrüchen kommen, die unter Umständen das Vertrauen der Geldnachfrager in das gesamte Bankensystem vermindern könnten. Außerdem besteht die Möglichkeit, daß Notenduelle zu einem plötzlichen und starken Nachfrageanstieg auf dem Markt für Reservemittel führen, was größere Preisschwankungen auf diesem wichtigen Markt verursachen kann.

Ex ante muß den Notenduellen aber, wie die Überlegungen bezüglich des Longfield-Modells gezeigt haben, eine disziplinierende und damit stabilisierende Wirkung zugesprochen werden. Die Bedrohung durch einen forcierten Reservetest wird die Banken zu einer angemessenen Reservehaltung bewegen und somit die Geldschöpfung begrenzen. In diesem Zusammenhang muß zunächst festgestellt werden, daß es für einen Geldemittenten nicht rational ist, im Rahmen eines Notenduells einen soliden Konkurrenten anzugreifen. Schließlich verursacht die Ansammlung von unverzinslichen Noten eines anderen Geldproduzenten beträchtliche Opportunitätskosten[586]. Dabei stellen fremde Noten im Vergleich zum Reservemedium des bankfreiheitlichen Systems, dessen Haltung einer Bank in der Regel auch keine Zinserträge einbringt, bestenfalls sekundäre Liquiditätsreserven dar. Somit entstehen Kosten aber kein Nutzen wenn ein Geldproduzent angegriffen wird, der nicht zum Zusammenbruch gebracht werden kann. Außerdem muß ein Angriff auf einen soliden Emittenten aufgrund des zu erwartenden Gegenangriffs, der dann noch weitere Kosten verursacht, als zu riskant angesehen werden. Dabei besteht die Möglichkeit, daß ein Notenduell zwischen zwei soliden und gut geführten Geldproduzenten so hohe Kosten verursacht, daß beide Gegner als angeschlagen gelten können. Diese nun geschwächten Banken müssen sogar mit den Angriffen anderer Konkurrenten rechnen.

Folglich ist davon auszugehen, daß nur bereits angeschlagene Banken, die sich im Rahmen eines Notenduelles auch ohne größere Gegenwehr vom Markt verdrängen lassen, das Ziel von Angriffen werden. Notenduelle helfen somit, weniger solide Emittenten vom Markt zu verdrängen und dürften daher eher dazu führen, daß das Vertrauen der Geldnachfrager in das Bankensystem gestärkt wird. Folglich können Notenduelle ein stabilisierendes Element in einem System der Bankfreiheit darstellen. Die These, daß Zusammenbrüche einzelner Emittenten auch im Rahmen einer wettbewerblichen Geld- und Währungsordnung zu Vertrauensexternalitäten führen können, muß im Rahmen der Diskussion um Bank Runs ohnehin noch kritisch untersucht werden.

3.5.7 Die optimale Recheneinheit

Wie bereits dargestellt wurde, existieren verschiedene mögliche Recheneinheiten und damit Reservemedien für ein System der Bankfreiheit. Denkbar sind Silber, Gold, verschiedene andere lagerfähige Güter oder Bündel solcher Güter, aber auch

[586] Vgl. Selgin, G. A./White, L. H. (1987), S. 447 und Selgin, G. A. (1988), S. 26.

das Zentralbankgeld einer staatlichen Notenbank[587]. Bei der Untersuchung der Effizienz entsprechender Regelungen sollten den positiven Produktionskosten von Gold oder anderen Gütern keine übermäßige Beachtung geschenkt werden. So stellen Claassen und Selgin fest, daß eine Deckung durch ein Reservemedium eine Gelddienstleistung darstellt, weil die Geldschöpfung der Banken beschränkt wird[588]. Daher sind die Kosten, die zum Beispiel durch eine Goldkonvertibilität entstehen, auch Kosten der Dienstleistungen des Geldes. Die Kosten der Produktion von Gelddienstleistungen lassen sich, wenn die entsprechenden Dienstleistungen einen Wert haben sollen, auch durch andere Deckungsvorschriften oder in der Abwesenheit von Deckungsvorschriften nicht auf Null reduzieren.

Durch eine Konvertibilität in Gold ergibt sich ein zusätzliches stabilisierendes Element bei der Geldschöpfung der Banken. Steigt beispielsweise das Sozialprodukt einer Volkswirtschaft, so sinkt zunächst ceteris paribus das Preisniveau. Damit steigt zwischenzeitlich die Kaufkraft des Goldes, was zu einem zusätzlichen Abbau von Gold und einer verringerten nichtmonetäre Nutzung von Gold führt, so daß sich der Bestand an Reservemitteln erhöht, die Geldmenge von den Banken ausgedehnt wird und das Preisniveau wieder steigt[589]. Entsprechend ergibt sich bei einem Rückgang des Sozialprodukts ceteris paribus ein Anstieg des Preisniveaus und damit ein Rückgang der Kaufkraft des Goldes, was zu einer eingeschränkten Goldproduktion und einer verstärkten nichtmonetären Nutzung des Goldes führt. Somit wird einen Rückgang von Geldmenge und Preisniveau auslöst.

Engels verweist auf den, im Vergleich zur relativ geringen jährlichen Goldförderung, großen weltweiten Bestand an Gold und hält eine Recheneinheit auf der Grundlage des Goldes daher für ungeeignet[590]. Hieraus und aus der Tatsache, daß bei der Goldproduktion kurzfristige Kapazitätsanpassungen nicht schnell genug möglich sind, ergibt sich die Schwierigkeit einer kurzfristig geringen Angebotselastizität des Goldes[591]. Da viele Autoren auch annehmen, daß Umschichtungen durch eine veränderte nichtmonetäre Goldnachfrage nur relativ langsam wirken, kommt es zu dem Problem, daß Nachfrageschwankungen auf dem Goldmarkt

---

[587] Vgl. z. B. Barro, R. J. (1982), S. 106f., Hall, R. E. (1982), S. 114f., White, L. H. (1985), S. 124f. und Selgin, G. A. (1988), S. 143. Friedman schlägt ein System der Bankfreiheit mit staatlichem Zentralbankgeld als Reservemedium vor, vgl. Friedman, M. (1987), S. 376ff.. Cagan macht einen ähnlichen Vorschlag, wobei zusätzlich eine Indexierung vorgesehen ist, siehe Cagan, P. (1987), S. 269ff..

[588] Vgl. Claassen, E. M. (1984), S. 54 und Selgin, G. A. (1988), S. 141f.. Siehe auch Barro, R. J. (1982), S. 106 und White, L. H. (1993), S. 197. Garrison äußert sich ohnehin kritisch zu dem Argument der hohen Kosten eines Goldstandards, vgl. Garrison, R. W. (1983), S. 237.

[589] Vgl. Bordo, M. D. (1981), S. 3, Aliber, R. Z. (1982), S. 152f., Salerno, J. T. (1983), S. 253, Bordo, M. D. (1984a), S. 201, McKinnon, R. I. (1993), S. 10 und Eichengreen, B./McLean, I. W. (1994), S. 288.

[590] Vgl. Engels, W. (1981), S. 87. Diese Tatsache wird aber von Salerno und Schwartz als Vorteil angesehen, siehe Salerno, J. T. (1983), S. 253 sowie Schwartz, A. J. (1986a), S. 50.

[591] Vgl. Friedman, M. (1951), S. 208, Bordo, M. D. (1984a), S. 230, Eichengreen, B./McLean, I. W. (1994), S. 290 und Terres, P. (1999), S. 199f..

kurzfristig das Preisniveau verändern[592]. Exogene Angebots- und Nachfrageschocks auf dem Goldmarkt stellen in einem über das Gold in der realen Sphäre verankerten Geldwesen ohnehin zumindest kurzfristig eine Gefahr für die Stabilität des Preisniveaus dar.

Bezogen auf Angebotsschocks dürfte das Problem neuer Goldfunde inzwischen weniger relevant sein. Schwierigkeiten ergeben sich vor allem durch ein Auseinanderfallen der Produktivität von Goldproduzenten und Anbietern in den anderen Sektoren der Volkswirtschaft sowie aufgrund der erschöpflichen Goldvorkommen. Diese beiden Probleme sind eng miteinander verbunden, weil mit steigender Goldproduktion immer schwieriger abbaubare Goldvorkommen bei der Produktion genutzt werden müssen. Sobald eine ausreichende Anpassung der in diesem Zusammenhang ohnehin nur kurz- und mittelfristig relevanten nichtmonetären Goldnachfrage nicht mehr erfolgt, wobei insbesondere bei der medizinischen Nutzung des Goldes, zum Beispiel durch Dentisten, und bei dem in Schmuck gebundenem Gold von einer eher geringen Preiselastizität auszugehen ist, besteht längerfristig die Gefahr einer Deflation[593]. Das Reservemedium sollte folglich ein Gut mit einer hohen Preiselastizität des Angebots sein[594]. McCulloch verweist zudem darauf, daß Gold nur in wenigen Regionen gefördert wird, was überaus negative Folgen bei politischen Instabilitäten in den entsprechenden Ländern haben könnte; diesem Argument folgend müßte zum Beispiel Silber als ein geeigneteres Reservemedium betrachtet werden, weil die Silbervorkommen gleichmäßiger über den Globus verteilt sind[595].

Um die volkswirtschaftlichen Auswirkungen von wie auch immer ausgelösten exogenen Schwankungen bei Angebot und Nachfrage auf dem Markt für das Reservemedium zu verringern, könnte es sinnvoll sein, ein umfangreiches Güterbündel als Reservemittel und Recheneinheit zu nutzen, so daß Angebots- oder Nachfrageschocks, die nur ein Gut des Bündels betreffen, weniger gewichtig sind[596]. Dadurch würde sich das Wesen des Geldemissionsgeschäfts stark verändern. Jede Emissionsbank müßte sich zu einer Art Warenhaus entwickeln und umfangreiche Vorräte der entsprechenden Güter vorhalten. Alle Güter des Bündels sollten natürlich längerfristig lagerbar sein. Neben erhöhten Transaktionskosten und praktischen Problemen, zum Beispiel bei der Einlösung kleinerer Geldbeträge wegen mangelnder Teilbarkeit einzelner Güter, ergeben sich in einem solchen System

---

592 Vgl. Hall, R. E. (1982), S. 115, Rockoff, H. (1984), S. 617, Gustin, L. (1984), S. 138, Bergman, U. M. u. a. (1998), S. 68 und Terres, P. (1999), S. 199.

593 Vgl. Bordo, M. D. (1984), S. 235f., Gustin, L. (1984), S. 138, Bordo, M. D./Ellson, R. W. (1985), S. 112ff., Gerding, R. (1986), S. 175, Dowd, K./Sampson, A. A. (1993), S. 383ff. und Chappell, D./Dowd, K. (1997), S. 101.

594 Vgl. Friedman, M. (1951), S. 208.

595 Vgl. McCulloch, J. H. (1986), S. 80, kritisch hierzu Reynolds, A. (1983), S. 213f..

596 Vgl. Graham, F. D. (1941), S. 520ff., Luke, J. C. (1975), S. 780ff., Barro, R. J. (1979), S. 30f., Barro, R. J. (1982), S. 106, Hall, R. E. (1982), S. 114f., Hall, R. E. (1984), S. 318, Cowen, T./Kroszner, R. (1994), S. 79 und Dowd, K. (1996a), S. 282ff..

auch hohe Informationskosten, weil alle Wirtschaftssubjekte die Wertentwicklung der verschiedenen Güter des Bündels verfolgen müssen[597].

Für Engels darf die Recheneinheit insbesondere die intertemporalen Entscheidungen der Wirtschaftssubjekte nicht verzerren. Schuldnern und Gläubigern sollten also durch die Bestimmung einer Recheneinheit keine systematischen Risiken entstehen. Er schlägt daher eine Real-Asset-Währung vor, deren Einheit auf Bruchteile eines Marktportfolios lautet, wobei eine Konvertibilität in fungible Eigentumstitel, insbesondere Aktien, besteht[598]. Das von einer Emissionsbank geschaffene Geld läßt sich somit von den Nutzern des Geldes jederzeit gegen ein Portfolio aus Aktien eintauschen. Die Aktien stellen einen Anspruch auf reale Aktiva dar, so daß die Geldschöpfung nach Engels in der realen Sphäre verankert ist.

Dabei wird davon ausgegangen, daß die aus der Recheneinheit hervorgehenden Risiken einer Umverteilung zwischen Schuldnern und Gläubigern analog zu den entsprechenden Risiken zwischen den Haltern von finanziellen und realen Aktiva verlaufen. Diese Risiken lassen sich nach Engels minimieren, wenn die Recheneinheit als eine Funktion des Wertes der realen Aktiva definiert wird[599]. Ein weiterer Vorteil eines solchen Standards liegt darin, daß die Haltung von Reserven den Geldemittenten eine marktgerechte Rendite erbringt, so daß durch die Reservehaltung keine Opportunitätskosten entstehen. Ähnliche Vorschläge wurden in den Vereinigten Staaten von Amerika bereits gegen Ende des 19. Jahrhunderts gemacht. Auch wenn diese Ideen ursprünglich auf Anhänger der Bankfreiheit zurückgingen, fanden sie besonderen Anklang bei Ökonomen, die der Banking-Schule zuzuordnen waren und sich daher eher für die Zentralisierung der Notenproduktion aussprachen[600].

Gerding sowie Selgin und White stellen fest, daß der Vorschlag der Real-Asset-Währung stark an die Real Bills Doctrine erinnert, weil die nominale Größe Preisniveau durch eine andere nominale Größe kontrolliert werden soll[601]. Gerding betont daher, daß eine solche Deckungsvorschrift nur dann zu einem stabilen Geldwesen führen wird, wenn die Emissionsbanken sich gleichzeitig dazu verpflichten, einen Kaufkraftindex zu stabilisieren um so Rückkopplungen zwischen Geldmenge und Assetpreisen zu verhindern[602]. Bei einer Verletzung dieser Verpflichtung müssen den Geldnutzern natürlich wirksame Sanktionsmöglichkeiten eingeräumt werden. Auch Issing steht dem Vorschlag der Real-Asset-Währung kritisch gegenüber; so bezweifelt er, ob sich die Geldmenge in einer wachsenden Wirtschaft der Produktionsseite automatisch anpaßt[603].

---

[597] Vgl. Selgin, G. A. (1988), S. 129, Dowd, K. (1995), S. 86 und Patinkin, D. (1996), S. 130.
[598] Vgl. Engels, W. (1982), S. 35.
[599] Vgl. Engels, W. (1981), S. 22f. und Engels, W. (1985), S. 592f..
[600] Vgl. Selgin, G. A./White, L. H. (1990), S. 784.
[601] Vgl. Gerding, R. (1986), S. 122f. und Selgin, G. A./White, L. H. (1990), S. 784f..
[602] Vgl. Gerding, R. (1986), S. 123.
[603] Vgl. Issing, O. (1985), S. 605.

Die Frage nach der optimalen Recheneinheit kann nicht abschließend beantwortet werden. Es fehlen vor allem praktische Erfahrungen. Hier zeigt sich ein großer Vorteil des Goldes. Obwohl Gold sicherlich nicht das optimale Reservemittel darstellt, ist die Entwicklung von inflationären Tendenzen in vielen verschiedenen Volkswirtschaften erfolgreich durch die Goldkonvertibilität verhindert worden[604]. Wahrscheinlich kommt es ohnehin vor allem darauf an, daß die Vorhersagbarkeit der Reservemittelproduktion gewährleistet ist, um so unvorhergesehene Fluktuationen beim Angebot an Reservemitteln und die daraus folgenden Umverteilungsprozesse zwischen den Defizit- und den Überschußeinheiten einer Volkswirtschaft zu vermeiden.

Zudem sollte auch hinterfragt werden, ob überhaupt eine optimale Recheneinheit existiert. Eine Recheneinheit muß natürlich einerseits für den ganzen Währungsraum einheitlich gelten, weil sich dadurch positive Netzwerkeffekte ergeben. Andererseits hat jedes einzelne Wirtschaftssubjekt, zur Vermeidung von Verzerrungen, ein Interesse daran, daß die Recheneinheit bezogen auf das Güterbündel möglichst wertstabil ist, welches dieses Wirtschaftssubjekt zu konsumieren gedenkt. Ein Nichtraucher wird zum Beispiel wahrscheinlich keine besonderen Präferenzen dafür haben, daß das Gut Zigarette im in der Recheneinheit ausgedrückten Preis stabil bleibt[605]. Dieses Gut wird folglich auch nicht in dem Güterbündel vorhanden sein, daß in den Augen eines Nichtrauchers als Recheneinheit und Reservemedium dienen sollte und zu dem eine Währung im Wert stabil bleiben muß.

Die Bestimmung der optimalen Recheneinheit muß daher als Quadratur des Kreises erscheinen. Um den Nutzen der gesamten Volkswirtschaft zu fördern, sollte, zumindest bei der heutigen Informations- und Kommunikationstechnologie, eine einheitliche Recheneinheit existieren[606]. Für jedes einzelne Wirtschaftssubjekt wäre es jedoch optimal, wenn als Recheneinheit jenes Güterbündel genutzt würde, welches dieses Wirtschaftssubjekt zu konsumieren gedenkt. Wenn die verschiedenen Wirtschaftssubjekte einer Volkswirtschaft unterschiedliche Präferenzen haben, ergibt sich also ein Konflikt zwischen den Interessen der Gesellschaft und den Interessen jedes einzelnen Wirtschaftssubjektes. Engels meint dieses Problem durch die Real-Asset-Währung gelöst zu haben[607]. Selbst wenn dieser Einschätzung gefolgt wird, muß festgehalten werden, daß auch dieser Vorschlag, wie gezeigt worden ist, gewisse Schwierigkeiten mit sich bringt.

---

[604] Vgl. z. B. Reynolds, A. (1983), S. 229, Garrison, R. W. (1983), S. 236 und Christ, C. F. (1983), S. 131.

[605] Ausnahmen bestätigen, wie gewöhnlich, die Regel. So hat auch ein Nichtraucher zum Beispiel im Rahmen einer „Zigarettenwährung" natürlich ein großes Interesse am Wert einer Zigarette. Hier funktioniert die Zigarette schließlich als Warengeld und ist zugleich Recheneinheit, Tausch- und Zahlungsmittel sowie Reserve- und Einlösungsmedium.

[606] Vgl. Engels, W. (1981), S. 22.

[607] Vgl. Engels, W. (1981), S. 63ff..

3.6 Das BFH-System

3.6.1 Erste Ansätze der Neuen Monetären Ökonomie

Grundlegende Werke der Neuen Monetären Ökonomie gehen auf Black, Fama und Hall zurück. Die Neue Monetäre Ökonomie kann zwar kaum als einheitliche Denkschule beschrieben werden, dennoch lassen sich gewisse Gemeinsamkeiten ableiten[608]. Zunächst wird betont, daß die traditionelle Geldtheorie zu eng auf die hergebrachten Begebenheiten bezogen ist. Geld im heutigen Sinne ist ein Produkt staatlicher Regulierung und würde in den Augen der Neuen Monetären Ökonomie im Rahmen einer freiheitlichen Wirtschaftsverfassung vollkommen andere Formen annehmen. Insbesondere die Zahlungsmittelfunktion und die Funktion der Recheneinheit müssen ohne den Staatseingriff in das Bank- und Geldwesen nicht in einem Geld genannten finanziellen Aktivum zusammenfallen.

In der Modellwelt von Black werden Zahlungen nur über Schecks oder elektronische Zahlungsmittel vorgenommen[609]. Alle Wirtschaftssubjekte, einschließlich des Staates, unterhalten genau ein Konto bei einer Geschäftsbank. Dieses Konto weist entweder ein positives oder negatives Saldo auf. Black stellt fest, daß sich in einem solchen System eine Geldmenge nicht sinnvoll definieren läßt[610]. Daher folgert er[611]:

> Since there is no quantity of money, it is clear that the quantity of money cannot effect the economy of this world in any way. The quantity of money cannot affect national income, employment or the rate of inflation, because it does not exist.

Somit bedarf es auch keiner Zentralbank, die die Geldmenge in irgendeiner Weise steuert. Der einzige Effekt des Finanzsektors auf den realen Sektor wird in der wohlfahrtssteigernden Reduzierung der Transaktionskosten gesehen[612].

Fama greift die Überlegungen von Black auf. Auch in seinem System existiert nur Buchgeld. Dabei dehnt er das Modigliani-Miller-Theorem auf die Geldschöpfung aus. Dieses Theorem besagt, daß unter der Voraussetzung des Vorliegens von finanzierungsunabhängigen Steuern und eines vollkommenen Kapitalmarktes, also bei Abwesenheit von Informations- und Transaktionskosten sowie gleichen Zugangsbedingungen für alle Wirtschaftssubjekte, die Form der Finanzierung für ein Unternehmen irrelevant ist[613]. Fama führt aus, daß Banken nur Intermediäre

---

608 Vgl. Hall, R. E. (1982a), S. 1555, McCallum, B. T. (1985), S. 13f., Cowen, T./Kroszner, R. S. (1990a), S. 265f. und Hülsmann, J. G. (1996), S. 4. Es existieren eine Reihe von Vorläufern der Neuen Monäteren Ökonomie, vgl. Cowen, T./Kroszner, R. S. (1987), S. 567ff. und Cowen, T./Kroszner, R. S. (1994), S. 101ff.. Siehe auch Sumner, der andere Akzente setzt, vgl. Sumner, S. (1990), S. 109ff..

609 Vgl. Black, F. (1970), S. 10.

610 Vgl. Black, F. (1970), S. 12.

611 Black, F. (1970), S. 13.

612 Vgl. Black, F. (1970), S. 15.

613 Vgl. Modigliani, F./Miller, M. (1956), S. 261ff..

darstellen und auf die Wünsche ihrer Kunden reagieren; sie nehmen somit im Wirtschaftsprozeß nur eine passive Rolle ein[614]:

Suppose now that, for whatever reason, one bank perturbs the equilibrium by arbitrarily providing more deposits of a given type and less of another. If other banks do not respond, deposits of different types no longer produce management fees at the same rate. Thus, other banks respond by exactly offsetting the changes in the portfolio management decisions of the pertubing bank and in this way restore the original general equilibrium. It follows that the portfolio decisions of individual banks are of no consequence to investors, that is, no bank can by itself alter the portfolio opportunities available to investors, and individual banks are subject to the Modigliani-Miller theorem. (...) Since banks just respond to the tastes and opportunities of demanders and suppliers of portfolio assets, banks are simple intermediaries, and the role of a competitive banking sector in a general equilibrium is passive.

Fama geht auch auf die Frage nach der Recheneinheit ein. Er hält ein Gut oder ein Güterbündel für eine geeignete Recheneinheit, wobei er von näheren Betrachtungen dieser Thematik aber absieht[615]. Weitere Überlegungen bezüglich einer Recheneinheit in einem solchen System stellt Hall an, der ein Güterbündel einem einzelnen Gut vorzieht[616]. Aufbauend auf diesen Arbeiten entwickelten Greenfield und Yeager das BFH-System, das im Anschluß an einige allgemeine Überlegungen näher untersucht werden soll.

3.6.2 Die indirekte Konvertibilität

Die indirekte Konvertibilität ist ein grundlegender Stabilisierungsmechanismus, der in den Arbeiten der Anhänger der Neuen Monetären Ökonomie eine große Rolle spielt, wobei verschiedene Varianten existieren. Grundsätzlich soll durch die indirekte Konvertibilität eine Überemission verhindert werden, ohne daß die Finanzintermediäre zu einer aufwendigen Haltung von Reservemitteln gezwungen sind[617].

Im Rahmen der indirekten Konvertibilität wird eine Recheneinheit durch ein Gut oder einen Warenkorb definiert[618]. Dadurch ergibt sich ein realer Anker. Die Finanzintermediäre schaffen im Wettbewerb miteinander Geldeinheiten auf der Basis der vorgegebenen Recheneinheit die als Tausch- und Zahlungsmittel genutzt werden[619]. Diese Geldeinheiten sind nicht direkt in das Gut oder die Güter konvertibel, die den realen Anker bilden. Vielmehr existiert ein Reserve- und Einlösungsmedium, zum Beispiel Gold oder Wertpapiere, in das die Nutzer des Geldes die Geldeinheiten auf Wunsch einlösen können[620]. Auf diese Weise werden alle

---

[614] Fama, E. F. (1980), S. 46.
[615] Vgl. Fama, E. (1980), S. 43.
[616] Vgl. Hall, R. E. (1984), S. 303ff..
[617] Vgl. Trautwein, H.-M. (1993), S. 99ff. und Dowd, K. (1995), S. 71ff..
[618] Vgl. Trautwein, H.-M. (1993), S. 99f. und Dowd, K. (1995), S. 71f..
[619] Vgl. Trautwein, H.-M. (1993), S. 100.
[620] Vgl. Trautwein, H.-M. (1993), S. 100f. und Dowd, K. (1995), S. 72.

Probleme vermieden, die sich durch eine Recheneinheit auf der Basis eines umfangreichen Warenkorbs oder durch nichtlagerungsfähige Reservemittel ergeben.

Da die Geldeinheiten in der Recheneinheit denominiert sind, müssen die Finanzintermediäre für jede zur Einlösung eingereichte Geldeinheit eine variable Anzahl von Einheiten des Reservemediums abgeben[621]. Dabei wird eine Geldeinheit jeweils in die Menge des Reservemediums eingelöst, die zum entsprechenden Zeitpunkt genau den Wert des Warenkorbes hat. Ein direkter Zusammenhang zwischen Warenkorb und Geldeinheiten existiert somit nicht. Diese Zusammenhänge werden in Abbildung 22 dargestellt.

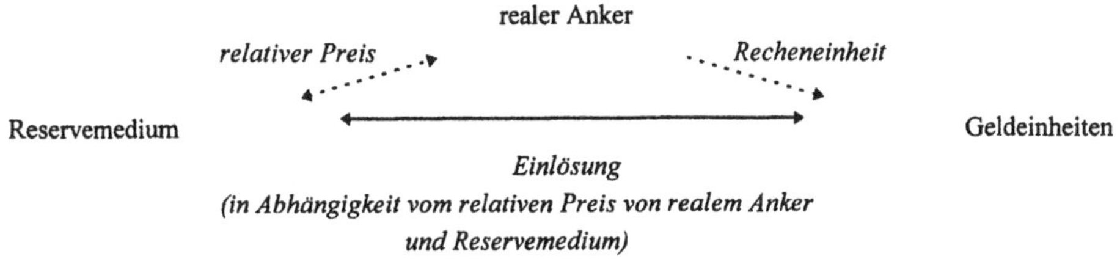

Abbildung 22: Die Funktionsweise der indirekten Konvertibilität
Quelle: In Anlehnung an Trautwein, H.-M. (1993), S. 101 und Dowd, K. (1995), S. 80

Arbitrage verhindert nun eine Überemission der Geldeinheiten. Durch die Wirkungsweise der indirekten Konvertibilität werden der Volkswirtschaft bei einer Überemission Geldeinheiten durch Einlösungen bei den Finanzintermediären entzogen bis die Überemission zurückgeführt worden ist und die Arbitragemöglichkeiten somit verschwunden sind[622].

3.6.3 Das Paradox der indirekten Konvertibilität

Einige Autoren nehmen an, daß eine Geld- und Währungsordnung auf der Basis der indirekten Konvertibilität instabil sein muß, so daß vom Paradox der indirekten Konvertibilität gesprochen wird, wobei verschiedene Versionen dieses Argumentes existieren[623]. Das grundsätzliche Problem, auf dem das Paradox der indirekten Konvertibilität beruht, liegt in der Annahme, daß bei indirekter Konvertibilität die Arbitragemöglichkeiten der Wirtschaftssubjekte nicht begrenzt werden, so daß der Preis des Reservemediums durch andauernde Arbitrage bei einer Inflation gegen Null geht und bei einer Deflation unendlich groß wird[624]. Dowd beschreibt das Paradox der indirekten Konvertibilität anhand eines Systems in dem

---

[621] Vgl. Dowd, K. (1995), S. 72.
[622] Vgl. Trautwein, H.-M. (1993), S. 102f und Dowd, K. (1995), S. 73f..
[623] Vgl. z. B. Schnadt, N./Whittaker, J. (1993), S. 215ff. und Trautwein, H.-M. (1993), S. 103f..
[624] Vgl. Trautwein, H.-M. (1993), S. 104 und Dowd, K. (1995), S. 77.

Gold der reale Anker ist und Silber das Reserve- und Einlösungsmedium darstellt[625]:

> Given the banks' redemption rule, a deviation of the price of the anchor commodity from its par value produces an automatic deviation between the (initially given) market price of silver and the price at which the banks stand ready to buy or sell it. If equilibrium is to be maintained in the silver market, the market price of silver has to adjust to the banks' price, but as it tries to do so, the movement of the market price itself pushes the banks' price even further away from its initial value, and the two prices drive each other toward either zero or infinity.

Neben anderen Ökonomen weisen insbesondere Woolsey und Yeager darauf hin, daß das Paradox der indirekten Konvertibilität in allen Varianten auf mindestens zwei Denkfehlern beruht[626]. So ergibt sich das Paradox zum einen, weil nicht berücksichtigt wird, daß durch die Einlösungen der Geldeinheiten bei den Banken auch der Umlauf an Geldeinheiten sinkt. Außerdem wird die Wirkungsweise des Marktes für das Reservemediums im Rahmen des Paradoxes nicht adäquat beschrieben. Die Anhänger des Paradoxes scheinen anzunehmen, daß die Banken einen unendlichen Bestand des Reservemediums halten. In der Realität werden sich die Geldproduzenten bei einer anhaltenden Arbitrage jedoch Reservemittel am Markt verschaffen müssen, so daß sich der Preis des Reservemediums am Markt zum Gleichgewicht bewegt[627].

3.6.4 Die Legal Restrictions Theorie

Die Legal Restrictions Theorie, die als Bestandteil der Neuen Monetären Ökonomie verstanden werden kann, hinterfragt, warum Geld auch im Rahmen einer Geld- und Währungsordnung ohne Deckungsvorschriften nicht (Bargeld) oder nur gering verzinst wird (Sichtdepositen)[628]. Schließlich könnten die Wirtschaftssubjekte statt staatlichen Banknoten auch geeignete staatliche Wertpapiere ohne wirkliches Ausfallrisiko, in den Vereinigten Staaten von Amerika zum Beispiel US Treasury Bills, als Tausch- und Zahlungsmittel nutzen[629]. Diese Wertpapiere stellen im Gegensatz zu traditionellen Formen des Geldes hochverzinsliche finanzielle Aktiva dar. Eine mangelnde Stückelung der entsprechenden staatlichen Wertpapiere kann die Existenz von unverzinslichem Geld letztlich nicht befriedigend erklären, weil private Intermediation hier Abhilfe schaffen könnte. Nach der Legal Restrictions Theorie muß der Grund für die Existenz des unverzinslichen Geldes daher bei den staatlichen Eingriffen in die private Intermediation gesucht werden[630].

---

[625] Dowd, K. (1995), S. 77.

[626] Vgl. Woolsey, W. W./Yeager, L. B. (1994), S. 88ff., Trautwein, H.-M. (1993), S. 104, Woolsey, W. W. (1994), S. 47 und Dowd, K. (1995), S. 78f..

[627] Vgl. Trautwein, H.-M. (1993), S. 104 und Dowd, K. (1995), S. 78f..

[628] Vgl. Wallace, N. (1983), S. 1ff., Bryant, J. (1989), S. 241 und Förster, G. (1994), S. 193f..

[629] Vgl. Wallace, N. (1983), S. 1 und Förster, G. (1994), S. 194f..

[630] Vgl. Wallace, N. (1983), S. 3f., Ellis, L. V. (1987), S. 137f. und Bryant, J. (1989), S. 241.

White hält hingegen fest, daß unverzinsliche Formen des Geldes eine höhere Liquidität aufweisen[631]. Dabei ist offensichtlich, daß Bargeld über eine höhere Liquidität verfügt als zum Beispiel die Geldform Sichtdepositen. Es bleibt allerdings die Frage zu klären, warum die Wirtschaftssubjekte keine verbrieften hochverzinslichen Aktiva, quasi als „Bargeld", zu Zahlungszwecken nutzen. White verweist auf die Kosten bei Transaktionen mit zinstragendem Bargeld, die sich durch aufwendige Berechnungen des aktuellen Wertes solcher Formen des Geldes ergeben[632]. Er erkennt allerdings an, daß dieses Argument im Rahmen der Entwicklung des elektronischen Geldes und der damit verbundenen Möglichkeiten automatisierter Kalkulationen seine Gültigkeit verlieren könnte[633]. In jedem Fall muß die traditionelle Ansicht, daß Geld nicht verzinst wird, weil es Liquiditätsdienste leistet, hinterfragt werden. Die Umkehrung dieser Aussage scheint eher korrekt zu sein; Bargeld leistet folglich Liquiditätsdienste, weil es nicht verzinst wird, wodurch aufwendige Berechnungen des aktuellen Wertes entfallen.

3.6.5 Die Funktionsweise des BFH-Systems

Im BFH-System definiert der Staat die Recheneinheit, gibt aber kein finanzielles Aktivum heraus, das als Tausch- und Zahlungsmittel verwendet werden kann[634]. Aus diesem grundlegenden Aufbau des Systems folgt auch, daß der Staat keine Geldschuldtitel herausgeben darf, da diese als Tausch- und Zahlungsmittel genutzt werden könnten[635]. Im BFH-System existiert also kein Geld im heutigen Sinne, es gibt aber eine Recheneinheit, in der Preise angegeben werden können[636]. Die Recheneinheit läßt sich über ein Güterbündel definieren. Weil eine Einlösung von Forderungen in das als Recheneinheit genutzte Güterbündel nicht vorgesehen ist, sondern im BFH-System eine Form der indirekten Konvertibilität vorliegt, müssen die entsprechenden Güter nicht lagerfähig sein[637]. Da ein einheitliches Tausch- und Zahlungsmittel nicht existiert, werden die Wirtschaftssubjekte bei Transaktionen wie in einer Tauschwirtschaft Güter mit in der Recheneinheit ausgedrücktem gleichen Wert miteinander tauschen[638].

Hier greifen nun Finanzintermediäre ein, die, weil der Finanzsektor im BFH-System bis auf die Vorgabe einer Recheneinheit unreguliert ist, auch als Banken bezeichnet werden können. Diese Banken offerieren den Wirtschaftssubjekten

---

631 Vgl. White, L. H. (1987), S. 451f.. Siehe auch Wärneryd, K. (1989), S. 613ff. und Gherity, J. A. (1993), S. 126ff..

632 Vgl. White, L. H. (1987), S. 452f..

633 Vgl. White, L. H. (1987), S. 454f..

634 Vgl. Greenfield, R. L./Yeager, L. B. (1983), S. 304 und Yeager, L. B./Greenfield, R. L. (1989), S. 409.

635 Vgl. Richter, R. (1990), S. 136.

636 In späteren Arbeiten sehen Greenfield und Yeager aber vor, daß die privaten Finanzintermediäre auch Bargeld in traditioneller Form ausgeben können, wenn der Markt dieses Zahlungsmittel wünscht, vgl. Yeager, L. B./Greenfield, R. L. (1989), S. 409 und Yeager, L. B. (1989), S. 371f..

637 Vgl. Greenfield, R. L./Yeager, L. B. (1983), S. 305.

638 Vgl. Greenfield, R. L./Yeager, L. B. (1983), S. 307.

bestimmte Dienstleistungen, um Transaktionen wirtschaftlich abzuwickeln. Die Finanzintermediäre werden mit anderen Worten verschiedene Tausch- und Zahlungsmittel bereitstellen. Diese Tausch- und Zahlungsmittel sind zwar in der einheitlichen Recheneinheit denominiert, haben aber, weil eine Konvertibilität nicht vorgesehen ist, keine direkte Bindung an die Recheneinheit. Hier wird von monetärer Separation gesprochen, was bedeutet, daß eine Trennung zwischen den Geldfunktionen Recheneinheit sowie Tausch- und Zahlungsmittel vorliegt[639]. Diese Trennung hat nach Yeager den Vorteil, daß die Menge der umlaufenden Tausch- und Zahlungsmittel keine Rückwirkung auf die Recheneinheit hat[640].

Greenfield und Yeager nehmen dabei an, daß die Banken wie offene Investmentfonds (mutual funds) arbeiten; sie kaufen also einerseits festverzinsliche Wertpapiere und Aktien sowie andere finanzielle und eventuell auch reale Aktiva von den Defiziteinheiten der Wirtschaftssubjekte und verkaufen andererseits Anteile ihres Fonds, also im Prinzip ihrer Bank, an die Überschußeinheiten der Wirtschaftssubjekte[641]. Der Wert aller entsprechenden Transaktionen wird in der vom Staat definierten Recheneinheit angegeben. Will ein Wirtschaftssubjekt zum Beispiel ein Gut erwerben, so nutzt es Schecks oder elektronische Zahlungssysteme, um einen Anteil an seiner Bank im Wert des gekauften Gutes an die Bank des Verkäufers zu transferieren[642]. Der Verkäufer des Gutes erhält daraufhin weitere Anteile am Portfolio seiner eigenen Bank.

Zwischen den beiden Banken kommt es zu einem Clearing. Da kein Reservemedium existiert, werden sich die beiden Finanzdienstleister auf bestimmte Aktiva einigen, zum Beispiel festverzinsliche Wertpapiere bestimmter Defiziteinheiten, die zum Clearing von einer Bank zu der anderen Bank transferiert werden[643]. Die von einem Wirtschaftssubjekt bei einer Bank gehaltenen Anteile verändern ihren Wert mit dem wirtschaftlichen Erfolg oder Mißerfolg der Bank. Wirtschaftssubjekte, die mit dem Verlauf des Wertes der Anteile an ihrer Bank nicht zufrieden sind, werden zu einer anderen Bank wechseln und die Anteile an ihrer ursprünglichen Bank zu ihrer neuen Bank überweisen. Eine Bank, die einen Anteilseigner verliert, muß in entsprechendem Maße Aktiva an die neue Bank des ehemaligen Kunden transferieren. Es kann angenommen werden, daß für das Clearing zwischen den Banken nur Aktiva mit bestimmten positiven Qualitätsmerkmalen genutzt werden, so daß Banken, die Anteilseigner verlieren, ihre wertvollsten Aktiva abgeben müssen, was insbesondere bei einer starken Abwanderung von Anteilseignern einschneidenden Einfluß auf den Wert der Bank und damit auch auf den

---

[639] Vgl. Yeager, L. B./Greenfield, R. L. (1989), S. 415, Yeager, L. B. (1989), S. 372 und Cowen, T./Kroszner, R. S. (1990), S. 265.

[640] Vgl. Yeager, L. B. (1983), S. 313 und Yeager, L. B./Greenfield, R. L. (1989), S. 410.

[641] Vgl. Greenfield, R. L./Yeager, L. B. (1983), S. 307.

[642] Vgl. Greenfield, R. L./Yeager, L. B. (1983), S. 307 und Richter, R. (1988), S. 214.

[643] Vgl. Greenfield, R. L./Yeager, L. B. (1983), S. 307 und Yeager, L. B./Greenfield, R. L. (1989), S. 410

Wert der verbleibenden Anteile hat[644]. Wie in der Bankfreiheit ist der Clearingmechanismus auch im BFH-System von entscheidender Bedeutung für die Stabilität. Weil eine übermäßige Geldschöpfung eines Emittenten zu verstärkten Vermögenstransfers zu anderen Banken führen, fließen im Clearing hochqualitative Aktiva ab, was die überemittierende Bank dazu zwingt, die Geldschöpfung einzuschränken[645]. Greenfield und Yeager stellen in diesem Zusammenhang fest[646]:

Loss of owners and of the value of assets and shareholdings would punish poor managment.

Der Marktmechanismus stellt also die Leistungsfähigkeit der Finanzintermediäre des Geld- und Bankwesens sicher.

Dabei liegt im BFH-System eine Variante der indirekten Konvertibilität vor. Die Forderungen der Einleger gegen ihre Banken sind nämlich in der Recheneinheit ausgedrückt variabel. Da der Wert des Portfolios und damit auch der Wert der Einlagen auf den Finanzmärkten kontinuierlich angepaßt wird, ergeben sich keine Arbitragemöglichkeiten. Eine indirekte Konvertibilität existiert dagegen im Clearing zwischen den Finanzintermediären. Die Interbankenverbindlichkeiten sind zwar in der Recheneinheit denominiert, die Güter des der Recheneinheit zugrundeliegenden Warenkorbes, werden aber nicht als Reservemedium zur Abwicklung des Clearings genutzt, sondern es kommt zu einem Transfer von qualitativ hochwertigen finanziellen Aktiva mit einem in der Recheneinheit ausgedrückten entsprechenden Wert[647].

3.6.6 Die Stabilität des BFH-Systems

Die Expansion einer Bank im BFH-System wird durch zwei Faktoren begrenzt. Der erste einschränkende Faktor ist die Bereitschaft der Überschußeinheiten, Anteile an einer Bank zu halten. Der zweite Faktor ist die Bereitschaft der Defiziteinheiten, vermehrt Wertpapiere auf den Finanzmärkten anzubieten[648]. Zinsen spielen in diesem Prozeß des Ausgleichs zwischen Angebot und Nachfrage eine entscheidende Rolle. Greenfield und Yeager erläutern die Wirkungsweise des BFH-Systems exemplarisch an einer Erhöhung des realen Sozialprodukts.

In einem traditionellen System führt diese Veränderung ceteris paribus nicht zu einer entsprechenden Erhöhung der Geldmenge, da die exogen durch die Zentralbank vorgegebene Geldbasis und der teilweise durch die Zentralbank beeinflußte Geldmultiplikator eine solche Anpassung zumindest in der Theorie verhindern[649]. Bei einer gegebenen Umlaufsgeschwindigkeit kommt es folglich zu einem Druck

---

644 Vgl. Greenfield, R. L./Yeager, L. B. (1983), S. 308f. und 312 sowie Yeager, L. B./Greenfield, R. L. (1989), S. 410.
645 Vgl. Yeager, L. B./Greenfield, R. L. (1989), S. 410.
646 Greenfield, R. L./Yeager, L. B. (1983), S. 307.
647 Vgl. White, L. H. (1990), S. 195.
648 Vgl. Greenfield, R. L./Yeager, L. B. (1983), S. 311f..
649 Vgl. Greenfield, R. L./Yeager, L. B. (1983), S. 311.

auf die Preise, so daß in der betrachteten Volkswirtschaft deflationäre Tendenzen beobachtbar sind. Im BFH-System existieren Probleme dieser Art nicht. Durch die Erhöhung des realen Sozialprodukts sind nämlich einerseits die Überschußeinheiten bereit, vermehrt Anteile an ihren Banken zu halten und andererseits die Defiziteinheiten willens, verstärkt Wertpapiere zu emittieren und an die Banken zu verkaufen[650]. Dabei existiert ein bestimmtes Gleichgewicht. Wenn die Banken in dieser Situation noch weitere Anteile an die Überschußeinheiten verkaufen wollen, muß die Verzinsung der Anteile ceteris paribus steigen[651]. Gleichzeitig sinkt mit der nun steigenden Nachfrage der Banken nach Wertpapieren der Defiziteinheiten auch die Verzinsung dieser Wertpapiere. Daher existiert im BFH-System eine Art „natürliche Kreditbremse", die dem bereits bei den Ausführungen zur Depositengeldschöpfung in einem System der Bankfreiheit vorgestellten Mechanismus zur Verhinderung von Überemissionen entspricht[652].

Die Angabe einer Geldmenge ist, wie schon bei Black, im BFH-System nicht sinnvoll, wobei Greenfield und Yeager betonen, daß die Unterscheidung zwischen Geld und anderen finanziellen Aktiva, die kein Geld darstellen, auch in einem traditionellen System problematisch ist[653]. Die Wirtschaftssubjekte werden im BFH-System in hohem Maße die neuen Informations- und Kommunikationstechnologien nutzen, so daß die Informations- und Transaktionskosten stark gesenkt werden. Greenfield und Yeager sehen im BFH-System eine hochentwickelte Tauschwirtschaft, in der die üblichen Probleme von traditionellen Tauschwirtschaften durch moderne Technologie und unregulierte Finanzdienstleister umgangen werden[654].

3.6.7 Die Trennung von Recheneinheit und Tausch- und Zahlungsmittel

Die Überlegungen der Anhänger der Neuen Monetären Ökonomie werden in der Literatur zum Teil sehr mißtrauisch betrachtet[655]. Dabei kritisieren verschiedene Autoren insbesondere die Trennung von Recheneinheit und Tausch- und Zahlungsmittel im BFH-System sowie die damit verbundene Nutzung von verschiedenen und mit unterschiedlichen Risiken behafteten Aktiva zu Zahlungszwekken[656].

White sieht insbesondere zwei Schwierigkeiten[657]. Zunächst glaubt er nicht, daß die Nutzer des Geldes ausschließlich Einlagen zu halten wünschen, deren Wert mit dem wirtschaftlichen Erfolg des entsprechenden Geldproduzenten vari-

---

650 Vgl. Greenfield, R. L./Yeager, L. B. (1983), S. 311f. und Yeager, L. B./Greenfield, R. L. (1989), S. 412.

651 Vgl. Harper, I. R./Coleman, A. (1992), S. 29.

652 Vgl. Harper, I. R./Coleman, A. (1992), S. 29 und Glasner, D. (1992), S. 880f..

653 Vgl. Greenfield, R. L./Yeager, L. B. (1983), S. 310.

654 Vgl. Greenfield, R. L./Yeager, L. B. (1983), S. 314.

655 Vgl. z. B. Bellone, G. (1997), S. 709f. und Trautwein, H.-M. (1997), S. 9f..

656 Vgl. White, L. H. (1984a), S. 706ff., McCallum, B. T. (1985), S. 36, White, L. H. (1990), S. 196, Selgin, G. A./White, L. H. (1994), S. 1739f. und White, L. H. (1999), S. 243f..

657 Vgl. White, L. H. (1984a), S. 707ff..

iert, auch wenn dadurch die durchschnittliche Rendite der Geldhaltung steigen sollte[658]. Die Geldhalter übernehmen als Eigentümer eines Anteils am Portfolio einer Bank schließlich auch ein Risiko, daß im Rahmen der heute üblichen im Wert fixierten Depositenformen so nicht existiert. Allerdings ist, zumindest wenn keine Einlagensicherungssysteme existieren, auch die Haltung herkömmlicher Depositen bei einer erfolglosen Bank nicht risikolos. Hier besteht zum Beispiel die Möglichkeit eines Bank Runs, der im Extremfall zu einem völligen Verlust des hinterlegten Vermögens führen kann. Wie die noch zu erfolgende nähere Betrachtung des Phänomens Bank Runs zeigen wird, existiert eben dieses Risiko des Bank Runs im BFH-System nicht, so daß argumentiert werden könnte, es werde nur ein Risiko gegen ein anderes Risiko getauscht.

Das zweite Problem des BFH-Systems liegt nach White darin, daß der Aufwand bei Transaktionen durch die Umsetzung dieser Geld- und Währungsordnung erhöht wird, weil kein einheitliches Tausch- und Zahlungsmittel existiert[659]. So müssen zum Beispiel die Banken in einem solchen System unter anderem abstimmen, welche Aktiva im Clearing akzeptiert werden können. Folglich bezweifelt White, daß im BFH-System Zahlungen effizient durchgeführt werden können.

Auf der Grundlage dieser Argumente stellen Selgin und White fest, daß die praktische Umsetzung des BFH-Systems nur bei Freiheit von Informations- und Transaktionskosten möglich ist[660]. Auch Brunner und Meltzer führen aus, daß nur in einem solchen Umfeld der unterschiedliche Risikogehalt der verschiedenen Aktiva keine Schwierigkeiten bereitet[661]. Weil im Rahmen des BFH-Systems angenommen wird, daß alle wirtschaftlich relevanten Transaktionen über Computernetzwerke abgewickelt werden, wobei Informations- und Transaktionskosten nur in vernachlässigbarem Ausmaß anfallen, ist dieses von Selgin und White sowie Brunner und Meltzer angesprochene Problem jedoch nicht übermäßig groß.

Zudem kommen die Nichtbanken mit den verschiedenen Aktiva bei der Zahlung nicht in Berührung[662]. Sie erhalten in jedem Fall Anteile am Portfolio der Bank, die sie ausgewählt haben. Der Wert dieser Anteile entspricht im Augenblick der Transaktion dem durch die Recheneinheit vorgegebenen Wert der Zahlung. Der Umgang mit den verschiedensten Aktiva wird somit den Banken überlassen, die ihre Expertise in diesem Bereich im ständigen Wettbewerb beweisen müssen.

---

[658] Vgl. White, L. H. (1984a), S. 707.
[659] Vgl. White, L. H. (1984a), S. 707ff..
[660] Vgl. Selgin, G. A./White, L. H. (1994), S. 1740.
[661] Vgl. Brunner, K./Meltzer, A. H. (1985), S. 5.
[662] Vgl. Yeager, L. B. (1989), S. 373.

3.6.8 Die Mark Banco der Hamburger Bank

Historische Beispiele für die Trennung von Recheneinheit und Tausch- und Zahlungsmittel sind selten. Tenholt und Seiche können in diesem Zusammenhang nur auf die Mark Banco der Hamburger Bank verweisen[663].

Die Hamburger Bank wurde im Jahre 1619 gegründet, um den Wirtschaftssubjekten im damals vollkommen unübersichtlichen Münzwesen, mit vielen unterschiedlichen, häufig minderwertigen und in der Regel immer stärker an Edelmetallgehalt verlierenden Münzen, als Richtschnur zu dienen[664]. Dabei stellte die Hamburger Bank neben einem Girotransfersystem auch eine eigene Verrechnungseinheit bereit. Diese Recheneinheit wurde von vielen Wirtschaftssubjekten zu Zwecken der Kalkulation genutzt und fand insbesondere bei Geschäften zwischen Kaufleuten häufig Anwendung. Sie war zunächst an den Reichstaler gebunden, wurde aber später direkt durch eine bestimmte Menge Feinsilber (979,17 / 1000) definiert[665].

Eine Prägung von in Mark Banco denominierten Münzen, die als Tausch- und Zahlungmittel hätten dienen können, erfolgte zu keiner Zeit, so daß Reiß feststellt[666]:

> This money was never coined and so it was called an imaginary currency.

Zahlungen wurden zum einen über Girotransfers und zum anderen mit der Hilfe der vielen verschiedenen Münzen der unterschiedlichen Emittenten vorgenommen. Der Wechselkurs zwischen der Mark Banco und den verschiedenen als Tausch- und Zahlungsmitteln genutzten Münzen variierte in dem Maße, in dem sich der Edelmetallgehalt der Münzen veränderte, hing aber auch von den anfallenden Transaktionskosten ab. Daher kann festgestellt werden, daß bei der Marc Banco der Hamburger Bank wirklich eine Trennung zwischen Recheneinheit und Tausch- und Zahlungsmittel im Sinne der Neuen Monetären Ökonomie vorlag.

3.6.9 Die Notwendigkeit von Finanzintermediären im BFH-System

Wenn Informations- und Transaktionskosten in der Welt der Neuen Monetären Ökonomie keine bedeutende Rolle spielen, muß sich die Frage stellen, warum Finanzintermediäre überhaupt noch existieren müssen. Die Wirtschaftssubjekte

---

[663] Vgl. Tenholt, H. (1985), S. 24 und Seiche, F. (1997), S. 131, Hinweise finden sich auch bei Meyer, F. W./Schüller, A. (1976), S. 14f., Schüller, A. (1977), S. 33 und Bernholz, P. (1983), S. 215f. Weitere ähnliche Beispiele aus dem späten Mittelalter werden von Cowen, T./Kroszner, R. S. (1990), S. 269f. erwähnt, siehe auch Meyer, F. W./Schüller, A. (1976), S. 13f. Meyer und Schüller verweisen auch auf eine entsprechende Funktionenspaltung des Geldes zu den Zeiten der Hyperinflation im Deutschland der 20er Jahre, vgl. Meyer, F. W./Schüller, A. (1976), S. 37f.

[664] Vgl. Reiß, W. (1986), S. 171f., Rittmann, H. (1975), S. 428, Klein, E. (1982), S. 186 und Harlandt, H. (1989), S. 96.

[665] Vgl. Rittmann, H. (1975), S. 430f..

[666] Reiß, W. (1986), S. 172.

fragen die Dienstleistungen der Finanzintermediäre schließlich vor allem aufgrund von Informations- und Transaktionskosten nach. Illing stellt fest[667]:

Pointiert formuliert läßt sich diese Überlegung so zusammenfassen: Das Modigliani-Miller Theorem gilt genau in einer Welt, in der Finanzintermediäre überflüssig sind (...). Das Theorem auf Finanzintermediäre selbst anzuwenden, verfehlt somit wesentliche Charakteristika dieses Marktes.

Natürlich verändern sich die Aufgaben der Finanzintermediäre in der Welt der Neuen Monetären Ökonomie. Mit einem gänzlichen Verschwinden der Finanzdienstleister ist aber nicht zu rechnen. So sind die Finanzintermediäre zum Beispiel für die Bereitstellung des computergestützten Zahlungssystems verantwortlich, welches in entscheidendem Maße für die starke Reduzierung der Informations- und Transaktionskosten verantwortlich ist und so die Welt der Neuen Monetären Ökonomie erst möglich macht.

3.7 Gemeinsamkeiten der Ansätze

3.7.1 Weltanschauliche Gemeinsamkeiten

Die Anhänger der hier vorgestellten wettbewerblichen Geld- und Währungsordnung müssen alle dem liberalen Lager zugerechnet werden. Auffällig ist, daß ein Großteil der zitierten Autoren der Neo-Österreichischen-Schule zuzuordnen ist. In diesem Zusammenhang müssen zum Beispiel die Namen Dowd, von Hayek, Horwitz, Selgin, White und Yeager genannt werden.

Die Neo-Österreichische-Schule steht staatlichen Eingriffen in den Wirtschaftsprozeß sehr kritisch gegenüber und lehnt planwirtschaftliche Elemente in Marktwirtschaften generell ab. Der Markt wird als effizientes Instrument zur Sammlung des unter den Wirtschaftssubjekten verstreuten Wissens angesehen. Eine zentrale Planung und Kontrolle des komplexen Systems Volkswirtschaft ist nach der Ansicht dieser Denkschule ohnehin nicht möglich. Der Markt wird auch im Geldwesen dezentral für die nötige Koordinierung sorgen und im Rahmen eines darwinistischen Prozesses durch Evolution für Effizienz sorgen[668]. Im Gegensatz zu den Monetaristen, die den Markt allgemein auch schätzen, im Geldwesen aber die Notwendigkeit eines staatlichen Eingriffes sehen, sollte, den Neo-Österreichern folgend, auch die Geldproduktion zumindest weitestgehend dem Markt überlassen werden.

Insbesondere die Bankfreiheit hat im englischen Sprachraum unter liberalen Ökonomen viele Anhänger und spielt hier auch in der politischen Diskussion eine gewisse Rolle. Im deutschsprachigen Raum wird eher die Währungskonkurrenz untersucht. Aber auch in diesem Sprachraum existieren Anhänger der Bankfreiheit. Bernholz schlägt zum Beispiel vor[669]:

---

[667] Illing, G. (1985), S. 116. Siehe auch McCallum B. T. (1985), S. 19ff..

[668] Vgl. Hayek, F. A. v. (1979), S. 5, Lavoie, D. C. (1983), S. 165 und White, L. H. (1990a), S. 379.

[669] Bernholz, P. (1986), S. 498.

My own tentative proposal to solve these problems would be to abolish the central bank, institute a pure gold standard, and allow free banking.

Neben einigen liberalen Ökonomen existiert mindestens noch eine zweite Gruppe von Ökonomen, die den Staat aus dem Geldwesen verdrängen will. Diese Gruppe, die eher dem alternativen Spektrum zugeordnet werden kann und deren theoretische Grundlage bei Gesell und der Freigeldbewegung zu suchen ist, ist weniger an Preisniveaustabilität orientiert und interessiert sich mehr für Fragen der Gerechtigkeit und der Verteilung[670]. In der aktuellen theoretischen Diskussion spielt die Freigeldbewegung nahezu keine Rolle. Anhänger dieser Sichtweise scheinen auch weniger an der Theorie und mehr an der praktischen Umsetzung ihrer Ideen interessiert zu sein. So können viele Mitglieder der heutigen Tauschringe als Anhänger der Freigeldbewegung betrachtet werden.

Hier wiederholt sich die Geschichte. So stellt Dowd fest, daß auch die Anhänger der Bankfreiheit in der Diskussion um die Ausgestaltung des britischen Bank- und Geldwesen vor 1844 in zwei Gruppen eingeteilt werden können[671]. Während die eher stabilitätsorientierten Anhänger der Bankfreiheit damals die Bedeutung der Konvertibilität zur Verhinderung von Überemissionen betonten, hob die zweite eher wachstumsorientierte Gruppe von Befürwortern der Bankfreiheit die stabilisierende Wirkung der Real Bills Doctrine hervor.

3.7.2 Gemeinsamkeiten der Systeme

Neben weltanschaulichen Gemeinsamkeiten der Anhänger der verschiedenen Formen von wettbewerblichen Geld- und Währungsordnungen existieren auch gewisse Gemeinsamkeiten sowohl im allgemeinen Aufbau der Systeme, als auch bei den die Stabilität gewährleistenden Mechanismen. Wie gezeigt wurde, spielt der Reputationsmechanismus nicht nur im System der Währungskonkurrenz eine wichtige Rolle. Auch die Zahlung von Zinsen auf Geld stellt ein generell relevantes stabilisierendes Element der wettbewerblichen Geld- und Währungsordnungen dar.

Auch die Gemeinsamkeiten im allgemeinen Aufbau der verschiedenen Systeme sind offensichtlich. So ähnelt ein System der Währungskonkurrenz, bei dem die Einlösbarkeit des von den Emittenten geschöpften Geldes vorgesehen ist, der Bankfreiheit. Dies gilt insbesondere, wenn die Geldproduzenten einer Region aufgrund der ähnlicher Präferenzen der Geldnachfrager ein identisches Reservemedium wählen. Außerdem gleicht ein System der Bankfreiheit auf der Grundlage des Real-Asset-Standards dem BFH-System. In beiden Fällen können die Geldhalter eine Einlösung in Wertpapiere verlangen, so daß die Anbindung an Aktiva der realen Sphäre nur indirekt besteht.

[670] Vgl. Gesell, S. (1920), S. 238ff..

[671] Vgl. Dowd, K. (1989), S. 63, kritisch hierzu Hülsmann, J. G. (1996), S. 20, der alle Befürworter der Bankfreiheit, die die multiple Geldschöpfung nicht ablehen, für Anhäger der Real-Bills-Doctrine hält.

Allerdings dürfen auch die Unterschiede nicht aus den Augen verloren werden. Während die Währungskonkurrenz und, zumindest teilweise, auch die Bankfreiheit auf dem Reputationsmechanismus basieren, der im Gegensatz zum traditionellen vollkommenen Markt der neoklassischen Ökonomie steht, beruht das BFH-System gerade auf der Existenz eines vollkommenen Marktes der Neoklassik[672].

3.8 Erfahrungen mit wettbewerblichen Geld- und Währungsordnungen

3.8.1 Vorbemerkungen

Umfangreiche historische Erfahrungen mit wettbewerblichen Geld und Währungsordnungen existieren vor allem bezogen auf die Bankfreiheit. In der theoretischen Diskussion spielen insbesondere die bankfreiheitlichen Systeme in Schottland und den Vereinigten Staaten von Amerika eine große Rolle.

Häufig wird festgestellt, daß es keine Erfahrungen mit Systemen der Währungskonkurrenz gibt. Diese Auffassung ist aber nicht korrekt. In diesem Zusammenhang muß auf das Phänomen der Währungssubstitution verwiesen werden. Hierbei handelt es sich um eine Währungskonkurrenz zwischen den Währungen verschiedener Staaten. Zudem existieren auch begrenzte Erfahrungen mit privaten Währungen. Yeager verweist auf zwei kleinere Banken in New Hampshire, die zwischen 1972 und 1974 Geld in einer eigenen Währung schöpften, dieses Vorgehen aber, vor allem aufgrund von rechtlichen Bedenken eingestellt haben[673]. Auch in Deutschland gab es zur Zeit der Hyperinflation viele private Geldproduzenten. Einige Formen des sogenannten Notgeldes nutzten die staatliche Währung als Recheneinheit, so daß in diesen Fällen nicht von einer Währungskonkurrenz gesprochen werden kann. Daneben existierten allerdings auch viele Emittenten mit eigenen Recheneinheiten und Währungen, die zum Beispiel über eine Einlösungsgarantie in zuvor bestimmte Güter an die reale Sphäre gebunden und somit von der Inflation nicht betroffen waren[674]. Bei diesen Emittenten handelte es sich häufig um Unternehmungen, die eine Währung auf der Basis der in ihrem Betrieb hergestellten Güter emittierten. Allgemein kann festgestellt werden, daß sich in einem von einer starken Inflation betroffenen Land ausländische oder neue private Währungen besonders leicht durchsetzen können. Diese Tatsache ergibt sich, weil die aus der Nutzung anderer Währungen folgenden erhöhten Informations- und Transaktionskosten sowie mögliche Wechselkosten häufig unter den Kosten der weiteren Nutzung einer inflationierenden Währung liegen werden[675].

Seit dem Ende der 80er Jahre existiert auch ein verstärktes Interesse an Tauschringen und lokalen Währungen. So existieren inzwischen in vielen deutschen Großstädten mehr oder weniger große Tauschringe. Solche Tauschwirt-

---

672 Vgl. Trautwein H.-M. (1993), S. 97f. und Horwitz, S. (1992), S. 121ff..
673 Vgl. Yeager, L. B. (1983), S. 310.
674 Vgl. Vaubel, R. (1978), S. 392f..
675 Vgl. Niskanen, W. A. (1989), S. 468f..

schaften wurden noch bis vor kurzem von der Literatur weitgehend ignoriert. Hier zeichnet sich aber langsam ein Wandel ab.

Praktische Erfahrungen mit dem BFH-System liegen natürlich nicht vor. Allerdings bieten in den Vereinigten Staaten viele Banken Investmentfonds an, auf die auch zu Zahlungszwecken zurückgegriffen werden kann (mutual fund banking)[676]. Hierbei handelt es sich um eine grundlegende Idee des BFH-Systems. Auch für die Trennung von Recheneinheit und Tausch- und Zahlungsmittel existiert, wie bereits gezeigt wurde, mit der Mark Banco der Hamburger Bank ein gut dokumentiertes Beispiel.

3.8.2 Erfahrungen mit der Bankfreiheit in Schottland

Von 1727 bis 1845 existierte in Schottland eine bankfreiheitliche Geld- und Währungsordnung mit dem Reservemedium Gold[677]. Das der Bank of Scotland vom Staat im Jahr 1695, noch vor der Zusammenlegung des englischen und schottischen Parlaments, gewährte Monopol auf die Notenausgabe lief 1716 aus. Da die Bank of Scotland als Anhänger der Jakobiten galt, die eine Rückkehr der Stuarts auf den englischen Thron forderten, waren die englischen Machthaber entschieden gegen die Erhaltung der Monopolstellung dieser Bank[678]. So erhielt 1727 mit der Royal Bank of Scotland eine weitere notenemittiernde Bank eine staatliche Charta. Die Banken begannen sofort mit einem regelrechten Wirtschaftskrieg um die Gunst der Kunden. Dowd beschreibt die Situation folgendermaßen[679]:

> Warfare between the banks broke out the same day the second bank opened.

Zunächst versuchten beide Banken, den Gegner durch Notenduelle zur Aufgabe der Geschäftstätigkeit zu zwingen. Es zeigte sich jedoch, daß Notenduelle zwischen solide geführten Emissionsbanken allen Beteiligten schadeten, so daß andere Formen des Wettbewerbs gesucht wurden[680]. Durch den Wettbewerbsdruck entwickelten sich schnell neue Finanzinnovationen; so wurden im Jahr 1728 Girokonten mit der Möglichkeit der Gewährung eines Überziehungskredits geschaffen und auch die Zahlung von Zinsen auf Sichtdepositen wurde eingeführt[681].

Der Wettbewerb hatte dramatische Auswirkungen auf den Gewinn und damit die Dividende der Bank of Scotland. Die an die Besitzer der Bank of Scotland ausgezahlte Dividende führte zwischen 1695 und 1728 noch durchschnittlich zu

---

[676] Vgl. Goodhart, C. A. E. (1989), S. 184, Cowen, T./Kroszner, R. S. (1990), S. 269, Cowen, T./Kroszner, R. S. (1990a), S. 227, Jordan, J. L. (1990), S. 319 und Berger, A. N. u. a. (1995), S. 61.

[677] Vgl. White, L. H. (1982), S. 42ff. und White, L. H. (1999), S. 83f..

[678] Vgl. Dowd, K. (1989), S. 120f., White, L. H. (1992), S. 159 und Schuler, K. (1992), S. 11. Siehe auch Mamroth, K. (1902), S. 4.

[679] Dowd, K. (1989), S. 121.

[680] Vgl. Dowd, K. (1989), S. 121 und Schuler, K. (1992), S. 17.

[681] Vgl. Cameron, R. (1967), S. 97f., White, L. H. (1982), S. 48f., Kindleberger, C. P. (1984), S. 83, Dowd, K. (1989), S. 121, White, L. H. (1992), S. 160f. und Cameron, A. (1997), S. 120.

einer Dividendenrendite von circa 16 Prozent, sank aber zwischen 1729 und 1743 auf durchschnittlich ungefähr 5 Prozent ab[682]. Weitere Banken begannen einige Zeit später mit der Emission von Noten. Versuche von vier Banken, den Wettbewerb durch Absprachen zu beschränken scheiterten im Jahr 1756. White stellt in diesem Zusammenhang fest[683]:

Once again the inherent instability of cartels had preserved competition in Scottish banking.

Im Laufe der Zeit kam es zur Gründung von immer mehr Banken, die Noten emittierten. Mit der Ausnahme der British Linen Company, die im Jahre 1746 eine Charta erhielt, verfügte keine der neuen Banken über eine staatliche Bankcharta[684]. Für die drei schottischen Banken, denen eine Charta eingeräumt worden war, ergaben sich gegenüber ihren Wettbewerbern gewisse Wettbewerbsvorteile. In diesem Zusammenhang ist vor allem auf die beschränkte Haftung dieser drei Banken hinzuweisen[685]. Die Eigentümer aller anderen Banken hafteten nämlich nach schottischem Recht unbeschränkt mit ihrem gesamten Vermögen.

Auch wenn die Bank of Scotland und die Royal Bank of Scotland einander nicht mehr in Notenduelle verwickelten, kam es insbesondere zwischen den Banken in der Provinz noch über das Jahr 1770 hinaus häufiger zu Notenduellen und neu in den Markt einsteigende Banken wurden regelmäßig von den bereits bestehenden Banken angegriffen[686]. So berichtet Munn von einem schweren „Bankenkrieg" zwischen der Aberdeen Banking Co. und der Thistle Bank im Zeitraum von 1767 bis 1770, in den auch die Bank of Scotland und die Royal Bank of Scotland hineingezogen wurden[687]. Er hält fest[688]:

The Thistle Bank collected Aberdeen notes and demanded specie in return for them. These demands caused the Aberdeen directors to retaliate in like manner. In addition to regular agents in the Northern counties they also appointed note pickers in Edinburgh, Glasgow, Brechin, Montrose, Stirling, Falkirk, Ayr, Kilmarnock, Dumfries, Hawick and Kelso.

Nach und nach entwickelte sich allerdings ein regulärer Notenaustausch zwischen den Banken, so daß plötzliche Noteneinlösungen immer unüblicher wurden; im Jahr 1771 kam es zu der Einrichtung eines Interbankenclearingsystems, so daß die

---

682 Vgl. Mamroth, K. (1902), S. 4f., White, L. H. (1982), S. 49 und White, L. H. (1992), S. 161.
683 White, L. H. (1982), S. 50.
684 Vgl. Dowd, K. (1989), S. 121f. und Cowen, T./Kroszner, R. S. (1989), S. 216f..
685 Vgl. Mamroth, K. (1902), S. 14, Checkland, S. G. (1968), S. 149f., Gorton, G. (1985a), S. 269, Carr, J. L./Mathewson, G. F. (1988), S. 775f., Carr, J. L. u. a. (1989), S. 974ff., Cowen, T./Kroszner, R. S. (1989), S. 217, White, L. H. (1990b), S. 528f., Sechrest, L. J. (1991), S. 805, Dow, S. C./Smithin, J. (1992), S. 380 und Kindleberger, C. P. (1992), S. 13f..
686 Vgl. Munn, C. W. (1975), S. 50ff..
687 Vgl. Munn, C. W. (1975), S. 50f..
688 Munn, C. W. (1975), S. 50.

Noten aller am Notenaustausch partizipierenden Banken in ganz Schottland zum Nennwert akzeptiert wurden[689].

Der einzige große Zusammenbruch einer schottische Bank ereignete sich im Jahr 1772[690]. Die Ayr Bank wurde aufgrund einer zu sehr auf Expansion ausgelegten Geschäftspolitik insolvent. Da die Ayr Bank aber nicht über eine staatliche Charta verfügte, hafteten die Aktionäre der Bank nach schottischem Recht unbegrenzt mit ihrem Privatvermögen. Folglich kam es durch diesen Zusammenbruch zu keinerlei Verlusten bei den Kunden der Ayr Bank. Die Bank of Scotland und die Royal Bank of Scotland tauschten die Noten der Ayr Bank sogar in eigene Noten um. Hieraus läßt sich aber nicht schließen, daß die beiden bedeutendsten Banken Schottlands das Bankensystem stabilisieren wollten. Vielmehr nutzten diese Banken die günstige Gelegenheit, um ihre Marktanteile auszudehnen, wobei dieses Vorgehen wegen der unbegrenzten Haftung der 241 Aktionäre der Ayr Bank nahezu risikolos war[691].

Die Gegner der Bankfreiheit betonen, daß die schottischen Banken in Notfällen die Bank of England als Lender of Last Resort und somit als Stabilisator nutzen konnten und daher leicht auf einen Lender of Last Resort in Schottland selbst verzichten konnten[692]. Sicherlich haben Geschäftsbeziehungen zwischen den schottischen Banken und der Bank of England bestanden. Die Bank of England kann aber wohl nicht als Lender of Last Resort für Schottland angesehen werden[693]. So sieht auch White in Schottland, zumindest bezogen auf die größeren Emissionsbanken, vor der Abschaffung der Bankfreiheit im Jahre 1845 keine Tendenzen zur Bildung von Reservepyramiden[694].

Gegner der Bankfreiheit verweisen häufig auf die sogenannte „Small Note Mania" ab dem Jahr 1759, um zu zeigen, daß in Schottland Tendenzen zu einer Überemission bestanden haben. Es wird argumentiert, daß die schottischen Banken versucht haben, durch die Ausgabe kleiner Noten den Notenumlauf und somit die Geldmenge zu erhöhen. Mit diesem Argument wurden schon 1765 gewisse staatliche Eingriffe in das schottische Geld- und Bankwesen gerechtfertigt. So wurde zum Beispiel die Ausgabe kleiner Noten verboten[695].

---

689 Vgl. Munn, C. W. (1975), S. 47, White, L. H. (1982), S. 55f., Dowd, K. (1989), S. 122 und White, L. H. (1992), S. 164f..

690 Vgl. Hamilton, H. (1956), S. 409ff., Cameron, R. (1967), S. 98, White, L. H. (1982), S. 55ff., Schwartz, P. (1984), S. 98, Gorton, G. (1985a), S. 270, White, L. H. (1992), S. 166 und Cameron, A. (1997), S. 127f.. Siehe auch Fetter, F. W. (1965), S. 122.

691 Vgl. White, L. H. (1982), S. 58f., Gorton, G. (1985a), S. 270, Dowd, K. (1989), S. 122 und White, L. H. (1992), S. 166f..

692 Vgl. Meltzer, A. H. (1983), S. 107, Shenfield, A. (1984), S. 86, Friedman, M./Schwartz, A. J. (1986), S. 50, Goodhart, C. A. E. (1988), S. 51f., Cowen, T./Kroszner, R. S. (1989), S. 227f. und Hülsmann, J. G. (1996), S. 42.

693 Vgl. Schuler, K. (1992), S. 24, White, L. H. (1990b), S. 531ff. und White, L. H. (1991), S. 809f..

694 Vgl. White, L. H. (1982), S. 79 und White, L. H. (1983), S. 287.

695 Vgl. Hamilton, H. (1956), S. 407.

Allerdings handelt es sich hier möglicherweise um eine falsche Interpretation der historischen Ereignisse. So hält Rockoff die Diagnose einer Überemission für inkompatibel mit der Tatsache, daß der Reservebestand der wichtigsten schottischen Banken - die Daten für kleinere Institute sind nicht verfügbar - ab 1759 absolut stark stieg und relativ zur Geldschöpfung annähernd konstant blieb; die Bank of Scotland hat ihren Reservebestand in dieser Zeit mehr als verdoppelt[696]. Rockoff gibt zu bedenken[697]:

> The figures for the Bank of Scotland, along with other evidence, seem to be more consistent with the view that the real factor behind the expansion of Scottish banking in the early 1760s was a sudden increase in the reserves available to the banking system, perhaps the result of a capital inflow tied to the last years of the Seven Years' War.

Nach Rockoff zeigt die Expansion der Geldmenge in Schottland ab 1759 also keine Schwäche des bankfreiheitlichen Systems. Vielmehr verweist Rockoff auf Goldzuflüsse aufgrund von politischen Konflikten im Ausland. Dabei haben die Kapitalimporte aus dem Ausland nach Rockoff auch zu einer Erhöhung des schottischen Sozialprodukts geführt, weshalb die monetäre Expansion kein Problem darstellte[698]. Auch Hamilton stellt fest, daß im Laufe des Siebenjährigen Krieges das Sozialprodukt in Schottland stark gestiegen ist[699].

Neldner interpretiert die Situation anders. Er argumentiert, daß vor allem Banken von geringer Größe die kleinen Noten emittierten[700]. Diese verfügten nur in sehr geringem Ausmaß über Reserven und nutzten eine Optionsklausel um sich gegen Einlösungen in Gold zu schützen[701]. Die Optionsklausel, deren mögliche Anwendung auf den entsprechenden Noten vermerkt war, erlaubte es den Banken, die Einlösung der Noten gegen Gold bei Bedarf für einen begrenzten Zeitraum gegen die Zahlung eines Strafzinses auszusetzen. Sowohl Gherity als auch Neldner stellen im Gegensatz zu Rockoff fest, daß es in der Zeit des Siebenjährigen Krieges zu einem Abfluß von Gold aus Schottland kam[702]. Neldner führt aus, daß bei den großen Banken viele Noten kleiner Emissionsbanken in Gold eingelöst wurden[703]. Beide Autoren halten fest, daß sich die großen Emissionsbanken daher das Reservemedium Gold zunehmend auch außerhalb Schottlands beschaffen mußten[704]. Eine nähere Betrachtung der „Small Note Mania" würde den Rahmen dieser Arbeit sprengen. In diesem Zusammenhang ist aber interessant, daß Gheri-

---

696 Vgl. Rockoff, H. (1986), S. 620ff..
697 Rockoff, H. (1986), S. 622.
698 Vgl. Rockoff, H. (1986), S. 622.
699 Vgl. Hamilton, H. (1956), S. 407.
700 Vgl. Neldner, M. (1996), S. 191.
701 Vgl. Hamilton, H. (1956), S. 407, Cameron, R. (1967), S. 69, Neldner, M. (1996), S. 191 und Shah, P. J. (1997), S. 13.
702 Vgl. Gherity, J. A. (1995), S. und Neldner, M. (1996), S. 191.
703 Vgl. Neldner, M. (1996), S. 191.
704 Vgl. Gherity, J. A. (1995), S. 720ff. und Neldner, M. (1996), S. 191.

ty, dessen Interpretation der historischen Ereignisse nahe bei Neldner liegt, ebenso wie Rockoff und im Gegensatz zu Neldner, keinerlei Anzeichen für eine Überemission der schottischen Emissionsbanken erkennt[705]. Auch Cameron stellt fest, daß die Ausgabe der kleinen Noten nicht zu einer Inflation geführt hat[706].

Die Erfahrungen mit dem schottischen Bankensystem vor 1845 können daher durchaus als sehr positiv bezeichnet werden. Der Wettbewerb hat Finanzinnovationen gefördert, so daß die Bevölkerung effizienten mit Zahlungsmitteln versorgt werden konnte. Die Differenz zwischen Soll- und Habenzinsen war durch die harte Konkurrenz der Banken überaus gering[707]. White hält fest[708]:

Striking evidence of the Scottish system's competitiveness is seen in the spread between loan and deposit interest rates, which was typically only one to two percentage points.

Außerdem sahen sich die Banken aufgrund des Wettbewerbs gezwungen, viele Zweigstellen einzurichten und den Kunden so eine bequeme Zugangsmöglichkeit zu Finanzdienstleistungen zu ermöglichen, was auch das Vertrauen in die Emittenten gestärkt hat[709]. Dabei war das System erstaunlich stabil. Die wenigen Bankenzusammenbrüche, wobei nur eine größere Bank zusammengebrochen ist, haben zu nahezu keinen Verlusten bei den Kunden geführt, da das Vermögen der Aktionäre fast immer ausreichte, um die Forderungen zu befriedigen[710]. Die Goldkonvertibilität sorgte für Preisniveaustabilität. Weiterhin hat sich ein vorbildlicher Notenaustausch entwickelt und die Noten der schottischen Banken wurden in ganz Schottland ohne Abschläge akzeptiert. Schottische Noten liefen auch in großem Umfang in den nördlichen Regionen Englands um[711]. Conant und Cameron sehen im schottischen Bankensystem sogar einen Grund für das zwischen 1750 und 1845 beobachtbare hohe Wirtschaftswachstum in Schottland[712]. Cameron hält fest[713]:

Given its many disadvantages and few positive advantages for growth compared with its neighbors, the superiority of the banking system stands out as one of the major determining factors.

Weiterhin bleibt festzuhalten, daß sich Tendenzen zur Bildung eines natürlichen Monopols in der Geldproduktion in Schottland nicht gezeigt haben. Die Zahl der Emissionsbanken war insbesondere ab 1750 stark gestiegen, so daß es nach

705 Vgl. Gherity, J. A. (1995), S. 719.
706 Vgl. Cameron, R. (1967), S. 98.
707 Vgl. White, L. H. (1982), S. 63, White, L. H. (1991), S. 814 und White, L. H. (1999), S. 83.
708 White, L. H. (1999), S. 83.
709 Vgl. White, L. H. (1982), S. 79.
710 Vgl. White, L. H. (1982), S. 72f..
711 Vgl. White, L. H. (1982), S. 76, Dowd, K. (1989), S. 123 und White, L. H. (1992), S. 177.
712 Vgl. Conant, C. A. (1927), S. 145f., Cameron, R. (1967), S. 97 und Cameron, R. (1982), S. 102f.. Siehe auch Fetter, F. W. (1965), S. 122f..
713 Cameron, R. (1967), S. 97.

1765 mehr als 30 Banken gab, die Noten emittierten[714]. Ab 1810 begannen die größeren Banken allerdings verstärkt, ein Zweigstellennetz aufzubauen[715]. Kleinere Banken wurden verdrängt oder schlossen sich zu größeren Einheiten zusammen. So sank die Zahl der Emissionsbanken in dieser Zeit unter 30 und betrug zum Beispiel im Jahre 1826 nur noch 29[716]. Dabei unterhielten 20 dieser 29 Emissionsbanken Zweigstellen. Kleinere ländliche Banken wurden folglich durch die Zweigstellen der größeren Banken verdrängt. Munn hält aber fest, daß sich im Rahmen dieser Marktbereinigung die Konkurrenz zwischen den Banken noch erhöhte, so daß die im Vergleich zu England ohnehin schon geringen Profite noch weiter sanken[717]. Dowd beschreibt die Situation folgendermaßen[718]:

> The smaller note-issuing banks gradually disappeared, and branch-banking continued to spread. The smaller banks that remained tended to be specalist firms which kept accounts with the larger banks and did not issue notes. This indicated that there were substantial but limited economies of scale in the note-issuing business, and there was certainly no tendency for any one bank of issue to drive the others out. In other words, while there were economies of scale there was no evidence of natural monopoly in the note-issuing business or any other aspect of banking.

Auch White stellt fest[719]:

> Scottish experience offers no reason to suppose that there exist ''natural monopoly'' characteristics in the production of convertible currency.

Diese Beobachtungen decken sich mit den bereits angestellten theoretischen Überlegungen.

Zusammenfassend kann daher festgestellt werden, daß das schottische Geld- und Bankwesen eine hohe Stabilität aufgewiesen hat. Die Einschränkung der Bankfreiheit durch die im Jahre 1845 beschlossene Ausweitung der Regelungen der Peelschen Bankakte auf Schottland hatte daher auch keine ökonomischen sondern politische Gründe. Dowd hält fest[720]:

> Free banking in Scotland had been sacrificed to satisfy Peel's desire to unify the UK monetary system.

Es zeigt sich, daß politische Interessen und nicht ökonomische Notwendigkeiten zur Abschaffung der erfolgreichen wettbewerblichen Geld- und Währungsordnung in Schottland geführt haben.

---

[714] Vgl. White, L. H. (1982), S. 55.
[715] Vgl. Cameron, R. (1967), S. 70f., Cameron, R. (1982), S. 102f., Munn, C. W. (1982), S. 112ff., White, L. H. (1982), S. 61, Kindleberger, C. P. (1984), S. 83 und White, L. H. (1992), S. 171f..
[716] Vgl. White, L. H. (1982), S. 62.
[717] Vgl. Munn, C. W. (1982), S. 117f..
[718] Dowd, K. (1989), S. 123f..
[719] White, L. H. (1982), S. 64.
[720] Dowd, K. (1989), S. 129.

3.8.3 Erfahrungen mit der Bankfreiheit in den Vereinigten Staaten von Amerika

Nachdem die vom Bund gewährte Charta der Second Bank of the United States, einer Bank die in Konkurrenz zu den vielen kleineren Banken mit bundesstaatlichen Chartas stand und quasi als private Zentralbank agierte, durch den Kongreß über das Jahr 1836 hinaus nicht verlängert wurde, gewannen die bezüglich des Geld- und Bankwesens bereits bestehenden Regelungen der einzelnen Bundesstaaten für die Entwicklung der Volkswirtschaft der Vereinigten Staaten noch an Bedeutung[721]. So mußte jede Bank vor 1837 über eine Charta des Bundesstaates verfügen, in dem die Geschäftstätigkeit aufgenommen werden sollte[722].

Mit dem Rückzug des Bundes aus der Regulierung des Geldwesens begannen die Bundesstaaten, vor allem aufgrund von Korruptionsvorwürfen bei der Zulassung von Banken und dem zunehmenden Druck durch eine noch stärkere Hinwendung der politischen Entscheidungsträger zu liberalem Gedankengut, mit neuen Regelungen zu experimentieren[723]. In Michigan wurde im Jahr 1837 ein Gesetz zur Einführung der Bankfreiheit verabschiedet und im darauffolgenden Jahr setzten auch die Staaten New York und Georgia ähnliche Gesetze um[724]. Bis zum Beginn des Bürgerkrieges existierten in etwa der Hälfte der Bundesstaaten entsprechende Gesetze. Dabei gab es von Staat zu Staat zwar gewisse Unterschiede, der Gesetzgeber orientierte sich aber in der Regel am Vorbild des Bundesstaates New York, so daß einheitliche Muster erkennbar waren[725].

Durch die Gesetze zur Bankfreiheit wurde es in den entsprechenden Bundesstaaten jedem Wirtschaftssubjekt möglich, eine Bank zu eröffnen und Noten zu emittieren, so daß ein freier Eintritt in die Geldproduktion gewährleistet war[726]. Die Banken mußten die Banknoten jederzeit in Gold konvertieren[727]. Insoweit ist

---

[721] Vgl. Hammond, B. (1941), S. 7, Hammond, B. (1947), S. 1ff., Hew, F. (1976), S. 14f., Rolnick, A. J./ Weber, W. E. (1982), S. 10, Smith, V. C. (1990), S. 46f., Dowd, K. (1989), S. 133ff. und Bodenhorn, H. (1990), S. 682f..

[722] Vgl. Rolnick, A. J./Weber, W. E. (1986a), S. 878 und Benston, G. J. (1986), S. 13.

[723] Vgl. Hammond, B. (1947), S. 7ff., Hammond, B. (1963), S. 7, Rolnick, A. J./ Weber, W. E. (1982), S. 11, King, R. G. (1983), S. 142, Benston, G. J. (1986), S. 13, Bodenhorn, H. (1990), S. 683, White, L. H./Selgin, G. A. (1990), S. 21ff., Dowd, K. (1993a), S. 150 und Sylla, R. (1998), S. 95f.. Siehe auch Sylla, R. u. a. (1987), S. 392 und Sylla, R. (1999), S. 264f..

[724] Vgl. Hammond, B. (1941), S. 9f. Rockoff, H. (1974), S. 142, Rolnick, A. J./Weber, W. E. (1983), S. 1082, Benston, G. J. (1986), S. 13 und Dowd, K. (1989), S. 135.

[725] Vgl. Conant, C. A. (1927), S. 375, Rolnick, A. J./Weber, W. E. (1986a), S. 878, Dowd, K. (1989), S. 135 und Dowd, K. (1993a), S. 152.

[726] Vgl. Rockoff, H. (1974), S. 141, Rolnick, A. J./ Weber, W. E. (1982), S. 11, King, R. G. (1983), S. 142, Rolnick, A. J./Weber, W. E. (1983), S. 1082f., Rolnick, A. J./Weber, W. E. (1984), S. 270, Rolnick, A. J./Weber, W. E. (1986a), S. 878, Smith, V. C. (1990), S. 51, Bodenhorn, H. (1990), S. 683 und Iftekhar, H. /Dwyer, G. P. (1994), S. 272.

[727] Vgl. Rolnick, A. J./ Weber, W. E. (1982), S. 11, King, R. G. (1983), S. 143, Rolnick, A. J./Weber, W. E. (1984), S. 271, Rolnick, A. J./Weber, W. E. (1986a), S. 879, Economopoulos, A. J. (1986), S. 77, Economopoulos, A. J. (1990), S. 424f. und Iftekhar, H. /Dwyer, G. P. (1994), S. 272.

der Begriff Bankfreiheit zur Beschreibung des Geld- und Bankwesens der Staaten mit einem solchen Gesetz sicherlich gerechtfertigt. Andererseits sahen diese Gesetze teilweise weitgehende staatliche Eingriff in die Geschäftsführung der Banken vor, so daß zumindest in einigen Bundesstaaten kaum mehr von Bankfreiheit gesprochen werden kann.

Neben Eigenkapitalvorschriften und dem, vor allem in den nördlichen Staaten umgesetzten, Verbot zum Aufbau von Zweigstellen, existierten zum Teil auch Mindestreservevorschriften und Beschränkungen bei Investitionen in Realkapital[728]. Dem Vorbild New Yorks folgend mußten die Banken zum Schutz der Notenhalter in der Regel staatliche Wertpapiere im Wert der emittierten Noten bei der jeweiligen Aufsichtsbehörde hinterlegen, wobei die Zinserträge an die Banken flossen[729]. Dazu konnten Wertpapiere des Bundes, des jeweiligen Bundesstaates und häufig auch bestimmter anderer Bundesstaaten verwendet werden. Nach dem Zusammenbruch einer Bank wurden die hinterlegten Staatstitel durch die Aufsichtsbehörde verkauft, um die Halter der Banknoten zu kompensieren. Außerdem existierten häufig noch weitgehende Regelungen zur Haftung der Eigentümer der Banken.

In der Periode der Bankfreiheit liefen in den Vereinigten Staaten eine Vielzahl von Noten der unterschiedlichsten Banken um. Hammond hält fest[730]:

> The paper currency used by the public, that is, comprised mainly the issues of about 1500 banks, operated under the jurisdiction of the several States.

Die Noten der verschiedenen Emittenten wurden mit unterschiedlichen Abschlägen akzeptiert. Einige Autoren sehen hier das Wirken des Anti-Greshamschen Gesetzes[731]. Sicherlich ist diese Interpretation nicht von der Hand zu weisen, zumal die für die Noten eines Emittenten angemessenen Abschläge regelmäßig in der Presse veröffentlicht wurden[732]. Die an einem spezifischen Ort vom Markt bestimmten Abschläge spiegelten allerdings in erster Linie die räumliche Distanz zu einem Emittenten und nur zweitrangig die Solidität einer Bank wieder.

Die Erfahrungen mit der Bankfreiheit in den Vereinigten Staaten in Amerika wurden in der Vergangenheit sehr negativ dargestellt[733]. Diese Einschätzung muß

---

[728] Vgl. Dowd, K. (1992a), S. 209, Economopoulos, A. J. (1986), S. 76f. und White, L. H. (1986), S. 893.

[729] Vgl. Conant, C. A. (1927), S. 374, Hammond, B. (1963), S. 8, Rolnick, A. J./ Weber, W. E. (1982), S. 11, Rolnick, A. J./Weber, W. E. (1983), S. 1082, King, R. G. (1983), S. 142, Rolnick, A. J./Weber, W. E. (1984), S. 271, Rolnick, A. J./Weber, W. E. (1986a), S. 879, Economopoulos, A. J. (1988), S. 250, Dowd, K. (1989), S. 135, Economopoulos, A. J. (1990), S. 422f., Dowd, K. (1992a), S. 207f. und Dwyer, G. P. (1996), S. 4.

[730] Hammond, B. (1941), S. 14.

[731] Vgl. Rahn, R. W. (1989), S. 356 und Seiche, F. (1997), S. 171.

[732] Vgl. Rockoff, H. (1974), S. 143 und Dwyer, G. P. (1996), S. 5f..

[733] Vgl. z. B. Hammond, B. (1941), S. 10, Friedman, M. (1960), S. 6f., Hammond, B. (1963), S. 9 und Cagan, P. (1963), S. 17.

insbesondere aufgrund der Arbeiten von Rockoff sowie Rolnick und Weber zumindest teilweise revidiert werden[734]. Vor allem New York verfügte in dieser Zeit über ein stabiles Geldwesen[735]. Dennoch erwiesen sich die Banken in einigen Bundesstaaten als krisenanfällig[736]. Diese Probleme ergaben sich aber vor allem aufgrund der staatlichen Eingriffen in das Geld- und Bankwesen.

So verhinderte das in vielen Bundesstaaten umgesetzte Verbot des Aufbaus von Zweigstellen eine regionale Risikodiversifikation bei der Vergabe von Krediten und die Entwicklung großer und bekannter Banken[737]. Die Noten solcher Banken hätten weitgehend ohne regionale Abschläge akzeptiert werden können, so daß Abschläge aufgrund von qualitativen Unterschieden nicht, wie damals üblich, von geographischen Faktoren überlagert worden wären.

Auch die Pflicht zur Deckung der Notenausgabe durch staatliche Wertpapiere erwies sich als problematisch weil eine stärkere Diversifikation der Aktiva der Banken behindert wurde[738]. So ergaben sich immer dann Bankenkrisen, wenn die Zahlungsfähigkeit eines Bundesstaates gefährdet war und die entsprechenden Staatstitel an Wert verloren. Diese Probleme zeigten sich mit der Sezession der Südstaaten auch in Wisconsin. Hier hatten viele Banken Wertpapiere von Staaten hinterlegt, die mit der Wahl Lincolns zum Präsidenten aus der Union ausgetreten waren. Die Wertpapiere dieser Staaten verloren nun aufgrund der veränderten politischen Lage plötzlich sehr stark an Wert, so daß einige Banken zusammenbrachen[739].

Häufig wird auf das sogenannten Wildcat Banking als großes Problem dieser Zeit verwiesen[740]. Hierbei handelt es sich um die betrügerische Herbeiführung des

---

[734] Vgl. Rockoff, H. (1974), S. 141ff., Rolnick, A. J./Weber, W. E. (1983), S. 1080ff., Rolnick, A. J./Weber, W. E. (1984), S. 267ff., Rockoff, H. (1985), S. 886ff. und Rolnick, A. J./Weber, W. E. (1986a), S. 877ff. sowie z. B. Timberlake, R. H. (1978), S. 84f., King, R. G. (1983), 141ff., Economopoulos, A. J. (1988), S. 253ff. und Dwyer, G. P. (1996), S. 7ff.. Kritisch hierzu Kahn, J. A. (1985), S. 881ff..

[735] Vgl. Rockoff, H. (1974), S. 142, King, R. G. (1983), S. 154, Rolnick, A. J./Weber, W. E. (1983), S. 1084 und Dwyer, G. P. (1996), S. 7. Siehe auch Kahn, J. A. (1985), S. 885.

[736] Vgl. Rockoff, H. (1974), S. 142, Rolnick, A. J./Weber, W. E. (1983), S. 1081, Kahn, J. A. (1985), S. 881ff., Rolnick, A. J./Weber, W. E. (1986a), S. 880 und Dowd, K. (1992a), S. 211ff..

[737] Vgl. White, L. H. (1983), S. 286, White, L. H. (1986), S. 893f., Bergman, U. M. u. a. (1998), S. 69 und Kroszner, R. S./Strahan, P. E. (1999), S. 1445. Jayaratne und Strahan halten zudem fest, daß entsprechende Beschränkungen schlecht geführte Banken vor der Konkurrenz durch gut geführte Banken schützen, siehe Jayaratne, J./Strahan, P. E. (1999), S. 8f. und S. 13.

[738] Vgl. White, L. H. (1983), S. 285f., White, L. H. (1986), S. 893 und Wells, D. R./Scruggs, L. S. (1986), S. 902.

[739] Vgl. Rolnick, A. J./Weber, W. E. (1986a), S. 886f. und Dwyer, G. P. (1996), S. 13.

[740] Vgl. Hammond, B. (1941), S. 10.

Zusammenbruchs einer Bank auf Kosten der Notenhalter[741]. White erklärt das Zustandekommen des Ausdrucks Wildcat Banking folgendermaßen[742]:

These issuers were the "wildcat" banks, so called because the bank offices were supposedly located out in the untamed forests among the wildcats.

Durch eine ungünstige geographische Lage sollte die Einlösung von Noten durch Geldhalter verhindert werden. Wildcat Banken waren jeweils nur für kurze Zeit aktiv und zogen sich, nachdem möglichst viele Noten ausgegeben worden waren, aus dem Geschäft zurück ohne die Ansprüche der Halter der Noten angemessen zu kompensieren[743].

Der Umfang des Wildcat Banking wurde aber in der Vergangenheit stark überschätzt[744]. Außerdem hätten solche betrügerischen Geschäfte durch die Pflicht zur Hinterlegung von Staatstiteln im Wert der produzierten Noten eigentlich unprofitabel sein müssen. Bei näherer Betrachtung zeigt sich daher, daß das Wildcat Banking erst durch eine zumindest in gewissen Staaten fehlerhafte Ausgestaltung der staatlichen Vorschriften zur Hinterlegung von Wertpapieren möglich wurde[745]. Dieser Umstand wird am Beispiel Minnesotas besonders deutlich. In diesem Bundesstaat kam es zu großen Problemen mit dem Wildcat Banking. Unter anderem war es den Banken in Minnesota erlaubt, Minnesota Railroad Bonds bei der Aufsichtsbehörde zu hinterlegen. Nachdem die Presse negative Informationen über die Eisenbahngesellschaften in Minnesota veröffentlicht hatte, sank der Wert dieser Wertpapiere dramatisch. Dennoch beschlossen die Aufsichtsbehörden, wie Rockoff festhält, bei der Hinterlegung von Minnesota Railroad Bonds einen Wert von 95 Prozent des Nennwertes anzusetzen[746]:

The railroad bonds, virtually worthless in the market, were accepted at 95 percent of par. The result was wildcat banking.

Somit kauften die Wildcat Banken diese Wertpapiere zum Marktpreis und hinterlegten sie zu 95 Prozent des Nennwertes bei der Aufsichtsbehörde um eine entsprechende Notenproduktion zu decken. Gold wurde nahezu nicht gehalten. Die

---

[741] Vgl. Hammond, B. (1941), S. 10, Rockoff, H. (1974), S. 145ff., Vaubel, R. (1978), S. 383, Rolnick, A. J./Weber, W. E. (1983), S. 1083, White, L. H. (1983), S. 287, Economopoulos, A. J. (1988), S. 251f., Dowd, K. (1992a), S. 217f., Dwyer, G. P. (1996), S. 1f. und Rashid, S./Samad, A. (1996), S. 56.

[742] White, L. H. (1983), S. 287.

[743] Studien von Dwyer sowie Rashid und Samad zeigen jedoch keine Konzentration von Banken in unzugänglichen Gegenden, vgl. Dwyer, G. P. (1996), S. 12ff. und Rashid, S./Samad, A. (1996), S. 71f..

[744] Vgl. Rolnick, A. J./Weber, W. E. (1983), S. 1083f., White, L. H. (1983), S. 287, Rolnick, A. J./Weber, W. E. (1984), S. 276ff., Friedman, M./Schwartz, A. J. (1986), S. 49 und Iftekhar, H. /Dwyer, G. P. (1994), S. 280ff..

[745] Vgl. Rockoff, H. (1974), S. 145f. und Benston, G. J. (1986), S. 13f..

[746] Rockoff, H. (1974), S. 147.

häufig abgeschiedene Lage der Banken schützte zunächst weitgehend vor Einlösungen[747]. Sobald es dennoch zu vermehrten Einlösungen von Noten kam, zog sich die Bank zurück und überließ den Haltern der Noten die nahezu wertlosen Wertpapiere. Somit kam es zu einem unter Umständen beträchtlichen Vermögenstransfer von den Geldhaltern zu den betrügerischen Bankiers[748].

Rockoff gibt zu bedenken, daß die Stabilität der bankfreiheitlichen Systeme im Osten der Vereinigten Staaten von Amerika generell größer war als in den westlichen Bundesstaaten (frontier states); einen Grund hierfür sieht er darin, daß die Wirtschaftssubjekte in den Metropolen an der Ostküste mehr Erfahrungen in Fragen des Geld- und Bankwesens hatten[749]. Eine ähnliche Interpretation der historischen Ereignisse findet sich bereits bei Hammond[750]. Möglicherweise ergab sich die geringere Stabilität in den westlichen Bundesstaaten auch, weil sich Forderungen im „Wilden Westen" schwerer durchsetzen ließen.

Auch bezogen auf das Interbankenclearing haben in den einzelnen Bundesstaaten die unterschiedlichsten Arrangements bestanden. Besonders interessant und bekannt ist das Suffolk System. Die Suffolk Bank wurde mit einer staatlichen Charta im Jahr 1818 in Boston gegründet und entwickelte sich nach und nach zum Zentrum eines von vielen Autoren als vorbildlich angesehenen privaten Clearingsystems für ganz New England[751]. Die Noten der Banken, die diesem Clearingsystem beitraten, wurden überall in New England ohne Abschlag akzeptiert[752]. Alle Mitglieder des Systems mußten eine unverzinsliche Einlage in Höhe von zwei Prozent des Eigenkapitals bei der Suffolk Bank halten; Banken außerhalb von Boston wurden von der Suffolk Bank gezwungen, noch zusätzliche unverzinsliche Einlagen zu unterhalten[753].

Das Clearing konnte in diesem System schnell und effizient durchgeführt werden, so daß es zu einer Begrenzung von Überemissionen kam[754]. Außerdem übte die Suffolk Bank Druck auf die angeschlossenen Banken aus, um zum Beispiel eine auf Stabilität ausgelegte Kreditvergabe zu erwirken[755]. Es ist zwar unbestritten, daß das Suffolk System ein effizientes Clearing gewährleistete, die Suffolk Bank wird aber auch kritisiert. So war die Bank stets bestrebt, die Monopolstel-

---

[747] Vgl. Rockoff, H. (1974), S. 148.
[748] Vgl. Rockoff, H. (1974), S. 149.
[749] Vgl. Rockoff, H. (1985), S. 888.
[750] Vgl. Hammond, B. (1941), S. 10.
[751] Vgl. Conant, C. A. (1927), S. 367f., Hammond, B. (1941), S. 18f., Lake, W. S. (1947), S. 186f., Smith, V. C. (1990), S. 49, Bordo, M. D./Schwartz, A. J. (1995), S. 457f. und Calomiris, C. W./Kahn, C. M. (1996), S. 774.
[752] Vgl. Lake, W. S. (1947), S. 189, Mullineaux, D. J. (1987), S. 891, Calomiris, C. W./Kahn, C. M. (1996), S. 767, Rolnick, A. J. u. a. (1998), S. 105 und Smith, B. D./Weber, W. E. (1999), S. 628.
[753] Vgl. Lake, W. S. (1947), S. 186f., Rolnick, A. J. u. a. (1998), S. 107f. und Smith, B. D. /Weber, W. E. (1999), S. 628.
[754] Vgl. Lake, W. S. (1947), S. 189f. und Calomiris, C. W./Kahn, C. M. (1996), S. 775.
[755] Vgl. Mullineaux, D. J. (1987), S. 891 und Calomiris, C. W./Kahn, C. M. (1996), S. 775.

lung für das Interbankenclearing in New England zu sichern. Banken, die am System nicht partizipieren wollten, wurden mit massiven und plötzlich vorgenommenen Noteneinlösungen bedroht. Hier kann sicherlich von Erpressung gesprochen werden. Calomiris und Kahn stellen fest[756]:

In this case, the Suffolk Bank clearly was selling "protection" against its own threats.

Die Suffolk Bank war insbesondere bei den Banken außerhalb Bostons unbeliebt. Im Jahre 1858 wurde in Boston ein zweites Clearingsystem etabliert[757]. Viele Banken wechselten zu dem neuen System, so daß sich die Suffolk Bank aus dem Interbankenclearing zurückziehen mußte[758].

Mit dem Beginn des Bürgerkrieges wurde auch das Ende der Bankfreiheit in den Vereinigten Staaten von Amerika eingeläutet. Die Bundesregierung benötigte dringend Mittel zur Finanzierung des Krieges und begann daher eigene Noten zu emittieren[759]. Aufgrund einer Reservemittelknappheit in der Folge dieser Ereignisse wurde die Goldkonvertibilität Ende 1861 ausgesetzt[760]. Der Bund hatte erkannt, daß sich im Geld- und Bankwesen weitere Mittel aufbringen ließen. Durch das National Banking Act wurde eine den Interessen des Bundes entgegenkommende Neuorganisation des Bankensystem in die Wege geleitet, wobei die Banken zum einen eine Steuer an den Bund zahlen mußten und zum anderen staatliche Wertpapiere des Bundes als Pfand für die Notenproduktion zu hinterlegen hatten, was die Nachfrage nach entsprechenden Staatstiteln erhöhte und somit den Kurs steigen ließ[761]. Noten von Banken, die weiterhin unter bundesstaatlicher Aufsicht verbleiben wollten, wurden mit einer hohen Strafsteuer belegt[762].

Zusammenfassend bleibt festzustellen, daß die Erfahrungen mit der Bankfreiheit in den Vereinigten Staaten von Amerika offensichtlich nicht als Argument gegen daß Vorliegen eines natürlichen Monopols im Bankwesen genutzt werden können, weil die Bildung großer Banken in vielen Staaten durch die Gesetzeslage unmöglich gemacht wurde. Gleichfalls sollten die beschriebenen Erfahrungen aber auch nicht dazu dienen, eine erhöhte Krisenanfälligkeit wettbewerblicher Geld-

---

756 Calomiris, C. W./Kahn, C. M. (1996), S. 777.

757 Vgl. Lake, W. S. (1947), S. 195f., Mullineaux, D. J. (1987), S. 895 und Rolnick, A. J. u. a. (1998), S. 110.

758 Vgl. Conant, C. A. (1927), S. 368f., Mullineaux, D. J. (1987), S. 896 und Rolnick, A. J. u. a. (1998), S. 111.

759 Vgl. Hew, F. (1976), S. 18, Timberlake, R. H. (1978), S. 85f., Smith, V. C. (1990), S. 53f., Dowd, K. (1989), S. 141 und Selgin, G. A./White, L. H. (1994a), S. 206f..

760 Vgl. Friedman, M./Schwartz, A. J. (1963), S. 7, Timberlake, R. H. (1978), S. 86 und Selgin, G. A./White, L. H. (1994a), S. 206.

761 Vgl. Hew, F. (1976), S. 18, White, E. N. (1983), S. 4f., White, L. H. (1988a), S. 305, Dowd, K. (1989), S. 141f. und Horwitz, S. (1990), S. 639.

762 Vgl. Conant, C. A. (1927), S. 411f., Friedman, M./Schwartz, A. J. (1963), S. 18f., Born, K. E. (1976), S. 44, Timberlake, R. H. (1978), S. 87, White, E. N. (1982), S. 34, Rothbard, M. N. (1984), S. 91, Wells, D. R./Scruggs, L. S. (1986), S. 902, Dwyer, G. P. (1996), S. 16 und Sylla, R. (1999), S. 267.

und Währungsordnung zu diagnostizieren. Zum einen war die Stabilität der bankfreiheitlichen Systeme in einigen Bundesstaaten, zum Beispiel in New York, überaus hoch. Zum anderen lassen sich die in einigen anderen Bundesstaaten beobachtbaren Probleme weitgehend auf staatliche Eingriffe zurückführen. Interessant ist, daß die Wirtschaftssubjekte trotz erhöhter Kalkulationskosten durchaus bereit waren, die verschiedensten Noten gegebenenfalls auch mit Abschlägen zu nutzen.

3.8.4 Die Bankfreiheit in anderen Ländern

Bankfreiheitliche Systeme haben in der Vergangenheit nicht nur in Schottland und in den Vereinigten Staaten von Amerika existiert. Weltweit liegt eine Vielzahl von mehr oder weniger gut dokumentierten Erfahrungen mit der Bankfreiheit vor. So gab es eine entsprechende Organisation des Geldwesens zum Beispiel in Australien, Frankreich, Kanada und der Schweiz[763]. Schuler stellt fest, daß in ungefähr 60 Länder zu unterschiedlichsten Zeiten mehr oder weniger gut dokumentierte bankfreiheitliche Systeme existiert haben[764].

Dies zeigt nach Schuler, daß im Geld- und Bankwesen kein natürliches Monopol vorliegt und daß von einer natürlichen Evolution der Zentralbanken nicht gesprochen werden kann[765]. Er hält fest[766]:

> Central banking was an imposition, not the outcome of the natural evolution of free banking.

Dabei sind die Gründe für das Ende der Bankfreiheit vielfältig; der Wunsch des Staates Seigniorage zu generieren spielte allerdings häufig eine wichtige Rolle[767].

Das Geld- und Bankwesen von Hong Kong wird, zumindest bis zur Neufassung der Bankordnung im Jahr 1964, gelegentlich als das vielleicht aktuellste Beispiel für ein System der Bankfreiheit angesehen[768]. Verschiedene private Banken hatten das Recht, Banknoten zu emittieren[769]. Die Banknoten mußten jedoch vollständig durch Gold gedeckt sein, wobei das Gold bei der staatlichen Aufsichtsbehörde zu hinterlegen war[770]. Zudem wurden Noten in kleinerer Denomination und alle Münzen ausschließlich vom Staat bereitgestellt[771]. Die Schöpfung von Depositen war dagegen nahezu unreguliert[772]. Erst mit der Neuordnung des Geld- und Bankwesens erfolgte hier ein verstärkter Eingriff des Staates. So wurden zum

---

763 Vgl. Vaubel, R. (1978), S. 362ff., Schuler, K. (1992), S. 7ff., Bordo, M. D./Schwartz, A. J. (1995), S. 459ff. und bezogen auf die erwähnten Länder Dowd, K. (1992b), S. 48ff., White, E. N. (1990), S. 251ff., Schuler, K. (1992a), S. 79ff. sowie Weber, E. J. (1992), S. 187ff..
764 Vgl. Schuler, K. (1992), S. 39.
765 Vgl. Schuler, K. (1992), S. 15f. und S. 39.
766 Schuler, K. (1992), S. 39.
767 Vgl. Schuler, K. (1992), S. 30ff..
768 Vgl. Chu, K. H. (1996), S. 50.
769 Vgl. Derix, H.-H. (1985), S. 347.
770 Vgl. Chu, K. H. (1999), S. 753.
771 Vgl. Chu, K. H. (1996), S. 50.
772 Vgl. Derix, H.-H. (1985), S. 347 und Chu, K. H. (1999), S. 753.

Beispiel Vorschriften bezüglich des von einer Bank mindestens zu haltenden Eigenkapitals erlassen. Aufgrund der weitgehenden Deckungsvorschriften für Banknoten, die eine Bargeldschöpfung durch Kreditvergabe verhinderten, kann Hong Kong aber auch vor 1964 nicht als ein System der Bankfreiheit angesehen werden. Dennoch muß Hong Kongs Geld- und Währungsordnung in dieser Zeit, aufgrund des Fehlens sowohl einer Zentralbank als auch einer staatlichen Einlagenversicherung und der nahezu unregulierten Schöpfung von Depositen, als überaus liberal bezeichnet werden[773]. Es ist daher interessant, daß im relevanten Zeitraum eine außerordentlich hohe Stabilität des Preisniveaus herrschte. So war der Zuwachs des durchschnittlichen Preisindexes für die Lebenshaltung in den Jahren 1948 bis 1954 mit -0,6 Prozent sogar negativ und betrug für die Jahre 1954 bis 1964 nur 0,5 Prozent[774]. Zum Vergleich sei hier auf die Bundesrepublik Deutschland verwiesen, wo der Zuwachs des entsprechenden durchschnittlichen Preisindexes in den Jahren 1954 bis 1964 immerhin 2,1 Prozent betragen hat[775]. Zudem kam es in Hong Kong bis zum Jahr 1964 zu keinen Bankenzusammenbrüchen[776].

3.8.5 Währungssubstitution

Währungssubstitution beschreibt einen Zustand, in dem die Wirtschaftssubjekte eines Landes Geld und Geldkapital halten, das in einer ausländischen Währung denominiert ist[777]. Es handelt sich also um eine Währungskonkurrenz zwischen verschiedenen staatlichen Währungen, wobei ausländische Währungen von den Wirtschaftssubjekten vor allem genutzt werden, um einen Kaufkraftverlust aufgrund inflationärer Tendenzen der heimischen Währung zu verhindern. Anders ausgedrückt beruht das Phänomen der Währungssubstitution weitestgehend auf den erwarteten Veränderungen des Wechselkurses der betreffenden Währungen[778].

Die empirische Relevanz des Phänomens Währungssubstitution ist für entwickelte Länder mit relativ stabilen Währungen umstritten. So sieht Copeland in den westlichen Industrienationen derzeit keine signifikante Bedeutung der Währungssubstitution[779]:

> (...) (C)an currency substitution be ignored? So far, the answer seems to be: yes, at least for the industrialized countries.

Auch Neldner kann für Deutschland keine Währungssubstitution in größerem Ausmaß nachweisen[780]. Allerdings betont Copeland, daß die Währungssubstituti-

---

[773] Vgl. Derix, H.-H. (1985), S. 349, Mullineux, A. (1987a), S. 206 und Chu, K. H. (1996), S. 50.
[774] Vgl. Derix, H.-H. (1985), S. 349.
[775] Vgl. Derix, H.-H. (1985), S. 349.
[776] Vgl. Chu, K. H. (1996), S. 52f..
[777] Vgl. Böhm, P. (1984), S. 7, Visser, H. (1991), S. 111f. und Copeland, L. S. (1994), S. 264f..
[778] Vgl. McKinnon, R. I. (1982), S. 320.
[779] Copeland, L. S. (1994), S. 275.
[780] Vgl. Neldner, M. (1987), S. 99ff..

on aufgrund der zunehmenden Globalisierung und Deregulierung der Finanzmärkte durchaus auch in entwickelten Ländern mit recht stabilen Währungen an Bedeutung gewinnen könnte[781]. Allgemein darf wohl festgehalten werden, daß die inländischen Wirtschaftssubjekte in den westlich geprägten Industrienationen finanzielle Aktiva, die in ausländischen Währungen denominiert sind, derzeit nicht als Tausch- und Zahlungsmittel sondern, wenn überhaupt, als Wertaufbewahrungsmittel halten. Bei diesen finanziellen Aktiva handelt es sich daher auch weniger um Geld und mehr um Geldkapital, so zum Beispiel Anleihen ausländischer Staaten.

Anders sieht die Situation in den weniger entwickelten Nationen aus[782]. So werden zum Beispiel sowohl der US-Dollar als auch die Deutsche Mark in fast ganz Osteuropa als Tausch- und Zahlungsmittel genutzt. Folglich wird in diesen Ländern von den Wirtschaftssubjekten auch in großem Maße ausländisches Bargeld gehalten. Es ist geschätzt worden, daß in den 90er Jahren zwischen 180 und 300 Milliarden US-Dollar (circa 50 bis 75 Prozent der Bargeldbestände) als Bargeld außerhalb der Vereinigten Staaten von Amerika umliefen[783]. Eine Untersuchung von Seitz ergab für das Jahr 1994, daß 30 bis 40 Prozent des deutschen Bargeldes, also bis zu 90 Milliarden D-Mark, im Ausland gehalten wurden[784].

Einige Autoren sehen in der Währungssubstitution eine Bedrohung für die nationale Geldpolitik. Dabei werden insbesondere negative Auswirkungen auf die Aussagefähigkeit der Geldmengenaggregate befürchtet[785]. So führt Böhm aus, daß die in den Jahren 1977 und 1978 beobachtbare starke Überschreitung der Geldmengenziele in Deutschland auf die steigende Nutzung der Deutschen Mark im Ausland zurückzuführen war[786]. Das Hauptproblem für eine Zentralbank liegt darin, daß die Geldnachfrage aufgrund des Phänomens Währungssubstitution sehr schwankend sein dürfte; diese Schwankungen folgen vor allem aus der hohen Sensitivität, mit der die ausländische Nachfrage nach inländischem Geld auf veränderte Wechselkurserwartungen reagieren wird[787].

3.8.6 Tauschringe und lokale Währungen

Tauschringe stellen eine Möglichkeit zur Verrechnung von Leistungen innerhalb geschlossener solidarischer Gemeinschaften dar[788]. In Deutschland existieren derzeit circa 200 lokal eng abgegrenzte Tauschringe. Die Dienstleistung, die diese Tauschringe erbringen, besteht darin, daß die Leistungen, die ein Mitglied des

---

781 Vgl. Copeland, L. S. (1994), S. 275.
782 Vgl. Visser, H. (1991), S. 112 und 140.
783 Vgl. Kindleberger, C. P. (1992), S. 16, Porter, R. D./Judson, R. A. (1996), S. 899 und Haslag, J. H. (1996), S. 8.
784 Vgl. Seitz, F. (1995), S. 49 und S. 54.
785 Vgl. z. B. McKinnon, R. I. (1982), S. 320 und Böhm, P. (1984), S. 8f..
786 Vgl. Böhm, P. (1984), S. 8f..
787 Vgl. Böhm, P. (1984), S. 8f. und Visser, H. (1991), S. 140f..
788 Vgl. Becker, H. (1999), S. 31.

Tauschringes für ein anderes Mitglied erbringt, auf den Konten der Mitglieder verbucht werden. Dabei werden innerhalb des Tauschringes generell keine Zinsen gezahlt[789]. Eine weitere Aufgabe der Verwaltung des Tauschringes liegt darin, bekanntzugeben, welche Leistungen von den jeweiligen Mitgliedern angeboten werden[790]. Für diese Dienstleistungen entrichten die Mitglieder einen Beitrag an die Verwaltung.

Die Mitglieder partizipieren aus verschiedenen Gründen an Tauschringen. Neben einer verstärkten Einbindung in die lokale Gemeinschaft und anderen sozialen Beweggründen bestehen durchaus auch wirtschaftliche Motive. In diesem Zusammenhang ist zunächst an die Möglichkeit der zinslosen Kreditaufnahme zu denken[791]. Weiterhin können Tauschringe auch als Marketingmaßnahme und zusätzlicher Absatzmarkt für Unternehmen interessant sein[792]. Der Erfolg eines Tauschringes hängt dabei nach Becker entscheidend davon ab, daß auch Güter des täglichen Bedarfs im Tauschring erhältlich sind[793].

Durch den Tauschring wird auch ohne die Nutzung des staatlichen Geldes ein indirekter Tausch zwischen den Mitgliedern eines Tauschringes möglich, so daß das Problem der doppelten Koinzidenz der Wünsche des einfachen Tausches umgangen wird. Dabei basieren die Tauschringe auf lokalen Währungen. Die Recheneinheit einer lokalen Währung stellt häufig eine Zeiteinheit dar[794]. Damit tauschen die Mitglieder im Rahmen des lokalen Wirtschaftssystems Tauschring Arbeitszeit untereinander. In vielen Tauschringen ist es üblich, bei der Bewertung einer Leistung nur die Arbeitszeit zu berücksichtigen. Ein solcher rein quantitativer Ansatz abstrahiert völlig von qualitativen Unterschieden des Faktors Arbeit, die sich zum Beispiel aufgrund der unterschiedlichen Humankapitalausstattung der Mitglieder ergeben. Daher mag eine solche Ausgestaltung eines Tauschringes zur Organisation der Nachbarschaftshilfe und in allen Fällen, in den nicht wirtschaftliche, sondern soziale Ziele für die Gründung eines Tauschringes maßgeblich sind, geeignet sein; als Muster für den Aufbau einer wettbewerblichen Geld- und Währungsordnung können solche Systeme allerdings nicht dienen.

Folglich ist es nicht verwunderlich, daß auch Tauschringe existieren, die andere Recheneinheiten nutzen[795]. So bestehen Tauschringe, die bestimmte Güter als Recheneinheit verwenden. Andere Tauschringe binden ihre lokale Währung an eine staatliche Währung. Douthwaite und Diefenbacher raten aber von dieser Variante ab, um dem Staat die Erhebung von Steuern auf Einkommen aus Leistungen innerhalb des Tauschringes nicht unnötig zu erleichtern[796]. Die steuerliche Be-

---

789 Vgl. Schneider, C. (1994), S. 11 und Douthwaite, R./Diefenbacher, H. (1998), S. 88.
790 Vgl. Schneider, C. (1994), S. 11 und Douthwaite, R./Diefenbacher, H. (1998), S. 90.
791 Vgl. Creutz, H. (1994), S. 19f. und Ehrentreich, N. (1999), S. 27.
792 Vgl. Schneider, C. (1994), S. 13.
793 Vgl. Becker, H. (1999), S. 31.
794 Vgl. Douthwaite, R./Diefenbacher, H. (1998), S. 86.
795 Vgl. Douthwaite, R./Diefenbacher, H. (1998), S. 86.
796 Vgl. Douthwaite, R./Diefenbacher, H. (1998), S. 95.

handlung solcher Einkommen ist in Deutschland noch unklar und der Staat scheint den Tauschringen keine besondere Bedeutung zuzumessen. Offensichtlich ist aber, das die Finanzbehörden Steuerzahlungen mit den lokalen Währungen ablehnen werden, so daß die Existenz eines Wechselkurses zwischen einer lokalen und der staatlichen Währung die Bestimmung des geldwerten Vorteils der im Rahmen des Tauschringes erbrachten Leistungen vereinfachen würde.

Es stellt sich aber die Frage, wie die Stabilität der lokalen Währung eines Tauschringes gewährleistet wird. Douthwaite und Diefenbacher erläutern einen Mechanismus, der nach ihrer Meinung die Geldschöpfung eines Tauschringes begrenzt[797]:

> Das Schöne an einem Tauschring ist, daß die sich im Umlauf befindende Geldmenge immer in einem angemessenen Verhältnis zum Handelsvolumen steht (...). Bei einem Rückgang des Handels werden die Währungseinheiten so lange aufgezehrt, bis die Mitglieder ihren gegenseitigen Verpflichtungen nachgekommen sind und ihre Konten auf das Ausgangsniveau zurückgebracht haben.

Der beschriebene Mechanismus kann aber nicht funktionieren, wenn die Mitglieder des Tauschringes sich ökonomisch rational verhalten. Denn rationale Wirtschaftssubjekte werden die Möglichkeit der Aufnahme zinsloser Kredite durch Überziehung ihres Kontos nutzen[798]. Mit anderen Worten werden ökonomisch rational handelnde Mitglieder ihr Konto durch Inanspruchnahme verschiedenster Leistungen möglichst stark überziehen und von einer Bereitstellung eigener Leistungen innerhalb des Tauschringes absehen. Somit muß der Tauschring zusammenbrechen, sobald eine gewisse Anzahl von rational handelnden Wirtschaftssubjekten Mitglied geworden ist.

Douthwaite und Diefenbacher, die ein solches Verhalten in der Praxis aufgrund der engen sozialen Beziehungen zwischen den Mitgliedern eines Tauschringes allerdings nicht beobachten konnten, sowie Creutz sprechen sich daher für Kreditlimits in Tauschringen aus[799]. Auch diese Maßnahme kann aber die Funktionsfähigkeit des Tauschringes nicht gewährleisten. Zwar wird eine unendliche Kreditgeldschöpfung durch die Limits verhindert, dennoch besteht für rationale Wirtschaftssubjekte der Anreiz, die Kreditlimits voll auszunutzen. Schneider hält daher fest[800]:

> Sofern Kredite nicht binnen einer vorher festgelegten Frist (...) mit eigenen Leistungen beglichen werden, hat die Rückzahlung in der jeweiligen Landeswährung auf ein von der Zentrale verwaltetes Treuhandkonto zu erfolgen.

Eine entsprechende Maßnahme wird auch von Creutz angesprochen, wobei dieser jedoch betont, daß für Tauschringmitglieder trotz einer solchen Regelung weiter-

---

797 Douthwaite, R./Diefenbacher, H. (1998), S. 100.
798 Vgl. Creutz, H. (1994), S. 19f. und Ehrentreich, N. (1999), S. 26f..
799 Vgl. Creutz, H. (1994), S. 20 und Douthwaite, R./Diefenbacher, H. (1998), S. 98f..
800 Schneider, C. (1994), S. 11.

hin der Anreiz besteht, die eigene Leistungserbringung möglichst lange herauszuzögern[801].

Einige Tauschringe emittieren neben Geldeinheiten auf Konten auch eigene Noten, so daß es interessierten Nichtmitgliedern möglich ist, am Tauschring zu partizipieren[802]. Eine Ausgabe von Bargeld ist in Deutschland aus juristischen Gründen nicht möglich[803]. Allerdings behelfen sich einige deutsche Tauschringe mit der Herausgabe von Gutscheinen, die faktisch als Bargeld betrachtet werden können. Eine der derzeit wohl erfolgreichsten lokalen Währungen mit eigenem Papiergeld existiert in den Vereinigten Staaten von Amerika in der Stadt Ithaca. Diese lokale Währung wird von vielen Geschäften akzeptiert und auch der örtliche Kreditverein nimmt die Währung zu Ratenzahlungen und Kredittilgungen an[804].

Der größte Tauschring der Welt existiert in der Schweiz. Dieser sogenannte WIR-Wirtschaftsring verfügt über mehr als 55000 Mitglieder und steht nur Unternehmern und Gewerbetreibenden offen[805]. In Deutschland sollte zum Beispiel sogar die Stadt München durch ein Bürgerbegehren zur Partizipation an einem Tauschring gezwungen werden[806].

Allgemein kann festgestellt werden, daß die Betrachtung von Tauschringen kaum Aufschlüsse für die Untersuchung von wettbewerblichen Geld- und Währungsordnungen geben kann, weil Tauschringe primär nicht auf ökonomische Ziele ausgerichtet sind, sondern andere Faktoren, zum Beispiel die Stärkung der nachbarschaftlichen Beziehungen, im Vordergrund stehen. Außerdem stellen Tauschringe derzeit eher unbedeutende Erscheinungen am Rande der Volkswirtschaft in einer juristischen Grauzone dar. Folglich ist es auch nicht verwunderlich, daß die meisten Tauschringe wirtschaftlich wenig erfolgreich agieren[807]. Creutz stellt fest[808]:

> Alternative Tausch- und Verrechnungsmodelle können nicht zu Schleichwegen aus dem Labyrinth falscher Geldordnungsstrukturen werden (...). Trotz dieser Vorbehalte ist es ohne Zweifel sinnvoll, sich über solche Alternativen Gedanken zu machen.

Dieser Feststellung kann voll zugestimmt werden.

Möglicherweise ergibt sich auch eine steigende Bedeutung von Tauschringen im Internet. Allerdings benötigen auf wirtschaftliche Faktoren ausgelegte Systeme eine geeignete Organisationsform, um die aufgezeigten Probleme zu umgehen. Überlegungen hierzu sollen später angestellt werden.

---

801 Vgl. Creutz, H. (1994), S. 20.
802 Vgl. Douthwaite, R./Diefenbacher, H. (1998), S. 92.
803 Vgl. Mayer, T. (1999), S. 26f..
804 Vgl. Douthwaite, R./Diefenbacher, H. (1998), S. 106.
805 Vgl. Creutz, H. (1994), S. 20f. und Schneider, C. (1994), S. 12.
806 Vgl. Ehrentreich, N. (1999), S. 25ff. und Mayer, T. (1999), S. 26ff..
807 Vgl. Douthwaite, R./Diefenbacher, H. (1998), S. 100.
808 Creutz, H. (1994), S. 28.

In jedem Fall hat die Betrachtung von Tauschringen und lokalen Währungen aber gezeigt, daß Wirtschaftssubjekte offensichtlich bereit sind, neue Währungen parallel zu der staatlichen Währung ihres Landes zu nutzen, wenn diese weiteren Währungen in irgendeiner Form die Präferenzen der Wirtschaftssubjekte befriedigen.

3.8.7 Offshore-Märkte

Auf Offshore-Märkten betreiben private Geschäftsbanken finanzielle Intermediation, wobei auf der Basis verschiedener staatlicher Währungen, vor allem jedoch des US-Dollar und der Deutschen Mark, im Einlagengeschäft Depositen von Überschußeinheiten angenommen und im Kreditgeschäft Kredite an Defiziteinheiten vergeben werden. Dabei handelt es sich bei den Offshore-Märkten um externe Märkte. Die Banken operieren also außerhalb der Einflußsphären von staatlichen Regulatoren und Zentralbanken. Wichtige Zentren der Offshore-Märkte sind neben Großbritannien, Luxemburg und Singapur auch Panama, die Bahamas sowie die Cayman Islands[809].

Das Entstehen der Offshore-Märkte hängt eng mit der staatlichen Regulierung der Finanz- und Kapitalmärkte zusammen. So kann der Ursprung des Eurodollar-Marktes, also des ersten und auch heute noch bedeutendsten Offshore-Marktes, in der Regulation Q gesehen werden, die die Verzinsung von Depositen durch Banken in den Vereinigten Staaten von Amerika stark eingeschränkt hat[810]. Banken weichen auf den Offshore-Märkten, die aufgrund der Vorreiterrolle des Eurodollar-Marktes Ende der 50er Jahre auch allgemein als Euro-Märkte bezeichnet werden, aber natürlich auch anderen staatlichen Regulierungsmaßnahmen aus. Beispiel hierfür sind Mindestreserve, Einlagenversicherung und Vorschriften bezüglich des Eigenkapitals; daher können diese Banken mit einer kleineren Zinsmarge arbeiten[811]. Das heißt sie sind in der Lage, sowohl höhere Zinsen auf Einlagen zu zahlen als auch geringere Zinsen für Kredite zu fordern. Außerdem können sie ihren Kunden verschiedenste vor allem derivative Finanzinstrumente anbieten, die auf staatlich regulierten Märkten zumindest teilweise nicht zugelassen sind. Aliber hält daher bezogen auf die Attraktivität des Angebots der Banken auf Offshore-Märkten fest[812]:

> Some (...) factors affect the return attached to assets, others the risk attached to these assets.

---

[809] Vgl. Zumpfort, W.-D. (1977), S. 20f., Gerhardt, W. (1984), S. 39 und Mullineux, A. (1987a), S. 205.

[810] Vgl. Zumpfort, W.-D. (1977), S. 17, Maier, G. (1983), Gerhardt, W. (1984), S. 37, Miller, M. H. (1986), S. 462, Löhr, D. (1991), S. 170 und Haidl, A. (1991), S. 4.

[811] Vgl. Gerhardt, W. (1984), S. 38f., Mullineux, A. (1987a), S. 205, Walter, N. (1989), S. 27 und Malliaropulos, D. (1990), S. 2.

[812] Aliber, R. Z. (1985), S. 79.

Dabei dürfte für die meisten Wirtschaftssubjekte der erste Faktor besonders relevant sein[813].

Zwar werden auf den Offshore-Märkten die verschiedensten Finanzdienstleistungen auf der Basis aller international bedeutenden Währungen angeboten, allerdings existieren im Einlagengeschäft nahezu keine Sichtdepositen mit unmittelbarer Fälligkeit[814]. Die liquideste Form der Einlagen auf den Offshore-Märkten stellen Termindepositen mit sehr kurzer Laufzeit und Kündigungsfrist dar[815]. Die höchste Liquidität hat folglich das Tagesgeld. Weil praktisch keine Einlagen mit unmittelbarer Fälligkeit angeboten werden, können die auf den Offshore-Märkten tätigen Banken eine weitgehende Synchronisation im Einlagen- und Kreditgeschäft erreichen. Daher müssen die Banken in nur sehr geringem Maße Reserven halten[816].

Einige Autoren sehen in den Offshore-Märkten eine große Bedrohung für die Geldpolitik staatlicher Zentralbanken[817]. Solche Befürchtungen basieren auf dem herkömmlichen Geldmultiplikatoransatz und ähneln den bereits vorgestellten Überlegungen, die auf der Grundlage der Geldmultiplikatoranalyse ein hohes Inflationspotential durch die Einführung des elektronischen Geldes vorhersehen.

Glasner stellt fest, daß die Offshore-Märkte für jede angebotene Währung, vor allem US-Dollar, D-Mark und Yen, ein bankfreiheitliches System bilden, wobei das Einlösungs- und Reservemedium die entsprechende nationale Währung darstellt[818]. Somit arbeiten die Offshore-Märkte entsprechend der Theorie der Bankfreiheit. Überemissionen werden durch die Konvertibilität der Depositen in Zentralbankgeld und den Clearingmechanismus zwischen den Banken verhindert. Dabei ist das Clearing auf den Offshore-Märkten eng mit den Interbankenclearingsystemen auf den nationalen Märkten verzahnt[819]. Folglich haben die nationalen Zentralbanken, als Produzent des Reservemediums, einerseits auch gewisse Einflußmöglichkeiten auf die Verhaltensweise der Offshore-Banken. Andererseits beeinflussen die Banken auf Offshore-Märkten auch das Verhalten der nationalen Zentralbanken. Außerdem existiert auf den Offshore-Märkten eine Währungskonkurrenz zwischen den international wichtigen Währungen: So hat hier zum Beispiel die verhältnismäßig wertstabile Deutsche Mark in den 80er Jahren stark an Bedeutung gewonnen[820].

Wie bei allen bankfreiheitlichen Systemen haben viele Ökonomen den Zusammenbruch der Offshore-Märkte seit der Einführung der Eurodollar-Märkte in

---

[813] Vgl. Aliber, R. Z. (1985), S. 82.
[814] Vgl. Glasner, D. (1989), S. 162f. und Malliaropulos, D. (1990), S. 4.
[815] Vgl. Malliaropulos, D. (1990), S. 3 und Saunders, A. (1987), S. 204.
[816] Vgl. Aliber, R. Z. (1985), S. 89 und Löhr, D. (1991), S. 182.
[817] Vgl. z. B. Emminger, O. (1970), S. 1072, Mullineux, A. (1987a), S. 205 sowie Aliber, R. Z. (1985), S. 89 und S. 96f..
[818] Vgl. Glasner, D. (1989), S. 161ff..
[819] Vgl. Aliber, R. Z. (1985), S. 90 und Löhr, D. (1991), S. 183.
[820] Vgl. Horwitz, S. (1992), S. 124.

den 50er Jahren vorhergesagt, zu einem solchen allgemeinen Zusammenbruch ist es in den letzten 50 Jahren aber nicht gekommen[821]. Vielmehr zeichnen sich die Offshore-Märkte durch hohe Zuwachsraten im Einlagen- und Kreditgeschäft aus[822]. Außerdem zeigt sich, daß auf den Offshore-Märkten, entsprechend der Theorie der Bankfreiheit, eine scharfe Konkurrenz zwischen den Anbietern herrscht[823]. Zudem sind die auf diesen Märkten aktiven Finanzintermediäre sehr innovationsfreudig. Haidl hält fest[824]:

The Euromarket of today is characterized by huge volumes of financing, cut-throat competition between participating banks, and a continuous flow of ever more complex financial innovations.

Haidl liefert mit diesen Ausführungen bezüglich der Offshore-Märkte eine geradezu idealtypische Beschreibung der Vorzüge eines bankfreiheitlichen Systems. Glasner stellt fest, daß sich die Vorzüge der Bankfreiheit anhand des Offshore-Banking zeigen lassen[825]:

The Eurodollar market therefore perfectly illustrates how stable and noninflationary a competitive free banking system is.

Die praktischen Erfahrungen mit Offshore-Märkte bestätigen also die theoretischen Überlegungen der Anhänger der Bankfreiheit und müssen als gewichtiges Argument für die Stabilität und Effizienz einer wettbewerblichen Geld- und Währungsordnung betrachtet werden.

3.9 Vorzüge und Probleme wettbewerblicher Geld- und Währungsordnungen

3.9.1 Das Problem der Zeitinkonsistenz staatlicher Geldpolitik

Ein ganz entscheidender Kritikpunkt an dem Wirken einer staatlichen Zentralbank folgt aus dem Problem der Zeitinkonsistenz der diskretionären Geldpolitik. Dieses Problem ergibt sich, weil es unter bestimmten Umständen für die Zentralbank optimal ist, eine Geldpolitik anzukündigen, dann aber, nachdem die privaten Wirtschaftssubjekte auf der Grundlage dieser Ankündigung ihre Erwartungen gebildet und entsprechende Verträge abgeschlossen haben, eine andere Geldpolitik durchzuführen und damit Inflation zu generieren[826].

---

[821] Vgl. Zumpfort, W.-D. (1977), S. 1, Glasner, D. (1989), S. 165 und Kroszner, R. S. (1999), S. 355.
[822] Vgl. Kloten, N. (1988), S. 71, Glasner, D. (1989), S. 164 und Kroszner, R. S. (1999), S. 355.
[823] Vgl. Gerhardt, W. (1984), S. 39 und Haidl, A. (1991), S. 5.
[824] Haidl, A. (1991), S. 5.
[825] Glasner, D. (1989), S. 164.
[826] Vgl. Blackburn, K./Christensen, M. (1989), S. 3 und Hagemeyer, R. (1998), S. 32ff.. Eine ähnliche Argumentationskette findet sich auch beim politischen Konjunkturzyklus, vgl. z. B. Nordhaus, W. D. (1975), S. 169ff., Frey, B. S. (1979), S. 107ff. und Willett, T. D./Banaian, K. (1988), S. 117ff..

Im Modell von Barro und Gordon wird davon ausgegangen, daß die optimalen Voraussetzungen für die Umsetzung einer diskretionären Geldpolitik vorliegen[827]. Um die grundlegende Problematik der diskretionären Geldpolitik klar hervorzuheben, wird daher von der üblichen Kritik, also den Wirkungsverzögerung der Geldpolitik sowie den eigenen Interessen der Regierung und der Zentralbankleitung, abstrahiert[828]. Im Modell kann die Zentralbank das Preisniveau folglich ohne die Problematik von Time-Lags perfekt steuern. Außerdem maximiert sie als wohlwollender Diktator die soziale Wohlfahrtsfunktion der betrachteten Volkswirtschaft. Die Interaktion zwischen Zentralbank und privaten Wirtschaftssubjekten wird als einmaliges sequentielles Spiel modelliert[829]. In diesem Spiel kündigt die Zentralbank zunächst eine Geldpolitik an. Die privaten Wirtschaftssubjekte bilden dann auf dieser Grundlage ihre Inflationserwartungen und schließen Verträge ab, die sie längerfristig an die Inflationserwartungen binden. Dabei sind Tarifverträge von besonderer Relevanz[830]. Nun führt die Zentralbank die Geldpolitik durch, ohne an vorherige Ankündigungen gebunden zu sein.

Das Modell besteht aus der sozialen Wohlfahrtsfunktion der Volkswirtschaft, die die Zielfunktion der Zentralbank darstellt, und der um die Erwartungen erweiterten modifizierten Phillips-Kurve. Wenn davon ausgegangen wird, daß die Zielinflationsrate $(\Delta p / p)^*$ gleich Null ist, ergibt sich die folgende, als Kostenfunktion ausgedrückte, Zielfunktion[831]:

$$(106) \qquad Z = g * (U - U^*)^2 + (\Delta p / p)^2 .$$

Es wird unterstellt, daß positive und negative Abweichungen der realisierten Arbeitslosigkeit U von der Zielarbeitslosigkeit U^* sowie positive und negative Inflationsraten soziale Kosten verursachen. Der Faktor g gewichtet dabei die Komponenten der Zielfunktion.

---

827 Vgl. Barro, R. J./Gordon, D. B. (1983), S. 589ff..

828 Bei Berücksichtigung der Interessen der Leitung der Zentralbank kann ein zusätzlicher Vorzug einer Regelbindung in der Einschränkung der Entscheidungsspielräume der bei der Zentralbank beschäftigten Bürokraten gesehen werden, vgl. Chant, J. F./Acheson, K. (1972), S. 31f.. Das Modell von Barro und Gordon ist auch um eine entsprechende Nutzenfunktion erweitert worden, siehe z. B. Walsh, C. E. (1995), S. 155 und Waller, C. J. (1995), S. 4. Auf einen weiteren wichtigen Vorzug einer regelgebundenen Geldpolitik, der im Modell von Barro und Gordon nicht berücksichtigt wird, nämlich die Stabilisierung der Inflationserwartungen, weisen eine Reihe von Autoren hin, vgl. z. B. Buchanan, J. M. (1983), S. 143f., Leijonhufvud, A. (1987), S. 139f., Fand, D. I. (1989), S. 325ff. und Taylor, J. B. (1997), S. 34f..

829 Aufgrund des Chain-Store-Paradoxons ergibt sich auch kein anderes Ergebnis, wenn das Spiel bis zu einem bestimmten Zeitpunkt wiederholt wird. Vgl. Blackburn, K./Christensen, M. (1989), S. 18 und Neumann, M. J. M. (1991), S. 98.

830 Vgl. Neumann, M. J. M. (1991), S. 97 und Kastner, S. (1994), S. 21.

831 Vgl. Barro, R. J./Gordon, D. B. (1983), S. 593 und Blackburn, K./Christensen, M. (1989), S. 9.

Die Nebenbedingung, unter der die Zentralbank die Zielfunktion minimiert, ist die um die Erwartungen erweiterte modifizierte Phillips-Kurve mit $h > 0$[832]:

(107) $$U = U_n - h * ((\Delta p / p) - (\Delta p / p)_e) .$$

Eine Abweichung der realisierten Arbeitslosigkeit U von der natürlichen Arbeitslosigkeit U_n ist nach dieser Funktion nur möglich, wenn die privaten Wirtschaftssubjekte die Inflationsrate nicht korrekt antizipieren. Dann weicht die realisierte Inflationsrate $(\Delta p / p)$ von der erwarteten Inflationsrate $(\Delta p / p)_e$ ab. Nun wird davon ausgegangen, daß die volkswirtschaftlich optimale Arbeitslosigkeit, die von der Zentralbank angestrebt wird, unter der natürlichen Arbeitslosigkeit liegt. Es soll mit $0 < k < 1$ gelten[833]:

(108) $$U^* = k * U_n .$$

Diese Annahme läßt sich mit allokativen Verzerrungen begründen. Solche Verzerrungen können zum Beispiel durch die Arbeitslosenversicherung oder die große Verhandlungsmacht der Gewerkschaften entstehen[834]. Durch Einsetzung von Gleichung (107) und Gleichung (108) in Gleichung (106) ergibt sich:

(109) $$Z = g * ((1 - k) * U_n - h * ((\Delta p / p) - (\Delta p / p)_e))^2 + (\Delta p / p)^2 .$$

Folglich gilt für die von der Zentralbank zu setzende optimale Inflationsrate:

(110) $$(\Delta p / p)^* = (h * g * (1 - k) * U_n + h^2 * g * (\Delta p / p)_e) / (1 + h^2 * g) .$$

Die optimale Inflationsrate ist also von der erwarteten Inflationsrate abhängig, die die einzige Aktionsvariable der privaten Wirtschaftssubjekte darstellt. Wenn die Zentralbank eine Inflationsrate von Null ankündigt und die privaten Wirtschaftssubjekte dieser Ankündigung Glauben schenken, was $(\Delta p / p)_e = 0$ bedeutet, so ist es für die Zentralbank optimal, folgende Inflationsrate zu setzen:

(111) $$(\Delta p / p)^* = (h * g * (1 - k) * U_n) / (1 + h^2 * g) .$$

Die Zentralbank wird also mit einer Überraschungsinflation den gesellschaftlichen Nutzen maximieren und sich nicht an die ursprüngliche Ankündigung halten.

---

[832] Vgl. Kydland, F. E./Prescott, E. C. (1977), S. 478 und Barro, R. J./Gordon, D. A. (1983), S. 592.

[833] Vgl. Barro, R. J./Gordon, D. A. (1983), S. 593 und Kastner, S. (1994), S. 20.

[834] Vgl. Barro, R. J./Gordon, D. A. (1983), S. 593, Canzoneri, M. B. (1985), S. 1058, Blackburn, K./Christensen, M. (1989), S. 10 und Kastner, S. (1994), S. 20.

Da die privaten Wirtschaftssubjekte aber über vollständige Informationen verfügen, werden sie das Problem der Zeitinkonsistenz erkennen. Folglich antizipieren die privaten Wirtschaftssubjekte die tatsächliche Inflationsrate von[835]:

(112) $$(\Delta p / p)^* = g * h * (1 - k) * U_n .$$

In dieser Situation kommt es nicht zu einem Sinken der Arbeitslosigkeit unter die natürliche Arbeitslosigkeit und außerdem ist die optimale Inflationsrate nun höher als im Fall der Überraschungsinflation[836]. Die sozialen Kosten betragen:

(113) $$Z = g * (1 + h^2 * g) * ((1 - k) * U_n)^2 .$$

Ein vorteilhafteres Ergebnis ließe sich durch eine glaubwürdige Regelbindung der Zentralbank erreichen[837]. Der Zentralbank sollte vorgeschrieben werden, keine Inflation herbeizuführen. Dann gilt[838]:

(114) $$(\Delta p / p) = (\Delta p / p)_e = 0 \text{ und}$$

(115) $$Z = g * ((1 - k) * U_n)^2 .$$

Nun nimmt die Arbeitslosigkeit auch die natürliche Rate an und es kommt zu keiner Inflation. Die gesellschaftliche Wohlfahrt ist bei einer Regelbindung höher als bei dem vergeblichen Versuch der Zentralbank, durch eine expansive Geldpolitik die sozialen Kosten zu senken (aber geringer als bei einer überraschenden Erhöhung der Inflation mit der Folge einer sinkenden Arbeitslosigkeit)[839]. Es handelt sich hier um ein Gefangenendilemma. Die privaten Wirtschaftssubjekte wissen aufgrund von rationalen Erwartungen, daß die Zentralbank den gesellschaftlichen Nutzen erhöhen kann, wenn eine Überraschungsinflation herbeigeführt wird, und rechnen folglich mit einer entsprechend erhöhten Inflation. Die Zentralbank muß daher eine expansive Geldpolitik durchführen, was die Wohlfahrt senkt, weil nun zwar die Inflationsrate steigt, die Arbeitslosigkeit aber nicht verringert wird; ohne den Anstieg der Inflationsrate würde nämlich aufgrund der Inflationserwartungen

---

835 Vgl. Barro, R. J./Gordon, D. A. (1983), S. 598 und Kastner, S. (1994), S. 22.

836 Vgl. Cukierman, A. (1986), S. 6, Neumann, M. J. M. (1991), S. 97 und Kastner, S. (1994), S. 22f..

837 Alesina weist explizit auf die Bedeutung der Glaubwürdigkeit der Regelbindung hin, vgl. Alesina, A. (1988), S. 181f.. Siehe auch Barro, R. J. (1982), S. 107, Cukierman, A. (1986), S. 6, Rasche, R. H. (1993), S. 6, Waller, C. J. (1995), S. 4f. und Willett, T. D. (1998), S. 805f.. In der Literatur werden auch Probleme bei der Schaffung von Glaubwürdigkeit diskutiert, vgl. Neumann, M. J. M. (1991), S. 97f. und Hagemeyer, R. (1998), S. 45f.. Siehe auch Aliber, R. Z. (1986), S. 120.

838 Vgl. Barro, R. J./Gordon, D. A. (1983), S. 597, Kastner, S. (1994), S. 23 und Hagemeyer, R. (1998), S. 43.

839 Vgl. Kydland, F. E./Prescott, E. C. (1977), S. 480 und Barro, R. J. (1986), S. 21.

der privaten Wirtschaftssubjekte eine noch geringere Wohlfahrt erreicht werden[840].

Grundsätzlich besteht, wie schon angedeutet, zudem das Problem, daß die Bürokraten der Zentralbank ihren eigenen Nutzen maximieren. In der Regel dürften qualifizierte Führungskräfte einer Zentralbank in der Privatwirtschaft ein höheres Einkommen erzielen können, so daß offenbar andere Faktoren für die Beschäftigung bei der Notenbank sprechen. In diesem Zusammenhang ist wohl vor allem an öffentliches Ansehen zu denken. Öffentliches Ansehen läßt sich insbesondere durch eine aktivistische Ausrichtung der Geldpolitik erzielen, weil dadurch eine größere Präsenz in den Medien erreicht wird. Somit besteht die Gefahr, daß im Rahmen eines Prozesse der Adversen Selektion vor allem Anhänger einer aktivistischen Geldpolitik führende Positionen bei der Zentralbank einnehmen werden[841]. Dies ist natürlich insbesondere im Rahmen der diskretionären Geldpolitik problematisch.

In der Literatur werden insbesondere verschiedene Varianten zweier Ansätze zur Lösung des Problems der Zeitinkonsistenz der Geldpolitik diskutiert. Der erste grundlegende Ansatz ist die schon erläuterte Regelbindung der Zentralbank, die eine diskretionäre Geldpolitik und somit die Herbeiführung einer Überraschungsinflation durch die Zentralbank unmöglich macht. Der zweite Ansatz ist die Sicherstellung der Unabhängigkeit der Zentralbank, um so die Geldversorgung zu entpolitisieren. Bisher kaum beachtet wurde, daß die Einführung einer wettbewerblichen Geld- und Währungsordnung ein weiterer Lösungsansatz für das beschriebene Problem der Zeitinkonsistenz ist[842]. Schließlich wird auch in einer wettbewerblichen Geld- und Währungsordnung die Geldschöpfung entpolitisiert. In der Nutzenfunktion einer privaten Bank spielt die Arbeitslosigkeit keine Rolle, so daß offensichtlich kein Anreiz besteht, aufgrund eines Beschäftigungsziels eine Überraschungsinflation herbeizuführen.

Außerdem können politische Gruppen zwar eine einzelne private Bank ähnlich leicht beeinflussen wie die staatliche Zentralbank, die Beeinflussung des gesamten Bankensystems einer wettbewerblichen Geld- und Währungsordnung dürfte aber unmöglich sein[843]. Auch aus diesem Grund gewährleistet eine wettbewerbliche Geld- und Währungsordnung die Entpolitisierung der Geldproduktion. Es bleibt nun noch zu untersuchen, ob die privaten Emissionsbanken aufgrund der Geldschöpfungsgewinne im Vergleich zu einer Zentralbank ein größeres Interesse an einer übermäßigen Ausweitung der Geldproduktion haben.

---

[840] Vgl. Cukierman, A. (1986), S. 6f., Kastner, S. (1994), S. 22, Walsh, C. E. (1995), S. 150 und Hagemeyer, R. (1998), S. 34f..

[841] Vgl. Kelly, W. A. u. a. (1988), S. 128.

[842] Vgl. White, L. H. (1988), S. 467ff., Picht, H. (1988), S. 407, Seiche, F. (1997), S. 97 und White, L. H. (1999), S. 207.

[843] Vgl. Gerding, R./Starbatty, J. (1980), S. 66ff. und Gerding, R. (1986), S. 144. Siehe auch Havrilesky, T. (1993), S. 50.

3.9.2 Der Seigniorage als Wohlfahrtseinbuße

White und Boudreaux gehen davon aus, daß private Geldemittenten aufgrund der Konkurrenz im Rahmen einer wettbewerblichen Geld- und Währungsordnung Zinsen auf die Haltung von Geld zahlen müssen und andere Leistungen, zum Beispiel eine größere Anzahl von Filialen, längere Öffnungszeiten, Maßnahmen zur Verhinderung von Fälschungen und die Sicherung der weitgehenden Annahme des Geldes, anbieten werden[844]. Daher folgt aus jeder Form eines staatlichen Geldschöpfungsmonopols eine Wohlfahrtseinbuße für die privaten Wirtschaftssubjekte. Die Bedeutung von nichtpreislichen Gelddienstleistungen in einem unregulierten Bankensystem ergibt sich vor allem, weil Zinszahlungen auf Bargeld zu großen praktischen Problemen führen[845]. White und Boudreux stellen fest[846]:

> A currency issuer with significant monopolistic power due to a legal entry barrier would, other things equal, provide *fewer* quality features to attract currency-holders than an issuer constrained by closer competition.

Die Wohlfahrtseinbuße der privaten Wirtschaftssubjekte, die sich im Seigniorage niederschlägt, ergibt sich also, weil der monopolistische Geldemittent aufgrund seiner marktbeherrschenden Stellung für die Kunden zum gleichen Preis weniger Leistungen erbringt als die Geldemittenten eines dem Wettbewerb unterworfenen Bankensystems.

Es wird allerdings argumentiert, daß ein Wettbewerb über nichtpreisliche Leistungen ineffizient ist, weil die Geldproduzenten nur um Kunden kämpfen, ohne „wirklich" bessere Leistungen zu erbringen, so daß der Seigniorage geradezu verschwendet wird[847]. Sumner führt aus[848]:

> The findings of this paper suggest that (...) a free banking system may result in seigniorage being dissipated in wasteful forms of nonprice competition.

Die Gegner von nichtpreislichen Leistungen im Bank- und Geldwesen scheinen in diesem Zusammenhang vor allem an die Kosten für Werbung zu denken[849]. Bei dieser Argumentation wird aber der Reputationsmechanismus übersehen. Werbung stellt für die Geldnachfrager einer Emissionsbank eine Investition in Vertrauenskapital dar. Wie gezeigt wurde, ist dieses Vertrauenskapital eine Geisel in den Händen der Nachfrager und hilft somit, einen Emittenten von unerwünschten

---

[844] Vgl. White, L. H./Boudreaux, D. J. (1998), S. 253ff., siehe auch Girton, L./Roper, D. (1979), S. 241f., White, L. H. (1990a), S. 378. und Woolsey, W. W. (1991), S. 77f..

[845] Vgl. Picht, H. (1988), S. 419f. und Woolsey, W. W. (1991), S. 78. McCulloch schlägt zur Überwindung dieser Probleme eine Lotterie vor, siehe McCulloch, J. H. (1986), S. 75. Siehe auch Hall, R. E. (1986), S. 226.

[846] White, L. H./Boudreaux, D. J. (1998), S. 257.

[847] Vgl. Sumner, S. (1993), S. 19ff., Illing, G. (1985), S. 127 und Hall, R. E. (1986), S. 226.

[848] Sumner, S. (1993), S. 26.

[849] Vgl. Sumner, S. (1993), S. 20 und Goldberg, V. P. (1986), S. 174.

Handlungen abzuhalten. Maßnahmen zur Bildung von Vertrauenskapital erhöhen daher ganz eindeutig die Qualität des Geldes.

Außerdem sollte allgemein davon ausgegangen werden, daß der Markt nur solche Leistungen akzeptieren wird, die auch als wohlfahrtssteigernd angesehen werden[850]. Es dürfte ohnehin kaum möglich sein a priori festzustellen, welche Gelddienstleistungen die Geldnachfrager für wohlfahrtssteigernd halten. Das Vertrauen in den Markt, hier die Spreu vom Weizen zu trennen, scheint aber angebracht zu sein.

Die Erfahrungen in Schottland ab 1726 zeigen jedenfalls, daß sich mit der Einführung der Konkurrenz in der Notenproduktion das Leistungsangebot der Banken verbessert hat, außerdem sind auch die Preise für die Nutzung der entsprechenden Dienstleistungen zurückgegangen, was sich in dramatisch sinkenden Gewinnen des ehemaligen Monopolisten manifestiert hat[851].

Natürlich muß bedacht werden, daß der Seigniorage dem Staat als Inflationssteuer dient und folglich den Staatshaushalt in unter Umständen beträchtlichem Maße trägt. Daher muß der Staat, wenn von der Möglichkeit zu Einsparungen und der Laffer-Kurve abgesehen wird, die Steuereinnahmen aus anderen Quellen erhöhen, um eine Kompensation für den im Rahmen der Einführung einer wettbewerblichen Geld- und Währungsordnung gesunkenen Seigniorage zu erreichen[852].

Es stellt sich nun die Frage, ob der Staat mit der einfach zu erhebenden Inflationssteuer nicht eine sehr effiziente Möglichkeit zur Generierung von Steuereinnahmen aus der Hand gibt. In diesem Zusammenhang existiert eine Vielzahl von Arbeiten, die sich, auf Überlegungen von Bailey aufbauend, mit der optimalen Gestaltung der Inflationssteuer beschäftigen[853]. Im Rahmen dieser Diskussion wird jedoch vielfach nicht berücksichtigt, daß ein Anstieg der Inflationsrate auch zu einer Erhöhung der Variabilität der Inflation führt, was eine verstärkte Unsicherheit bewirken kann, so daß unter Umständen letztlich das Sozialprodukt sinkt[854]. Banaian et al. zeigen, daß unter Berücksichtigung dieses Effektes, die vom Staat herbeizuführende Inflationsrate zur Erzielung der optimalen Inflationssteuer in nahezu allen im Rahmen ihrer Studie betrachteten Ländern sehr gering und unter bestimmten Umständen sogar negativ ist[855]. Sie halten daher fest[856]:

---

[850] Vgl. White, L. H. (1998) S. 44 und White, L. H./Boudreaux, D. J. (1998), S. 257.
[851] Vgl. White, L. H. (1982), S. 48f..
[852] Vgl. Illing, G. (1985), S. 127 und White, L. H. (1987a), S. 158.
[853] Vgl. Bailey, M. J. (1956), S. 93ff., Phelps, E. S. (1973), S. 67ff., Auernheimer, L. (1974), S. 599ff., Siegel, J. J. (1978), S. 297ff., Drazen, A. (1979), S. 233ff., Mankiw, N. G. (1987), S. 328ff., Lange, C. (1995), S. 119ff. und Lübbersmann, R. (1995), S. 23ff..
[854] Vgl. Louge, D. E./Willett, T. D. (1976), S. 151ff., Foster, E. (1978), S. 346ff., McClure, J. H./Willett, T. D. (1988), S. 180f., Ball, L. (1992), S. 371ff. Golob, J. E. (1994), S. 29ff. und Banaian, K. u. a. (1994), S. 32ff..
[855] Vgl. Banaian, K. u.a. (1994), S. 36f..
[856] Banaian, K. u. a. (1994), S. 31.

The traditional intuition of many economists that inflation is an inefficient form of taxation may be correct after all.

Außerdem sollte beachtet werden, daß der Seigniorage eine sehr gefährliche Form der Steuererhebung sein kann, weil es sich um eine eher versteckte Steuer handelt, so daß für den Staat unter Umständen aus fiskalischen Gründen ein Anreiz zur Herbeiführung einer übermäßigen Inflation besteht[857]. Banaian et al. geben daher folgendes zu bedenken[858]:

Governments would thus have political incentives to push inflation above the efficient rate.

Auch das Wirken der Bürokraten in der Zentralbank sollte in diesem Zusammenhang hinterfragt werden. Empirische Untersuchungen in den Vereinigten Staaten von Amerika haben gezeigt, daß die US-Zentralbank bei steigendem Seigniorage auch verstärkt zusätzliche Kosten verursacht (vor allem durch eine Erhöhung der Zahl der Mitarbeiter)[859]. Somit kann das Argument der effizienten Steuer nicht überzeugen und folglich nicht als Rechtfertigung für die Monopolrente Seigniorage dienen. Das Geldwesen, als Ersatz für den Walrasschen Auktionator, ist für eine Volkswirtschaft viel zu wichtig, um in den Händen von Bürokraten und vor allem auf ihre Wiederwahl bedachten Politikern als Quelle für Steuereinnahmen zu dienen[860]. Weitere Überlegungen hierzu sollen im Rahmen der Betrachtung der Zeitinkonsistenzproblematik bei privater Geldproduktion erfolgen.

3.9.3 Informations- und Transaktionskosten

Ein grundlegendes Problem wettbewerblicher Währungsordnungen dürfte die Steigerung der Informations- und Transaktionskosten sein. Dieses Problem tritt bei einem System der Währungskonkurrenz in besonders starkem Maße auf, da hier der Umgang mit verschiedenen Währungen den Tausch erschwert, so daß die Wirtschaftssubjekte eine Vielzahl von Preisen bekanntgeben und beobachten müs-

---

[857] Vgl. Schüller, A. (1977), S. 44, Bernholz, P. (1983), S. 404, Salerno, J. T. (1983), S. 245, Banaian, K. u. a. (1994), S. 39 und Selgin, G. A./White, L. H. (1999), S. 158.

[858] Banaian, K. u. a. (1994), S. 39.

[859] Es ist sogar nicht ausgeschlossen, daß die Geldschöpfung durch die US-Notenbank aktiv herbeigeführt worden ist, um das weitere Wachstum dieser Behörde zu finanzieren, vgl. Toma, M. (1982), S. 165ff., Shughart, W. F./Tollison, R. D. (1983), S. 291ff. und Boyes, W. J. u. a. (1988), S. 181ff.. Kritisch hierzu Mester, L. J. (1994), S. 125ff..

[860] Auch von der Theorie her muß das Argument einer optimale Besteuerung über den Seigniorage bei Verzerrungen durch die Erhebung anderer Steuern sehr kritisch beurteilt werden. Weil Geld als Tausch- und Zahlungsmittel dient sollte es nämlich als Zwischenprodukt betrachtet werden. Vgl. Kimbrough, K. P. (1986), S. 136f., Faig, M. (1988), S. 137ff. und Sargent, T. J. (1990), S. 155f.. Mankiw folgend muß diese Diskussion als noch nicht abgeschlossen gelten, vgl. Mankiw, N. G. (1987), S. 331.

sen[861]. Diese Ineffizienz wird zwar in der Bankfreiheit durch das Vorliegen einer einheitlichen Recheneinheit stark gemildert, aber auch hier fallen durch den Umlauf verschiedener Noten erhöhte Kosten an.

Weiterhin muß beachtet werden, daß die Einleger in allen wettbewerblichen Geld- und Währungsordnungen die Finanzintermediäre verstärkt überwachen müssen, was auch zu erhöhten Informations- und Transaktionskosten führt. Für die Einleger ergibt sich dabei eine große Schwierigkeit, weil es selbst für Experten kaum möglich ist, gut geführte Banken von schlecht geführten Banken zu unterscheiden[862]. Hierbei handelt es sich um ein Problem der asymmetrisch verteilten Informationen. Da das Bankgeschäft in hohem Maße auf Vertraulichkeit beruht, ist es den Banken nicht möglich, bestimmte wichtige Informationen, zum Beispiel bezogen auf die Solvenz von Kreditnehmern, bekanntzugeben. Daher können die Einleger die Geschäftspolitik einer Bank nicht direkt beobachten. Goodhart hält fest[863]:

> In the field of banking, for example, it is extremely difficult to distinguish between a relatively high rate of return that is offered because of greater efficiency and one that is offered because the institution is also undertaking a much riskier strategy (...).

Allerdings muß festgestellt werden, daß es im Interesse der gut geführten Banken liegt, Signale auszusenden, die eindeutige Rückschlüsse auf die Qualität eines Finanzintermediärs geben[864]. Chu führt aus[865]:

> Because of confidentiality of their business, banks cannot reveal directly but have to signal the quality of their management and loan portfolios instead.

Solche Signale können zum Beispiel eine verstärkte Reservehaltung oder ein hoher Bestand an Eigenkapital sein, wobei es im Interesse der soliden Banken liegt, dafür zu sorgen, daß die entsprechenden Signale für alle Wirtschaftssubjekte leicht zugänglich und gut zu verstehen sind[866]. Gut geführte Banken werden also mit anderen Worten die Transaktions- und Informationskosten, die bei ihrer Überwachung anfallen, so weit wie möglich minimieren.

Häufig wird argumentiert, daß der Umlauf verschiedener Noten die Möglichkeit der Fälschung von Banknoten verbessert. White konnte jedoch eine übermä-

---

[861] Vgl. Gehring, B. (1978), S. 457, Timm, H. (1979), S. 542, Edwards, J. R. (1980), S. 113f., Brunner, K. (1982), S. 14, Klamm, W. (1985), S. 23, Schöler, K. (1986), S. 354, Honeck, G. (1986), S. 86, Ellis, L. V. (1987), S. 142 und Nuck, S. W. (1994), S. 47f..

[862] Vgl. Goodhart, C. A. E. (1988), S. 63ff., Calomiris, C. W./Gorton, G. (1991), S. 128 und Chu, K. H. (1999), S. 748.

[863] Goodhart, C. A. E. (1988), S. 64.

[864] Vgl. Chu, K. H. (1999), S. 749 und 752f. sowie Wagner, R. E. (1986), S. 525, Beenstock, M. (1987), S. 182, Eisenbeis, R. A. (1990), S. 57, Horwitz, S. (1990), S. 645, Park, S. (1991), S. 285f., Dowd, K. (1993b), S. 15, Dowd, K. (1994), S. 296f. und Kaufman, G. G. (1997), S. 58.

[865] Chu, K. H. (1999), S. 749.

[866] Vgl. Chu, K. H. (1999), S. 749 sowie Dowd, K. (1993b), S. 15 und Dowd, K. (1999), S. 43.

ßige Zahl von Fälschungen in der Zeit der Bankfreiheit in Schottland nicht nachweisen[867]. Eine entsprechende Einschätzung der Situation in den Vereinigten Staaten von Amerika findet sich bei King[868].

Im Gegensatz zur Währungskonkurrenz und zur Bankfreiheit ist das Argument der steigenden Informations- und Transaktionskosten im BFH-System von keiner besonderen Bedeutung, da diese Kosten aufgrund der weitgehenden Nutzung von moderner Informations- und Kommunikationstechnologie in der Welt der Neuen Monetären Ökonomie kaum relevant sind[869].

3.9.4 Die Gefahr des Bank Runs

Ein Bank Run wird sowohl in einem traditionell organisierten Geldwesen, als auch im Rahmen einer wettbewerblichen Geld- und Währungsordnung als ernste Bedrohung für das Bankensystem angesehen. Dabei stellt ein Bank Run eine Situation dar, in der Einleger massiert versuchen, Reservemittel von den Banken abzuziehen, was aufgrund der multiplen Geldschöpfung in Verbindung mit der Durchführung einer zeitlichen Intermediation eine große Gefahr für die Liquidität der Banken darstellt[870]. Diese Gefahr ergibt sich, weil keine hundertprozentige Reservehaltung vorgenommen wird und die Depositen, die eine herausragende Bedeutung auf der Passivseite der Bilanz einer Bank haben, im Wert bezogen auf das Reservemedium fixiert und kurzfristig abziehbar sind, während die Aktiva einer Bank im auf das Reservemedium bezogenen Wert teilweise variabel und in der Regel längerfrisig gebunden sind[871]. Unter bestimmten Bedingungen, die im Rahmen dieser Arbeit noch näher untersucht werden müssen, können sich aus Liquiditätsproblemen eines Finanzintermediärs auch Solvenzprobleme entwickeln, so daß ein Zusammenbruch der betroffenen Bank droht.

Klar ist, daß nicht die Einleger, sondern die Eigentümer einer Bank, also zum Beispiel die Aktionäre, wenn die Bank eine Aktiengesellschaft darstellt, die Verluste im Rahmen eines Zusammenbruchs tragen sollten, weil die Besitzer der

---

[867] Vgl. White, L. H. (1982), S. 70f..

[868] Vgl. King, R. G. (1983), S. 155.

[869] Vgl. Harper, I. R./Coleman, A. (1992), S. 29f. und Smithin, J. (1994), S. 15f..

[870] Vgl. Kindleberger, C. P. (1978), S. 144f., Solow, R. M. (1982), S. 238, Hicks, J. R. (1989), S. 59, Calomiris, C. W. (1990), S. 284, McCulloch, J. H. (1993), S. 16, Gorton, G. (1994), S. 108, Hülsmann, J. G. (1996), S. 33ff., Hoenig, T. M. (1997), S. 8, Calomiris, C. W. (1999), S. 4 und Kaufman, G. G. (2000), S. 26.

[871] Vgl. Diamond, D. W./Dybvig, P. H. (1986), S. 62f., Friedman, M./Schwartz, A. J. (1986), S. 53, Litan, R. E. (1987), S. 11, Kaufman, G. G. (1988), S. 10f., Geigant, F./Rohde, A. (1988), S. 45f., Cowen, T./Kroszner, R. S. (1990a), S. 224, Calomiris, C. W./Kahn, C. M. (1991), S. 497, White, L. J. (1992), S. 105, White, L. J. (1994), S. 98, Kaufman, G. G. (1996), S. 20, Crockett, A. (1996), S. 535, Crockett, A. (1997), S. 10, Temzelides, T. (1997), S. 4, Kaufman, G. G. (1997), S. 56, Freixas, X. u. a. (1999), S. 152, Hardy, D. C. (1998), S. 32, White. L. J. (1999), S. 10 und Kaufman, G. G. (1999), S. 150f..

Bank eine Kompensation für dieses Risiko erhalten[872]. Einige Ökonomen befürchten aber, daß von Bank Runs und den daraus möglicherweise folgenden Bankenzusammenbrüchen externe Effekte ausgehen, die eine Vielzahl von unbeteiligten Einlegern treffen[873].

Dabei wird häufig angenommen, daß viele Wirtschaftssubjekte die hier relevanten Zusammenhänge nicht wirklich verstehen und daher besonders geschützt werden müssen. Diese Ansicht ist aber problematisch[874]. Möglicherweise sind einige Einleger wirklich schlecht informiert, in jedem Fall stellen sie aber keine unbeteiligten Wirtschaftssubjekte dar. Einleger haben nicht nur die Möglichkeit, ihre Depositen zu anderen Banken zu transferieren, sie können auch die Einlösung ihrer Depositen in das Reservemedium fordern, wodurch sich die Gefahr des Runs schließlich erst ergibt. Ein Bank Run kann daher als Reservetest durch den Einleger betrachtet werden, der die Banken zu einer vorsichtigeren Geschäftspolitik zwingt und somit den Agenten Einleger vor einem unangemessenen Verhalten des Prinzipals Bank schützt. In der Literatur werden generell zwei Formen von Bank Runs unterschieden[875]. Einerseits kann es aus rationalen Gründen zu einem Bank Run kommen, andererseits wird es für möglich gehalten, daß sich ein Run auch aufgrund von nicht rationalen Gründen entwickeln könnte.

Ein Run der ersten Kategorie stellt sich ein, wenn die Kunden einer Bank en masse versuchen, ihre Einlagen abzuziehen, weil Bedenken bezüglich der wirtschaftlichen Lage dieser Bank bestehen[876]. Es ist für die betroffenen Wirtschaftssubjekte entscheidend, möglichst frühzeitig die Einlagen bei der vermutlich angeschlagenen Bank in das allgemein akzeptierte Reservemedium umzuwandeln, weil die Wahrscheinlichkeit, noch vollständig saturiert zu werden, in dem Maße sinkt, in dem schon Mittel an andere Wirtschaftssubjekte abgeflossen sind. Der Bank Run ist aufgrund der von den Banken durchgeführten multiplen Geldschöpfung und zeitlichen Intermediation zwischen Überschuß- und Defiziteinheiten nicht nur eine Bedrohung für weniger solide Banken, bei denen zum Beispiel Kredite in großem Maße ausfallen und deren Solvenz aus diesem Grund gefährdet ist. Auch vorsichtigere und damit solidere Banken können bei einem Run aufgrund von Liquiditätsproblemen gezwungen sein, Aktiva schnell und daher möglicherweise unter Wert (fire sales) zu verkaufen, um weitere Reserven zu erhalten[877]. Diese

---

[872] Vgl. Kaufman, G. G. (1990), S. 17, Humphrey, T. M. (1975), S. 9, Merrick, J. J./Saunders, A. (1985), S. 711, Kaufman, G. G. (1996), S. 29, Benston, G. J./Kaufman, G. G. (1996), S. 692 und Kaufman, G. G. (1997), S. 67.

[873] Vgl. Smith, V. C. (1990), S. 176f., Friedman, M. (1960), S. 6f. und Solow, R. M. (1982), S. 240.

[874] Vgl. Kareken, J. H. (1986), S. 36f..

[875] Vgl. Diamond, D. W./Dybvig, P. H. (1983), S. 403f., Woodward, S. (1988), S. 695f. und Dowd, K. (1989), S. 17f..

[876] Vgl. Selgin, G. A. (1988), S. 133.

[877] Vgl. Benston, G. J. /Kaufman, G. G. (1986), S. 64f., Benston, G. J. u. a. (1986), S. 42f., Kaufman, G. G. (1986), S. 70, Claassen, E. M. (1985), S. 219, Kaufman, G. G. (1988), S. 562, Woodward, S. (1988), S. 695, Selgin, G. A./White, L. H. (1994), S. 1729, Kaufman, G. G. (1996),

Gefahr besteht insbesondere dann, wenn für die entsprechenden Aktiva keine gut entwickelten Märkte existieren. Aus dem Liquiditätsproblem kann sich für eine Bank auch ein existenzbedrohendes Solvenzproblem entwickeln, weil die Aktiva möglicherweise kurzfristig nicht zu akzeptablen Preisen zu verkaufen sind[878]. Eine eigentlich solvente Bank wird dann aufgrund der außergewöhnlichen Umstände von einer Insolvenz bedroht. Wenn für die von den Banken gehaltenen Aktiva sehr liquide Märkte existieren, läßt sich dieses Problem aber weitestgehend eliminieren.

Es wird nun befürchtet, daß ein Run nicht nur eine Gefahr für einzelne Banken darstellt. Wenn die Möglichkeit einer Ausdehnung des Runs auf das ganze Bankensystem besteht (contagion effect), muß mit einschneidenden negativen Auswirkungen auf den realen Sektor gerechnet werden. Offensichtlich ergeben sich jedoch dann keine schwerwiegenden Probleme, wenn Depositen nur von weniger soliden Banken zu solideren Banken transferiert werden, so daß bezogen auf das gesamte Bankensystem die Summe der Einlagen konstant bleibt[879]. Eine Bedrohung für die Stabilität des gesamten Bankensystems kann erst attestiert werden, wenn die Einleger verstärkt eine Einlösung in das Reservemedium verlangen. Dann kommt es zu einem massiven Abzug von Reserven und die verzweifelt nach Reservemitteln suchenden Banken werden auf dem Markt für die von ihnen gehaltenen illiquiden Aktiva keine akzeptablen Preise mehr erzielen können[880]. In einer solchen Situation kommt es unter den Banken zu zahlreichen Insolvenzen. Die Begriffe Krise und Panik stellen eine adäquate Beschreibung dieser Zustände dar. Kaufman gibt allerdings zu bedenken, daß eine wirklich überzeugende Begründung für eine solche Ausweitung eines Bank Runs bisher fehlt[881]. Außerdem gibt es nahezu keine Beispiele für die eben beschriebene Situation. Die Weltwirtschaftskrise in den 30er Jahren, die vor allem in Vereinigten Staaten von Amerika zu sehr vielen Bankenzusammenbrüchen geführt hat, stellt eine absolute Ausnahmeerscheinung dar.

Offensichtlich ist jedoch, daß sich Probleme für das gesamte Bankensystem grundsätzlich dann ergeben können, wenn die vermutete oder vorhandene

---

S. 20, Kaufman, G. G. (1997), S. 56, Temzelides, T. (1997), S. 5, Crockett, A. (1997), S. 16 und Ely, B. (1999), S. 242f..

878 Vgl. Kaufman, G. G. (1988), S. 12, McCulloch, J. H. (1986a), S. 79, Benston, G. J. u. a. (1986), S. 41, Kaufman, G. G. (1986), S. 70, Gorton, G./Mullineaux, D. (1987), S. 463, Kaufman, G. G. (1990a), S. 5, Dale, R. (1996), S. 218, Benston, G. J./Kaufman, G. G. (1996), S. 692, Crockett, A. (1996), S. 535f. und Freixas, X. u. a. (1999), S. 152.

879 Vgl. Benston, G. J. /Kaufman, G. G. (1986), S. 65f., Benston, G. J. u. a. (1986), S. 45, Benston, G. J./Kaufman, G. G. (1986), S. 693, Kaufman, G. G. (1986), S. 70, Kaufman, G. G. (1987), S. 87, Kaufman, G. G. (1988), S. 13, Schwartz, A. J. (1988), S. 590, Kaufman, G. G. (1990a), S. 4, Benston, G. J. (1992), S. 54f., Kaufman, G. G. (1996), S. 27 und Freixas, X. u. a. (1999), S. 153.

880 Vgl. Friedman, M./Schwartz, A. J. (1963), S. 357, Benston, G. J. /Kaufman, G. G. (1986), S. 66, Kaufman, G. G. (1988), S. 14f., Schwartz, A. J. (1986), S. 11, Laub, P. M. (1991), S. 22, Mishkin, F. S. (1991), S. 74 und Kaufman, G. G. (1996), S. 27f..

881 Vgl. Beenstock, M. (1987), S. 175ff., Kaufman, G. G. (1988), S. 15 und Kaufman, G. G. (1996), S. 20f..

Schieflage einer Bank Kreditketten oder Kreditpyramiden zerstört[882]. In diesem Zusammenhang wird von einem systemischen Risiko gesprochen[883]. Dieses ergibt sich, weil die einzelnen Banken eines Bankensystems durch Kredite stark untereinander verflochten sind, so daß die Insolvenz einer Bank, durch die sich daraus ergebenden Kreditausfälle, auch zu Insolvenzen bei anderen Banken führen kann. Ein besondere Form des systemischen Risikos existiert im Interbankenclearing. Wenn die Verrechnungen im Clearing nicht endgültig sind und eine Abrechnung zum Beispiel erst am Ende eines Tages vorgenommen wird, erfolgt eine zeitlich begrenzte Kreditvergabe der Banken untereinander[884]. Beim Zusammenbruch einer Bank vor der endgültigen Abrechnung können im Extremfall alle am Clearingsystem beteiligten Banken direkt, oder wenn sie keine Geschäftsbeziehungen mit der zusammengebrochenen Bank unterhalten haben, indirekt über andere Banken von Kreditausfällen betroffen sein. Wie bei allen Formen des systemischen Risikos besteht also die Gefahr, daß sich Probleme einzelner Banken kaskadenartig im gesamten Bankensystem ausbreiten[885]. Besonders kritisch wird die Lage, wenn Bankkunden nicht zwischen den verschiedenen Finanzintermediären differenzieren und daher ein Schneeballeffekt einsetzt, der auch die von den ursprünglichen Problemen weder direkt noch indirekt betroffenen Banken gefährdet[886]. Hier zeigt sich die Bedeutung der zweiten Form von Bank Runs für eine Ausweitung auf die gesamte Volkswirtschaft. Solche Runs ergeben sich nicht aufgrund von rationalen Beweggründen[887]. Es wird allgemein angenommen, daß eine Panik dieser Art vor allem auf Informationsdefizite der privaten Nichtbanken zurückgeht[888]. Mit dieser Annahme werden weitgehende Eingriffe des Staates in das

---

[882] Vgl. Geigant, F./Rohde, A. (1988), S. 58, Solow, R. M. (1982), S. 238, Saunders, A. (1987), S. 206, Kaufman, G. G. (1996), S. 20, Crockett, A. (1996), S. 538, Rochet, J.-C./Tirole, J. (1996), S. 733, Crockett, A. (1997), S. 17, Moskow, M. H. (1998), S. 15 und Freixas, X. u. a. (1999), S.155.

[883] Vgl. Burns, A. F. (1988), S. 38, Kaufman, G. G. (1996), S. 20ff., Rochet, J.-C./Tirole, J. (1996), S. 733, Rochet, J.-C./Tirole, J. (1996a), S. 835f., Stoll, H. R. (1998), S. 89f., Cecchetti, S. G. (1999), S. 3 und Kaufman, G. G. (2000), S. 26.

[884] Vgl. Saunders, A. (1987), S. 206, Kaufman, G. G. (1996), S. 35f., Flannery, M. J. (1996), S. 804, Crockett, A. (1996), S. 539f., Greenspan, A. (1996), S. 693, Fischer, S. (1997), S. 15, Eisenbeis, R. A. (1997), S. 16f., Eisenbeis, R. A. (1997a), S. 45f. und Litan, R. E. (1997), S. 261f..

[885] Vgl. Kaufman, G. G. (1996), S. 36, Solow, R. M. (1982), S. 240, White, L. J. (1994), S. 98f., Berger, A. N. u. a. (1996), S. 706, Litan, R. E. (1997), S. 260, Kahn, C. M./Roberts W. (1999), S. 37 und Kaufman, G. G. (2000), S. 26.

[886] Vgl. Geigant, F./Rohde, A. (1988), S. 58, Seifert, E. (1984), S. 190f., White. L. J. (1994a), S. 27 und Mishkin, F. S. (1994), S. 12.

[887] Allerdings halten verschiedene Autoren, u. a. Calomiris und Gorton, auch einen Run, der das ganze Bankensystem (und damit auch eigentlich solvente Banken) betrifft, für eine rationale Handlung der nicht ausreichend informierten Einleger, vgl. Calomiris, C. W./Gorton, G. (1991), S. 120ff..

[888] Vgl. Tussing, A. D. (1967), S. 144, Merrick, J. J./Saunders, A. (1985), S. 711, Selgin, G. A. (1988), S. 137, England, C. (1988), S. 785, Thomson, J. B./Todd, W. F. (1990), S. 593, Mishkin, F. S. (1991), S. 74, Park, S. (1991), S. 272f., Laub, P. M. (1991), S. 22, Calomiris, C. W./Gorton, G. (1991), S. 124f., Gorton, G. (1994), S. 109, Berger, A. N. u. a. (1996), S. 706, Mishkin, F. S.

Geld- und Bankwesen gerechtfertigt, zum Beispiel auch die Einrichtung eines Lenders of Last Resort oder einer Einlagenversicherung[889].

Diese Argumentation ist allerdings schon grundsätzlich problematisch. Die möglicherweise mangelnde Informiertheit der Bankkunden geht schließlich in starkem Maße auf bereits bestehende staatliche Eingriffe in das Bank- und Geldwesen zurück. Die Kosten, die Wirtschaftssubjekte für das Sammeln von Informationen über Banken auf sich nehmen müßten, führen aufgrund der staatlichen Regulierung und der damit verbundenen Umlegung von Risiken auf die Gemeinschaft zu keinem Nutzen für die Wirtschaftssubjekte, so daß diese sich sogar ökonomisch rational verhalten, wenn sie entsprechende Informationen nicht sammeln. Daher werden weitere Sicherungsmaßnahmen und damit noch einschneidendere Eingriffe des Staates nötig und es kommt zu einer Regulierungsspirale.

Die Diskussion über Bank Runs aufgrund von irrationalen Beweggründen ist geprägt von einem spieltheoretischen Modell von Diamond und Dybvig[890]. Hierbei handelt es sich um ein dreiperiodiges Spiel. Diamond und Dybvig gehen davon aus, daß die privaten Nichtbanken bei einer Bank Sichtdepositen halten, wobei die Bank als Agent der Wirtschaftssubjekte agiert. Die Depositen werden in der ersten Periode bei der Bank hinterlegt. Die Bank investiert die Einlagen durch die Vergabe von Krediten ab der nächsten Periode für maximal zwei Perioden, also bis zur dritten Periode, in der realen Sphäre, wobei von einer möglichen Unsicherheit bezüglich der Rückzahlungen der Kredite abgesehen wird[891]. Einleger können ihre jeweiligen Depositen DP_J bereits in der zweiten Periode abziehen. Sie erhalten dann eine Auszahlung von $r_1 * DP_J$ mit $r_1 > 1$, so daß die Einlagen verzinst werden[892]. Die Bank kann die für Investitionsprojekte vergebenen Kredite zwar bereits in der zweiten Periode rückgängig machen, ohne das ein Wertverlust durch Notverkäufe (fire sales) auftritt, sie erhält aber nur Zinszahlungen für die Kredite, die bis zur dritten Periode laufen. In der dritten Periode kommt es in jedem Fall zu einer Auflösung der Bank. Bei der Auflösung werden die Erlöse der für Investitionsprojekte vergebenen Kredite in Abhängigkeit von den zu diesem Zeitpunkt gehaltenen Depositen unter den in der dritten Periode noch verbleibenden Einlegern aufgeteilt[893].

Das Grundproblem des Modells liegt darin, daß zwei Typen von Einlegern existieren. Der erste Typ von Einlegern ist nur an Konsum in der zweiten Periode

---

(1997), S. 18, Mishkin, F. S. (1997a), S. 61, Litan, R. E. (1997), S. 262 und Dowd, K. (1999), S. 44.

[889] Vgl. Dow, S. C./Earl, P. E. (1982), S. 146, Diamond, D. W./Dybvig, P. H. (1983), S. 404 und S. 413ff., Merrick, J. J./Saunders, A. (1985), S. 700f., Diamond, D. W./Dybvig, P. H. (1986), S. 63f., Cowen, T./Kroszner, R. S. (1990a), S. 223f., Dybvig, P. H. (1993), S. 22, Crockett, A. (1996), S. 548f., Obstfeld, M. (1998), S. 188, Stiglitz, J. E. (1999), S. 25f. und Summers, L. H. (1999), S. 327.

[890] Vgl. Diamond, D. W./Dybvig, P. H. (1983), S. 401ff..

[891] Vgl. Diamond, D. W./Dybvig, P. H. (1983), S. 408.

[892] Vgl. Diamond, D. W./Dybvig, P. H. (1983), S. 409.

[893] Vgl. Diamond, D. W./Dybvig, P. H. (1983), S. 408.

interessiert während der zweite Typ Konsum nur in der dritten Periode tätigen will[894]. Alle Wirtschaftssubjekte erfahren aber erst in der zweiten Periode, also nachdem die Depositen bei der Bank hinterlegt worden sind, zu welchem Typ sie gehören. Die Einleger, die dem ersten Typ zuzuordnen sind, werden ihre Einlagen natürlich noch in der zweiten Periode abziehen und zum Konsum nutzen[895]. Es ergibt sich nun die Gefahr eines Bank Runs, weil für die in der zweiten Periode abgezogenen Depositen Zinsen gezahlt werden ($r_1 > 1$), während die Bank für in der zweiten Periode rückgängig gemachte Kredite keine Zinszahlungen erhält. Diese Verzinsung der in der zweiten Periode abgezogenen Depositen geht daher zu Lasten der Einleger, die ihre Depositen bis zur dritten Periode bei der Bank belassen. Wenn viele Einleger ihre Depositen in der zweiten Periode abziehen, besteht die Gefahr, daß die Rendite für die bis in die dritte Periode bei der Bank verbleibenden Depositen r_2 unter r_1 fällt und das möglicherweise sogar keine Auszahlung vorgenommen werden kann[896]. Wenn die Einleger eine solche Situation befürchten müssen, ist es auch für Wirtschaftssubjekte des zweiten Typs sinnvoll, die Depositen bereits in der zweiten Periode abzuziehen. Damit ergibt sich ein Bank Run und die Bank muß alle Kredite auflösen. Da sie nun keine Zinszahlungen aus der Kreditvergabe erhält, aber Zinsen auf die Einlagen zahlt, kommt es zu einer Insolvenz und die Bank bricht zusammen.

Bei den von Diamond und Dybvig modellierten Einlagen handelt es sich offensichtlich um eine Form von Sichtdepositen. Guthaben auf Sichtdepositen werden von einigen Banken nicht verzinst. Wenn die Bank in dem Modell Zinsen nur auf die Einlagen zahlen würde, die bis zu der Auflösung der Bank in der dritten Periode gehalten worden sind, gilt $r_1 = 1$ und das Problem des Bank Runs ergibt sich nicht. Auch Diamond und Dybvig halten fest[897]:

If $r_1 = 1$, a bank would not be susceptible to runs (...).

Diese von vielen Autoren übersehene Tatsache relativiert die Aussagen des Modells erheblich, weil ein Bank Run in diesem Modell offensichtlich durch die Beschränkung von Zinszahlungen auf Sichtdepositen vermieden werden kann. Auch die in der Regel von den Banken vorgenommene Erhebung von Gebühren bei einem vorzeitigen Abzug von Termindepositen hat eine entsprechende Wirkung.

Die Grundstrukturen des Modells von Diamond und Dybvig werden in der Literatur aus anderen Gründen stark kritisiert[898]. So wird die Unsicherheit bezüg-

894 Vgl. Diamond, D. W./Dybvig, P. H. (1983), S. 405.
895 Vgl. Diamond, D. W./Dybvig, P. H. (1983), S. 409.
896 Vgl. Diamond, D. W./Dybvig, P. H. (1983), S. 408f..
897 Vgl. Diamond, D. W./Dybvig, P. H. (1983), S. 409.
898 Vgl. Kaufman, G. G. (1988) S. 15, Postlewaite, A./Vives, X. (1987), S. 489f., Calomiris, C. W./Gorton, G. (1991), S. 122f., Schönfelder, B. (1991), S. 513ff., Dowd, K. (1992c), S. 112f. und 123f., Dowd, K. (1993a), S. 92ff., Huo, T.-M./Yu, M.-T. (1994), S. 539f. sowie Eisenbeis, R. A. (1997), S. 6f..

lich der Rückzahlungen von Krediten und somit der in der Realität beobachtbare Hauptgrund für einen Run in diesem Modell nicht betrachtet. Nach Kaufman lassen sich aus dem Modell von Diamond und Dybvig auch ungewöhnliche Rückschlüsse ziehen, die in der Realität so nicht zu beobachten sind. Kaufman führt aus[899]:

> Moreover runs from deposits into consumption should increase income, which is inconsistent with both theory and observation.

Diese Kritik von Kaufman ist allerdings nicht gerechtfertigt. Die Wirtschaftssubjekte vom Typ 1 werden ihre Einlagen in jedem Fall in der zweiten Periode für Konsumzwecke verwenden. Die Wirtschaftssubjekte vom Typ 2 sind an einem Konsum in der zweiten Periode nicht interessiert. Diese Einleger werden ihre Depositen im Rahmen eines Runs zwar auch abziehen, aber erst in der dritten Periode Konsum tätigen. Damit ergibt sich keine Erhöhung des Konsums in der zweiten Periode.

Problematischer ist, daß Diamond und Dybvig davon ausgehen, daß die Bank Kredite jederzeit ohne Verluste (fire sales) rückgängig machen kann. Die grundlegende Kritik am Modell von Diamond und Dybvig soll hier nicht weiter untersucht werden. Die weiteren Überlegungen werden sich daher an einem Modell von Gibbons orientieren, daß auf dem Modell von Diamond und Dybvig beruht, aber Notverkäufe mit Verlusten vorsieht[900]. Zudem ist dieses Modell übersichtlicher.

Es soll angenommen werden, daß zwei Wirtschaftssubjekte A und B bei einer Bank jeweils über Depositen in Höhe von DP verfügen. Das Spiel hat zwei Perioden. Die Wirtschaftssubjekte A und B können ihre Depositen in der ersten oder in der zweiten Periode zurückziehen. Die Bank hat die Depositen der Einleger bis zur zweiten Periode in bestimmte Aktiva investiert. Ist die Bank bereits in der ersten Periode gezwungen, Auszahlungen an die Einleger vorzunehmen, so sind sofort alle Aktiva zu liquidieren und die Bank erhält $2 * FS$, wobei $DP > FS > DP / 2$ gelten soll; der Erlös der Investitionen der Bank in der zweiten Periode beträgt $2 * GA$ mit $GA > DP$[901]. Von einer Abdiskontierung der Erträge der zweiten Periode wird abgesehen.

Werden die Depositen von beiden Wirtschaftssubjekten in der ersten Periode abgezogen, so erhält jedes Wirtschaftssubjekt FS und das Spiel endet. Zieht nur ein Wirtschaftssubjekt seine Depositen ab, so wird diesem DP ausgezahlt, während das andere Wirtschaftssubjekt nur $2 * FS - DP$ erhält. Auch in diesem Fall ist das Spiel beendet. Beschließen beide Wirtschaftssubjekte, ihre Depositen in Periode 1 bei der Bank zu belassen, so erhalten beide Wirtschaftssubjekte GA und das Spiel endet planmäßig mit der Auflösung der Bank. Weil von einer Abdiskontie-

[899] Kaufman, G. G. (1988), S. 15.
[900] Vgl. Gibbons, R. (1992), S. 73ff..
[901] Vgl. Gibbons, R. (1992), S. 73.

rung abgesehen wird, läßt sich folgende einperiodige Variante des eigentlich zweiperiodigen Spieles konstruieren (Abbildung 23)[902].

		A	
		Depositen abziehen	Depositen nicht abziehen
B	Depositen abziehen	FS, FS	DP, 2 * FS - DP
	Depositen nicht abziehen	2 * FS - DP, DP	GA, GA

Abbildung 23: Das Spiel Bank Run in einperiodiger Darstellung
Quelle: Gibbons, R. (1992), S. 75

Werden nur reine Strategien betrachtet, so existieren in diesem Spiel zwei Nash-Gleichgewichte[903]. Das erste Nash-Gleichgewicht liegt wegen DP > FS > DP / 2 im Abzug der Depositen durch beide Wirtschaftssubjekte mit der Auszahlung FS für A und B. Diese Situation kann als Bank Run interpretiert werden. Das zweite Nash-Gleichgewicht besteht darin, daß beide Wirtschaftssubjekte die Depositen bis zur zweiten Periode bei der Bank belassen.

Dieses Modell interpretiert den Bank Run, ebenso wie das Modell von Diamond und Dybvig, als ein Gleichgewichtsphänomen. Aufgrund der problematischen Grundkonstellation kann der Auslöser eines Bank Runs in diesem Modell, ähnlich wie bei Diamond und Dybvig, ein völlig irrationaler Grund sein[904]. In diesem Zusammenhang werden zum Beispiel Probleme anderer Banken oder gar Sonnenflecken genannt. Zwar kann nicht vorhergesagt werden, wann ein Bank Run droht, es wird aber festgestellt, daß der Run auf einem rationalen Verhalten der Wirtschaftssubjekte beruht, obwohl der ursprüngliche Grund möglicherweise irrational gewesen ist[905]. Diamond und Dybvig halten bezogen auf die Einleger fest[906]:

> The problem is that once they have deposited, anything that causes them to anticipate a run will lead to a run.

Die Furcht vor einem aufgrund der Modellannahmen unbegründeten Run des jeweils anderen Wirtschaftssubjektes führt nach dieser Ansicht dazu, daß beide Spieler einen vorzeitigen Abzug der Depositen erwägen.

---

902 Vgl. Gibbons, R. (1992), S. 74.
903 Vgl. Gibbons, R. (1992), S. 74f..
904 Vgl. Diamond, D. W./Dybvig, P. H. (1983), S. 410.
905 Vgl. Gibbons, R. (1992), S. 75.
906 Diamond, D. W./Dybvig, P. H. (1983), S. 410.

Diese Auffassung ist allerdings problematisch. Wegen GA > FS liegt eine Situation vor, in der das Nash-Gleichgewicht Bank Run vom anderen Nash-Gleichgewicht auszahlungsdominiert wird. Ein Run kann also nicht ohne weiteres als rational angesehen werden. Es zeigt sich, daß sich ein Bank Run offensichtlich nur dann adäquat modellieren läßt, wenn die Möglichkeit besteht, daß der Bank im Kreditgeschäft Verluste entstehen damit das Nash-Gleichgewicht Bank Run nicht mit Sicherheit vom anderen Nash-Gleichgewicht auszahlungsdominiert wird.

Bezogen auf wettbewerbliche Währungsordnungen muß zunächst festgestellt werden, daß es im BFH-System nicht zu einem Bank Run kommen kann, weil ein Rückgang der Werte der Aktiva einer entsprechenden Bank sofort von allen Anteilseignern geteilt wird[907]. Da das Portfolio einer Bank nur aus am Markt gehandelten Aktiva, paßt sich der entsprechende Wert der Aktiva bei effizienten Finanzmärkten instantan jeder Veränderung an. Folglich ist es für ein Wirtschaftssubjekt nicht sinnvoll, im Rahmen eines Runs als Erster am Schalter der Bank zu stehen.

Auch im System der Währungskonkurrenz ohne Einlösungsversprechen kommt es nicht zu der Problematik eines Runs, weil Liquiditätsproblem der Anbieter einer Währung nicht auftreten können. Wenn Wirtschaftssubjekte massiert von einer Währung in andere Währungen fliehen, stellt sich in einem solchen System eine Hyperinflation der betroffenen Währung ein. Außerdem hat, wie bereits gezeigt wurde, die Möglichkeit des Runs auf Sekundäremittenten, die ein Einlösungsversprechen in das Geld eines Primäremittenten abgeben, in diesem System sogar einen sehr positiven Effekt, weil dadurch deren Geldschöpfung beschränkt wird[908].

Im System der Bankfreiheit kann es allerdings zu Problemen mit einem Bank Run kommen, schließlich können sich Emissionsbanken hier einer Illiquidität ausgesetzt sehen. Dabei ist zunächst zwischen zwei Formen des Bank Runs, dem Currency Run und dem Redemption Run, zu unterscheiden[909].

Bei einem Currency Run versuchen die Wirtschaftssubjekte ihre Depositen in Banknoten umzuwandeln. Ein solcher Run kann durch einen aus welchen Gründen auch immer stark gestiegenen Bargeldbedarf der privaten Wirtschaftssubjekte ausgelöst werden. Eine solche Erhöhung der Bargeldnachfrage kann sich zum Beispiel ergeben, wenn die Wirtschaftssubjekte den geplanten Konsum erhöhen, die Akzeptanz von Schecks nachhaltig sinkt oder die Schattenwirtschaft aufgrund einer Steuererhöhung an Bedeutung gewinnt. Der Currency Run verursacht in

---

[907] Vgl. Illing. G. (1985), S. 113, McCulloch, J. H. (1986a), S. 79f., Glasner, D. (1989), S. 195, Goodhart, C. A. E. (1989), S. 185f., White, L. H. (1989), S. 375, Cowen, T./Kroszner, R. S. (1990a), S. 227f., McCulloch, J. H. (1993), S. 18f., Thakor, A. V. (1993), S. 27f., Selgin, G. A./White, L. H. (1994), S. 1728, Cowen, T./Kroszner, R. S. (1994), S. 29 und Gedeon, S. J. (1997), S. 216f..

[908] Vgl. Link, F. J. (1986), S. 190.

[909] Vgl. Selgin, G. A. (1988), S. 133.

einem bankfreiheitlichen System, im Gegensatz zu einem regulierten traditionellen Bankensystem, jedoch keine Schwierigkeiten, denn die Banken können im System der Bankfreiheit Depositen ebenso wie Banknoten produzieren[910]. Weil die Herstellung von Banknoten zeitintensiv ist, müssen die Banken aber dennoch in gewissem Maße Noten bereithalten. Diese Notwendigkeit verursacht jedoch keine Effizienzprobleme, da die Produktionskosten der Banknoten an sich in der Regel als vernachlässigbar angesehen werden.

Bei einem Redemption Run versuchen die Wirtschaftssubjekte ihre Depositen in das Reservemedium umzuwandeln. Eine solche Situation ist auch im System der Bankfreiheit problematisch. Die Entwicklung eines entsprechenden Runs ist in einem bankfreiheitlichen System aber weniger wahrscheinlich als in einem traditionell organisierten Bankensystems. In diesem Zusammenhang muß festgestellt werden, daß jeder Currency Run in einem traditionellen Bankensystem auch ein Redemption Run ist, denn Bargeld übernimmt schließlich die Funktionen Zahlungsmittel und Reservemedium. Bei jeder Erhöhung der Bargeldnachfrage ergibt sich im Umfeld eines traditionell organisierten Bankensystems also die Gefahr der Entwicklung eines bedrohlichen Runs.

Zudem ist der Umgang mit dem Reservemedium eines Systems der Bankfreiheit, zum Beispiel Gold, für die Wirtschaftssubjekte aufwendiger als der Umgang mit Bargeld. Damit müssen die Anreize, die einen Redemption Run auslösen, im Rahmen der Bankfreiheit weitaus stärker sein, als die Anreize, die einen Currency Run auslösen. Selgin stellt daher fest[911]:

Redemption runs involve a loss of confidence of a much higher order.

Die Stabilität eines Systems der Bankfreiheit gegen einen bedrohlichen Bank Run ist also höher als die Stabilität eines traditionellen Systems. Hinzu kommt, daß die Bankkunden im System der Bankfreiheit, wie in jeder wettbewerblichen Geld- und Währungsordnung, mehr Informationen über ihre Banken sammeln. Dadurch wird die Gefahr der Ausweitung eines Bank Runs auf das gesamte Bankensystem gesenkt, weil eine solche Ausweitung, wie bereits ausgeführt wurde, vor allem auf Informationsdefizite der privaten Nichtbanken zurückgeht. Zudem ist die Bereitstellung von Informationen im Rahmen einer wettbewerblichen Geld- und Währungsordnung ein wichtiger Wettbewerbsparameter für die Banken, die folglich gezwungen sind, entsprechende Informationen in geeigneter Form verfügbar zu machen, was die Ausweitung eines Bank Runs noch unwahrscheinlicher macht. Park hält in diesem Zusammenhang fest[912]:

---

910 Vgl. Selgin, G. A. (1987), S. 451, Selgin, G. A. (1988), S. 134 und Woolsey, W. W. (1991), S. 85.
911 Selgin, G. A. (1988), S. 134.
912 Park, S. (1991), S. 273.

This result implies that a bank panic can be stopped mainly by the provision of bank-specific information.

Einige Ökonomen verweisen darauf, daß die nicht von Solvenzproblemen betroffenen Banken bei einer nachhaltigen Krise zudem einen Anreiz haben, bei der Beseitigung der Informationsasymmetrien zusammenzuarbeiten um so möglicherweise bestehende Größenvorteile beim Signaling zu nutzen[913]. Dies könnten zum Beispiel im Rahmen des privaten Clearingsystems geschehen.

Außerdem muß festgestellt werden, daß die Möglichkeit eines Bank Runs auf eine Bank sowohl im traditionellen System als auch im System der Bankfreiheit eine disziplinierende Wirkung hat, die ex ante zur Stabilität des Bankensystems beiträgt[914]. Auch die Regelung des first come first served ist von dieser Perspektive aus betrachtet sinnvoll, weil die Einleger, die Informationen gesammelt haben, ihre Forderungen vor den weniger informierten Einlegern geltend machen können[915]. Somit werden die Wirtschaftssubjekte dazu angehalten, Informationen zu sammeln. Zudem weist Tussing darauf hin, daß ein Bank Run, der zum Zusammenbruch einer unrentablen Bank führt, die in diesem Finanzintermediär gebundenen Ressourcen freisetzt und folglich zur Effizienz im Bankensystem beiträgt[916].

Die positive Wirkung des Bank Runs darf insbesondere im System der Bankfreiheit nicht unterschätzt werden, weil die Banken zu einer vernünftigen Bemessung der Reservehaltung gezwungen werden, was nicht nur die Liquidität und Stabilität einer Bank erhöht, sondern auch eine weitere Beschränkung der Geldschöpfung bewirkt und so die Preisniveaustabilität zusätzlich sichert. Bofinger stellt daher zurecht fest, daß die Banken in einem System der Bankfreiheit, im Sinne von Stützels Maximalbelastungstheorie, über den normalen Bedarf hinaus Reserven halten müssen, um einem Bank Run erfolgreich widerstehen zu können[917]. Zwar wird dem Vorsichtsmotiv bereits Rechnung getragen, wenn eine Bank die Reservehaltung nicht am Erwartungswert, sondern an der Varianz der Reservebewegungen ausgerichtet, dennoch sollten in gewissem Maße noch weitere Reserven gehalten werden um der nicht mehr gegebene statistische Unabhängigkeit der in einer Volkswirtschaft ausgelösten Transaktionen mit Reservemitteln begegnen zu können. Allerdings dürfte der Reservemittelbedarf aufgrund des Interbankenclearings bei einem Bank Run das geringste Problem einer Bank darstel-

---

913 Vgl. Gorton, G./Mullineaux, D. (1987), S. 463f. und 466, Calomiris, C. W./Gorton, G. (1991), S. 126f. sowie Gorton, G. (1985), S. 279f. kritisch hierzu Dowd, K. (1994), S. 302.

914 Vgl. Kaufman, G. G. (1988), S. 17, Kaufman, G. G. (1990a), S. 7 und Calomiris, C. W. (1999), S. 4.

915 Vgl. Calomiris, C. W./Kahn, C. M. (1991), S. 497f. und S. 500 sowie Calomiris, C. W./Gorton, G. (1991), S. 126, Kaufman, G. G. (1988), S. 17 und Calomiris, C. W. (1999), S. 4.

916 Vgl. Tussing, A. D. (1967), S. 146.

917 Vgl. Bofinger, P. (1985), S. 176 und Stützel, W. (1981), S. 773ff., Stützel betrachtet allerdings nur den Abfluß von Reservemitteln an die Nichtbanken im Rahmen eines Bank Runs (internal drain) und nicht das Interbankenclearing.

len, weil in dieser Situation Reservemittel in erheblichem Maße an die privaten Nichtbanken abfließen. Auch Stützel stellt fest, daß eine Bank aufgrund der multiplen Geldschöpfung und der zeitlichen Intermediation niemals ausreichend Reservemittel bereithält, um die Ansprüche aller Einleger vollständig zu befriedigen, so daß die Stabilität jeder Bank weniger von der Reservehaltung und mehr von der Fähigkeit, am Markt Reservemittel zu erhalten, abhängt, was bedeutet, daß der aktuelle Marktwert und die Liquidität der von der Bank gehaltenen Aktiva sowie das Eigenkapital von entscheidender Bedeutung sind[918].

Insgesamt kann also festgestellt werden, daß im BFH-System und im Rahmen der Währungskonkurrenz ohne Einlösungsversprechen die Gefahr eines Bank Runs nicht besteht. In einem System der Bankfreiheit kann es zu einem bedrohlichen Bank Run in der Form des Redemption Runs kommen[919]. Die Gefahr des Auftretens eines Bank Runs ist hier zwar aus verschiedenen Gründen geringer als in einem traditionell organisierten Bankensystem, dennoch muß untersucht werden, ob sich die üblichen Maßnahmen zur Vermeidung eines Bank Runs, also Eingriffe des Staates in der Form des Lender of Last Resort und der staatlichen Einlagenversicherung, auch im System der Bankfreiheit als sinnvoll erweisen könnten. Dabei sind natürlich auch mögliche alternative Sicherungsmechanismen zu betrachten.

3.9.5 Die Notwendigkeit eines Lender of Last Resort

Der Lender of Last Resort soll zur Abwehr von Krisen im Geld- und Bankwesen dienen[920]. In einem traditionellen Bankensystem übernimmt die Zentralbank diese Funktion. Sie stellt dem Geschäftsbankensystem in kritischen Situationen, zum Beispiel bei einem stark gestiegenen Bargeldbedarf der privaten Nichtbanken, Reservemittel, in der Regel also Zentralbankgeld, zur Verfügung, um Bank Runs und Bankenzusammenbrüche zu vermeiden[921]. Für diese Notenbankkredite müssen die Geschäftsbanken einen Strafzins zahlen und als Sicherheit bestimmte Aktiva hinterlegen, um die übermäßige Nutzung der entsprechenden Fazilität zu verhindern[922]. Folglich wird ein künstlicher Markt für illiquide Aktiva geschaffen, so daß die Geschäftsbanken einen leichteren Zugang zu Reservemitteln haben. In diesem Zusammenhang ist zu bedenken, daß die zusätzlichen Reservemittel einen

[918] Vgl. Stützel, W. (1981), S. 774f..
[919] Vgl. Selgin, G. A. (1988), S. 134ff. und Oppenheimer, P. M. (1982), S. 188.
[920] Vgl. Solow, R. M. (1982), S. 238, Humphrey, T. M./Keleher, R. E. (1984), S. 277 und Humphrey, T. M. (1989), S. 8.
[921] Vgl. Kindleberger, C. P. (1978), S. 161, Solow, R. M. (1982), S. 238, Humphrey, T. M./Keleher, R. E. (1984), S. 278, Link, F. J. (1986), S. 193, Geigant, F./Rohde, A. (1988), S. 46, Todd, W. F. (1991), S. 82, Sachs, J. D. (1999), S. 183, Jones, K./Kolatch, B. (1999), S. 4 und Fischer, S. (1999), S. 86.
[922] Vgl. Benston, G. J. u. a. (1986), S. 110, Baltensperger, E./Dermine, J. (1987), S. 81, Humphrey, T. M. (1989), S. 8, Brimmer, A. F. (1989), S. 4 und Fischer, S. (1999), S. 90, kritisch hierzu Guttentag, J./Herring, R. (1987), S. 166f., Giannini, C. (1999), S. 13ff. sowie Freixas, X. u. a. (1999), S. 159f..

Einfluß auf das Preisniveau haben können. Daher stellt Liepmann fest, daß der Lender of Last Resort lediglich Instabilitäten des Bankensystems in Instabilitäten des Preisniveaus transformiert[923].

Zudem besteht das Problem, daß der Lender of Last Resort nicht dazu beitragen darf, daß aufgrund der unterstützenden Maßnahmen schlecht geführte und unwirtschaftliche Geschäftsbanken auch längerfristig am Markt bestehen können. Daher soll der Lender of Last Resort nicht einzelne Banken gezielt vor einem Zusammenbruch retten, sondern den Geschäftsbanken helfen, um das gesamte Bankensystem zu schützen[924]. Mit anderen Worten sollen grundsätzlich solvente, aber aufgrund einer Krise kurzfristig illiquide und daher zu schnellen Notverkäufen von Aktiva gezwungene Banken, und nicht etwa wirklich insolvente Banken das Ziel der unterstützenden Maßnahmen des Lender of Last Resort sein[925].

Das grundlegende Konzept des Lender of Last Resort geht auf Bagehot zurück, wobei viele grundlegende Überlegungen bereits bei Thornton zu finden sind[926]. Hier ist auf folgende bekannte Äußerung Bagehots zu verweisen, die erläutert, wie die Bank of England auf eine Panik reagieren sollte[927]:

> The only safe plan for the Bank is the brave plan, to lend in a panic on every kind of current security, or every sort on which money is ordinarily and usually lent.

Die hier beschriebene Aufgabe eines Lender of Last Resort ist mit einem großen Informationsproblem verbunden. Dabei liegt die Schwierigkeit zunächst darin, zu entscheiden, ob in einer konkreten Situation durch die Bereitstellung von zusätzlichen Reserven in den Marktprozeß eingegriffen werden soll[928]. Wenn die Entscheidung für einen Eingriff gefallen ist, treten weitere nicht triviale Fragen in den Vordergrund. So ist festzulegen, welchen Banken gegen welche Sicherheiten und zu welchen Konditionen zusätzliche Reserven zur Verfügung gestellt werden sollen, und es ist zu klären, wann genau ein Eingriff zu erfolgen hat und in welchem

---

[923] Vgl. Liepmann, P. (1980), S. 169, siehe auch Minsky, H. P. (1984), S. 22f. und S. 38.

[924] Vgl. Humphrey, T. M./Keleher, R. E. (1984), S. 277f. und S. 306 sowie Brimmer, A. F. (1989), S. 4, Wood, G. E. (1990), S. 385 und Capie, F. (1999), S. 123f..

[925] Vgl. Claassen, E. M. (1985), S. 220, Meltzer, A. H. (1986), S. 83, Benston, G. J. u. a. (1986), S. 113f., Guttentag, J./Herring, R. (1987), S. 163f., Mishkin, F. S. (1994), S. 40, Fischer, S. (1997), S. 15f., Crockett, A. (1997), S. 28, Bhattacharya, S. u. a. (1998), S. 761, Calomiris, C. W. (1998), S. 289, Jones, K./Kolatch, B. (1999), S. 4, Giannini, C. (1999), S. 9ff. und Fischer, S. (1999), S. 88f..

[926] Vgl. Humphrey, T. M. (1975), S. 2ff., Solow, R. M. (1982), S. 238f., Humphrey, T. M./Keleher, R. E. (1984), S. 282ff., Benston, G. J. u. a. (1986), S. 109f., Humphrey, T. M. (1989), S. 8ff., Brimmer, A. F. (1989), S. 3, Mishkin, F. S. (1994), S. 32, Mishkin, F. S. (1997a), S. 87, Capie, F. (1999), S. 118ff., Freixas, X. u. a. (1999), S. 151 und Giannini, C. (1999), S. 4.

[927] Bagehot, W. (1962), S. 97.

[928] Vgl. Geigant, F./Rohde, A. (1988), S. 46, Goodhart, C. A. E. (1988a), S. 55f., Dowd, K. (1989), S. 41, Gowland, D. (1990), S. 46f. und 79f. sowie Fischer, S. (1997), S. 16.

Umfang Mittel bereitgestellt werden müssen[929]. Dabei besteht die Gefahr, daß Banken ihre eigene Risikovorsorge im Vertrauen auf den Lender of Last Resort vernachlässigen und folglich zu risikoreiche Kredite vergeben, so daß von einem Problem des Moral Hazard gesprochen werden kann[930]. Insbesondere wenn auch politische Überlegungen eine Rolle spielen („too big to fail"), muß der Lender of Last Resort also bereits im traditionellen System kritisch betrachtet werden[931].

Im Rahmen des Goldstandards, wie er auch zu den Zeiten Bagehots existierte, scheint die Aufgabe eines Lenders of Last Resort auf den ersten Blick mit besonderen Schwierigkeiten verbunden zu sein, weil einerseits die Konvertibilität erhalten werden muß und andererseits den Banken in Krisen Liquidität zur Verfügung zu stellen ist, um so das Vertrauen in das Bankensystem zu stärken[932]. Die Liquidität des Bankensystems kann durch die Bereitstellung von Notenbankkrediten gewährleistet werden. Die Konvertibilität soll durch die Berechnung eines hohen Strafzinses für die Notenbankkredite sichergestellt werden. Dabei sorgt der Strafzins nach der Auffassung von Humphrey und Keleher sowie Meltzer und Brimmer für eine Anhebung des inländischen Zinsniveaus und verhindert so Goldabflüsse in das Ausland[933].

Im Rahmen einer ungedeckten Geld- und Währungsordnung erscheint das Wirken eines Lenders of Last Resort zunächst unproblematischer, weil eine Konvertibilität in ein Reservemedium, daß nicht von der Zentralbank geschaffen werden kann, nicht gewährleistet werden muß[934]. Mit der Konvertibilität fällt aber ein Element weg, daß eine offensichtlich disziplinierende Wirkung auf den Lender of Last Resort hat. Diese Tatsache ist natürlich auch den Geschäftsbanken bewußt, so daß sie unter Umständen hoffen können, zusätzliche Notenbankkredite leichter erwirken zu können. Daraus ergibt sich ein vergrößertes Problem des Moral Hazards und es kann folglich auch bezweifelt werden, ob sich die Aufgabe eines

---

929 Vgl. Humphrey, T. M. (1975), S. 9, Kindleberger, C. P. (1978), S. 174ff., Liepmann, P. (1980), S. 169, Benston, G. J. u. a. (1986), S. 116ff., Selgin, G. A. (1988a), S. 632, Giannini, C. (1999), S. 9ff. und Crockett, A. (1997), S. 28.

930 Vgl. Kindleberger, C. P. (1978), S. 161, Hirsch, F. (1977), S. 242, Liepmann, P. (1980), S. 169f., Solow, R. M. (1982), S. 243ff., Claassen, E. M. (1985), S. 221f., Rockoff, H. (1986a), S. 164f., Baltensperger, E./Dermine, J. (1987), S. 81, Dowd, K. (1989), S. 42, Humphrey, T. M. (1989), S. 10f., Mishkin, F. S. (1994), S. 33, Crockett, A. (1996), S. 549, Flannery, M. J. (1996), S. 819, Mishkin, F. S. (1997a), S. 62, Fischer, S. (1999), S. 92f., Little, L. S./Olivei, G. P. (1999), S. 74, Freixas, X. u. a. (1999), S. 159, Giannini, C. (1999), S. 9, Giannini, C. (1999a), S. 24 und Rogoff, K. (1999), S. 25f..

931 Es existiert sogar die Hypothese, daß einige Banken in den Vereinigten Staaten von Amerika ihre Größe nur erhöht haben, um den speziellen Status des „too big to fail" zu erhalten. Vgl. Boyd, J. H./Graham, S. L. (1991), S. 11f., Benston G. J. u. a. (1995), S. 778, Craig, B./Santos, J. C. (1997), S. 25f. und Hoenig, T. M. (1999), S. 11.

932 Vgl. Humphrey, T. M./Keleher, R. E. (1984), S. 280, Todd, W. F. (1991), S. 91 und Fischer, S. (1999), S. 89.

933 Vgl. Humphrey, T. M./Keleher, R. E. (1984), S. 280, Meltzer, A. H. (1986), S. 81 und Brimmer, A. F. (1989), S. 4.

934 Vgl. Humphrey, T. M./Keleher, R. E. (1984), S. 280f.

Lender of Last Resort in einer ungedeckten Geld- und Währungsordnung einfacher als in einer durch eine Konvertibilität beschränkten Geld- und Währungsordnung gestaltet.

Hirsch und Rockoff verweisen darauf, daß das Problem des Moral Hazards zu den Zeiten von Bagehot aufgrund der engen sozialen Beziehungen zwischen den Entscheidungsträgern im Geld- und Bankwesen keine entscheidende Bedeutung hatte[935]. Die Bankiers der Geschäftsbanken und der Bank of England kannten sich persönlich, hatten einen ähnlichen gesellschaftlichen Hintergrund, verkehrten in den gleichen Kreisen und waren zum Teil schon seit der Schulzeit miteinander befreundet. Folglich war es nicht schicklich, sich zu hintergehen. So gibt Rockoff folgendes zu bedenken[936]:

> Men who had been to the right schools could be counted on to do the right thing once it was pointed out to them.

Auch Hirsch stellt fest, daß der Zugriff auf Kredite des Lenders of Last Resort einem kleinen Kreis von vertrauenswürdigen Wirtschaftssubjekten vorbehalten bleiben mußte, um das Problem des Moral Hazards zu umgehen[937]:

> The Bagehot function was (...) associated with paternalism and informal control within a close knit group.

Außerdem führt er aus[938]:

> Participation in such an arragement must obviously be limited to those who can be trusted to be responsible - call them gentlemen.

Das soziale Umfeld, das die Eigentümer und leitenden Angestellten der Geschäftsbanken damals von einem unerwünschten Verhalten abgehalten hat, existiert heute jedoch nicht mehr[939].

Andere Mechanismen zur Behebung des Problems des Moral Hazard sind aber kaum zu beobachten. Eine gut arbeitende Bankenaufsicht könnte zwar möglicherweise Abhilfe schaffen, steht jedoch in der Regel unter politischem Druck, verfügt in der Praxis nicht über die notwendigen Informationen und sieht sich zudem Ausweichreaktionen der Geschäftsbanken (in der Form von Finanzinnovatio-

---

935 Vgl. Hirsch, F. (1977), S. 243f. und Rockoff, H. (1986a), S. 165. Siehe auch Llewellyn, D. T. (1986), S. 56f., Llewellyn, D. T. (1990), S. 16f. sowie Gowland, D. (1990), S. 15f. und S. 53f..
936 Rockoff, H. (1986a), S. 165.
937 Hirsch, F. (1977), S. 245.
938 Hirsch, F. (1977), S. 251.
939 Vgl. Llewellyn, D. T. (1986), S. 56f., Llewellyn, D. T. (1990), S. 17 und Gowland, D. (1990), S. 54.

nen) ausgesetzt[940]. Um dem Problem des Moral Hazard wirksam zu begegnen, müßte die Bankenaufsicht zum Beispiel Kenntnisse über die Solidität aller größeren Kreditnehmer einer Bank haben. Die Krise der Barings Bank zeigt zudem, daß sich durch derivative Geschäfte (in Verbindung mit technischem Fortschritt) sehr schnell Verluste akkumulieren lassen; staatliche Bankregulierungsbehörden dürften daher inzwischen kaum mehr in der Lage sein, das Entstehen von Problemen rechtzeitig zu erkennen[941]. Edwards und Mishkin sowie Hoenig betonen im Falle Barings das Versagen des internen Risiko-Controllings[942]. Diese Sichtweise ist jedoch überaus problematisch. Natürlich wurden in der Bank signifikante Fehler gemacht. Banken existieren jedoch in einem von den Nationalstaaten stark regulierten Umfeld, wobei die Notwendigkeit für entsprechende staatliche Eingriffe mit der nicht ausreichenden Kontrolle auf privatwirtschaftlicher Basis begründet wird. Folglich ist es logisch nicht korrekt, bei einer Krise (wie im Falle Barings) insbesondere auf interne Fehler zu verweisen; es handelt sich immer vor allem um ein Versagen der staatlichen Bankenaufsicht[943].

Noch weitaus problematischer ist die Rolle des Lender of Last Resort in einer wettbewerblichen Geld- und Währungsordnung. Dabei ist ein Lender of Last Resort im Rahmen des BFH-Systems und der Währungskonkurrenz ohne Einlösungsverpflichtung natürlich nicht notwendig, weil, wie bereits festgestellt wurde, kein einheitliches Reservemedium besteht und sich kein Bank Run entwickeln kann. Ein staatlicher Eingriff im Sinne eines Lender of Last Resort muß daher als Fremdkörper erscheinen.

Die Existenz eines Lender of Last Resort kann in einem System der Bankfreiheit möglicherweise gerechtfertigt werden. Hier gibt es schließlich ein einheitliches Reservemedium und es besteht die Möglichkeit eines Bank Runs. Die Wahrscheinlichkeit eines problematischen Bank Runs, also eines Redemption Runs, ist aber, wie dargestellt wurde, geringer als in einem traditionellen Bankensystem. Damit existiert auch kein so großer Bedarf an einem Lender of Last Resort. Außerdem besteht für die Einleger in einem solchen System der Anreiz, sich besser über die Solidität der Geldproduzenten zu informieren, so daß stärker zwischen

---

940 Vgl. einerseits Goodhart, C. A. E. (1988a), S. 49, Thomson, J. B./Todd, W. F. (1990), S. 595ff.,Gilbert, R. A. (1993), S. 36ff., Mishkin, F. S. (1994), S. 40f., Dale, R. (1996), S. 216, Crockett, A. (1996), S. 550ff., Hoenig, T. M. (1997), S. 7, Mishkin, F. S. (1997), S. 20f., Giannini, C. (1999a), S. 24 und Fischer, S. (1999), S. 93 sowie andereseits Kane, E. J. (1981), S. 357f., Llewellyn, D. T. (1986), S. 56f, Havrilesky, T. (1987), S. 167, Gowland, D. (1990), S. 72f., Wood, G. E. (1990), S. 386, Wall, L. D. (1992), S. 166, Thakor, A. V. (1993), S. 25, Dybvig, P. H. (1993), S. 23, Wheelock, D. C. (1993), S. 14, Berger, G. S. (1994), S. 233, Calomiris, C. W. (1994), S. 35, Nuck, S. W. (1994), S. 46, Stoll, H. R. (1998), S. 90f., Kaufman, G. G. (1999), S. 154f., Dowd, K. (1999), S. 44f. und Kroszner, R. S. (1999), S. 359. Die Kenntnisse der Bankenaufsicht können der Zentralbank allerdings auch bei Entscheidungen über die Ausgestaltung der Geldpolitik helfen, vgl. z. B. Peek, J. u. a. (1999), S. 631ff..

941 Vgl. Edwards, F. R./Mishkin, F. S. (1995), S. 41 und Mishkin, F. S./Strahan, P. E. (1999), S. 273.

942 Vgl. Edwards, F. R./Mishkin, F. S. (1995), S. 41 und Hoenig, T. M. (1996), S. 8f..

943 Vgl. Ely, B. (1999), S. 244.

den verschiedenen Emittenten unterschieden wird. Folglich verringert sich auch die Gefahr einer Ausweitung eines Runs. Auch aufgrund dieser Tatsache ist die Existenz eines Lenders of Last Resort in einem System der Bankfreiheit weniger zwingend, weil dessen Aufgabe bekanntlich nicht im Schutz einzelner Banken, sondern in der Vermeidung systemweiter Krisen liegt.

Selgin argumentiert daher, daß die Verteilung der Reserven im Bankensystem aufgrund der sozialen Kosten, die aus der problematischen Anreizwirkung eines Lenders of Last Resort folgen, dem Markt überlassen werden sollte[944]. Eine umsichtig geführte Bank wird sich nach dieser Ansicht auch in einer angespannten Situation Reserven auf dem Markt verschaffen können. Insbesondere die Transaktionen mit Reservemitteln, die zwischen den Banken stattfinden, sind in diesem Zusammenhang relevant. In ganz besonderen Notfällen könnten in einem System der Bankfreiheit auch die Clearingstellen die Funktion des Lender of Last Resort übernehmen[945]. In diesem Zusammenhang muß betont werden, daß der Geldmarkt, wie bereits angedeutet, nicht nur in der Bankfreiheit sondern auch in einem herkömmlichen Geld- und Bankwesen eine große Bedeutung für die Stabilität des Bankensystems hat. Hier kann von einem horizontalen Refinanzierungsnetz gesprochen werden, das die Notwendigkeit für Interventionen der Zentralbank senkt[946].

Es kann also festgehalten werden, daß der Lender of Last Resort in einem System der Bankfreiheit kaum eine geeignete Antwort auf die Bedrohung durch Bank Runs und allgemeine Bankenkrisen darstellt. Folglich müssen andere Schutzmechanismen näher untersucht werden.

3.9.6 Die Notwendigkeit einer staatlichen Einlagenversicherung und alternative Sicherungsmechanismen

Die Existenz einer staatlichen Einlagenversicherung wird in der Regel mit dem Hinweis auf die Möglichkeit eines Bank Runs begründet. Eine solche Versicherung beseitigt den Anreiz für einen Bank Run, weil eine staatliche Institution eine Garantie für die Einlagen abgibt[947]. Insbesondere in den Vereinigten Staaten von Amerika wird, wohl aufgrund der traumatischen Erfahrungen der Weltwirtschaftskrise, die Notwendigkeit einer staatlichen Einlagenversicherung noch heute von vielen Ökonomen anerkannt. Allerdings ist auch hier die sehr euphorische Ansicht, daß sich alle Stabilitätsprobleme des Bankensystems durch die Einfüh-

[944] Vgl. Selgin, G. A. (1988), S. 161, kritisch hierzu Flannery, M. J. (1996), S. 813ff..

[945] Vgl. Selgin, G. A. (1988), S. 161 und Calomiris, C. W./Mason, J. R. (1997), S. 864.

[946] Vgl. Johnson, H. G. (1968), S. 978, Baltensperger, E./Dermine, J. (1987), S. 80, Geigant, F./Rohde, A. (1988), S. 47, Hicks, J. R. (1989), S. 60, Vollmer, U. (1996), S. 197, Temzelides, T. (1997), S. 9f. und Bhattacharya, S. u. a. (1998), S. 761, kritisch hierzu Hülsmann, J. G. (1996), S. 38f..

[947] Vgl. Friedman, M./Schwartz, A. J. (1963), S. 441, Sharpe, W. F. (1978), S. 702, White, L. J. (1989), S. 11, Grossman, R. S. (1992), S. 802, Hoenig, T. M. (1996), S. 8 und Economides, N. u. a. (1999), S. 15.

rung einer Einlagenversicherung lösen lassen, inzwischen gewichen[948]. Außerdem muß festgestellt werden, daß die Einlagenversicherung in den Vereinigten Staaten nicht aufgrund der mangelnden Stabilität des Bankensystems eingeführt worden ist. Der hauptsächliche Grund für die Einrichtung der Federal Deposit Insurance war politischer Natur und lag darin, die vielen kleinen und regional sowie sektoral kaum diversifizierten ländlichen Banken vor der Konkurrenz durch größere und besser diversifizierte Banken zu schützen, in dem das Verlustrisiko des einzelnen Einlegers auf die Gesamtheit der Einleger umgelegt wurde[949]. Folglich spielten die von einer einzelnen Bank eingegangenen Risiken für die Einleger keine Rolle mehr und der aus der besseren Diversifizierung der größeren Banken folgende Vorteil war somit eliminiert.

Zunächst ist ohnehin fraglich, ob es als sinnvoll angesehen werden kann, die Diskussion um die Stabilität des Bankensystems mit der Betrachtung der Einlagenversicherung in so starkem Maße auf die Passivseite der Bankbilanz zu fokussieren[950]. In jedem Fall zeigt die Erfahrung in den Vereinigten Staaten von Amerika, daß die staatliche Einlagenversicherung nahezu unüberwindliche Schwierigkeiten mit sich bringt[951]. Das Hauptproblem der dortigen Einlagenversicherung lag bis vor kurzem darin, daß bei der Berechnung der von einer Bank zu zahlenden Prämien nur die Summe der Einlagen berücksichtigt wurde[952]. Die verschiedenen Risikograde der vergebenen Kredite spielten keine Rolle. Daher kam es zu einem Problem des Moral Hazard. Dieses grundlegende Problem ist auch durch die Einführung einer nur rudimentär an der Risikopolitik der Banken orientierten Prämienberechnung nicht befriedigend gelöst worden[953].

Die Bankkunden haben aufgrund der Einlagenversicherung keinen Anreiz mehr, die Risikopolitik ihrer Bank zu überwachen. Wenn nun auch die Versicherung bei der Berechnung der Versicherungsprämie die insbesondere im Rahmen

---

[948] Vgl. Kane, E. J. (1985), S. 59, Glasner, D. (1989), S. 188, Fand, D. I. (1989), S. 336, Grossman, R. S. (1992), S. 801f., Jordan, J. L. (1994), S. 317, Wheelock, D. C./Wilson, P. W. (1994), S. 58, Fischer, S. (1997), S. 15 und Economides, N. u. a. (1999), S. 15.

[949] Vgl. Golembe, C. H. (1960), S. 197, White, E. N. (1982), S. 39f., Benston, G. J. (1986), S. 20f., Calomiris, C. W. (1990), S. 285, Wall, L. D. (1992), S. 158, Calomiris, C. W./White, E. N. (1995), S.176, Calomiris, C. W. (1999), S. 7 und Economides, N. u. a. (1999), S. 15f., kritisch hierzu Kane, E. J./Wilson, B. K. (1998), S. 573ff.. Auch Berger et al. verweisen darauf, daß die US-Einlagenversicherung die kleineren Banken subventioniert, vgl. Berger, A. N. u. a. (1995), S. 117.

[950] Vgl. Liepmann, P. (1980), S. 45.

[951] Vgl. Kane, E. J. (1985), S. 59ff., Benston, G. J. (1986), S 20ff., Benston, G. J./Kaufman, G. G. (1986), S. 70ff., Kane, E. J. (1986), S. 97ff., Kane, E. J. (1987), S. 77ff. und Scott, K. E. (1987), S. 92ff..

[952] Vgl. Scott, K. E./Mayer, T. (1971), S. 887, Kane, E. J. (1985), S. 13f., Kane, E. J. (1986), S. 97, Benston, G. J./Kaufman, G. G. (1986), S. 62, Meltzer, A. H. (1986), S. 89, McCulloch, J. H. (1986a), S. 82, Kane, E. J. (1987), S. 79, Scott, K. E. (1987), S. 94, Selgin, G. A. (1988), S. 135, Selgin, G. A. (1989b), S. 435, Glasner, D. (1989), S. 192f. und Economides N. u. a. (1999), S. 17.

[953] Vgl. Benston, G. J./Kaufman, G. G. (1996), S. 689, Temzelides, T. (1997), S. 4, Benston, G. J./Kaufman, G. G. (1997), S. 149f., Mishkin, F. S. (1997), S. 24f., Walter, J. R. (1998), S. 4f., Benston, G. J./Kaufman, G. G. (1998), S. 10, Hanc, G. (1999), S. 12 und Jones, K./Kolatch, B. (1999), S. 4.

der Kreditvergabe vorhandene Risikoproblematik ausklammert, können die Banken höhere Kreditrisiken eingehen und damit höhere Kreditzinsen erwirtschaften, ohne einen Run befürchten zu müssen[954]. Dabei haben insbesondere die Banken, deren Eigenkapital aufgrund von früheren Verlusten nahezu aufgezehrt ist und die somit beinahe insolvent sind, einen Anreiz, übermäßige Risiken einzugehen, weil deren Eigentümer bei beschränkter Haftung weitere Verluste nicht fürchten müssen[955]. Während die möglichen Gewinne einer riskanteren Kreditvergabe an die Eigentümer der Bank fallen, wird das erhöhte Risiko einer solchen Geschäftspolitik von der staatlichen Einlagenversicherung und damit der Allgemeinheit getragen, weil die Versicherungsprämien für alle Banken steigen, wobei diese Kosten zum einen von den Kunden und, aufgrund des Einsatzes allgemeiner Mittel aus dem Staatshaushalt, zum anderen auch von den Steuerzahlern zu tragen sind[956]. Weil Banken, die bereit sind, höhere Risiken zu tragen, auch höhere Zinsen auf Einlagen zahlen können, ergibt sich zudem ein Problem der Adversen Selektion[957].

Da, wie gezeigt wurde, weder im BFH-System noch in einem System der Währungskonkurrenz ohne Einlösungsversprechen die Möglichkeit eines Bank Runs besteht, läßt sich bei diesen Formen einer wettbewerblichen Geld- und Währungsordnung keine Notwendigkeit eines Eingriffes in der Form einer staatlichen Einlagenversicherung erkennen. Auch im System der Bankfreiheit wird die Gefahr eines das ganze Bankensystem betreffenden Bank Runs stark gesenkt. Den-

---

[954] Vgl. Maisel, S. J. (1979), S. 204, Kareken, J. H. (1983), S. 1, Kane, E. J. (1985), S. 13f., Ronn, E. I./Verma, A. K. (1986), S. 871, Benston, G. J. (1986), S. 21f., Kaufman, G. G. (1986), S. 74, Wells, D. R./Scraggs, L. S. (1986), S. 904, Brumbaugh, R. D./Carron, A. S. (1987), S. 359, Kaufman, G. G. (1987), S. 88f., Scott, K. E. (1987), S. 94, Litan, R. E. (1987), S. 103f., Goodhart, C. A. E. (1988a), S. 61, Glasner, D. (1989), S. 184, Thies, C. F./Gerlowski, D. A. (1989), S. 678, Keely, M. C. (1990), S. 1183, White, L. J. (1990), S. 64, Benston, G. J. u. a. (1991), S. 311, Benston, G. J. (1992), S. 58f.,Grossman, R. S. (1992), S. 802, Cargill, T. F./Mayer, T. (1992), S. 100, Flood, M. D. (1993), S. 29, Thakor, A. V. (1993), S. 26f., Wheelock, D. C./Wilson, P. W. (1994), S. 67, Gorton, G. (1994), S. 109, Benston, G. J./Kaufman, G. G. (1996), S. 689 und Jordan, J. S. (1998), S. 51.

[955] Vgl. Benston G. J. u. a. (1986), S. 19f., Kaufman, G. G. (1986), S. 70, Kaufman, G. G. (1986a), S. 85, McCulloch, J. H. (1986a), S. 82, Brumbaugh, R. D./Carron, A. S. (1987), S. 359, Kaufman, G. G. (1987), S. 89, Scott, K. E. (1987), S. 94, White, L. J. (1989), S. 13ff., Thies, C. F./Gerlowski, D. A. (1989), S. 689, Calomiris, C. W. (1990), S. 283, White, L. J. (1990), S. 69, Keely, M. C. (1990), S. 1184, Brumbaugh, R. D./Litan, R. E. (1991), S. 45, Benston, G. J. u. a. (1991), S. 309f., Dowd, K. (1993b), S. 16, Berger, G. S. (1994), S. 224, Kroszner, R. S./Strahan, P. E. (1996), S. 1291, Crockett, A. (1996), S. 549, Benston, G. J./Kaufman, G. G. (1997), S. 141, Kaufman, G. G. (1997), S. 64, Mishkin, F. S. (1997), S. 21, Jordan, J. S. (1998), S. 52, Kaufman, G. G. (1999), S. 154 und Kaufman, G. G. (1999a), S. 269.

[956] Vgl. Kane, E. J. (1985), S. 60, Kane, E. J. (1986), S. 98, Benston, G. J./Kaufman, G. G. (1986), S. 71, McCulloch, J. H. (1986a), S. 82, Selgin, G. A. (1989b), S. 435, Benston, G. J./Kaufman, G. G. (1990), S. 85, White, L. J. (1992), S. 104, Dowd, K. (1993b), S. 16, Kroszner, R. S./Strahan, P. E. (1996), S. 1292, Benston, G. J./Kaufman, G. G. (1996), S. 693 und Kaufman, G. G. (1996), S. 25.

[957] Vgl. Kareken, J. H. (1986), S. 37, Kane, E. J. (1987), S. 80, Calomiris, C. W. (1990), S. 293, Wheelock, D. C. (1993), S. 13 und Dowd, K. (1993b), S. 16.

noch könnte mit einem gewissen verbleibenden Restrisiko eine staatliche Einlagenversicherung gerechtfertigt werden.

Allerdings dürften die Probleme, die sich aus der Einrichtung einer solche Institution ergeben, abschreckend wirken, zumal einschneidende staatliche Eingriffe in das Bankensystem dem Grundgedanken einer wettbewerblichen Geld- und Währungsordnung generell widersprechen. In solchen Systemen gefährden alle Maßnahmen, die die Eigenverantwortung der Wirtschaftssubjekte für die von ihnen getroffenen finanziellen Entscheidungen so stark verringern wie die Einlagenversicherung, ex ante die Stabilität des Geld- und Bankwesens in besonderem Maße.

Daher sollte im System der Bankfreiheit von einem solchen staatlichen Eingriff Abstand genommen werden. Die Anhänger der Bankfreiheit verweisen auf verschiedene andere Möglichkeiten, entsprechende Sicherungsmechanismen einzurichten, die auch für ein traditionell reguliertes Bankensystem von Vorteil sein können[958]. Zunächst kann in diesem Zusammenhang an eine hohe Eigenkapitalausstattung der Banken zur Abfederung von möglichen Verlusten gedacht werden; das Eigenkapital stellt dabei eine Barriere gegen Verluste der Einleger und die kaskadenartige Ausweitung von Krisen dar[959]. Staatliche Eigenkapitalvorschriften werden in der Literatur aber auch als problematisch angesehen. Kashyap und Stein weisen im Rahmen der Betrachtung des traditionell regulierten Bankensystems zudem darauf hin, daß bindende Eigenkapitalvorschriften, die eine weitere Kreditvergabe der Banken nur zulassen, wenn zusätzliches Eigenkapital vorhanden ist, der Zentralbank die Durchführung expansiver geldpolitischer Maßnahmen unmöglich machen können[960]. Bei bindenden Eigenkapitalvorschriften ist nämlich das Eigenkapital der Banken und nicht der im Bankensystem vorhandene Bestand an Reservemittel der Engpaßfaktor, der eine weitere Kreditgeldschöpung der Geschäftsbanken verhindert; die Zentralbank kann den Geschäftsbanken zwar weitere Reservemittel aber kein zusätzliches Eigenkapital zur Verfügung stellen.

Weiterhin könnten private Versicherungen mit risikogerechten Prämien die Sicherung der Einlagen übernehmen[961]. Dabei muß bedacht werden, daß, der Port-

---

[958] Vgl. Selgin, G. A. (1988), S. 135ff., Selgin, G. A./White, L. H. (1994), S. 1729 und McCulloch, J. H. (1986a), S. 82ff..

[959] Vgl. Tussing, A. D. (1967), S. 135, Maisel, S. J. (1979), S. 220, Litan, R. E. (1987), S. 157, Beenstock, M. (1987), S. 169f., Benston, G. J. (1992), S. 55, White, L. J. (1992), S. 105f., Dowd, K. (1993a), S. 210, Dowd, K. (1993b), S. 15, Dowd, K. (1993c), S. 365ff., Mishkin, F. S. (1997a), S. 60, Peek, J./Rosengren, E. S. (1997), S. 41, Hanc, G. (1999), S. 4, Jones, K./Kolatch, B. (1999), S. 3, White. L. J. (1999), S. 13 und Kaufman, G. G. (2000), S. 26. Es existieren jedoch Modelle, die zeigen, daß staatliche Vorschriften bezüglich des Eigenkapitals der Banken die Gefahr von Bankenzusammenbrüchen unter bestimmten Umständen sogar erhöhen können, vgl. Koehn, M./Santomero, A. M. (1980), S. 1236ff., Kim, D./Santomero, A. M. (1988), S. 1220ff. und Barber, J. R. u. a. (1996), S. 14ff.. Siehe auch Berger, A. N. u. a. (1995), S. 84f..

[960] Vgl. Kashyap, A. K. /Stein, J. C. (1994), S. 237f. und Kashyap, A. K.(1997), S. 57f.. Siehe auch Peek, J./Rosengreen, E. S. (1995), S. 47f..

[961] Mishra und Urrutia begründen die Notwendigkeit einer Bankenaufsicht mit der Möglichkeit, daß die Banken ex post, also nach der Berechnung einer risikoadjustierten Prämie, höhere Risiken bei

foliotheorie folgend, nicht einzelne Risiken, sondern das gesamte Portfolio einer Bank für die Bemessung der Prämie ausschlaggebend zu sein hat. Schließlich sind nicht nur die Varianzen der einzelnen Risiken sondern auch die Kovarianzen relevant; ansonsten würden die Vorteile aus einer Diversifizierung unberücksichtigt bleiben. Weitere denkbare Sicherungsmechanismen stellen Garantien von Clearingstellen oder anderen Banken, die Umstellung von im Wert fixierten Einlagen auf im Wert variable Einlagen und insbesondere auch die Optionsklausel dar. Weil einige Anhänger der Bankfreiheit vor allem in der Optionsklausel eine geeignete Antwort auf das Problem des Bank Runs sehen, soll insbesondere dieser Sicherungsmechanismus näher untersucht werden[962].

Die Optionsklausel stellt, wie bereits erläutert wurde, eine Regelung dar, die es einer Bank erlaubt, die Einlösung von Banknoten und Depositen in das Reservemedium für einen bestimmten Zeitraum gegen Zinszahlungen auszusetzen. So gewinnt die Bank Zeit und muß Aktiva nicht übereilt unter Wert verkaufen. Weiterhin wird der Automatismus des first come first served, der letztlich der Anreiz für einen Run ist, außer Kraft gesetzt[963]. Außerdem hat die Optionsklausel noch eine weitere positive Wirkung. Aufgrund der Zinszahlungen kann angenommen werden, daß Noten, auf die die Optionsklausel angewandt worden ist, von den Wirtschaftssubjekten zurückgehalten werden, um an der Verzinsung zu partizipieren. Diese Noten finden damit seltener Verwendung zu Zahlungszwecken. Folglich gelangen die Banknoten nicht in das Interbankenclearing, so daß der entsprechenden Bank die benötigten Reservemittel durch den Clearingautomatismus zufließen[964]. Die Ausübung der Optionsklausel durch eine Bank kann allerdings auch als negatives Signal aufgefaßt werden, so daß sich die Gefahr eines Runs auf diesen Finanzintermediär unter Umständen sogar noch erhöht[965]. Die praktische Umsetzung der Optionsklausel kann hier nicht näher betrachtet werden, weil dies den Rahmen der Arbeit sprengen würde. Eine entsprechende Untersuchung erfolgt zum Beispiel bei Shah[966].

Gherity weist darauf hin, daß die Optionsklausel in Schottland vor allem im Rahmen von Notenduellen Anwendung fand und in der Regel nicht gegen Nichtbanken ausgeübt wurde[967]. Offensichtlich bestand dazu auch keine Anlaß, weil es in Schottland zur Zeit der Bankfreiheit zu keinem das gesamte Bankensystem betreffenden Bank Run kam. Diese Tatsache läßt gewisse Zweifel an der Notwen-

---

der Kreditvergabe eingehen, vgl. Mishra, C./Urrutia, J. L. (1995), S. 65ff.. Dieses Argument kann jedoch kaum überzeugen; die Versicherungsbetriebslehre kennt Möglichkeiten, um einem solchen unerwünschten Verhalten zu begegnen. In diesem Zusammenhang sei auf die Instrumente Beitragsrückgewähr und Selbstbeteiligung verwiesen.

[962] Vgl. Dowd, K. (1988), S. 649ff., Dowd, K. (1988a), S. 319ff., Dowd, K. (1989), S. 17 und Dowd, K. (1991), S. 761.

[963] Vgl. Dowd, K. (1988), S. 649f., Dowd, K. (1991), S. 763f. und Shah, P. J. (1997), S. 3.

[964] Vgl. Shah, P. J. (1997), S. 4.

[965] Vgl. Shah, P. J. (1997), S. 8.

[966] Vgl. Shah, P. J. (1997), S. 7ff..

[967] Vgl. Gherity, J. A. (1995), S. 716 und 718ff..

digkeit der Optionsklausel im Rahmen einer wettbewerblichen Geld- und Währungsordnung aufkommen. Auch Shah hält fest[968]:

The Scottish free-banking system apparently had mechanisms other than the option clause to effectively handle bank runs and contagion effects.

Natürlich kann argumentiert werden, daß den Banken die Einführung einer Optionsklausel durchaus erlaubt sein sollte, so daß die Geldhalter durch ihre Akzeptanz entscheiden können, ob dieser Mechanismus sinnvoll ist.

Allerdings beeinträchtigt die Optionsklausel die Durchführung von Notenduellen und kann daher helfen, schlecht geführte Banken am Markt zu belassen. Daher ist es unter Umständen sinnvoll, die Anwendung der Optionsklausel nur auf Nichtbanken zu beschränken und so einerseits den Mechanismus des first come first served bei Einlösungen in das Reservemedium außer Kraft zu setzen und andererseits die disziplinierende Wirkung von Notenduellen zu erhalten.

Dabei hat aber, wie gezeigt wurde, auch die Regelung des first come first served bei Einlösungen eine stabilisierende Wirkung, weil für die Einleger ein Anreiz geschaffen wird, sich über die Banken zu informieren. Hier offenbart sich wiederum, daß Sicherungsmaßnahmen sowohl positive als auch negative Auswirkungen haben. Einerseits reduzieren entsprechende Maßnahmen die Folgen von Krisen, andererseits werden aber gerade deswegen auch Anreize zur Vermeidung von Krisen verringert. Darum fällt eine endgültige Beurteilung der Optionsklausel schwer. Es kann aber zumindest festgehalten werden, daß Gherity in Schottland keine destabilisierende Wirkung der Optionsklausel feststellen konnte[969].

Bezogen auf die anderen vorgeschlagenen Sicherungsmechanismen kann festgehalten werden, daß die Einführung solcher stabilisierender wettbewerblicher Elemente inzwischen auch in den Vereinigten Staaten als Alternative zur bestehenden staatlichen Einlagenversicherung diskutiert werden[970]. Dabei müssen die dortigen Erfahrungen mit der staatlichen Einlagenversicherung als so negativ beurteilt werden, daß starke Zweifel am Sinn einer solchen Institution wohl mehr als angebracht sind.

---

[968] Shah, P. J. (1997), S. 15.

[969] Vgl. Gherity, J. A. (1995), S. 719.

[970] Vgl. Benston, G. J. (1986), S. 23f., Benston, G. J./Kaufman, G. G. (1986), S.71f., Kane, E. J. (1986), S. 114f., McCulloch, J. H. (1986a), S. 82ff., Garrison, R. W. u. a. (1988), S. 201ff., Kaufman, G. G. (1990), S. 17, Barth, J. R. u. a. (1991), S. 33f., Cargill, T. F./Mayer, T. (1992), S. 97, McCulloch, J. H. (1993), S. 18ff., Thakor, A. V. (1993), S. 27f., Jordan, J. L. (1994), S. 321ff., Kaufman, G. G. (1996), S. 28ff., Benston, G. J./Kaufman, G. G. (1998), S. 5f., Billett, M. T. u. a. (1998), S. 355f., Hanc, G. (1999), S. 13ff., Ely, B. (1999), S. 250ff. und Calomiris, C. W. (1999), S. 6f.. In diesem Zusammenhang muß auch auf den sogennaten Precommitment Approach verwiesen werden, bei dem sich die Geschäftsbanken ein Eigenkapitalziel selbst vorgeben und die Regulierungsbehörde nur die Höhe der Strafzahlungen bei Unterschreitung des Ziels festlegt, siehe Prescott, E. S. (1997), S. 23ff. und Kobayakawa, S. (1998), S. 145ff..

Sicherungsmechanismen werden, wie bereits festgestellt wurde, als notwendig angesehen, um die Einleger vor externen Effekten durch Bankenzusammenbrüche zu schützen. Es ist zunächst festzuhalten, daß externe Effekte für Einleger nicht auftreten, wenn ein Finanzintermediär liquidiert wird, bevor dessen Solvenz nicht mehr gewährleistet ist[971]. Schließlich reichen die Erlöse aus der Veräußerung der Aktiva einer solventen Bank aus, um alle Forderungen in vollem Umfang zu saturieren, so daß auch eine Ausweitung der wirtschaftlichen Schwierigkeiten des betroffenen Finanzdienstleisters auf das gesamte Bankensystem nicht zu befürchten ist. Dabei ist aber zu bedenken, daß die Liquidation einer solventen und damit noch funktionsfähigen Bank für eine Volkswirtschaft auch Kosten verursacht, weil zum Beispiel zumindest temporär Arbeitsplätze verloren gehen. Es wäre daher optimal, wenn ein Finanzintermediär genau in dem Moment zur Aufgabe der Geschäftstätigkeit gezwungen wird, in dem dieser nicht mehr als solvent gelten kann.

Ein solcher Mechanismus scheint aber in einem System der Bankfreiheit zu existieren. In diesem Zusammenhang sind Notenduelle von entscheidender Bedeutung. Es ist bereits festgestellt worden, daß ein Notenduell auch dem Angreifer Kosten verursacht. Daher wir eine Bank einen Konkurrenten nur angreifen, wenn der Gegner mit an Sicherheit grenzender Wahrscheinlichkeit zur Geschäftsaufgabe gezwungen werden kann. Somit werden nur bereits angeschlagene Finanzintermediäre zum Ziel von Notenduellen. Ein Angriff auf illiquide aber solvente Banken, die als noch funktionsfähig aber angeschlagen gelten können, ist aber gefährlich. Solche Finanzdienstleister können sich auf dem Markt Reserven verschaffen und so erfolgreich Gegenwehr leisten, wodurch das Notenduell für den Angreifer sehr kostspielig wird. In diesem Fall ist es für eine liquide und solvente Bank sinnvoller, von einem Notenduell abzusehen und dem illiquiden aber solventen Konkurrenten bei Bedarf Reserven zu leihen, so daß aufgrund der Zinszahlungen aus der Illiquidität des anderen Finanzdienstleisters Profit gezogen werden kann. Auch ein Angriff auf eine illiquide Bank ist bei der Existenz von Haftungsbegrenzungen gefährlich. Zur Durchführung eines Notenduells müßten schließlich in beträchtlichem Umfang Noten des insolventen Konkurrenten angesammelt werden. Bei einem Zusammenbruch der insolventen Bank verlieren diese Noten an Wert und können unter Umständen sogar völlig wertlos werden. Wenn also Haftungsbeschränkungen vorliegen, wird ein Finanzintermediär einen Konkurrenten nur genau in dem Moment angreifen, in dem die Solvenz des Gegners nicht mehr gegeben ist. Dadurch werden Banken in dem Augenblick vom Markt verdrängt, in dem ihre Funktionsfähigkeit nicht mehr gewährleistet ist, was das Auftreten von externen Effekten verhindert und die Einleger schützt. In der Praxis dürfte es

---

971 Vgl. Merrick, J. J./Saunders, A. (1985), S. 711, Benston, G. J./Kaufman, G. G. (1986), S. 72, Benston, G. J. u. a. (1986), S. 38, Scott, K. E. (1987), S. 97, Schwartz, A. J. (1988), S. 590, Laub, P. M. (1991), S. 25f., Berger, G. S. (1994), S. 236f., Kaufman, G. G. (1996), S. 19f., Benston, G. J./Kaufman, G. G. (1997), S. 145, Kaufman, G. G. (1999), S. 158, Kaufman, G. G. (1999a), S. 275 und Kaufman, G. G. (2000), S. 29f..

schwierig sein, den geeigneten Zeitpunkt für ein Notenduell genau zu bestimmen. Auch wenn daher Angriffe gegen Banken erfolgen, die gerade noch als solvent betrachtet werden können oder die bereits als insolvent angesehen werden müssen, funktioniert dieser Mechanismus dennoch tendenziell und begrenzt somit die negativen Auswirkungen eines Bankenzusammenbruchs.

3.9.7 Wettbewerbliche Geldschöpfung als Problem der Zeitinkonsistenz

Viele Ökonomen sehen im Rahmen einer wettbewerblichen Geld- und Währungsordnung die Gefahr einer übermäßigen Ausdehnung der Geldschöpfung durch die gewinnmaximierenden privaten Geldproduzenten[972]. Die Folge einer solchen Überemission wäre eine beträchtliche Inflation. Es ist bereits gezeigt worden, daß die Existenz dieser Gefahr mehr als fraglich ist.

Die Anhänger der Bankfreiheit halten das Problem der Überemission in einem bankfreiheitlichen System und das Longfield-Modell für nicht realistisch. Auch Richter, der nicht als überzeugter Anhänger von wettbewerblichen Geld- und Währungsordnungen gelten kann, erkennt die die Geldemission begrenzende und das Preisniveau stabilisierende Wirkung der Konvertibilität an[973]. Das Problem mit betrügerischen Konkursen von Banken zur Zeit der Bankfreiheit in den Vereinigten Staaten von Amerika ergab sich, wie gezeigt wurde, vor allem aufgrund von falschen Anreizstrukturen durch wenig sinnvolle staatliche Vorschriften und außerdem, weil die Durchsetzbarkeit von Forderungen im „Wilden Westen" stark erschwert war[974]. Entsprechende Schwierigkeiten existierten jedenfalls weder in den Städten an der Ostküste, noch in Schottland. Zudem wurde bereits festgestellt, daß das Ausmaß des Wildcat Banking in den westlichen Regionen der Vereinigten Staaten vor den Arbeiten von Rockoff sowie Rolnick und Weber überschätzt worden ist.

Eine Bank im BFH-System kann ihren Geldschöpfungsgewinn nicht durch eine Überemission auf Kosten der Nutzer der Finanzdienstleistungen ausdehnen, da diese auch Anteilseigner am Portfolio der entsprechenden Bank sind. Folglich partizipieren die Nutzer der Finanzdienstleistungen an der Wertentwicklung der von der Bank gehaltenen Aktiva. Somit hat eine Bank keinen Anreiz, eine übermäßige Geldschöpfung vorzunehmen.

Eine Überemission könnte sich somit nur in einem System der Währungskonkurrenz ohne Einlösungsversprechen ereignen. Eine Bank müßte Geld schöpfen und damit Realkapital oder auf andere Währungen lautende finanzielle Aktiva erwerben[975]. Den entsprechenden Geldnutzern würden nur real entwertete Forderungen in der Währung der betrügerischen Bank verbleiben. Abweichend von

---

[972] Vgl. Friedman, M. (1951), S. 211, Friedman, M. (1960), S. 6f., Schreihage, H. (1960), S. 15, Pesek, B. P./Saving, T. R. (1967), S. 115f. und Johnson, H. G. (1968), S. 976f.. Kritisch hierzu z. B. Thompson, E. A. (1974), S. 428ff..

[973] Vgl. Richter, R. (1990), S. 320.

[974] Vgl. White, L. H. (1983), S. 287.

[975] Vgl. Gehring, B. (1978), S. 459f..

Klein wird in dieser Situation ein Problem der Zeitinkonsistenz gesehen[976]. Dieser Sichtweise folgend kann es die optimale Strategie einer Bank sein, zunächst Vertrauen bei den Nichtbanken zu schaffen und daraufhin eine übermäßige Geldschöpfung herbeizuführen. Mit den Worten von Visser[977]:

There remains the possibility that banks in a Hayekian world first create confidence and, next, use the good name they have created to harvest a rich profit by suddenly expanding the volume of their deposits, producing a high rate of inflation that nobody had expected.

Spieltheoretisch handelt es sich hier um ein wiederholtes Spiel[978]. Die Wirtschaftssubjekte zahlen dem Geldproduzenten eine Prämie für die Bereitstellung des wertstabilen Geldes. Diese Prämie kann als Rendite des akkumulierten Vertrauenskapitals eines Emittenten verstanden werden. Nach einer Täuschung entfällt die Zahlung der Prämie, das Vertrauenskapital wird sozusagen „verbraucht". Eine extrem starke Ausweitung der Geldschöpfung ist für die betrachtete Bank also nur dann vorteilhaft, wenn die kurzfristigen Profite aus der Täuschung der Bankkunden durch eine starke Expansion des Geldvolumens die langfristigen Profite einer auf Stabilität bedachten Geldproduktion überwiegen. Folglich muß der Profit einer plötzlich stark erhöhten Geldschöpfung mit den abdiskontierten Profiten einer auf langfristige Stabilität ausgelegten Geldproduktion verglichen werden. Neben der Höhe der Rendite des Vertrauenskapitals spielt also auch der Diskontfaktor der Bank eine entscheidende Rolle.

Es muß berücksichtigt werden, daß, wie Klein gezeigt hat, Vertrauen nicht kostenlos aufgebaut werden kann. Dabei ist zu bedenken, daß die Bildung von Vertrauenskapital durch eine Bank auch Informationen über die Zeitpräferenzrate des entsprechenden Finanzintermediäres offenlegt. Ein Geldproduzent, der zunächst in größerem Maße Ressourcen durch den Aufbau von Vertrauenskapital bindet, verfügt sicherlich über eine Zeitpräferenzrate, die nur zu einer vergleichsweise geringen Abdiskontierung längerfristiger Gewinne führt. Ein solcher Geldproduzent wird daher eher davon Abstand nehmen, durch die Verfolgung einer entsprechenden Geschäftspolitik der Überemission kurzfristig höhere Gewinne auf Kosten der langfristigen Gewinne zu generieren.

Außerdem ist anzunehmen, daß Bankkunden auch andere Finanzdienstleistungen einer Bank meiden würden, die eine Geschäftspolitik der Täuschung der Nutzer ihres Geldes verfolgt hat. Daher sind den kurzfristigen Profiten aus der massiven Expansion der Geldschöpfung nicht nur die abdiskontierten Profite der lang-

---

[976] Vgl. einerseits Klein, B. (1974), S. 423ff. und andererseits Hellwig, M. F. (1985), S. 579ff., Taub, B. (1985), S. 196ff., Cooper, R. N. (1989), S. 393, Issing, O. (1997a), S. 192 sowie Visser, H. (1991), S. 86f..

[977] Visser, H. (1991), S. 86.

[978] Das Spiel muß genauer gesagt aufgrund des Chain-Store-Paradoxons unendlich oft wiederholt werden, oder es darf zumindest keinen vorgegebenen Zeitpunkt zur Beendigung des Spieles geben.

fristig ausgelegten Geldproduktion sondern auch die abdiskontierten Profite aus allen anderen zukünftigen Finanzdienstleistungen entgegenzusetzen.

Zudem sollten die möglichen Profite einer massiven Geldschöpfung nicht überbewertet werden. Natürlich könnte eine Bank unbegrenzt Geld produzieren. Um aber im Rahmen dieser Geschäftspolitik einen realen Profit zu erwirtschaften, muß die Bank für dieses Geld Realkapital oder aber in wertstabilen Währungen denominierte finanzielle Aktiva erhalten[979]. Allerdings dürfte der Markt nicht in der Lage sein, eine sehr große Menge neu geschöpften Geldes sofort aufzunehmen, so daß die Bank gezwungen wäre, einen Umtausch nach und nach vorzunehmen. Dabei müßten die Wechselkurse und Preise sehr schnell auf das erhöhte Angebot an der entsprechenden Währung reagieren. Folglich wird der Umfang des realen Profits einer Überemission, der nicht nur vom Verhalten der expansiven Bank sondern auch von den Märkten abhängt, wirkungsvoll begrenzt.

Weiterhin muß bedacht werden, daß die realen Aktiva und die in anderen Währungen denominierten finanziellen Aktiva, die eine Bank im Zuge der Täuschung erwirbt, das Ziel von Schadensersatzansprüchen der Bankkunden werden könnten[980]. Immerhin wurde von von Hayek angenommen, daß die Emissionsbanken, wenn sie schon keine Einlösungsversprechungen abgeben, doch die Wertstabilität ihrer Währung garantieren. Zudem besteht auch die Möglichkeit, daß Informationen über den Täuschungsversuch einer Bank im voraus an die Bankkunden weitergegeben werden, was die Täuschung unmöglich machen würde[981].

Saving nimmt an, daß sich Vertrauenskapital am wirtschaftlichsten durch die Einführung einer Konvertibilität in ein Gut oder in ein Güterbündel herstellen läßt und führt aus, daß die privaten Nichtbanken einer Vertrauensbildung durch Konvertibilität immer den Vorzug vor anderen Maßnahmen der Vertrauensbildung geben werden[982]. Letztlich geht es darum, ob die Wirtschaftssubjekte ein Pfand, das bei nicht angemessenem Verhalten eines Vertragspartners in ihr Eigentum übergeht, mehr schätzen als eine Geisel, die im Falle unangemessenen Verhaltens des Vertragspartners beseitigt wird. Das Pfand hat natürlich den Vorteil, daß die geschädigte Partei den Schädiger nicht nur bestrafen kann, womit eine positive Anreizwirkung verbunden ist, sondern durch die Inbesitznahme des Pfandes noch zusätzlich entschädigt wird. Allerdings ist dies keine Begründung für ein Verbot von Maßnahmen, die als das Stellen von Geiseln aufgefaßt werden können. Sicherlich sollte es dem Markt überlassen werden, ob Pfänder oder Geiseln bevorzugt werden.

Hier zeigt sich die Relevanz einer Überlegung von Vaubel; dieser stellt fest, daß eine Geschäftspolitik der Täuschung durch die Banken dann mit der Hypothe-

---

979 So weisen z. B. Kessel und Alchian darauf hin, daß Schuldner erst durch den Erwerb von realen Aktiva zu Gewinnern einer Inflation werden, vgl. Kessel, R. A./Alchian, A. A. (1962), S. 526.

980 Vgl. Schulz-Kirchner, U. (1984), S. 194.

981 Vgl. Gerding, R./Starbatty, J. (1980), S. 60 und Schulz-Kirchner, U. (1984), S. 194.

982 Vgl. Saving, T. R. (1976), S. 991.

se der rationalen Erwartungen unvereinbar ist, wenn im System der Währungskonkurrenz Geldemittenten existieren, die ein Einlösungsversprechen abgeben[983]. Unter diesen Bedingungen werden die Bankkunden die Täuschung antizipieren und zu einem Geldproduzenten wechseln, der ein Einlösungsversprechen abgibt und somit ein Pfand stellt.

Nach der Betrachtung der hier vorgestellten Überlegungen kann festgestellt werden, daß es als überaus fraglich erscheinen muß, ob das beschriebene Problem der Zeitinkonsistenz überhaupt relevant ist. Zudem besteht dieses Problem nicht nur im Geld- und Bankwesen. Seit Akerlof ist bekannt, daß eine Strategie der Täuschung für alle Produzenten von Erfahrungsgütern attraktiv ist, weil die Qualitätseigenschaften solcher Güter vor einem Kauf nicht festgestellt werden können[984]. Auch Akerlof schlägt den Mechanismus der Vertrauenskapitalbildung zur Lösung dieses Problems vor[985]. Jordan zeigt daher völlig zurecht eine Verbindung zwischen Geldemittenten und den Produzenten anderer Vertrauensgüter auf und stellt fest[986]:

> The answer is clear if we rephrase the question to ask why Mercedes-Benz will not sacrifice quality in exchange for short-term profits.

Die Gegner wettbewerblicher Geld- und Währungsordnungen, die den Mechanismus der Vertrauenskapitalbildung ablehnen und die Lösung des Problems in einer Verstaatlichung der Geldproduktion sehen, müßten daher konsequenterweise zumindest auch die Verstaatlichung der Produktion aller anderen wichtigen Erfahrungsgüter fordern. Die Liste der dann vom Staat bereitzustellenden Güter wäre umfangreich. Sie würde zum Beispiel auch die Dienstleistungen von Ärzten, die Bremsanlagen von Kraftfahrzeugen und Schokoladeneis umfassen.

Außerdem ist festzuhalten, daß auch für eine staatliche Zentralbank ein Anreiz zu einer den Seigniorage kurzfristig maximierenden Geldschöpfung besteht[987]. So wurde der Seigniorage selbst von Staaten der Europäischen Union (zum Beispiel Griechenland und Portugal) in starkem Maße zur Finanzierung des Staatshaushal-

---

983 Vgl. Vaubel, R. (1997), S. 219 und Vaubel, R. (1985), S. 554.

984 Vgl. Akerlof, G. A. (1970), S. 488ff. und Schulenburg, J.-M. v. d. (1987), S. 702f..

985 Vgl. Akerlof, G. A. (1970), S. 499f..

986 Jordan, J. L. (1995), S. 175.

987 Vgl. Calvo, G. A. (1978), S. 1412ff., Brennan, H. G./Buchanan, J. M. (1981), S. 34ff., Barro, R. J. (1986), S. 19, Dwyer, G. P. (1993), S. 6, Banaian, K. u. a. (1994), S. 39 und Hagemeyer, R. (1998), S. 35ff.. Tabellini stellt fest, daß der Anreiz, durch Geldschöpfung zusätzliche Staatseinnahmen zu generieren, sogar noch wächst, wenn die Währung eines Staates auch außerhalb des eigenen Landes Verwendung findet, weil dann die Kosten eines entsprechenden Vorgehens auch auf das Ausland umgelegt werden. Tabellini verweist aber auf den Reputationsmechanismus, der auch in diesem Fall zu veränderten Anreizstrukturen führen kann. Vgl. Tabellini, G. (1990), S. 124ff..

tes genutzt[988]. Natürlich kann argumentiert werden, daß die Unabhängigkeit der Deutschen Bundesbank und der Europäischen Zentralbank eigentlich eine wirksame Schutzmaßnahme gegen eine entsprechende staatliche Einflußnahme darstellen müßte. Jedoch hat die im Rahmen der Erfüllung der Maastricht-Kriterien geführte Diskussion um die Neubewertung der Goldreserven gezeigt, daß auch in Deutschland gewisse Begehrlichkeiten des Staates existieren, wenn ein dringender Bedarf an Finanzmitteln besteht.

Dabei ist zu bedenken, daß die Besitzer einer privaten Emissionsbank mit Sicherheit über einen längeren Zeithorizont verfügen als ein demokratisch gewählter Politiker, der primär seine nächste Wiederwahl sicherstellen will[989]. Daher wird eine staatliche Zentralbank eine Strategie der kurzfristigen Maximierung der Geldschöpfungsgewinne eher anstreben als eine private Emissionsbank. Dabei haben Politiker in einer Demokratie vor der Wahl einen besonderen Anreiz, auf die Herbeiführung einer Überemission zu drängen, weil die im Rahmen dieser Maßnahme gewonnen Mittel entweder die Wiederwahl sichern oder aber, bei einer verlorenen Wahl, zumindest die Inflationserwartungen der Wirtschaftssubjekte für die Zukunft erhöhen, was die zukünftige Ausbeutung des Seigniorages durch den politischen Gegner einschränkt[990]. Außerdem besteht für die Politiker, im Gegensatz zu den privaten Emissionsbanken, eine doppelte Problematik der Zeitinkonsistenz, weil sich ein Anreiz zur Ausdehnung der Geldschöpfung sowohl aufgrund der Phillips-Kurve, als auch aufgrund des Seigniorages ergibt[991]. Claassen stellt zudem fest, daß die Führung einer staatlichen Zentralbank in keinem Fall der Eigentümer der entsprechenden Institution ist, so daß die Verantwortlichen weniger auf die Erhaltung des Kapitals der staatlichen Zentralbank bedacht sind, als die Verantwortlichen einer privaten Emissionsbank, die häufig, und bei Personengesellschaften sogar zwangsläufig, Miteigentümer der Unternehmung sind[992].

---

[988] Vgl. Grilli, V. (1989), S. 66ff., Drazen, A. (1989), S. 13, Canzoneri, M. B./Rogers, C. A. (1990), S. 420, White, L. H. (1990a), S. 377f., Alogoskoufis, G. S./Christodoulakis, N. (1991), S. 268ff., Gros, D./Vandille, G. (1995), S. 181ff. und Lange, C./Nolte, F. (1998), S. 501.

[989] Vgl. Tullock, G. (1975), S. 496, Vaubel, R. (1976), S. 426, Vaubel, R. (1977), S. 450, Hayek, F. A. v. (1979), S. 2, Bronfenbrenner, M. (1980), S. 34, Brennan, H. G./Buchanan, J. M. (1981), S. 40f., Bernholz, P. (1983), S. 405, Claassen, E. M. (1984), S. 56, Vaubel, R. (1986), S. 932, Vgl. Neumann, M. J. M. (1991), S. 97, Nuck, S. W. (1994), S. 44 und Cukierman, A./Webb, S. B. (1995), S. 415.

[990] Vgl. Cukierman, A. u. a. (1992), S. 544 und Selgin, G. A./White, L. H. (1999), S. 161.

[991] Vgl. Barro, R. J. (1986), S. 19f. und Dwyer, G. P. (1993), S. 6.

[992] Vgl. Claassen, E. M. (1984), S. 53.

4. Wettbewerbliche Reformansätze für eine neue Geld- und Währungsordnung

4.1 Grundsätzliche Überlegungen

Nachdem festgestellt wurde, daß die staatlichen Zentralbanken durch die grenzüberschreitende Nutzung des Netzgeldes möglicherweise die Kontrolle über die Geldschöpfung verlieren werden, müssen nun Alternativen zur Gestaltung der zukünftigen Geld- und Währungsordnung untersucht werden. Eine Möglichkeit zu einer Reform liegt in der Bildung einer Weltzentralbank, wobei eine solche Entwicklung aber, wie gezeigt wurde, zumindest derzeit nicht als sinnvoll angesehen werden kann. Daher könnte die Lösung der durch das Netzgeld aufgeworfenen Probleme in einem weitgehenden Rückzug des Staates aus der Regulierung des Geld- und Bankwesens und somit in der Einführung einer wettbewerblichen Geld- und Währungsordnung liegen. Es ist folglich wichtig, nach den umfangreichen allgemeinen Überlegungen bezüglich wettbewerblicher Geld- und Währungsordnungen, nun Details der möglichen Ausgestaltung eines solchen Systems zu betrachten. Zunächst soll jedoch noch die Bedeutung von wettbewerblichen Elementen im Rahmen der aktuell bestehenden Geld- und Währungsordnung herausgestellt werden.

4.2 Wettbewerbliche Elemente in der gegenwärtigen Geld- und Währungsordnung

Es könnte der Eindruck entstehen, daß der Wettbewerb in der aktuellen Geld- und Währungsordnung keine Rolle spielt. Diese Ansicht ist jedoch sicherlich nicht korrekt. Sowohl auf der nationalen als auch auf der internationalen Ebene kommt wettbewerblichen Elementen eine große Bedeutung zu.

So haben die einzelnen Staaten nicht freiwillig auf die Möglichkeit verzichtet, sich Mittel durch eine Erhöhung des Seigniorage zu verschaffen. Es ist daher mehr als fraglich, ob die weltweit allgemein hohe Preisniveaustabilität der letzten Jahre als Verdienst der nationalen Zentralbanken angesehen werden kann. Hier scheinen eher marktwirtschaftliche Faktoren auf der Grundlage der zunehmenden Globalisierung und der erhöhten Kapitalmobilität relevant zu sein. Eine die Staaten disziplinierende Wirkung der globalen Finanzmärkte in Verbindung mit der inzwischen gegebenen hohen weltweiten Kapitalmobilität wird von vielen Autoren diagnostiziert[993]. Thomasberger betont die Bedeutung dieses stabilisierenden Faktors, weil die privaten Wirtschaftssubjekte im Rahmen der Währungssubstitution insbesondere zur Kapitalanlage die für ihre Bedürfnisse geeignete Währung wählen können[994]. Die verschiedenen Währungen kämpfen demnach um die Gunst der Vermögensbesitzer, wobei die Preisniveaustabilität ein entscheidender Wettbewerbsparameter ist. Länder, deren Währungen nicht vertraut wird, können ihre

[993] Vgl. z. B. Thomasberger, C. (1993), S. 22f., Thomasberger, C. (1993a), S. 333ff., Haslag, J. H. (1996), S. 8, Okina, K. u. a. (1999), S. 24 und Tarzi, S. M. (1999), S. 146.
[994] Vgl. Thomasberger, C. (1993a), S. 333f. und 336.

Staatsverschuldung daher nur noch über die internationalen Kapitalmärkte finanzieren, wenn die Staatstitel in einer fremden Währung denominiert sind. Die Konkurrenz zwischen den staatlichen Währungen hat folglich in vielen Ländern für Preisniveaustabilität gesorgt. In diesem Zusammenhang betont Tietmeyer die in der Zukunft zu erwartende stabilisierende Wirkung der Währungskonkurrenz zwischen Dollar und Euro[995]:

Euro und Dollar können so in einen fruchtbaren Wettbewerb treten. Von einem gesunden Wettbewerb zweier stabilitätsorientierter Währungen kann das Weltwährungssystem insgesamt profitieren.

Auch die beobachtbare Deregulierung der Finanzmärkte ist von den Zentralbanken und Regulierungsbehörden nicht freiwillig eingeleitet worden[996]. Aufgrund des internationalen Wettbewerbsdrucks durch einige Länder mit vergleichsweise geringen staatlichen Eingriffen mußten die anderen Staaten reagieren, um Wettbewerbsverzerrungen zu vermeiden und die inländischen Finanzdienstleister zu stärken. So sah sich die Deutsche Bundesbank im Rahmen dieses Prozesses gezwungen, die Mindestreservesätze stark zu senken. Damit haben sich die Einflußmöglichkeiten der staatlichen Zentralbanken eingeschränkt. Diese zumindest teilweise vom Markt erzwungene Deregulierung hat die Stabilität der Geldversorgung aber nicht negativ beeinflußt[997]. Geigant stellt in diesem Zusammenhang fest[998]:

Wettbewerb hat bei genauerem Hinsehen allemal Vorrang vor der angeblichen Effizienz von Wettbewerbsbeschränkungen.

Auch auf nationaler Ebene spielen marktwirtschaftliche Faktoren im Geld- und Bankwesen eine wichtige Rolle. In diesem Zusammenhang kann beispielsweise auf den Geldmarkt verwiesen werden. Dieser stellt eine effiziente Verteilung des Reservemediums Zentralbankgeld im Bankensektor sicher und senkt somit die Häufigkeit, mit der die Zentralbank in den Wirtschaftsprozeß eingreifen muß, um dem Geschäftsbankensystem zusätzliche Reservemittel zur Verfügung zu stellen.

Der Wettbewerb stellt auch eine wichtige Komponente zur Sicherstellung der effizienten Versorgung der Bankkunden mit Finanzdienstleistungen dar[999]. Die Banken haben sich aufgrund der Konkurrenz untereinander und aufgrund des zunehmenden Drucks sowohl von anderen inländischen Finanzintermediären, zum

---

[995] Tietmeyer, H. (1998), S. 311.

[996] Vgl. Benston, G. J./Kaufman, G. G. (1986), S. 50, Kaufman, G. G. (1986a), S. 67, White, E. N. (1982), S. 37, Thomson, J. B./Todd, W. F. (1990), S. 581, Jordan, J. L. (1990), S. 315f., Llewellyn, D. T. (1990), S. 17f., Reinicke, W. H. (1994), S. 23f. und Keleher, R. E. (1998), S. 306.

[997] Vgl. Geigant, F. (1984), S. 554 und Tarzi, S. M. (1999), S. 147.

[998] Geigant, F. (1984), S. 554.

[999] Vgl. Geigant, F. (1984), S. 559ff..

Beispiel Versicherungen, als auch aus dem Ausland, gezwungen gesehen, den Kunden insbesondere seit Anfang der achtziger Jahre verbesserte Leistungen und die verschiedensten Finanzinnovationen anzubieten[1000]. Dieses zusätzliche Leistungsangebot, zum Beispiel die Zahlung von Zinsen auf Sichtdepositen oder die Bereitstellung von Geldautomaten, hat zu einer Erhöhung des Nutzens der Bankkunden geführt.

In jedem Fall muß bezweifelt werden, ob die Geldtheorie diesen neuen Entwicklungen angemessen Rechnung trägt[1001]. Vor allem die Überlegungen von Tobin und der darauf aufbauende New View zeigen, daß die herkömmliche Geldmultiplikatortheorie keine geeignete Grundlage zur Beschreibung der Realität eines modernen Bankensystems ist[1002]. Durch die Existenz von Zinszahlungen auf Depositen, die der Geldmenge zuzurechnen sind, wird das Multiplikatormodell unrealistisch, weil das Modell unter diesen Bedingungen unterstellt, daß die Banken statt einer Gewinnmaximierung eine Geldmaximierung vornehmen. Dies gilt insbesondere, wenn berücksichtigt wird, daß es für Banken zur Ausschaltung übermäßiger Kreditausfallrisiken unter Umständen sinnvoll ist, eine Geschäftspolitik der Kreditrationierung mit einer Beschränkung der Höhe des Kreditzinses zu betreiben[1003].

Wettbewerbliche Elemente spielen also bereits eine wichtige Rolle im Geld und Bankwesen und haben durchaus, wie zum Beispiel im Fall der Währungskonkurrenz zwischen verschiedenen staatlichen Währungen, eine stabilisierende Wirkung. Obwohl der Übergang zu einer wettbewerblichen Geld- und Währungsordnung sicherlich als weitreichender Reformansatz bezeichnet werden muß, kann daher nicht wirklich von einem völligen Paradigmenwechsel gesprochen werden.

4.3 Wettbewerbliche Geld- und Währungsordnungen und das Internetgeld

Die Notwendigkeit der Existenz von Geld und Banken ergibt sich erst durch das Vorliegen von Informations- und Transaktionskosten. Neue Informations- und Kommunikationstechnologien beeinflussen die Informations- und Transaktionskosten, denen sich die Wirtschaftssubjekte ausgesetzt sehen. Damit muß die Einführung dieser neuen Technologien unter Umständen sogar erhebliche Veränderungen im Geld- und Bankwesen zur Folge haben. Wenn bedacht wird, daß die Zentralbanken durch die sich abzeichnenden Entwicklungen möglicherweise stark an Einfluß verlieren, stellt sich zwangsläufig die Frage, ob eine wettbewerbliche Geld- und Währungsordnung die geeignete Grundlage für die Bereitstellung der Finanzinnovation Internetgeld ist.

Zunächst ist allgemein festzuhalten, daß Finanzinnovationen im Rahmen einer wettbewerblichen Geld- und Währungsordnung kaum Probleme bereiten dürften. Dies liegt zum einen daran, daß die Notwendigkeit der Entwicklung von Finan-

[1000] Vgl. Glasner, D. (1989), S. 167.
[1001] Vgl. Glasner, D. (1989), S. 171.
[1002] Vgl. Tobin , J. (1971), S. 2ff. und Glasner, D. (1989), 172ff..
[1003] Vgl. Greenwald, B./Stiglitz, J. E. (1991), S. 14 und Jaffee, D./Stiglitz, J. (1990), S. 853ff..

zinnovationen als Reaktion auf Maßnahmen der staatlichen Regulierungsbehörden entfällt. Zum anderen kommt es nicht zu möglicherweise falschen geldpolitischen Eingriffen der Zentralbank als Gegenreaktion auf die vom Markt entwickelten Finanzinnovationen[1004]. Link thematisiert die Probleme, die einem traditionellen regulierten Bankensystem aus den Finanzinnovationen erwachsen, und gibt zu bedenken[1005]:

> Dieser Aspekt hätte keine Bedeutung mehr, wenn man nach der Maxime handelt, daß der Markt am besten weiß, wie auf Schocks, die durch das Auftreten von Finanzinnovationen ausgelöst werden, zu reagieren ist.

Konkret bezogen auf das Phänomen Internetgeld kann festgehalten werden, daß die Auflösung der nationalen Währungsräume, die das große Problem für die nationalen und supranationalen Zentralbanken darstellt, im Rahmen einer wettbewerblichen Geld- und Währungsordnung völlig unproblematisch ist. Schließlich ist das Nebeneinander verschiedener gleichrangiger Geldproduzenten, die in Konkurrenz zueinander stehen, ein konstitutives Merkmal einer wettbewerblichen Geld- und Währungsordnung. Hieraus folgt auch ein weiterer Vorteil, denn in einem solchen System ist eine problematische internationale Koordinierung der Geldpolitik zwischen den verschiedenen Emittenten, die gegenwärtig als ein möglicher Weg zur Kontrolle der Emission des Internetgeldes angesehen wird, nicht notwendig.

Auch andere Schwierigkeiten, die sich durch das elektronische Geld ergeben, treten in einer wettbewerblichen Geld- und Währungsordnung nicht auf. So ist zum Beispiel im Rahmen der Ausführungen bezüglich der Bankfreiheit gezeigt worden, daß in diesem System die Größe $M * v$ automatisch stabilisiert wird, wobei es zu einer Kompensation der Veränderung der Umlaufsgeschwindigkeit durch eine entsprechend entgegengesetzte Anpassung der Geldmenge kommt. Die durch das elektronische Geld unter Umständen stark erhöhte Umlaufsgeschwindigkeit hat somit keine problematischen Auswirkungen auf das Preisniveau.

Es kann daher festgehalten werden, daß eine wettbewerbliche Geld und Währungsordnung der geeignete Rahmen für die Bereitstellung des Netzgeldes zu sein erscheint. Zusätzlich werden durch die neuen Informationstechnologien auch einige der Probleme gelöst, die bezogen auf wettbewerbliche Geld- und Währungsordnungen bestehen.

Vor allem die Währungskonkurrenz und das BFH-System wurden in der Vergangenheit als nicht realisierbare Utopie angesehen. Diese Einschätzung folgte insbesondere aus der Problematik der erhöhten Informations- und Transaktionskosten. Mit den neuen Technologien Internet und Internetgeld präsentiert sich allerdings eine dramatisch veränderte Situation.

[1004] Vgl. Link, F. J. (1986), S. 213.
[1005] Link, F. J. (1986), S. 213.

So ist die Realisierung eines Systems der Währungskonkurrenz eigentlich nur dann denkbar, wenn moderne Kommunikationstechnologien eingesetzt werden, die die Informations- und Transaktionskosten beträchtlich senken[1006]. Dabei ist vor allem an Agentensysteme zu denken, die Preisangaben im Internet automatisch in die von ihrem Nutzer verwendete Währung umrechnen und bei Bedarf kostengünstig auf virtuellen Devisenmärkten in die vom Anbieter der entsprechenden Ware verwendete Währung umwandeln[1007]. Die Agentensoftware fungiert somit als effizienter Adapter im Sinne der Netzwerkökonomie. Damit wird es auch ohne Vereinheitlichung der Recheneinheit möglich, die positiven Netzwerkeffekte des Kommunikationsmediums Geld zu nutzen. Dies führt zu einer Art „virtuellen Recheneinheit", was bedeutet, daß die verschiedenen Marktteilnehmer unterschiedliche Währungen nutzen können, ohne das ein Wirtschaftssubjekt diese Tatsache aufgrund der Automatisierung durch Agentensysteme bemerken muß. Somit kann jedes Wirtschaftssubjekt die Währung verwenden, die seinen Bedürfnissen am besten entspricht, weil aufgrund der neuen Technologien positive Netzwerkeffekte nicht entfallen und andere Wirtschaftssubjekte von dieser Entscheidung somit nicht betroffen werden.

Das BFH-System ist insbesondere für die Nutzung in einem Computernetzwerk ausgelegt. Es ist folglich nicht verwunderlich, daß die Möglichkeit zur Einführung dieser Form einer wettbewerblichen Geld- und Währungsordnung in entscheidendem Maße durch die Verfügbarkeit der Technologien Internet und Internetgeld verbessert wird. Nur in einem solchen Umfeld existieren die niedrigen Informations- und Transaktionskosten, die die Visionen der Neuen Monetären Ökonomie erst möglich machen. Der von der Neuen Monetären Ökonomie prognostizierte Rückgang der Bedeutung des Bargeldes scheint inzwischen voranzuschreiten. Insbesondere die Arbeit von Black aus dem Jahre 1970 muß daher im Lichte der sich abzeichnenden Entwicklungen als geradezu visionär bezeichnet werden. Dennoch sind die Vorschläge der Neuen Monetären Ökonomie zumindest derzeit wohl noch zu extrem. Schließlich stellt das BFH-System eine von Finanzdienstleistern organisierte Tauschwirtschaft dar. Ob die Reduktion der Transaktions- und Informationskosten durch die neuen Technologien ausreichend hoch ist, um ein solches System zu realisieren, muß daher zunächst fraglich erscheinen. Andererseits wird bereits jetzt der Vormarsch internetgestützter und daher effizienter Tauschwirtschaften (barter clubs) beobachtet[1008].

Tauschringe werden allerdings aufgrund der aufgezeigten Probleme auch weiterhin nur eine untergeordnete Rolle spielen. Bezogen auf Tauschwirtschaften ist daher neben dem BFH-System vor allem auf die sich zur Zeit rasant entwikkelnden Tauschbörsen im Internet zu verweisen. In solchen Tauschsystemen werden die zu transferierenden Güter direkt gegeneinander getauscht. Um Probleme

---

[1006] Vgl. Trivoli, G. W. (1977), S. 357ff. und Klamm, W. (1985), S. 30f..
[1007] Vgl. Krüger, M./Godschalk, H. T. C. (1998), S. 11 und Helleiner, E. (1998), S. 399.
[1008] Vgl. Marvasti, A./Smyth, D. (1998), S. 1088.

durch Betrug zu vermeiden, bietet es sich an, die entsprechenden Güter vor dem eigentlichen Tausch bei einem Tauschdienstleister zu hinterlegen. Langfristig muß daher sicherlich auch die provokante Frage gestellt werden, ob Geld bei einer starken Reduktion der Transaktions- und Informationskosten, zum Beispiel durch die Weiterentwicklung von Agentensoftware, überhaupt noch benötigt wird. Die Entwicklung einer solchen Tauschwirtschaft im Sinne der Neoklassik ist jedoch in der nahen Zukunft nicht zu erwarten.

Die Bankfreiheit ist die wohl einzige Form einer wettbewerblichen Währungsordnung, die sich auch ohne moderne Informations- und Kommunikationstechnologien einführen ließe. Auch sie profitiert aber von den neuen Technologien. So sorgt das Einwegtoken-Konzept von ecash dafür, daß die Geldeinheiten nach dem Gebrauch sofort zurück zu der ausgebenden Bank fließen oder in den Clearingmechanismus geraten und nicht weiter umlaufen. Daher wird die Möglichkeit der Emissionsbanken, eine Überemission herbeizuführen durch die verbesserten Kommunikationsmöglichkeiten und die Einweggeldeinheiten noch stärker eingeschränkt[1009]. Auch das „Wildcat Banking" ist, wie White feststellt, durch die moderne Kommunikationstechnologien nahezu unmöglich geworden[1010].

Daneben ist auch in diesem System, wie in allen wettbewerblichen Geld- und Währungsordnungen, die Senkung der Informations- und Transaktionskosten von großer Relevanz. Heute stehen jedem Wirtschaftssubjekt vor allem durch das Medium Internet eine riesige Menge von Informationsquellen, zum Beispiel jederzeit aktuelle Aktienkurse, und der Zugang zu weltweit allen im Internet tätigen Finanzdienstleistern zur Verfügung[1011]. Dies verbessert zum einen die Informiertheit der Kunden und erhöht zum anderen die Konkurrenz zwischen den Finanzdienstleistern. Beide Faktoren stärken die Funktionsfähigkeit einer wettbewerblichen Geld- und Währungsordnung in erheblichen Maße.

Es könnte unter Umständen argumentiert werden, daß die Wettbewerbsintensität zwischen den Banken in Deutschland derzeit nicht hoch genug ist, um eine wettbewerbliche Geld- und Währungsordnung einzuführen[1012]. Schon im Rahmen der Diskussion um das natürliche Monopol in der Geldproduktion ist festgestellt worden, daß die Erfahrungen im Rahmen der heutigen regulierten Bankensysteme kaum geeignet sind, um Rückschlüsse auf eine wettbewerbliche Geld- und Währungsordnung zu ziehen. Die Diagnose einer unzureichenden Wettbewerbsintensität ist daher, aufgrund der bestehenden staatlichen Eingriffe, schon per se problematisch. Das Argument ist aber ohnehin obsolet, wenn davon ausgegangen wird, daß die Finanzintermediäre schon in naher Zukunft in einen globalen Wettbewerb auf elektronischen Märkten im Internet eintreten werden. In diesem Umfeld müßte sich in jedem Fall eine hohe Wettbewerbsintensität zwischen den Geldproduzen-

[1009] Vgl. Browne, F. X./Cronin, D. (1995), S. 105 und Browne, F. X./Cronin, D. (1997), S. 161.
[1010] Vgl. White, L. H. (1983), S. 287.
[1011] Vgl. White, L. H. (1998), S. 44, Mishkin, F. S./Strahan, P. E. (1999), S. 253ff. und Horvitz, P. M. (1986), S. 111f..
[1012] Vgl. Honeck, G. (1986), S. 85.

ten ergeben, so daß mangelnde Konkurrenz zwischen den verschiedenen Anbietern die Einführung einer wettbewerblichen Geld- und Währungsordnung nicht behindern dürfte.

Natürlich kann argumentiert werden, daß einige Wirtschaftssubjekte sich im unübersichtlichen Umfeld von nicht überwachten internationalen Finanzmärkte nicht zurechtfinden werden. Einige Ökonomen scheinen in der staatlichen Regulierung des Geld- und Bankwesens ohnehin eine Art Sozialversicherung zum Schutz der weniger informierten Marktteilnehmer zu sehen[1013]. Gewisse Nutzer der Dienstleistungen der Banken werden mit anderen Worten nicht als mündige Kunden angesehen. Die Lösung dieses möglichen Problems liegt wiederum in der Agentensoftware. Entsprechende Programme könnten automatisch alle relevanten Informationen im Internet sammeln und auswerten. Werden in die Agentensoftware auch Expertensysteme integriert, die zum Beispiel in der Lage wären, die Solidität eines Finanzintermediärs zu beurteilen, ließe sich der Grad der Informiertheit der Wirtschaftssubjekte weitgehend nivellieren, so daß alle Bankkunden als mündige Kunden angesehen werden müßten. Dabei haben alle reputabelen Finanzdienstleister den Anreiz, im Rahmen des Signaling entsprechende Informationen in gut zugänglicher Form zur Verfügung zu stellen.

Den Finanzintermediären steht durch das Internet die Möglichkeit offen, weltweit Kunden zu gewinnen. Somit können sie eine globale Diversifizierung ihrer Kreditvergabe erreichen und folglich die im Rahmen regional beschränkter Engagements gegebene Gefahr von starken Kreditausfällen durch lokale Krisen verringern. Dabei muß allerdings bedacht werden, daß durch die zunehmende Verknüpfung der nationalen Märkte zu einer globalen Weltwirtschaft möglicherweise auch das Risiko der Ausbreitung von zunächst auf eine bestimmte Region beschränkten Krisen steigt. Zunächst sollte festgestellt werden, daß durch die globale Konkurrenz kleinere Finanzdienstleister entweder verdrängt oder zu Zusammenschlüssen gezwungen werden. Damit verbleiben nur größere Einheiten am Markt. Diese großen und gut kapitalisierten Universalbanken, die keinen unsinnigen staatlichen Vorschriften, wie zum Beispiel dem Verbot zum Aufbau von Zweigstellen, unterliegen, und die sowohl sektoral als auch regional stark diversifiziert sind, wobei sie im harten internationalen Wettbewerb ständig ihre Leistungsfähigkeit beweisen müssen, scheinen die beste Antwort auf die Globalisierung der Märkte zu sein.

Einige Autoren verweisen darauf, daß die nationalen Zentralbanken ihre hervorgehobene Stellung nicht freiwillig aufgeben werden; folglich ist die Einführung einer wettbewerblichen Geld- und Währungsordnung, die die besondere Position der Zentralbanken abschafft, aufgrund der politischen Realitäten nur dann möglich, wenn entweder eine große Krise oder aber eine andere tiefgreifende Ver-

[1013] Vgl. Cooper, R. N. (1989), S. 396f., Gowland, D. (1990), S. 49f., White, L. J. (1994), S. 97f., Dale, R. (1996), S. 215 und Cecchetti, S. G. (1999), S. 3, etwas ironisch hierzu Kareken, J. H. (1983), S. 2f..

änderung einen starken Druck auf die Zentralbank und die Politik ausübt[1014]. Das Aufkommen des Netzgeldes könnte sicherlich als eine solche Veränderung aufgefaßt werden. Diese Interpretation der sich abzeichnenden Entwicklungen ist aber zu einfach. Vielmehr sind die Zentralbanken in den letzten 20 Jahren weltweit durch eine große Anzahl von Finanzinnovationen zunehmend bedrängt worden. Sie konnten diesen Entwicklungen nur durch eine weitgehende Deregulierung begegnen. Das Netzgeld ist dieser Sichtweise folgend nur der Tropfen, der das Faß zum Überlaufen bringen kann.

Setzt sich der Electronic Commerce durch (und kommt es folglich zu einer weitgehenden Nutzung des Internetgeldes) so verbleiben den nationalen und supranationalen Zentralbanken, wie gezeigt wurde, nur zwei Reaktionsmöglichkeiten, nämlich die Bildung einer Weltzentralbank oder die Einführung einer wettbewerblichen Geld- und Währungsordnung. Beide Alternativen bedrohen die hervorgehobene Stellung der existierenden Zentralbanken. Wenn die Nationalstaaten als Reaktion auf die zunehmende Akzeptanz des Netzgeldes keine Weltzentralbank einrichten und versuchen, das Geld- und Bankwesen weiterhin mit einzelstaatlichen Eingriffen zu kontrollieren, werden sie feststellen müssen, daß ein solches Konzept nicht tragfähig ist. Schließlich haben die privaten Wirtschaftssubjekte die Möglichkeit, im Internet auf einfachste Weise und mit geringen Informations- und Transaktionskosten Währungssubstitution zu betreiben und auf Offshore-Märkten auszuweichen.

Es bleibt die wichtige Frage zu klären, ob im Rahmen einer wettbewerblichen Geld- und Währungsordnung die Preisniveaustabilität garantiert werden kann. Die entsprechenden Mechanismen, die Überemissionen im Rahmen von Währungskonkurrenz, Bankfreiheit und BFH-System verhindern sollen, sind bereits erläutert worden. Wenn die Einrichtung einer Weltzentralbank aufgrund der damit verbundenen Probleme als ungeeignet angesehen wird, empfiehlt es sich ohnehin nicht, allzu wählerisch zu sein, weil keine andere Alternative verbleibt. Außerdem kann festgestellt werden, daß, obwohl die Gegner von wettbewerblichen Geld- und Währungsordnungen immer wieder auf die vor allem aus Informationsasymmetrien folgenden Probleme entsprechend organisierter Systeme verweisen, durchaus positiv zu beurteilende historische Erfahrungen mit der Bankfreiheit vorliegen. Dabei war die Informations- und Kommunikationstechnologie damals bei weitem weniger fortgeschritten, so daß heute, wie bereits ausgeführt wurde, hervorragende Grundlagen für die Einführung einer wettbewerblichen Geld- und Währungsordnung vorliegen.

Internetgeld und wettbewerbliche Geld- und Währungsordnungen scheinen sich daher geradezu gegenseitig zu bedingen, denn einerseits ergibt sich das Problem der Auflösung der nationalen Währungsräume im Rahmen einer wettbe-

---

[1014] Vgl. Woll, A. (1979), S. 419, Mundell, R. A. (1983), S. 203f., Bordo, M. D./Schwartz, A. J. (1983), S. 78f., Hayek, F. A. v. (1984), S. 333, Dorn, J. A. (1989), S. 289, Havrilesky, T. (1990), S. 711f., Goodhart, C. A. E. (1992), S. 36, White, L. H. (1993), S. 198 und Havrilesky, T. (1993), S. 348f.. Siehe auch Hoskins, W. L. (1993), S. 186.

werblichen Geld- und Währungsordnung nicht und andererseits werden die Probleme der Informationsasymmetrien durch die neuen Informations- und Kommunikationstechnologien zumindest stark verringert. Es bleibt folglich die Frage zu klären, welche Form eine wettbewerbliche Geld- und Währungsordnung zur Bereitstellung des Netzgeldes annehmen sollte. Da die im Rahmen des BFH-Systems gemachten Vorschläge, wie erläutert wurde, als derzeit wohl zu weitgehend angesehen werden müssen, verbleiben noch zwei relevante Reformvorschläge, die näher betrachtet werden müssen.

4.4 Ein extremer Reformvorschlag für eine neue Geld- und Währungsordnung

Zur Herbeiführung einer freien Währungskonkurrenz könnten alle staatlichen Vorschriften, die das Geld- und Bankwesen betreffen, aufgehoben werden. Sollten sich einzelne Staaten für diese Option entscheiden, werden andere Nationen, die vor entsprechenden Reformmaßnahmen zurückschrecken, sich einer entsprechenden Entwicklung nicht entziehen können, weil die Konkurrenzfähigkeit der Finanzdienstleister solcher Nationen leiden dürfte und unregulierte ausländische Emittenten ihre Leistungen über das Internet überall anbieten könnten. Im Vertrauen auf die Wirkungsweise des Anti-Greshamschen Gesetzes würden weltweit verschiedene Geldemittenten mit eigenen Währungen einen Wettbewerb um die Gunst der Nutzer des Geldes beginnen. Private Währungen könnten neben die bereits existierenden staatlichen Währungen treten. Dabei müßte es jedem Emittenten offenstehen, ob das Vertrauen des Marktes durch Konvertibilität in ein Gut beziehungsweise in ein Güterbündel oder durch andere Maßnahmen gewonnen werden soll. Einige staatliche Währungen hätten in diesem Szenario sicherlich gewisse Wettbewerbsvorteile. Hier ist insbesondere an den US-Dollar zu denken. Bekannte Banken, etwa die Citibank oder die Deutsche Bank, aber auch Emittenten außerhalb des Bankensektors, wie zum Beispiel die Allianz oder Daimler-Chrysler, könnten allerdings ihre in anderen Bereichen bereits bestehende Reputation nutzen, um zu wichtigen Geldproduzenten mit einer eigenen Währung zu werden. Im Rahmen eines weltweiten Verdrängungswettbewerbs würden viele staatliche und private Währungen gezwungen, sich vom Markt zurückzuziehen. Die Zahl der genutzten Währungen müßte damit langfristig auf ein bestimmtes Maß sinken, so daß, im Vergleich zur heutigen Situation mit einer großen Vielzahl an staatlichen Währungen, die Übersichtlichkeit der internationalen Finanzmärkte eher steigt.

Trotz eines harten Verdrängungswettbewerbs ist es auch langfristig sehr unwahrscheinlich, daß sich eine einzige Weltwährung herausbilden wird. Dies liegt vor allem an der Agentensoftware, die, wie bereits ausgeführt wurde, als Adapter zwischen den verschieden Währungen fungiert, so daß sich positive Netzwerkeffekte auch ohne weitgehende Standardisierung ergeben. Dabei ist zu bedenken, daß auf der ganzen Welt sehr viele Wirtschaftssubjekte mit unterschiedlichen Präferenzen existieren. Diese unterschiedlichen Präferenzen dürften sich natürlich auch auf monetäre Dienstleistungen beziehen. Folglich ist sicherlich davon auszugehen, daß bestimmte Gruppen von Wirtschaftssubjekten auch unterschiedliche Währungen bevorzugen dürften, die zum Beispiel bezogen auf das Preisniveau gegenüber verschieden zusammengesetzten Güterbündeln stabil gehalten werden. Wenn kostengünstige Adapterlösungen zur Verfügung stehen, müßten sich auch in der Zukunft weltweit eine Reihe von Währungen am Markt halten können. In diesem Zusammenhang stellt Rolnick die entscheidende Frage[1015]:

The historical overview suggests that if banks are allowed to issue e-cash, (...), the new currency may not exchange at par. Should the lack of a uniform medium of exchange be a concern?

Die Antwort auf diese Frage scheint nun klar zu sein. Bei entsprechendem technischen Fortschritt im Bereich der Kommunikation sollte die Notwendigkeit von weitgehenden Maßnahmen zur Standardisierung im Geldwesen nicht mehr existieren. Der Umgang mit verschiedenen Währungen bereitet unter solchen Umständen keine Schwierigkeiten.

Ein großes Problem dieses Reformvorschlages liegt darin, daß die Wirtschaftssubjekte Güter, trotz des Electronic Commerce, nicht nur im virtuellen Raum des Internets, sondern auch weiterhin in der realen Welt kaufen werden wollen. Hier scheint aber die Möglichkeit der Nutzung von Agentensoftware zu fehlen. Umrechnungen bei der Zahlung mit in privaten Währungen denominiertem Bargeld sind in jedem Fall sehr aufwendig. Auch Smart Cards, die zwar zum Beispiel auch gewisse Umrechnungsaufgaben übernehmen können, dürften in diesem Zusammenhang für die doch recht umfangreichen Dienstleistungen der Agentensysteme nur ein unzureichender Ersatz sein. Die Währungskonkurrenz läßt sich daher wohl erst mit weiterem technologischen Fortschritt realisieren. Dabei ist vor allem an eine Weiterentwicklung der Mobiltelefone zu denken. In dem Maße, in dem diese in das Internet eingebunden werden, steigt auch die Möglichkeit der Nutzung von Agentensoftware bei Einkäufen in der realen Welt. Hier sei nur kurz auf das Schlagwort Mobile Commerce und das Wireless Application Protocol (WAP) verwiesen. Das Wireless Application Protocol ermöglicht schon heute einen, wenn auch, aufgrund der kleinen LCD-Bildschirme der Mobiltelefone und der geringen Übertragungsgeschwindigkeit, noch wenig befriedigenden Zugang zum Internet über entsprechend ausgerüstete Mobiltelefone. Mit dieser Technologie lassen sich derzeit bereits Überweisungen und Aktientransaktionen jederzeit und überall mit der Hilfe eines Mobiltelefones durchführen. An weiteren Anwendungsmöglichkeiten wird gearbeitet.

[1015] Rolnick, A. J. (1999), S. 676.

4.5 Ein gemäßigter Reformvorschlag für eine neue Geld- und Währungsordnung

Probleme mit den Transaktionen in der realen Welt und der damit verbundenen weiteren Nutzung von Bargeld ergeben sich bei der Einführung der Bankfreiheit nicht, weil ein einheitliches Reservemedium und somit auch eine einheitliche Recheneinheit existiert. Zunächst könnte in jedem Land das jeweilige Zentralbankgeld als Reservemedium genutzt werden. Dies hätte den Vorteil, daß die Zentralbanken als einzige Produzenten der Reservemittel zumindest vorerst eine hervorgehobene Stellung bewahren könnten, was den gegen die Reform gerichteten Widerstand dieser Institutionen verringern dürfte.

Alle Zentralbanken müßten sich aber aus der Produktion von Tausch- und Zahlungsmitteln zurückziehen. So könnten Verzerrungen des Marktes für Reservemittel durch den schwankenden Bargeldbedarf der privaten Nichtbanken vermieden werden. Damit würde das gesamte von den Nichtbanken genutzte Geld, also Bargeld, soweit es noch existiert, Depositen und elektronisches Geld, von den Geschäftsbanken emittiert werden. Das von den Geschäftsbanken geschöpfte Geld wäre natürlich in das Reservemedium Zentralbankgeld konvertibel. Hier zeigt sich bereits ein großer Vorteil dieses Vorschlags. Weil der Geldmultiplikator eines bankfreiheitlichen Systems von der privaten Bargeldhaltung unabhängig ist, ergibt sich im Rahmen der Verdrängung des Bargeldes durch das elektronische Geld kein Anstieg des Geldmultiplikators. Somit kommt es nicht zu einer Erhöhung des Geldschöpfungspotentials der Geschäftsbanken.

Die Reservemittelproduktion einer Zentralbank muß entweder eingefroren oder aber durch eine relativ starre Regelbindung, zum Beispiel orientiert am Wachstum des realen Sozialprodukts, beschränkt werden, um eine staatliche Einflußnahme auf die Zentralbank zu verhindern und so die Gefahr einer Inflation zu bannen[1016]. Der völlige Verzicht auf diskretionäre Spielräume der Zentralbank stellt dabei, im Gegensatz zur traditionellen starren Regelbindung nach Friedman keine größere Gefahr dar. Schließlich haben die bei einer starren Regelbindung sonst so problematischen Fluktuationen im Bargeldbedarf der privaten Nichtbanken, wie gezeigt, keinerlei Auswirkungen auf ein System der Bankfreiheit und auch Veränderungen der Umlaufsgeschwindigkeit werden automatisch durch eine entgegengesetzte Variation der Geldmenge kompensiert, so daß die Größe $M * v$ stabilisiert wird. Damit besteht kein besonderer Bedarf für diskretionäre Eingriffe. Die Stabilisierung der Größe $M * v$ führt, wie bereits gezeigt wurde, beispielsweise dazu, daß die Reservemittelproduktion der Zentralbank auch nicht an die durch das elektronische Geld möglicherweise stark erhöhte Umlaufsgeschwindigkeit angepaßt werden muß. Allerdings ist die Angebotselastizität des Reservemittelangebots bei einer überaus starren Regelbindung (eingefrorener Reservemittelbestand) sehr gering. Dies kann, wie die Ausführungen zum optimalen Reserveme-

---

[1016] Vgl. Selgin, G. A. (1997), S. 98f..

dium in der Bankfreiheit gezeigt haben, zu inflationären oder deflationären Tendenzen führen, wenn sich das reale Sozialprodukt verändert.

Einige Autoren befürchten, daß die Stabilität der Geldversorgung bei einem Clearing außerhalb der Zentralbank gefährdet werden könnte[1017]. Diese Auffassung ist allerdings nicht korrekt. Kath verweist in diesem Zusammenhang auf die Clearingsysteme der deutschen Genossenschaftsbanken und der Sparkassen und auf die Tatsache, daß eine Bank auch in privaten Clearingsystemen Reservemittel benötigt, um Geld schöpfen zu können[1018]:

> Bei dieser Argumentation wird offenbar unterstellt, daß derartige Clearingprozesse stets über die staatliche Zentralbank abgewickelt werden müssen und daß zudem zwischen den Geschäftsbanken ein permanenter Saldenausgleich stattzufinden hat. Beide Annahmen sind jedoch keineswegs zwingend. Erstens zeigt die Ausgestaltung des bargeldlosen Zahlungsverkehrs im deutschen Bankensystem, daß Kreditinstitute - wie die Sparkassen und Landesbanken zum einen und die Volks- und Raiffeisenbanken zum anderen - in der Lage sind, eigenständige Girosysteme zu organisieren, an denen die Notenbank nicht beteiligt ist. Und zweitens besteht kein Grund, die im Gefolge des Zahlungsverkehrs entstehenden Salden dadurch auszugleichen, daß eine Verbindlichkeit gegenüber einer Geschäftsbank durch eine Verbindlichkeit gegenüber der staatlichen Zentralbank substituiert wird. Sowohl ein Fortbestehen des unmittelbaren Bank-zu-Bank-Schuldverhältnisses als auch ein Saldenbestand bei einer nichtstaatlichen Girozentrale können in diesem Fall die Funktion der staatlichen Zentralbank übernehmen.

Die Theorie der Bankfreiheit hat gezeigt, daß Kath voll zugestimmt werden kann. Für die Begrenzung der Geldschöpfung des Bankensystems ist es nicht erheblich, ob das Clearing innerhalb einer staatlichen Clearingstelle, über private Clearingsysteme oder durch bilaterale Clearingarrangements abgewickelt wird, solange es zu einer effizienten und vor allem schnellen Durchführung des Interbankenclearings kommt. Allerdings spricht die Existenz des systemischen Risikos im Clearing unter Umständen gegen einen Rückgriff auf bilaterale Clearingarrangements und für eine wie auch immer geartete Institutionalisierung des Clearings, weil Clearingstellen dieses Risiko durch die Übernahme von Garantien ausschalten können[1019]. Eine andere Möglichkeit, dem systemischen Risiko im Interbankenclearing zu begegnen, liegt in der simultanen und endgültigen Abwicklung des Clearingprozesses, so daß keine Kreditbeziehungen zwischen den am Clearing beteiligten Banken entstehen[1020]. Somit kann das Problem des systemischen Risikos im Clearing auch bei bilateralen Clearingarrangements behoben werden. Da-

[1017] Vgl. Borchert, M. (1996), S. 42.
[1018] Kath, D. (1998), S. 220f..
[1019] Vgl. Kaufman, G. G. (1996), S. 36. Hills et al. weisen jedoch daraufhin, daß die Teilnehmer am Clearingsystem für diese Garantie ex ante zu zahlen haben, vgl. Hills, B. u. a. (1999), S. 126f.. Letztlich werden daher die Kosten, die aus der Zahlungsunfähigkeit einzelner Teilnehmer des Clearingsystems entstehen, einheitlich auf alle Teilnehmer umgelegt.
[1020] Vgl. Kaufman, G. G. (1996), S. 37, Greenspan, A. (1996), S. 691, Solomon, E. H. (1997), S. 161, Fischer, S. (1997), S. 15, Litan, R. E. (1997), S. 283f., Eisenbeis, R. A. (1997a), S. 48, Kahn, C. M./Roberds, W. (1999), S. 37 und Freixas, X. u. a. (1999), S.156.

bei ist zu beachten, daß die modernen Informations- und Kommunikationstechnologien die Durchführung eines simultanen Clearings sicherlich erheblich vereinfachen.

In diesem Zusammenhang muß daran erinnert werden, daß multilaterale Clearingsysteme, wie bereits gezeigt wurde, den Reservemittelbedarf der Banken im Clearing senken und somit eine höhere Effizienz als bilaterale Clearingarrangements aufweisen. Daher ist anzunehmen, daß sich bilaterale Clearingarrangements langfristig zu institutionalisierten multilateralen Clearingsystemen entwickeln werden.

Dennoch ist auch dieser gemäßigte Reformvorschlag nicht völlig unproblematisch. So dürfte die Existenz des privaten Geldes auf der Grundlage einer innerhalb eines Währungsraums einheitlichen staatlichen Währung zwar bei Zahlungen mit Bargeld sinnvoll sein, um die Erhöhung von Informations- und Transaktionskosten zu vermeiden, im staatenlosen Internet kommt es aber in jedem Fall zu einem Aufeinandertreffen von verschiedenen Währungen. Diese Tatsache verursacht jedoch keine besonderen Schwierigkeiten. Zum einen steht zur reibungslosen Abwicklung solcher Transaktionen die Agentensoftware bereit. Zum anderen ergeben sich die für eine Zentralbank offensichtlichen Probleme mit dem staatenlosen Netzgeld in einem System der Bankfreiheit nicht. In der Bankfreiheit existiert schließlich keine zielgerichtete und zentral gesteuerte Geldpolitik. Die Bestimmung der optimalen Geldschöpfung einer einzelnen Bank des Bankensystems ist zwar auch keine triviale Aufgabe, die Verantwortlichen haben aber durch die Reservemittelbewegungen im regelmäßigen Interbankenclearing eine eindeutige Richtschnur, an der die Geldschöpfung orientiert werden muß[1021].

Auch wenn das Netzgeld also kein grundsätzliches Problem für das Geldangebot im Rahmen eines Systems der Bankfreiheit darstellt, ist die weitere Existenz einheitlicher Währungsraume in dem Maße nicht mehr sinnvoll, in dem zum einen die Entwicklungen im bargeldlosen Zahlungsverkehr die Nutzung verschiedener Währungen ohne Erhöhung der Informations- und Transaktionskosten auch in der realen Welt möglich machen oder in dem zum anderen die wirtschaftlichen Transaktionen in der realen Welt verstärkt durch Transaktionen in der virtuellen Welt des Internets abgelöst werden. Wenn die positiven Netzwerkeffekte durch eine einheitliche Währung aufgrund des technischen Fortschritts zunehmend keine Rolle mehr spielen und die Wirtschaftssubjekte bezogen auf die von ihnen genutzte Recheneinheit unterschiedliche Präferenzen haben, muß zumindest langfristig auch damit gerechnet werden, daß die nach diesem Reformvorschlag weltweit einzurichtenden Systeme der Bankfreiheit in eine globale Währungskonkurrenz mit einer Einlösungspflicht in verschiedene Arten von staatlichem Zentralbankgeld übergehen.

Sobald sich diese Entwicklung ergibt, ist zu hinterfragen, ob die Produktion des Reservemediums den staatlichen Zentralbanken auch weiterhin überlassen

---

[1021] Vgl. Selgin, G. A. (1987), S. 449 und Horwitz, S. (1992), S. 139f..

werden sollte. Das optimale Reservemedium eines bankfreiheitlichen Systems dürfte sich, wie die bereits angestellten Überlegungen gezeigt haben, a priori nicht bestimmen lassen, sondern müßte eigentlich durch den Entdeckungsprozeß Wettbewerb gefunden werden. Außerdem ist es mehr als fraglich, ob ein einheitliches und für alle Wirtschaftssubjekte optimales Reservemedium überhaupt existiert, wenn positive Netzwerkeffekte auch ohne Standardisierung der Recheneinheit nicht verloren gehen. Staatliches Zentralbankgeld dürfte jedenfalls höchstwahrscheinlich nicht von besonders vielen Wirtschaftssubjekten als geeignetes Reservemittel angesehen werden. Die Überlegungen zum optimalen Reservemittel sollen hier nicht noch einmal aufgegriffen werden. Möglicherweise stellen jedoch Telekommunikationsinfrastrukturressourcen ein geeignetes Reservemedium für die Geldschöpfung in einer modernen Informationsgesellschaft dar. Das System eCHARGE nutzt solche Ressourcen schließlich schon heute zu Zahlungszwecken.

Wenn sich eine globale Währungskonkurrenz zwischen durch Einlösungsgarantien in die verschiedensten Reservemedien abgesicherte Währungen entwickelt, muß zudem überprüft werden, ob nicht auch private Währungen ohne Einlösungsverpflichtung zugelassen werden sollten. Der hier vorgestellte gemäßigte Vorschlag zur Umsetzung einer wettbewerblichen Geld- und Währungsordnung kann daher auch als Einstieg in eine freie Währungskonkurrenz aufgefaßt werden. Schließlich bauen einzelne Emittenten, die zunächst eine Einlösungsgarantie abgegeben haben, mit der Zeit durch ein angemessenes Verhalten eine Reputation auf, die es diesen Geldproduzenten unter Umständen ermöglicht, mit einer sinkenden Reservehaltung zu operieren. Dabei ist Erfolg in der Vergangenheit nach Klein der wohl überzeugendste Weg zum Aufbau von Vertrauenskapital[1022]:

> A major method by which a firm invests (or disinvests) in brand-name capital is by successful (or unsuccessful) performance.

Aufgrund des zunehmenden Vertrauens der Nutzer des Geldes wird es einer Bank in einem bankfreiheitlichen System erst möglich, die Reservehaltung so zu reduzieren, daß ein Bestand an Reservemittel nur noch für die ordnungsgemäße Abwicklung des Interbankenclearings benötigt wird. Die Überlegungen zur optimalen Reservehaltung eines Bankensystems im Rahmen der Bankfreiheit haben gezeigt, daß die optimale Reservehaltung mit einer abnehmenden Anzahl von Banken sinkt. Wenn die Banken zunehmend eigene Währungen auf der Basis verschiedener Reservemedien schaffen, geht die Anzahl der Geldproduzenten zurück, die ein identisches Reservemittel nutzen. Damit sinkt auch die Reservemittelnachfrage der Banken aufgrund des Clearings. Der Endpunkt dieser Entwicklung wäre erreicht, wenn jede Bank eine eigene Währung auf der Basis eines unterschiedlichen Reservemediums anbietet. Dann kommt es zwischen den Banken nicht mehr zu herkömmlichen Clearingbeziehungen auf der Basis eines einheitlichen Reser-

---

[1022] Klein, B. (1974), S. 436.

vemediums, so daß eine reputabele Bank keine Reservemittel halten muß. Weil der Umgang mit verschiedenen Reservemitteln für die Geldproduzenten wahrscheinlich zu umständlich sein dürfte, würden in einer solchen Situation alle Transaktionen zwischen den Banken über die Devisenmärkte abgewickelt werden[1023].

In jedem Fall zeigt dieser eher gemäßigte Reformvorschlag, daß drei der sieben grundlegenden Anforderungen der Europäischen Zentralbank an das elektronische Geld auch bei einer weiteren Existenz der Zentralbanken als einzige Reservemittelproduzenten für die Stabilität des Geld- und Bankwesens nicht erforderlich sind. So findet ohnehin (unabhängig von Internetgeld und wettbewerblichen Geld- und Währungsordnungen) eine Diskussion um die Notwendigkeit der Existenz der Mindestreserve statt[1024]. In einem System der Bankfreiheit muß diese in jedem Fall als störender Fremdkörper erscheinen, der zudem die automatische Stabilisation der Größe M * v behindert. Dies läßt sich leicht zeigen. Da die Reservemittelproduktion einer Zentralbank im Rahmen dieses Reformvorschlags entweder eingefroren oder durch eine starre Regelbindung vorgegeben ist, nimmt eine Zentralbank keinerlei diskretionären Eingriffe vor. Damit ist das Angebot an Reservemitteln exogen gegeben:

(116) $$R = R_{EX} .$$

Eine Mindestreservepflicht ist faktisch nur dann wirklich sinnvoll, wenn die Reserve bindend ist, so daß die Banken aufgrund dieser Verpflichtung über die Erfordernisse des Marktes hinaus Reservemittel halten müssen. Daher ergibt sich die Reservemittelnachfrage des gesamten Bankensystems aus der Geldmenge, die vollständig von den privaten Geldproduzenten emittiert wird, und dem von der Zentralbank bestimmten Reservesatz:

(117) $$R = r * M .$$

Folglich gilt:

(118) $$M = R / r ,$$

(119) $$M * v = Y * p \text{ und}$$

(120) $$(R * v) / (Y * r) = p .$$

[1023] Zu Devisenmarktinterventionen im Rahmen der Währungskonkurrenz vgl. Klamm, W. (1985), S. 71ff..

[1024] Vgl. z. B. einerseits Rohde, A./Simmert, D. B. (1986) sowie Bindseil, U. (1997), S. 1ff. und andererseits Richter, R. (1968), S. 286ff., Maier, G. (1982), S. 301ff. und Starbatty, J. (1985), S. 1081f..

Damit kommt es aber nicht mehr zu einer automatischen Stabilisation der Größe M * v. Wenn von der quantitativen Neutralität des Geldes ausgegangen wird, führt eine Erhöhung des Umlaufsgeschwindigkeit v ceteris paribus zwangsläufig zu einer proportionalen Erhöhung des Preisniveaus. Eine automatische Stabilisation der Größe M * v ergibt sich erst wieder, wenn die nominale Reservemittelnachfrage der Banken aufgrund des Interbankenclearings durch das steigende Preisniveau größer als die Reservemittelnachfrage aufgrund der vom Staat vorgeschriebenen Mindestreserve wird:

$$x * q * p * \sigma_T * (n)^{1/2} > r * M . \quad (121)$$

Dann ist die Mindestreserve aber nicht mehr bindend.

Auch die Verpflichtung der Banken zur Meldung monetärer Aggregate ist in einem System der Bankfreiheit nicht notwendig. Schließlich sind diskretionäre Eingriffe einer Zentralbank im Rahmen dieses Reformvorschlages nicht vorgesehen, so daß die Zentralbank Informationen über die Geldmenge nicht benötigt. Ob eine Bankenaufsicht sinnvoll ist, muß zumindest fraglich erscheinen. In diesem Zusammenhang kann darauf verwiesen werden, daß sich die staatlichen Aufsichtsbehörden zur Zeit der Bankfreiheit in den Vereinigten Staaten von Amerika eher als störend erwiesen haben, weil sie mit teilweise unsinnigen Vorschriften in das Marktgeschehen eingegriffen und so zum Beispiel das Phänomen des Wildcat Banking erst möglich gemacht haben.

5. Fazit

Es ist gezeigt worden, daß die Kontrolle der Emission von nur auf nationaler Ebene genutztem elektronischem Geld möglicherweise schwierig, aber für eine nationale oder supranationale Zentralbank dennoch möglich ist. Wegen des gestiegen Geldmultiplikators und der erhöhten Umlaufsgeschwindigkeit des Geldes haben jedoch bereits kleine Fehleinschätzungen der Zentralbank bedeutende Auswirkungen auf das Preisniveau. Das Internetgeld könnte allerdings, im Gegensatz zu nur auf nationaler Ebene verwandten Formen des elektronischen Geldes, für nationale und supranationale Zentralbanken unkontrollierbar sein, weil im Internet internationale Finanztransaktionen unter Umständen von der Ausnahme zum Regelfall werden. Externe Märkte können aber von einer nationalen oder supranationalen Zentralbank nicht wirksam kontrolliert werden.

Offensichtlich nimmt die Bedrohung der geldpolitischen Kontrollmöglichkeiten einer traditionellen Zentralbank in dem Maße zu, in dem der im Rahmen des Electronic Commerce vertriebene, und damit potentiell nicht mit inländischem Geld bewegte, Anteil des Sozialproduktes steigt. Dabei ist zu bedenken, daß mit der Transferierbarkeit von Internetgeld auf Chipkarten und umgekehrt eine klare Abgrenzung zwischen Netzgeld und Chipkartengeld, wie sie noch von der Bank für Internationalen Zahlungsausgleich propagiert wird, nicht mehr gegeben ist. Daher besteht die Möglichkeit, Internetgeld nicht nur im globalen Computernetz, sondern auch in der realen Welt zu nutzen. Diese Entwicklung stellt letztlich auch die Regulierbarkeit des auf Chipkarten gespeicherten Geldes in Frage.

Daher muß die traditionelle Regulierung des Geld- und Bankwesens aufgrund der Finanzinnovation Internetgeld wahrscheinlich an die neuen Gegebenheiten angepaßt werden. Eine Möglichkeit ist sicherlich die internationale Koordination der Regulierung. Aufgrund der unterschiedlichen nationalen Interessen ist aber, wie gezeigt wurde, nur mit einer unbefriedigenden Lösung zu rechnen. Dabei dürften alle Nationalstaaten bereit sein, schmerzhafte Kompromisse zu akzeptieren, um so weiterhin zumindest eine gewisse Kontrolle über die Geldproduktion und insbesondere die Geldschöpfungsgewinne zu erhalten. Es sollte allerdings bezweifelt werden, ob entsprechende Kompromißlösungen eine solide Grundlage für das nationale und internationale Finanzwesen darstellen. Wenn der Electronic Commerce wirklich zu einem globalen Austausch von Waren und Dienstleistungen führt, muß daher wahrscheinlich eine einschneidendere Reform vorgenommen werden. Eine denkbare Option wäre die Errichtung einer Weltzentralbank. Damit käme es nicht mehr zur Überlagerung von verschiedenen Währungsräumen. Fraglich ist aber, ob die gesamte Welt ein optimaler Währungsraum ist.

Eine weitere Reformoption, die auch eine fundamentalere Veränderung darstellt, ist die Abschaffung der speziellen Regulierungsmaßnahmen im Geld- und Bankwesen und die Einführung einer wettbewerblichen Geld- und Währungsordnung. Die hier angestellten Überlegungen deuten zumindest an, daß in diesem Rahmen die Entwicklung eines stabilen und effizienten Bankensystems möglich ist. Gegner eines solchen Systems argumentieren gelegentlich, daß eine wettbewerbliche Geld- und Währungsordnung auch von den Geschäftsbanken eher kritisch betrachtet wird und daher kaum als sinnvoll angesehen werden kann[1025]. Warum sonst sollten schließlich die durch den Staatseingriff benachteiligten Wirtschaftssubjekte eine gänzliche Abschaffung des Staatseingriffs in ihrem Bereich ablehnen? Diesem Gedankengang ist zu erwidern, daß die existierenden Geschäftsbanken, so schmerzlich manche staatlichen Eingriffe in das Bankensystem (zum Beispiel die Mindestreserve) sein mögen, von einer gewissen Regulierung profitieren, weil diese staatliche Regulierung auch als Marktzutrittsbeschränkung wirkt[1026]. Liepmann stellt fest[1027]:

> (...) (I)m übrigen werden aber durch regulierende Maßnahmen Gewinnmöglichkeit erschlossen, die ohne sie infolge der hohen Organisationskosten eines Kartells mit vielen Mitgliedern, d. h. eines Kartells aller Banken, nicht realisierbar wären; insofern lohnt sich die Benutzung der Staatsgewalt durchaus. (...) Die Einflußlosigkeit vor allem der Bankenkunden ohne Verhandlungsmacht wird von der Bankregulierung nicht aufgehoben.

Auch andere Autoren halten die Bankregulierung (geldpolitische Maßnahmen einschließend) für ein Produkt von Verhandlungen zwischen Politik, regulierenden Behörden, Banken und anderen Interessengruppen, wobei entstehende Kosten insbesondere auf die Bankkunden und die Steuerzahler umgelegt werden[1028].

Es kann sicherlich argumentiert werden, daß nicht viel verloren geht, wenn das traditionelle System, daß in der derzeitigen Form ohnehin mit der Kontrolle der Emission des Internetgeldes überfordert sein dürfte, durch eine wettbewerbliche Währungsordnung ersetzt wird. Zudem ist eine wettbewerbliche Geld- und Währungsordnung dem traditionellen System, wie gezeigt worden ist, möglicherweise auch allgemein überlegen. Trotzdem werden vor allem die Nationalstaaten starken

---

[1025] vgl. Goodhart, C. A. E. u. a. (1994), S. 87.

[1026] vgl. Liepmann, P. (1980), S. 79 und S. 105f. sowie White, L. H. (1983), S. 283, Rothbard, M. N. (1984), S. 89f., Seifert, E. (1984), S. 39f., Wagner, R. E. (1986), S. 530, Horvitz, P. M. (1986), S. 112, Shughart, W. F. (1988), S. 98, Gowland, D. (1990), S. 21ff., White. L. J. (1994a), S. 25 und White. L. J. (1999), S. 9. Siehe auch Stigler, G. J. (1971), S. 3ff., Posner, R. A. (1974), S. 344ff., Peltzman, S. (1976), S. 212ff. und Winston, C. (1993), S. 1267ff..

[1027] Liepmann, P. (1980), S. 105.

[1028] Vgl. z. B. Toma, M. (1982), S. 163f., Duesenberry, J. S. (1983), S. 128ff., Machlup, F. (1983), S. 17f., Skaggs, N. T./Wasserkrug, C. L. (1983), S. 297ff., Rothbard, M. N. (1984), S. 89ff., Kane, E. J. (1984), S. 9, Seifert, E. (1984), S. 39f., Poole, W. (1986), S. 690ff., Beck, N. (1988), S. 367ff., Fand, D. I. (1989), S. 334ff., Havrilesky, T. (1990), S. 710ff., Kane, E. J. (1990), S. 760f., Benston, G. J./Kaufman, G. G. (1990), S. 88, Todd, W. F. (1991), S. 96, , Hoskins, W. L. (1993), S. 178ff., Havrilesky, T. (1993), S. 11ff., Shelton, J. (1993), S. 201f., Kane, E. J. (1994), S. 334f., Thakor, A. V./Beltz, J. (1994), S. 679ff., Kroszner, R. S./Strahan, P. E. (1996), S. 1291f., Kroszner, R. S./Stratmann, T. (1998), S. 1169ff. und Kroszner, R. S./Strahan, P. E. (1999), S. 1457. Eine interessante Kategorisierung von verschiedenen Formen der Einflußnahme auf eine Zentralbank findet sich z. B. bei Woolley, J. T. (1983), S. 177ff.. Einige Autoren sehen in den Politikern jedoch auch eine Gruppe, die die Bürokraten der Zentralbank von einer übermäßigen Geldschöpfung abhalten können, vgl. z. B. Dwyer, G. P. (1993), S. 7. Dieser Faktor dürfte von Bedeutung sein, wenn die Bevölkerung ein starkes Interesse an Preisniveaustabilität hat.

Widerstand gegen die Einführung einer wettbewerblichen Geld- und Währungsordnung leisten. Diese haben, aufgrund des Seigniorages, auch einen besonderen Anreiz, eine entsprechende Neuorganisation des Geld und Bankwesens abzuwenden. Einzelne Nationalstaaten können aber nicht verhindern, daß unregulierte private Emittenten, unter Umständen sogar auf der Basis von eigenen Währungen, im staatenlosen Cyberspace Geld schöpfen[1029]. Aufgrund der Geldschöpfungsgewinne von Zentral- und Geschäftsbanken besteht für Nichtbanken ein besonderer Anreiz, entsprechende Entwicklungen einzuleiten. Auch die Geschäftsbanken müßte versucht sein, sich der nationalstaatlichen Regulierung zu entziehen, weil die Marktzutrittsbeschränkung, die sich aus der Regulierung des Bankensystems ergeben haben, durch das Internet zunehmend wirkungslos und damit auch wertlos werden.

Hier zeigt sich ein großer Unterschied zu den Finanzinnovationen Banknote und Buchgeld, die dem elektronischen Geld prinzipiell ähneln. Weil Banknoten und Buchgeld innerhalb der Einflußsphären der Nationalstaaten produziert worden sind und werden, konnten jeder einzelne Staat diese Finanzinnovationen weitgehend unter seine Kontrolle bringen. Der große Bruder nationale Zentralbank verliert aber in der schönen neuen Welt des Internets stark an Einfluß.

[1029] Vgl. England, C. (1997), S. 151 Froomkin, A. M. (1997), S. 142, Gramlich, L. (1997), S. 13 und Klein, M. (2000), S. 14.

Literaturverzeichnis

Abel, K.: GLOBALISIERUNG DER INTERNATIONALEN FINANZMÄRKTE UNTER BESONDERER BERÜCKSICHTIGUNG DES BÖRSENWESENS, Göttingen, (1998).

Akerlof, G. A.: THE MARKET FOR >>LEMONS<<: QUALITY UNCERTAINTY AND THE MARKET MECHANISM, in: QUARTERLY JOURNAL OF ECONOMICS, Vol. 84, (1970), S. 488 - 500.

Alchian, A. A.: WHY MONEY?, in: JOURNAL OF MONEY, CREDIT AND BANKING, Vol. 9, (1977), S. 133 - 140.

Alesina, A.: ALTERNATIVE MONETARY REGIMES: A REVIEW ESSAY, in: JOURNAL OF MONETARY ECONOMICS, Vol. 21, (1988), S. 175 - 183.

Aliber, R. Z.: INFLATIONARY EXPECTATIONS AND THE PRICE OF GOLD, in: Quadrio-Curzio, A. (Hrsg.): THE GOLD PROBLEM: ECONOMIC PERSPECTIVES, Oxford u. a., (1982), S. 151 - 161.

Aliber, R. Z.: EURODOLLARS: AN ECONOMIC ANALYSIS, in: Savona, P. / Sutija, G. (Hrsg.): EURODOLLARS AND INTERNATIONAL BANKING, Houndmills und Basingstoke, (1985), S. 77 - 98.

Aliber, R. Z.: FIXED EXCHANGE RATES AND THE RATE OF INFLATION, in: Campbell, C. D. / Dougan, W. R. (Hrsg.): ALTERNATIVE MONETARY REGIMES, Baltimore und London, (1986), S. 116 - 121.

Alogoskoufis, G. S. / Christodoulakis, N.: FISCAL DEFICITS, SEIGNIORAGE, AND EXTERNAL DEBT: THE CASE OF GREECE, in: Alogoskoufis, G. S. u. a. (Hrsg.): EXTERNAL CONSTRAINTS ON MACROECONOMIC POLICY: THE EUROPEAN EXPERIENCE, Cambridge u. a., (1991), S. 264 - 301.

Altvater, E.: GELD, GLOBALISIERUNG, HEGEMONIALE REGULIERUNG, in: Becker, S. u. a. (Hrsg.): JENSEITS DER NATIONALÖKONOMIE?, Berlin und Hamburg, (1997), S. 96 - 122.

Anderegg, R. G.: DIE GELDORDNUNG IN EINER FREIHEITLICHEN GESELLSCHAFT, in: Hasse, R. H. u. a. (Hrsg.): ORDNUNG IN FREIHEIT, Stuttgart u. a., (1994), S. 40 - 51.

Auernheimer, L.: THE HONEST GOVERNMENT'S GUIDE TO THE REVENUE FROM THE CREATION OF MONEY, in: JOURNAL OF POLITICAL ECONOMY, Vol. 82, (1974), S. 598 - 606.

Auria, L.: IST EUROPA EIN OPTIMALER WÄHRUNGSRAUM?, Frankfurt u. a., (1997).

Bach, S. / Erber, G.: ELECTRONIC COMMERCE - ZU CHANCEN UND RISIKEN DES WELTWEITEN ELEKTRONISCHEN GESCHÄFTSVERKEHRS, in: DIW - WOCHENBERICHT, Nr. 7, (1999), S. 141 - 149.

Bagehot, W.: LOMBARD STREET, Reprint, Homewood, (1962).

Bailey, M. J.: THE WELFARE COST OF INFLATIONARY FINANCE, in: JOURNAL OF POLITICAL ECONOMY, Vol. 64, (1956), S. 93 - 110.

Ball, L.: WHY DOES HIGH INFLATION RAISE INFLATION UNCERTAINTY?, in: JOURNAL OF MONETARY ECONOMICS, Vol. 29, (1992), S. 371 - 388.

Baltensperger, E.: ECONOMICS OF SCALE, FIRM SIZE, AND CONCENTRATION IN BANKING, in: JOURNAL OF MONEY, CREDIT AND BANKING, Vol. 4, (1972), S. 467 - 488.

Baltensperger, E.: THE PRECAUTIONARY DEMAND FOR RESERVES, in: AMERICAN ECONOMIC REVIEW, Vol. 64, (1974), S. 205 - 210.

Baltensperger, E.: ALTERNATIVE APPROACHES TO THE THEORY OF THE BANKING FIRM, in: JOURNAL OF MONETARY ECONOMICS, Vol. 6, (1980), S. 1 - 37.

Baltensperger, E. / Dermine, J.: THE ROLE OF PUBLIC POLICY IN ENSURING FINANCIAL STABILITY: A CROSS-COUNTRY, COMPARATIVE PERSPECTIVE, in: Portes, R. / Swoboda, A. K. (Hrsg.): THREATS TO INTERNATIONAL FINANCIAL STABILITY, Cambridge u. a., (1987), S. 67 - 90.

Banaian, K. u. a.: THE INFLATION TAX IS LIKELY TO BE INEFFICIENT AT ANY LEVEL, in: KREDIT UND KAPITAL, Band 27, (1994), S. 30 - 42.

Bank for International Settlements: IMPLICATIONS FOR CENTRAL BANKS OF THE DEVELOPMENT OF ELECTRONIC MONEY, Basel, (1996).

Barber, J. R. u. a.: BANK FAILURE, RISK, AND CAPITAL REGULATION, in: JOURNAL OF ECONOMICS AND FINANCE, No. 3, (1996), S. 13 - 20.

Barnett, W. A.: THE USER COST OF MONEY, in: ECONOMICS LETTERS, Vol. 1, (1978), S. 145 -149.

Barro, R. J.: MONEY AND THE PRICE LEVEL UNDER THE GOLD STANDARD, in: ECONOMIC JOURNAL, Vol. 89, (1979), S. 13 - 33.

Barro, R. J.: UNITED STATES INFLATION AND THE CHOICE OF MONETARY STANDARD, in: Hall, R. E. (Hrsg.): INFLATION: CAUSES AND EFFECTS, Chicago, (1982), S. 99 - 110.

Barro, R. J.: RULES VERSUS DISCRETION, in: Campbell, C. D. / Dougan, W. R. (Hrsg.): ALTERNATIVE MONETARY REGIMES, Baltimore und London, (1986), S. 16 - 30.

Barro, R. J. / Gordon, D. B.: A POSITIVE THEORY OF MONETARY POLICY IN A NATURAL RATE MODEL, in: JOURNAL OF POLITICAL ECONOMY, Vol. 91, (1983), S. 589 - 610.

Barth, J. R. u. a.: THE NEED TO REFORM THE FEDERAL DEPOSIT INSURANCE SYSTEM, in: CONTEMPORARY POLICY ISSUES, No. 1, (1991), S. 24 - 35.

Baumol, W. J.: THE TRANSACTIONS DEMAND FOR CASH: AN INVENTORY APPROACH, in: QUARTERLY JOURNAL OF ECONOMICS, Vol. 66, (1952), S. 545 - 556.

Baumol, W. J.: ON THE PROPER COST TESTS FOR NATURAL MONOPOLY IN A MULTIPRODUCT INDUSTRY, in: AMERICAN ECONOMIC REVIEW, Vol. 67, (1977), S. 809 - 822.

Beck, N.: POLITICS AND MONETARY POLICY, in: Willett, T. D. (Hrsg.): POLITICAL BUSINESS CYCLES, (1988), Durham und London, S. 366 - 395.

Becker, G. S.: A PROPOSAL FOR FREE BANKING, in: White, L. H. (Hrsg.): FREE BANKING, Vol. 3, Aldershot u. a., (1993), S. 20 - 25.

Becker, H.: REWIR 2000 - MODELL EINER REGIONALEN ZWEITWÄHRUNG, in: ZEITSCHRIFT FÜR SOZIALÖKONOMIE, Nr. 122, (1999); S. 31 - 35.

Beenstock, M.: THE THEORY OF LAST RESORT LENDING, in: Res, Z. / Motamen, S. (Hrsg.): INTERNATIONAL DEBT AND CENTRAL BANKING IN THE 1980S, Basingstoke und London, (1987), S. 167 - 183.

Bellone, G.: A FINANCIAL INNOVATION THAT DID NOT TAKE PLACE, in: RIVISTA INTERNAZIONALE DI SCIENZE ECONOMICHE E COMMERCIALI, Vol. 44, (1997), S. 705 - 712.

Benston, G. J.: ECONOMIES OF SCALE IN BANKING, in: JOURNAL OF MONEY, CREDIT AND BANKING, Vol. 4, (1972), S. 312 - 341.

Benston, G. J.: FEDERAL REGULATION OF BANKING: HISTORICAL OVERVIEW, in: Kaufman, G. G. / Kormendi, R. C. (Hrsg.): DEREGULATING FINANCIAL SERVICES, Cambridge, (1986), S. 1 - 47.

Benston, G. J.: INTERNATIONAL BANK CAPITAL STANDARDS, in: Barth, J. R. / Bartholomew, P. F. (Hrsg.): RESEARCH IN INTERNATIONAL BUSINESS AND FINANCE, Vol. 9, Greenwich und London, (1992), S. 51 - 73.

Benston, G. J. / Kaufman, G. G.: RISKS AND FAILURES IN BANKING: OVERVIEW, HISTORY, AND EVALUATION, in: Kaufman, G. G. / Kormendi, R. C. (Hrsg.): DEREGULATING FINANCIAL SERVICES, Cambridge, (1986), S. 49 - 77.

Benston, G. J. / Kaufman, G. G.: UNDERSTANDING THE SAVINGS- AND LOAN DEBACLE, in: PUBLIC INTEREST, No. 99, (1990), S. 79 - 95.

Benston, G. J. / Kaufman, G. G.: THE APPROPRIATE ROLE OF BANK REGULATION, in: ECONOMIC JOURNAL, Vol. 106, (1996), S. 688 - 697.

Benston, G. J. / Kaufman, G. G.: FDICIA AFTER FIVE YEARS, in: JOURNAL OF ECONOMIC PERSPECTIVES; No. 3, (1997), S. 139 - 158.

Benston, G. J. / Kaufman, G. G.: DEPOSIT INSURANCE REFORM IN THE FDIC IMPROVEMENT ACT: THE EXPERIENCE TO DATE, in: FEDERAL RESERVE BANK OF CHICAGO ECONOMIC PERSPECTIVES, No. 2, (1998), S. 2 - 20.

Benston, G. J. u. a.: SCALE ECONOMIES IN BANKING, in: JOURNAL OF MONEY, CREDIT AND BANKING, Vol. 14, (1982), S. 435 - 456.

Benston, G. J. u. a.: PERSPECTIVES ON SAFE & SOUND BANKING: PAST, PRESENT, AND FUTURE, Cambridge und London, (1986).

Benston, G. J. u. a.: THE FAILURE AND SURVIVAL OF THRIFTS: EVIDENCE FROM THE SOUTHEAST, in: Hubbard, R. G. (Hrsg.): FINANCIAL MARKETS AND FINANCIAL CRISES, Chicago und London, (1991), S. 305 - 384.

Benston, G. J. u. a.: MOTIVATIONS FOR BANK MERGERS AND AQUISITIONS: ENHANCING THE DEPOSIT INSURANCE PUT OPTION VERSUS EARNINGS DIVERSIFICATION, in: JOURNAL OF MONEY, CREDIT AND BANKING, Vol. 27, (1995), S. 777 - 788.

Berentsen, A.: MONETARY POLICY IMPLICATIONS OF DIGITAL MONEY, in: KYKLOS, Vol. 51, (1998), S. 89 - 117.

Berger, A. N. / Humphrey, D. B.: THE DOMINANCE OF INEFFICIENCIES OVER SCALE AND PRODUCT MIX ECONOMIES IN BANKING, in: JOURNAL OF MONETARY ECONOMICS, Vol. 28, (1991), S. 117 - 148.

Berger, A. N. u. a.: COMPETITIVE VIABILITY IN BANKING: SCALE; SCOPE AND PRODUCT MIX ECONOMIES, in: JOURNAL OF MONETARY ECONOMICS, Vol. 20, (1987), S. 501 - 520.

Berger, A. N. u. a.: THE EFFICIENCY OF FINANCIAL INSTITUTIONS: A REVIEW AND PREVIEW OF RESEARCH PAST, PRESENT, AND FUTURE, in: JOURNAL OF BANKING AND FINANCE, Vol. 17, (1993), S. 227 - 292.

Berger, A. N. u. a.: THE TRANSFORMATION OF THE U. S. BANKING INDUSTRY: WHAT A LONG, STRANGE TRIP IT'S BEEN in: BROOKINGS PAPERS ON ECONOMIC ACTIVITY, No. 2, (1995), S. 55 - 218.

Berger, A. N. u. a.: A FRAMEWORK FOR ANALYZING EFFICIENCY, RISKS, COSTS, AND INNOVATIONS IN THE PAYMENTS SYSTEM, in: JOURNAL OF MONEY, CREDIT AND BANKING, Vol. 28, (1996), S. 696 - 732.

Berger, G. S.: REFORMING DEPOSIT INSURANCE AND THE REGULATORY SYSTEM: THE FAILURE OF THE MIDDLE WAY, in: CATO JOURNAL, Vol. 14, (1994), S. 221 - 241.

Bergman, U. M. u. a.: HISTORICAL EVIDENCE ON BUSINESS CYCLES: THE INTERNATIONAL EVIDENCE, in: Fuhrer, J. C. / Schuh, S.: BEYOND SHOCKS: WHAT CAUSES BUSINESS CYCLES?, Boston, (1998), S. 63 - 113.

Berndt, H.: DIE GELDKARTE LÄUTET EINE NEUE ÄRA IM ZAHLUNGSVERKEHR EIN, in: SPARKASSE, Band 113, (1996), S. 394 - 397.

Bernholz, P.: INFLATION AND MONETARY CONSTITUTIONS IN HISTORICAL PERSPECTIVE, in: KYKLOS, Vol. 36, (1983), S. 397 - 419.

Bernholz, P.: THE IMPLEMENTATION AND MAINTENANCE OF A MONETARY CONSTITUTION, in: CATO JOURNAL, Vol. 6, (1986), S. 477 - 511.

Bernholz, P.: CURRENCY COMPETITION, INFLATION, GRESHAM' S LAW AND EXCHANGE RATE, in: JOURNAL OF INSTITUTIONAL AND THEORETICAL ECONOMICS, Vol. 145, (1989), S. 465 - 488.

Bernholz, P.: PAPER MONEY INFLATION, PRICES, GRESHAM' S LAW AND EXCHANGE RATE IN MING CHINA, in: KREDIT UND KAPITAL, Band 30, (1997), S. 35 - 51.

Bhattacharya, S. u. a.: THE ECONOMICS OF BANK REGULATION, in: JOURNAL OF MONEY, CREDIT AND BANKING, Vol. 30, (1998), S. 745 - 770.

Bibow, J. / Wichmann, T.: ELEKTRONISCHES GELD: FUNKTIONSWEISE UND WIRTSCHAFTSPOLITISCHE KONSEQUENZEN, in: RWI-MITTEILUNGEN, Band 48, (1997), S. 114 - 139.

Billett, M. T. u. a.: THE COST OF MARKET VERSUS REGULATORY DISCIPLINE IN BANKING, in: JOURNAL OF FINANCIAL ECONOMICS, Vol. 48, (1998), S. 333 - 358.

Bindseil, U.: DIE STABILISIERUNGSWIRKUNGEN VON MINDESTRESERVEN, Frankfurt, (1997).

Black, F.: BANKING AND INTREST RATE IN A WORLD WITHOUT MONEY, in: JOURNAL OF BANK RESEARCH, Vol. 1, (1970), S. 9 - 20.

Blackburn, K. / Christensen, M.: MONETARY POLICY AND POLICY CREDIBILITY: THEORIES AND EVIDENCE, in: JOURNAL OF ECONOMIC LITERATURE, Vol. 27, (1989), S. 1 - 45.

Blankart, C. B. / Knieps, G.: STATE AND STANDARDS, in: PUBLIC CHOICE, Vol. 77, (1993), S. 39 - 52.

Blinder, A. S.: STATEMENTS TO THE CONGRESS, STATEMENT BEFORE THE SUBCOMMITTEE ON DOMESTIC AND INTERNATIONAL MONETARY POLICY OF THE COMMITTEE ON BANKING AND FINANCIAL SERVICES, U.S. HOUSE OF REPRESENTATIVES, in: FEDERAL RESERVE BULLETIN, Vol. 81, (1995), S. 1089 - 1093.

Bodenhorn, H.: ENTRY, RIVALRY AND FREE BANKING IN ANTEBELLUM AMERICA, in: REVIEW OF ECONOMICS AND STATISTICS, Vol. 72, (1990), S. 682 - 686.

Bofinger, P.: WÄHRUNGSWETTBEWERB, Köln u. a., (1985).

Bofinger, P.: GELDPOLITIK IM ZEICHEN DER SOGENANNTEN FINANZINNOVATIONEN, in: SPARKASSE, Band 103, (1986), S. 139 - 149.

Böhle, K. / Riehm, U.: ELEKTRONISCHES GELD UND INTERNET ZAHLUNGSSYSTEME. INNOVATION, MYTHEN, ERKLÄRUNGSVERSUCHE, in: TA-DATENBANK-NACHRICHTEN, Nr. 2, (1998), S. 40 - 54.

Böhm, P.: ZUR THEORIE DER WÄHRUNGSSUBSTITUTION, Dissenhofen, (1984).

Borchert, M.: CYBER-MONEY - EINE NEUE WÄHRUNG?, in: SPARKASSE, Band 113, (1996), S. 41 - 43.

Bordo, M. D.: THE CLASSICAL GOLD STANDARD: SOME LESSONS FOR TODAY, in: FEDERAL RESERVE BANK OF ST. LOUIS REVIEW, No. 5, (1981), S. 2 - 17.

Bordo, M. D.: THE GOLD STANDARD: THE TRADITIONAL APPROACH, in: Bordo, M. D. / Schwartz, A. J. (Hrsg.): A RETROSPECTIVE ON THE CLASSICAL GOLD STANDARD, 1821 - 1931, Chicago und London, (1984), S. 23 - 113.

Bordo, M. D.: THE GOLD STANDARD: MYTHS AND REALITIES, in: Siegel, B. (Hrsg.): MONEY IN CRISIS, San Francisco, (1984a), S. 197 - 237.

Bordo, M. D.: THE GOLD STANDARD, BRETTON WOODS AND OTHER MONETARY REGIMES: A HISTORICAL APPRAISAL, in: FEDERAL RESERVE BANK OF ST. LOUIS REVIEW, No. 2, (1993), S. 123 - 191.

Bordo, M. D. / Ellson, R. W.: A MODEL OF THE CLASSICAL GOLD STANDARD WITH DEPLETION, in: JOURNAL OF MONETARY ECONOMICS, Vol. 16, (1985), S. 109 - 120.

Bordo, M. D. / Kydland, F. E.: THE GOLD STANDARD AS A RULE: AN ESSAY IN EXPLORATION, in: EXPLORATIONS IN ECONOMIC HISTORY, Vol. 32, (1995), S. 423 - 464.

Bordo, M. D. / Schwartz, A. J.: THE IMPORTANCE OF STABLE MONEY: THEORY AND EVIDENCE, in: CATO JOURNAL, Vol. 3, (1983), S. 63 - 82.

Bordo, M. D. / Schwartz, A. J.: THE PERFORMANCE AND STABILITY OF BANKING SYSTEMS UNDER >>SELF-REGULATION<<: THEORY AND EVIDENCE, in: CATO JOURNAL, Vol. 14, (1995), S. 453 - 479.

Bordo, M. D. / White, E. N.: BRITISH AND FRENCH FINANCE DURING THE NAPOLEONIC WARS, in: Bordo, M. D. / Capie, F. (Hrsg.): MONETARY REGIMES IN TRANSITION, Cambridge, (1994), S: 241 - 273.

Born, K. E.: GELD UND BANKEN IM 19. UND 20. JAHRHUNDERT, Stuttgart, (1976).

Bowen, H. V.: DIVERSITY AND DISCONTINUITY: THE DEVELOPMENT OF THE BANKING SYSTEM IN ENGLAND AND WALES, C. 1650 - C. 1830, in: Bosbach, F. / Pohl, R. (Hrsg.): DAS KREDITWESEN IN DER NEUZEIT, München, (1997), S. 29 - 38.

Boyd, J. H. / Graham, S. L.: INVESTIGATING THE BANK CONSOLIDATION TREND POLICY, in: FEDERAL RESERVE BANK OF MINNEAPOLIS QUARTERLY REVIEW, No. 2, (1991), S. 3 - 15.

Boyes, W. J. u. a.: THE FEDERAL RESERVE AS A BUREAUCRACY: AN EXAMINATION OF EXPENSE-PREFERENCE BEHAVIOR, in: JOURNAL OF MONEY, CREDIT AND BANKING, Vol. 20, (1988), S. 181 - 190.

Braasch, B. / Hesse, H.: INNOVATIONEN IM ZAHLUNGSVERKEHR UND IHRE AUSWIRKUNGEN AUF DIE GELDPOLITIK, in: Bodin, M. / Hübl, L. (Hrsg.): BANKEN IN GESAMTWIRTSCHAFTLICHER VERANTWORTUNG, Stuttgart, (1994), S. 40 - 63.

Brandtweiner, R. / Greimel, B: ELEKTRONISCHE MÄRKTE: EIN PRAXIS-ORIENTIERTER PROBLEMAUFRISS MIT BEZÜGEN ZUR ÖKONOMISCHEN THEORIE, in: WIRTSCHAFTSWISSENSCHAFTLICHES STUDIUM, Band 27, (1998), S. 37 - 42.

Brennan, H. G. / Buchanan, J. M.: MONOPOLY IN MONEY AND INFLATION, London, (1981).

Brenner, W. / Schubert, C.: EINSATZ INTELLIGENTER SOFTWAREAGENTEN IM ELEKTRONISCHEN HANDEL, in: THEORIE UND PRAXIS DER WIRTSCHAFTSINFORMATIK, Band 35, (1998), S. 25 - 37.

Brimmer, A. F.: CENTRAL BANKING AND SYSTEMIC RISK IN CAPITAL MARKETS, in: JOURNAL OF ECONOMIC PERSPECTIVES, No. 2, (1989), S. 3 - 16.

Bronfenbrenner, M.: THE CURRENCY-CHOICE DEFENSE, in: CHALLENGE, No. 1, (1980), S. 31 - 36.

Browne, F. X. / Cronin, D.: PAYMENT TECHNOLOGIES, FINANCIAL INNOVATION AND LAISSEZ-FAIRE BANKING, in: CATO JOURNAL, Vol. 15, (1995), S. 101 - 116.

Browne, F. X. / Cronin, D.: PAYMENT TECHNOLOGIES, FINANCIAL INNOVATION AND LAISSEZ-FAIRE BANKING: A FURTHER DISCUSSION OF THE ISSUES, in: Dorn, J. A. (Hrsg.): THE FUTURE OF MONEY IN THE INFORMATION AGE, Washington, (1997), S. 153 - 165.

Brumbaugh, R. D. / Carron, A. S.: THRIFT INDUSTRY CRISIS: CAUSES AND SOLUTIONS, in: BROOKINGS PAPERS ON ECONOMIC ACTIVITY, No. 2, (1987), S. 349 - 378.

Brumbaugh, R. D. / Litan, R. E.: IGNORING ECONOMICS IN DEALING WITH THE SAVINGS AND LOAN AND COMMERCIAL BANKING CRISES, in: CONTEMPORARY POLICY ISSUES, No. 1, (1991), S. 36 - 53.

Brunner, K.: KONZEPTE DER GELDORDNUNG IN EINER FREIHEITLICHEN WIRTSCHAFTSORDNUNG, in: Starbatty, J. (Hrsg.): GELDORDNUNG UND GELDSCHÖPFUNG IN EINER FREIHEITLICHEN GESELLSCHAFT, Tübingen, (1982), S. 7 - 17.

Brunner, K.: MONETARY POLICY AND MONETARY ORDER, in: AUSSENWIRTSCHAFT, Band 39, (1984), S. 187 - 206.

Brunner, K. / Meltzer, A. H.: THE USES OF MONEY: MONEY IN THE THEORY OF AN EXCHANGE ECONOMY, in: AMERICAN ECONOMIC REVIEW, Vol. 61, (1971), S. 784 - 805.

Brunner, K. / Meltzer, A. H.: THE >>NEW MONETARY ECONOMICS<<, FISCAL ISSUES AND UNEMPLOYMENT, in: CARNEGIE-ROCHESTER CONFERENCE SERIES ON PUBLIC POLICY, Vol. 23, (1985), S. 1 - 11.

Bryant, J.: INTEREST-BEARING CURRENCY, LEGAL RESTRICTIONS, AND THE RATE OF RETURN DOMINANCE OF MONEY, in: JOURNAL OF MONEY, CREDIT AND BANKING, Vol. 21, (1989), S. 240 - 245.

Buchanan, J. M.: MONETARY RESEARCH, MONETARY RULES, AND MONETARY REGIMES, in: CATO JOURNAL, Vol. 3, (1983), S. 143 - 146.

Bühl, A.: CYBERMONEY ODER DIE VERFLÜCHTIGUNG DES GELDES, in: Brill, A. / de Vries, M. (Hrsg.): VIRTUELLE WIRTSCHAFT, Opladen, (1998), S. 224 - 240.

Buhl, H. U. u. a.: VIRTUALISIERUNG DES BANKGESCHÄFTES, in: WIRTSCHAFTSINFORMATIK, Band 41, (1999), S. 116 - 123.

Buiter, W. H.: THE EMU AND THE NAMU: WHAT IS THE CASE FOR NORTH AMERICAN MONETARY UNION?, in: CANADIAN PUBLIC POLICY, Vol. 25, (1999), S. 285 - 305.

Burger, A. E.: THE MONEY SUPPLY PROCESS, Belmont, (1971).

Burkhardt, T.: AUTOMATISIERTE VERHANDLUNGSFÜHRUNG UND MEDIATION IN ELEKTRONISCHEN MÄRKTEN, in: Burkhardt, T. / Lohmann, K. (Hrsg.): BANKING UND ELECTRONIC COMMERCE IM INTERNET, Berlin, (1998), S. 83 - 130.

Burkhardt, T. / Lohmann, K.: WACHSTUM UND FACETTEN DES ELECTRONIC COMMERCE - ÖKONOMISCHE PERSPEKTIVEN UNTER BESONDRER BERÜCKSICHTIGUNG DES INTERNET-BANKING, in: Burkhardt, T. / Lohmann, K. (Hrsg.): BANKING UND ELECTRONIC COMMERCE IM INTERNET, Berlin, (1998), S. 25 - 43.

Bürklin, W.: CHANCEN DES INTERNET, in: DIE BANK, Band 37, (1998), S. 327.

Burns, A. F.: THE ONGOING REVOLUTION IN AMERICAN BANKING, Washington, (1988).

Büschgen, H. E.: ENTWICKLUNGEN IM ELEKTRONISCHEN ZAHLUNGSVERKEHR, in: MITTEILUNGEN DES INSTITUTS FÜR BANKWIRTSCHAFT UND BANKRECHT AN DER UNIVERSITÄT ZU KÖLN, ABTEILUNG BANKWIRTSCHAFT, Nr. 77, (1997), S. 41 - 47.

Butos, W. N.: THE KNOWLEDGE PROBLEM UNDER ALTERNATIVE MONETARY REGIMES, in: CATO JOURNAL, Vol. 5, (1986), S. 849 - 871.

Cagan, P.: THE FIRST FIFTY YEARS OF THE NATIONAL BANKING SYSTEM - AN HISTORICAL APPRISAL, in: Carson, D. (Hrsg.): BANKING AND MONETARY STUDIES, Homewood, (1963), S. 15 - 42.

Cagan, P.: THE CONFLICT BETWEEN SHORT-RUN AND LONG-RUN OBJECTIVES, in: Campbell, C. D. / Dougan, W. R. (Hrsg.): ALTERNATIVE MONETARY REGIMES, Baltimore und London, (1986), S. 31 - 37.

Cagan, P.: A COMPENSATED DOLLAR: BETTER OR MORE LIKELY THAN GOLD?, in: Dorn, J. A. / Schwartz, A. J. (Hrsg.): THE SEARCH FOR STABLE MONEY, Chicago und London, (1987), S. 261 - 277.

Calomiris, C. W.: IS DEPOSIT INSURANCE NECESSARY? A HISTORICAL PERSPECTIVE, in: JOURNAL OF ECONOMIC HISTORY, Vol. 50, (1990), S. 283 - 295.

Calomiris, C. W.: IS THE DISCOUNT WINDOW NECESSARY? A PENN CENTRAL PERSPECTIVE, in: FEDERAL RESERVE BANK OF ST. LOUIS REVIEW, No. 3, (1994), S. 31 - 55.

Calomiris, C. W.: THE IMF'S IMPRUDENT ROLE AS LENDER OF LAST RESORT, in: CATO JOURNAL, Vol. 17, (1998), S. 275 - 294.

Calomiris, C. W.: RUNS ON BANKS AND THE LESSONS OF THE GREAT DEPRESSION, in: REGULATION, No. 1, (1999), S. 4 - 7.

Calomiris, C. W. / Gorton, G.: THE ORIGINS OF BANKING PANICS: MODELS, FACTS, AND BANK REGULATION, in: Hubbard, R. G. (Hrsg.): FINANCIAL MARKETS AND FINANCIAL CRISES, Chicago und London, (1991), S. 109 - 173.

Calomiris, C. W. / Kahn, C. M.: THE ROLE OF DEMANDABLE DEBT IN STRUCTURING OPTIMAL BANKING ARRANGEMENTS, in: AMERICAN ECONOMIC REVIEW, Vol. 81, (1991), S. 497 - 513.

Calomiris, C. W. / Kahn, C. M.: THE EFFICIENCY OF SELF-REGULATED PAYMENTS SYSTEMS: LEARNING FROM THE SUFFOLK SYSTEM, in: JOURNAL OF MONEY, CREDIT AND BANKING, Vol. 28, (1996), S. 766 - 797.

Calomiris, C. W. / Mason, J. R.: CONTAGION AND BANK FAILURES DURING THE GREAT DEPRESSION: THE JUNE 1932 BANKING PANIC, in: AMERICAN ECONOMIC REVIEW, Vol. 87, (1997), S. 863 - 883.

Calomiris, C. W. / White, E. N.: THE ORIGINS OF FEDERAL DEPOSIT INSURANCE, in: Goldin, C. / Lidecap, G. D. (Hrsg.): THE REGULATED ECONOMY, Chicago, (1995), S. 145 - 188.

Calvo, G. A.: ON THE TIME CONSISTENCY OF OPTIMAL POLICY IN A MONETARY ECONOMY, in: ECONOMETRICA, Vol. 46, (1978), S. 1411 - 1428.

Cameron, A.: BANK OF SCOTLAND, 1695 - 1891, SOME CAUTIONARY NOTES ON FREE BANKING IN SCOTLAND, in: Bosbach, F. / Pohl, R. (Hrsg.): DAS KREDITWESEN IN DER NEUZEIT, München, (1997), S. 119 - 132.

Cameron, R.: BANKING IN THE EARLY STAGES OF INDUSTRIALIZATION, New York u. a., (1967).

Cameron, R.: BANKING AND INDUSTRIALIZATION IN BRITAIN IN THE NINETEENTH CENTURY, in: Slaven, A. / Aldcraft, D. H. (Hrsg.): BUSINESS, BANKING AND URBAN HISTORY, Edinburgh, (1982), S. 102 - 111.

Canzoneri, M. B.: MONETARY POLICY GAMES AND THE ROLE OF PRIVATE INFORMATION, in: AMERICAN ECONOMIC REVIEW, Vol. 75, (1985), S. 1056 - 1070.

Canzoneri, M. B. / Rogers, C. A.: IS THE EUROPEAN COMMUNITY AN OPTIMAL CURRENCY AREA? OPTIMAL TAXATION VERSUS THE COST OF MULTIPLE CURRENCIES, in: AMERICAN ECONOMIC REVIEW, Vol. 80, (1990), S. 419 - 433.

Capie, F.: BANKING IN EUROPE IN THE NINETEENTH CENTURY: THE ROLE OF THE CENTRAL BANK, in: Sylla, R. u. a. (Hrsg.): THE STATE, THE FINANCIAL SYSTEM AND ECONOMIC MODERNIZATION, Cambridge, (1999), S. 118 - 133.

Cargill, T. F. / Mayer, T.: U. S. DEPOSIT INSURANCE REFORM, in: CONTEMPORARY POLICY ISSUES, No. 3, (1992), S. 95 - 103.

Carr, J. L. / Mathewson, G. F.: UNLIMITED LIABILITY AS A BARRIER TO ENTRY, in: JOURNAL OF POLITICAL ECONOMY, Vol. 96, (1988), S. 766 - 784.

Carr, J. L. u. a.: UNLIMITED LIABILITY AND FREE BANKING IN SCOTLAND: A NOTE, in: JOURNAL OF ECONOMIC HISTORY, Vol. 49, (1989), S. 974 - 978.

Cecchetti, S. G.: THE FURURE OF FINANCIAL INTERMEDIATION AND REGULATION: AN OVERVIEW, in: FEDERAL RESERVE BANK OF NEW YORK CURRENT ISSUES IN ECONOMICS AND FINANCE, No. 8, (1999), S. 1 - 6.

Chamoni, P.: ELECTRONIC CASH, in: Mertens, P. u. a. (Hrsg.): LEXIKON DER WIRTSCHAFTSINFORMATIK, Berlin u. a., 3. Auflage, (1997), S. 136 - 137.

Chant, J. F.: THE NEW THEORY OF FINANCIAL INTERMEDIATION, in: Dowd, K. / Lewis, M. K. (Hrsg.): CURRENT ISSUES IN FINANCIAL AND MONETARY ECONOMICS, Houndmills u. a., (1992), S. 42 - 65.

Chant, J. F. / Acheson, K.: THE CHOICE OF MONETARY INSTRUMENTS AND THE THEORY OF BUREAUCRACY, in: PUBLIC CHOICE, Vol. 12, (1972), S. 13 - 33.

Chappell, D. / Dowd, K.: A SIMPLE MODEL OF THE GOLD STANDARD, in: JOURNAL OF MONEY, CREDIT AND BANKING, Vol. 29, (1997), S. 94 - 105.

Chaum, D.: PRIVACY AND SOCIAL PROTECTION IN ELECTRONIC PAYMENT SYSTEMS, in: Dorn, J. A. (Hrsg.): THE FUTURE OF MONEY IN THE INFORMATION AGE, Washington, (1997), S. 91 - 94.

Chaum, D. u. a.: UNTRACEABLE ELECTRONIC CASH, in: Goldwasser, S. (Hrsg.): ADVANCES IN CRYPTOLOGY - CRYPTO '88, Berlin u. a., (1990), S. 319 - 327.

Chaum, D. u. a.: EFFICIENT OFFLINE ELECTRONIC CHECKS, in: Quisquater, J.-J. / Vandewalle, J. (Hrsg.): ADVANCES IN CRYPTOLOGY - EUROCRYPT '89, Berlin u. a., (1990a), S. 294 - 301.

Checkland, S. G.: BANKING HISTORY AND ECONOMIC DEVELOPMENT: SEVEN SYSTEMS, in: SCOTTISH JOURNAL OF POLITICAL ECONOMY, Vol. 15, (1968), S. 144 -166.

Chen, C.: BIMETALLISM: THEORY AND CONTROVERSY IN PERSPECTIVE, in: HISTORY OF POLITICAL ECONOMY, Vol. 4, (1972), S. 89 - 112.

Chen, C.: DIVERSIFIED CURRENCY HOLDINGS AND FLEXIBLE EXCHANGE RATES, in: QUARTERLY JOURNAL OF ECONOMICS, Vol. 87, (1973), S. 96 - 111.

Chen, C.: FLEXIBLE BIMETALLIC EXCHANGE RATES IN CHINA, 1650 - 1850, in: JOURNAL OF MONEY, CREDIT AND BANKING, Vol. 7, (1975), S. 359 - 376.

Chen, C. u. a.: THE SUNG AND MING PAPER MONIES: CURRENCY COMPETITION AND CURRENCY BUBBLES, in: JOURNAL OF MACROECONOMICS, Vol. 17, (1995), S. 273 - 288.

Chick, V.: THE EVOLUTION OF THE BANKING SYSTEM AND THE THEORY OF MONETARY POLICY, in: Frowen, S. (Hrsg.): MONETARY THEORY AND MONETARY POLICY, New York, (1993), S. 79 - 92.

Christ, C. F.: RULES VS. DISCRETION IN MONETARY POLICY, in: CATO JOURNAL, Vol. 3, (1983), S. 121 - 141.

Christ, C. F.: WHEN IS FREE BANKING MORE STABLE THAN REGULATED BANKING?, in: Barkai, H. u. a. (Hrsg.): MONETARY THEORY AND THOUGHT, Houndmills und London, (1993), S. 185 - 209.

Christie, H. / Fratianni, M.: EMU: REHABILITATION OF A CASE AND SOME THOUGHTS FOR STRATEGY, in: Fratianni, M. / Peeters, T. (Hrsg.): ONE MONEY FOR EUROPE, London und Basingstoke, (1978), S. 3 - 34.

Chrystal, K. A.: DEMAND FOR INTERNATIONAL MEDIA OF EXCHANGE, in: AMERICAN ECONOMIC REVIEW, Vol. 67, (1977), S. 840 - 850.

Chu, K. H.: IS FREE BANKING MORE PRONE TO BANK FAILURES THAN REGULATED BANKING?, in: CATO JOURNAL, Vol. 16, (1996), S. 47 - 61.

Chu, K. H.: FREE BANKING AND INFORMATION ASYMMETRY, in: JOURNAL OF MONEY, CREDIT AND BANKING, Vol. 31, (1999), S. 748 - 762.

Claassen, E. M.: DER WETTBEWERB ALS ORDNUNGSPRINZIP DER GELD-SCHÖPFUNG, in: Bickel, W. (Hrsg.): VERSTEHEN UND GESTALTEN DER WIRTSCHAFT, Tübingen, (1971), S. 255 - 268.

Claassen, E. M.: MONETARY INTEGRATION AND MONETARY STABILITY: THE ECONOMIC CRITERIA OF THE MONETARY CONSTITUTION, in: Salin, P. (Hrsg.): CURRENCY COMPETITION AND MONETARY UNION, Den Haag u. a., (1984), S. 47 - 58.

Claassen, E. M.: THE LENDER-OF-LAST-RESORT FUNCTION IN THE CONTEXT OF NATIONAL AND INTERNATIONAL FINANCIAL CRISES, in: WELTWIRTSCHAFTLICHES ARCHIV, Band 121, (1985), S. 217 - 237.

Clark, J. A.: ESTIMATION OF ECONOMIES OF SCALE IN BANKING USING A GENERALIZED FUNCTIONAL FORM, in: JOURNAL OF MONEY, CREDIT AND BANKING, Vol. 16, (1984), S. 53 - 68.

Clark, J. A.: ECONOMIC COST, SCALE EFFICIENCY, AND COMPETITIVE VIABILITY IN BANKING, in: JOURNAL OF MONEY, CREDIT AND BANKING, Vol. 28, (1996), S. 342 - 364.

Coates, V.: DIGITAL MONEY: A VIEW FROM THE UNITED STATES, in: TA-DATENBANK-NACHRICHTEN, Nr. 2, (1998), S. 26 - 28.

Conant, C. A.: A HISTORY OF MODERN BANKS OF ISSUE, 6. Auflage, New York, (1927).

Congdon, T.: IS THE PROVISION OF A SOUND CURRENCY A NECESSARY FUNCTION OF THE STATE?, in: NATIONAL WESTMINSTER BANK QUARTERLY REVIEW, August, (1981), S. 2 - 21.

Cooper, R. N.: A MONETARY SYSTEM BASED ON FIXED EXCHANGE RATES, in: Campbell, C. D. / Dougan, W. R. (Hrsg.): ALTERNATIVE MONETARY REGIMES, Baltimore und London, (1986), S. 85 - 109.

Cooper, R. N.: THE INTERNATIONAL MONETARY SYSTEM, Cambridge und London, (1987).

Cooper, R. N.: IS PRIVATE MONEY OPTIMAL?, in: CATO JOURNAL, Vol. 9, (1989), S. 393 - 397.

Cooper, R. N.: EXCANGE RATE CHOICES, in: Little, J. S. / Olivei, G. P. (Hrsg.): RETHINKING THE INTERNATIONAL MONETARY SYSTEM, Boston, (1999), S. 99 - 123.

Copeland, L. S.: EXCHANGE RATES AND INTERNATIONAL FINANCE, 2. Auflage, Harlow, (1994).

Cowen, T. / Kroszner, R. S.: THE DEVELOPMENT OF THE NEW MONETARY ECONOMICS, in: JOURNAL OF POLITICAL ECONOMY, Vol. 95, (1987), S. 567 - 590.

Cowen, T. / Kroszner, R. S.: SCOTTISH BANKING BEFORE 1845: A MODEL FOR LAISSEZ-FAIRE?, in: JOURNAL OF MONEY, CREDIT AND BANKING, Vol. 21, (1989), S. 221 - 231.

Cowen, T. / Kroszner, R. S.: EMPIRICAL PREDICTIONS OF THE NEW MONETARY ECONOMICS: PERSPECTIVES ON VELOCITY, in: JOURNAL OF POLICY MODELING, Vol. 12, (1990). S. 265 - 279.

Cowen, T. / Kroszner, R. S.: MUTUAL FUND BANKING: A MARKET APPROACH, in: CATO JOURNAL, Vol. 10, (1990a), S. 223 - 237.

Cowen, T. / Kroszner, R. S.: EXPLORATIONS IN THE NEW MONETARY ECONOMICS, Oxford und Cambridge, (1994).

Craig, B. / Santos, J. C.: THE RISK EFFECTS OF BANK ACQUISITIONS, in: FEDERAL RESERVE BANK OF CLEVELAND ECONOMIC REVIEW, No. 2, (1997), S. 25 - 35.

Crawford, M.: ONE MONEY FOR EUROPE? THE ECONOMICS AND POLITICS OF EMU, 2. Auflage, Houndmills u. a., (1996).

Creutz, H.: ALTERNATIVE GELDSYSTEME - AUSWEGE AUS DER FEHLERHAFTEN GELDORDNUNG?, in: ZEITSCHRIFT FÜR SOZIALÖKONOMIE, Nr. 101, (1994), S. 18 - 28.

Crockett, A.: THE THEORY AND PRACTICE OF FINANCIAL STABILITY, in: DE ECONOMIST, Vol. 144, (1996), S. 531 - 568.

Crockett, A.: WHY IS FINANCIAL STABILITY A GOAL OF PUBLIC POLICY, in: Federal Reserve Bank of Kansas City (Hrsg.): MAINTAINING FINANCIAL STABILITY IN A GLOBAL ECONOMY, Kansas City, (1997), S. 7 - 36.

Cukierman, A.: CENTRAL BANK BEHAVIOR AND CREDIBILITY: SOME RECENT THEORETICAL DEVELOPMENTS, in: FEDERAL RESERVE BANK OF ST. LOUIS REVIEW, No. 5, (1986), S. 5 - 17.

Cukierman, A. u. a.: SEIGNIORAGE AND POLITICAL INSTABILITY, in: AMERICAN ECONOMIC REVIEW, Vol. 82, (1992), S. 537 - 555.

Cukierman, A. / Webb, S. B.: POLITICAL INFLUENCE ON THE CENTRAL BANK: INTERNATIONAL EVIDENCE, in: WORLD BANK ECONOMIC REVIEW, Vol. 9, (1995), S. 397 - 423.

Dale, R.: REGULATING THE NEW FINANCIAL MARKETS, in: Edey, M. (Hrsg.): THE FUTURE OF THE FINANCIAL SYSTEM, Sydney, (1996), S. 215 - 245.

Daniels, K. / Tirtiroglu, D.: THE TEMPORAL BEHAVIOR OF SCALE ECONOMICS WITHIN A BANKING FIRM, in: JOURNAL OF ECONOMICS AND FINANCE, No. 2, (1996), S. 33 - 45.

Davidson, P.: MONEY AND THE REAL WORLD, 2. Auflage, London, (1978).

Deane, M. / Pringel, R.: THE CENTRAL BANKS, New York, (1994).

Demsetz, H.: THE PRIVATE PRODUCTION OF PUBLIC GOODS, in: JOURNAL OF LAW AND ECONOMICS, Vol. 13, (1964), S. 293 - 306.

Derix, H.-H.: SÄKULARE INFLATION, KOMPETITIVE GELDORDNUNG UND >>UNBESCHRÄNKTE DEMOKRATIE<<, Stuttgart und New York, (1985).

Deutsche Bundesbank: GELDPOLITIK UND ZAHLUNGSVERKEHR, in: MONATSBERICHTE DER DEUTSCHE BUNDESBANK, Nr. 3, (1997), S. 33 - 46.

Deutsche Bundesbank: NEUERE ENTWICKLUNGEN BEIM ELEKTRONISCHEN GELD, in: MONATSBERICHTE DER DEUTSCHEN BUNDESBANK, Nr. 6, (1999), S. 41 - 58.

Diamond, D. W.: FINANCIAL INTERMEDIATION AND DELEGATED MONITORING, in: REVIEW OF ECONOMIC STUDIES, Vol. 51, (1984), S. 393 - 414.

Diamond, D. W. / Dybvig, P. H.: BANK RUNS, DEPOSIT INSURANCE AND LIQUIDITY, in: JOURNAL OF POLITICAL ECONOMY, Vol. 91, (1983), S. 401 - 419.

Diamond, D. W. / Dybvig, P. H.: BANKING THEORY, DEPOSIT INSURANCE, AND BANK REGULATION, in: JOURNAL OF BUSINESS, Vol. 59, (1986), S. 55 - 68.

Dittus, P.: DIE WAHL DER GELDVERFASSUNG, Köln u. a., (1987).

Dorn, J. A.: ALTERNATIVES TO GOVERNMENT FIAT MONEY, in: CATO JOURNAL, Vol. 9, (1989), S. 277 - 294.

Dornbusch, R.: DOUBTS ABOUT THE MCKINNON STANDARD, in: JOURNAL OF ECONOMIC PERSPECTIVES, No. 1, (1988), S. 105 - 112.

Douthwaite, R. / Diefenbacher, H.: JENSEITS DER GLOBALISIERUNG, Mainz, (1998).

Dow, S. C.: WHY THE BANKING SYSTEM SHOULD BE REGULATED, in: ECONOMIC JOURNAL, Vol. 106, (1996), S. 698 - 707.

Dow, S. C. / Earl, P. E.: MONEY MATTERS, Oxford, (1982).

Dow, S. C. / Smithin, J.: FREE BANKING IN SCOTLAND, 1695 - 1845, in: SCOTTISH JOURNAL OF POLITICAL ECONOMY, Vol. 39, (1992), S. 374 - 390.

Dow, S. C. / Smithin, J.: THE STRUCTURE OF FINANCIAL MARKETS AND THE >FIRST PRINCIPLES< OF MONETARY ECONOMICS, in: SCOTTISH JOURNAL OF POLITICAL ECONOMY, Vol. 46, (1999), S. 72 - 90.

Dowd, K.: AUTOMATIC STABILIZING MECHANISMS UNDER FREE BANKING, in: CATO JOURNAL, Vol. 7, (1988), S. 643 - 659.

Dowd, K.: OPTION CLAUSES AND THE STABILITY OF A LAISSER FAIRE MONETARY SYSTEM, in: JOURNAL OF FINANCIAL SERVICES RESEARCH, Vol. 1, (1988a), S. 319 - 333.

Dowd, K.: THE STATE AND THE MONETARY SYSTEM, New York, (1989).

Dowd, K.: OPTION CLAUSES AND BANK SUSPENSION, in: CATO JOURNAL, Vol. 10, (1991), S. 761 - 773.

Dowd, K.: IS BANKING A NATURAL MONOPOLY?, in: KYKLOS, Vol. 45, (1992), S. 379 - 392.

Dowd, K.: US BANKING IN THE >FREE BANKING PERIOD<, in: Dowd, K. (Hrsg.): THE EXPERIENCE OF FREE BANKING, London, (1992a), S. 206 - 240.

Dowd, K.: FREE BANKING IN AUSTRALIA, in: Dowd, K. (Hrsg.): THE EXPERIENCE OF FREE BANKING, London, (1992b), S. 48 - 78.

Dowd, K.: MODELS OF BANKING INSTABILITY: A PARTIAL REVIEW OF THE LITERATURE, in: JOURNAL OF ECONOMIC SURVEYS, Vol. 6, (1992c), S. 107 - 132.

Dowd, K.: MONEY AND THE MARKET: WHAT ROLE FOR GOVERNMENT, in: CATO JOURNAL, Vol. 12, (1993), S. 557 - 576.

Dowd, K.: LAISSEZ-FAIRE BANKING, London, (1993a).

Dowd, K.: DEPOSIT INSURANCE: A SCEPTICAL VIEW, in: FEDERAL RESERVE BANK OF ST. LOUIS REVIEW, No. 1, (1993b), S. 14 - 17.

Dowd, K.: RE-EXAMINING THE CASE FOR GOVERNMENT DEPOSIT INSURANCE, in: SOUTHERN ECONOMIC JOURNAL, Vol. 59, (1993c), S. 363 - 370.

Dowd, K.: COMPETITIVE BANKING, BANKERS' CLUB, AND BANK REGULATION, in: JOURNAL OF MONEY, CREDIT AND BANKING, Vol. 26, (1994), S. 289 - 308.

Dowd, K.: THE MECHANICS OF INDIRECT CONVERTIBILITY, in: JOURNAL OF MONEY, CREDIT AND BANKING, Vol. 27, (1995), S. 67 - 88.

Dowd, K.: THE CASE FOR FINANCIAL LAISSEZ-FAIRE, in: ECONOMIC JOURNAL, Vol. 106, (1996), S. 679 - 687.

Dowd, K.: THE ANALYTICS OF BIMETALLISM, in: MANCHESTER SCHOOL OF ECONOMIC AND SOCIAL STUDIES, Vol. 64, (1996a), S. 281 - 297.

Dowd, K.: MONETARY POLICY IN THE 21ST CENTURY: AN IMPOSSIBLE TASK?, in: CATO JOURNAL, Vol. 17, (1998), S. 327 - 331.

Dowd, K.: DOES ASYMMETRIC INFORMATION JUSTIFY BANK CAPITAL ADEQUACY REGULATION?, in: CATO JOURNAL, Vol. 19, (1999), S. 39 - 47.

Dowd, K. / Greenaway, D.: CURRENCY COMPETITION, NETWORK EXTERNALITIES AND SWITCHING COSTS: TOWARDS AN ALTERNATIVE VIEW OF OPTIMUM CURRENCY AREAS, in: ECONOMIC JOURNAL, Vol. 103, (1993), S. 1180 - 1189.

Dowd, K. / Sampson, A. A.: A NEW MODEL OF THE GOLD STANDARD, in: CANADIAN JOURNAL OF ECONOMICS, Vol. 26, (1993), S. 380 - 391.

Drazen, A.: THE OPTIMAL RATE OF INFLATION REVISITED, in: JOURNAL OF MONETARY ECONOMICS, Vol. 5, (1979), S. 231 - 248.

Drazen, A.: MONETARY POLICY, CAPITAL CONTROLS AND SEIGNIORAGE IN AN OPEN ECONOMY, in: de Cecco, M. / Giovannini, A. (Hrsg.): A EUROPEAN CENTRAL BANK?, Cambridge u. a., (1989), S. 13 - 37.

Dreyhaupt, K.-F. / Siepmann, U.: PRIVATER WETTBEWERB IM GELDWESEN, in: ORDO, Band 29, (1978), S. 140 - 155.

Dufey, G.: FINANZINNOVATIONEN HEUTE - BESTANDSAUFNAHME UND AUSBLICK, in: Burger, K.-M. (Hrsg.): FINANZINNOVATIONEN - RISIKEN UND IHRE BEWÄLTIGUNG, Stuttgart, (1989), S. 13 - 21.

Duesenberry, J. S.: THE POLITICAL ECONOMY OF CENTRAL BANKING OR QUIS CUSTODIET IPSOS CUSTODES, in: Hodgman, D. R. (Hrsg.): THE POLITICAL ECONOMY OF MONETARY POLICY: NATIONAL AND INTERNATIONAL ASPECTS, Boston, (1983), S. 123 - 140.

Dwyer, G. P.: RULES AND DISCRETION IN MONETARY POLICY, in: FEDERAL RESERVE BANK OF ST. LOUIS REVIEW, No. 3, (1993), S. 3 - 13.

Dwyer, G. P.: WILDCAT BANKING, BANKING PANICS, AND FREE BANKING IN THE UNITED STATES, in: FEDERAL RESERVE BANK OF ATLANTA ECONOMIC REVIEW, Vol. 81, (1996), S. 1 - 20.

Dybvig, P. H.: REMARKS ON BANKING AND DEPOSIT INSURANCE, in: FEDERAL RESERVE BANK OF ST. LOUIS REVIEW, No. 1, (1993), S. 21 - 24.

Eckwert, B. / Broll, U.: VERURSACHT DIE EIGENDYNAMIK DER INTERNATIONALEN DEVISENMÄRKTE ANPASSUNGSLATEN FÜR DIE REALE WIRTSCHAFT?, in: Gahlen, B. u. a. (Hrsg.): FINANZMÄRKTE, Tübingen, (1997), S. 253 - 262.

Economides, N.: NETWORK EXTERNALITIES, COMPLEMENTARIES, AND INVITATIONS TO ENTER, in: EUROPEAN JOURNAL OF POLITICAL ECONOMY, Vol. 12, (1996), S. 211 - 233.

Economides, N. u. a.: FEDERAL DEPOSIT INSURANCE: ECONOMIC EFFICIENCY OR POLITICS?, in: REGULATION, No. 3, (1999), S. 15 - 17.

Economopoulos, A. J.: THE IMPACT OF RESERVE REQUIREMENTS ON FREE BANK FAILURES, in: ATLANTIC ECONOMIC JOURNAL, No. 4, (1986), S. 76 - 84.

Economopoulos, A. J.: ILLINOIS FREE BANKING EXPERIENCE, in: JOURNAL OF MONEY, CREDIT AND BANKING, Vol. 20, (1988), S. 249 - 264.

Economopoulos, A. J.: FREE BANK FAILURES IN NEW YORK AND WISCONSIN: A PORTFOLIO ANALYSIS, in: EXPLORATIONS IN ECONOMIC HISTORY, Vol. 27, (1990), S. 421 - 441.

Edison, H. J. / Melvin, M.: THE DETERMINANTS AND IMPLICATIONS OF THE CHOICE OF AN EXCHANGE RATE SYSTEM, in: Haraf, W. S. / Willett, T. D. (Hrsg.): MONETARY POLICY FOR A VOLATILE EXCHANGE RATE SYSTEM, Washington, (1990), S. 1 - 44.

Edwards, F. R. / Mishkin, F. S.: THE DECLINE OF TRADITIONAL BANKING: IMPLICATIONS FOR FINANCIAL STABILITY AND REGULATORY POLICY, in: FEDERAL RESERVE BANK OF NEW YORK ECONOMIC POLICY REVIEW, No. 1, (1995), S. 27 - 45.

Edwards, J. R.: MONOPOLY AND COMPETITION IN MONEY, in: JOURNAL OF LIBERTARIAN STUDIES, Vol. 4, (1980), S. 107 - 117.

Ehrentreich, N.: DAS >>ZAHLUNGSNETZWERK MÜNCHEN GELD<<, in: ZEITSCHRIFT FÜR SOZIALÖKONOMIE, Nr.123, (1999), S. 25 - 30.

Eichengreen, B.: ONE MONEY FOR EUROPE? LESSONS FROM THE US CURRENCY UNION, in: ECONOMIC POLICY, Vol. 10, (1990), S. 118 - 166.

Eichengreen, B. / McLean, I. W.: THE SUPPLY OF GOLD UNDER THE PRE-1914 GOLD STANDARD, in: ECONOMIC HISTORY REVIEW, Vol. 47, (1994), S. 288 - 309.

Einzig, P.: PRIMITIVE MONEY, 2. Auflage, Oxford, (1966).

Eisenbeis, R. A.: THE IMPACT OF SECURITISATION AND INTERNATIONALISATION ON MARKET IMPERFECTIONS: IMPLICATIONS FOR REGULATORY REFORM AND THE STRUCTURE OF THE PAYMENTS SYSTEM, in: Gardener, E. P. M. (Hrsg.): THE FUTURE OF FINANCIAL SYSTEMS AND SERVICES, Houndmills u. a., (1990), S. 51 - 71.

Eisenbeis, R. A.: BANK DEPOSITS AND CREDIT AS SOURCES OF SYSTEMIC RISK?, in: FEDERAL RESERVE BANK OF ATLANTA ECONOMIC REVIEW, No. 3, (1997), S. 4 - 19.

Eisenbeis, R. A.: INTERNATIONAL SETTLEMENTS: A NEW SOURCE OF SYSTEMIC RISK?, in: FEDERAL RESERVE BANK OF ATLANTA ECONOMIC REVIEW, No. 2, (1997a), S. 44 - 50.

Ellis, L. V.: THE PRIVATIZATION OF MONEY: A SURVEY OF ISSUES, in: Kent, C. A. (Hrsg.): ENTREPRENEURSHIP AND THE PRIVATIZATION OF GOVERNMENT, New York u. a., (1987), S. 135 - 144.

Ely, B.: ELECTRONIC MONEY AND MONETARY POLICY: SEPARATING FACT FROM FICTION, in: Dorn, J. A. (Hrsg.): THE FUTURE OF MONEY IN THE INFORMATION AGE, Washington, (1997), S. 101 - 114.

Ely, B.: REGULATORY MORAL HAZARD - THE REAL MORAL HAZARD IN FEDERAL DEPOSIT INSURANCE, in: THE INDEPENDENT REVIEW, Vol. 4, (1999), S. 241 - 254.

Emminger, O.: ZAHLUNGSBILANZ- UND WÄHRUNGSPOLITISCHE PROBLEME DES INTERNATIONALEN KAPITALVERKEHRS, in: ZEITSCHRIFT FÜR DAS GESAMTE KREDITWESEN, Band 23, (1970), S. 1067 - 1073.

Engels, W.: NOTENEMISSION ALS BANKGESCHÄFT, in: Süchting, J. (Hrsg.): DER BANKBETRIEB ZWISCHEN THEORIE UND PRAXIS, Wiesbaden, (1977), S. 193 - 204.

Engels, W.: THE OPTIMAL MONETARY UNIT: REAL-ASSET CURRENCY, STATE MONETARY SOVEREIGNTY AND THE PRIVATE ISSUE OF BANK NOTES, Frankfurt und New York, (1981).

Engels, W.: DIE REALASSETWÄHRUNG - WÄHRUNGSMONOPOL BEI NOTEN-EMISSIONSKONKURRENZ, in: Starbatty, J. (Hrsg.): GELDORDNUNG UND GELDPOLITIK IN EINER FREIHEITLICHEN GESELLSCHAFT, Tübingen, (1982), S. 35 - 43.

Engels, W.: THE COMPETITIVE CREATION OF MONEY: STATE-DEFINED CURRENCY AND FREE ISSUE OF BANKNOTES, in: ZEITSCHRIFT FÜR WIRTSCHAFTS- UND SOZIALWISSENSCHAFTEN, Band 105, (1985), S. 589 - 601.

England, C.: AGENCY COSTS AND UNREGULATED BANKS: COULD DEPOSITORS PROTECT THEMSELVES?, in: CATO JOURNAL, Vol. 7, (1988), S. 771 - 797.

England, C.: THE FUTURE OF CURRENCY COMPETITION, in: Dorn, J. A. (Hrsg.): THE FUTURE OF MONEY IN THE INFORMATION AGE, Washington, (1997), S. 137 - 152.

Essinger, J.: THE VIRTUAL BANKING REVOLUTION, London u. a., (1999).

Ethier, W. J.: INTERNATIONAL TRADE AND PAYMENTS MECHANISMS: OPTIONS AND POSSIBILITIES, ANOTHER VIEW, in: Hillman, A. L. / Milanovic, B.

(Hrsg.): THE TRANSITION FROM SOCIALISM IN EASTERN EUROPE, Washington, (1992), S. 313 - 328.

European Central Bank: REPORT ON ELECTRONIC MONEY, Frankfurt, (1998).

European Monetary Institute: REPORT TO THE COUNCIL OF THE EUROPEAN MONETARY INSTITUTE ON PREPAID CARDS, Frankfurt, (1994).

Faig, M.: CHARACTERIZATION OF THE OPTIMAL TAX ON MONEY WHEN IT FUNCTIONS AS A MEDIUM OF EXCHANGE, in: JOURNAL OF MONETARY ECONOMICS, Vol. 22, (1988), S. 137 - 148.

Fama, E. F.: BANKING IN THE THEORY OF FINANCE, in: JOURNAL OF MONETARY ECONOMICS, Vol. 6, (1980), S. 39 - 57.

Fama, E. F.: FINANCIAL INTERMEDIATION AND PRICE LEVEL CONTROL; in: JOURNAL OF MONETARY ECONOMICS, Vol. 12, (1983), S. 7 - 28.

Fand, D. I.: FROM A RANDOM WALK MONETARY STANDARD TO A MONETARY CONSTITUTION, in: CATO JOURNAL, Vol. 9, (1989), S. 323 - 337.

Farrell, J. / Saloner, G.: STANDARDIZATION, COMPATIBILITY, AND INNOVATION, in: RAND JOURNAL OF ECONOMICS, Vol. 16, (1985), S. 70 - 83.

Farrell, J. / Saloner, G.: STANDARDIZATION AND VARIETY, in: ECONOMICS LETTERS, Vol. 20, (1986), S. 71 - 74.

Feldstein, M. S.: THINKING ABOUT INTERNATIONAL ECONOMIC COORDINATION, in: JOURNAL OF ECONOMIC PERSPECTIVES, No. 2, (1988), S. 3 - 13.

Fetter, F. W.: DEVELOPMENT OF BRITISH MONETARY ORTHODOXY 1797 - 1875, Cambridge, (1965).

Fischer, S.: THE SDR AND THE IMF: TOWARDS A WORLD CENTRAL BANK?, in: Furstenberg, G. v. (Hrsg.): INTERNATIONAL MONEY AND CREDIT: THE POLICY ROLES, Washington, (1983), S. 179 - 199.

Fischer, S.: FINANCIAL SYSTEM SOUNDNESS, in: FINANCE & DEVELOPMENT, No. 1, (1997), S. 14 - 16.

Fischer, S.: ON THE NEED OF AN INTERNATIONAL LENDER OF LAST RESORT, in: JOURNAL OF ECONOMIC PERSPECTIVES, No. 4, (1999), S. 85 - 104.

Flannery, M. J.: FINANCIAL CRISES, PAYMENT SYSTEM PROBLEMS, AND DISCOUNT WINDOW LENDING, in: JOURNAL OF MONEY, CREDIT AND BANKING, Vol. 28, (1996), S. 804 - 823.

Fleming, J. M.: ON EXCHANGE RATE UNIFICATION, in: ECONOMIC JOURNAL, Vol. 81, (1971), S. 467 - 488.

Flood, M. D.: DEPOSIT INSURANCE: PROBLEMS AND SOLUTIONS, in: FEDERAL RESERVE BANK OF ST. LOUIS REVIEW, No. 1, (1993), S. 28 - 33.

Förster, G.: STAATSTITEL ALS GELD, in: KREDIT UND KAPITAL, Band 27, (1994), S. 188 - 211.

Foster, E.: THE VARIABILITY OF INFLATION, in: REVIEW OF ECONOMICS AND STATISTICS, Vol. 60, (1978), S. 346 - 350.

Franzen, C.: FINANZINNOVATION - WAS IST DAS?, in: DIE BANK, Band 27, S. 18 - 20.

Freixas, X. u. a.: LENDER OF LAST RESORT: A REVIEW OF THE LITERATURE, in: FINANCIAL STABILITY REVIEW, No. 7, (1999), S. 151 - 167.

Frenkel, J. A.: UNITED STATES INFLATION AND THE DOLLAR in: Hall, R. E. (Hrsg.): INFLATION: CAUSES AND EFFECTS, Chicago, (1982), S. 189 - 209.

Frey, B. S.: THEORIE UND EMPIRIE POLITISCHER KONJUNKTURZYKLEN, in: ZEITSCHRIFT FÜR NATIONALÖKONOMIE, Band 36, (1976), S. 95 - 120.

Frezza, B.: THE INTERNET AND THE END OF MONETARY SOVEREIGNTY, in: Dorn, J. A. (Hrsg.): THE FUTURE OF MONEY IN THE INFORMATION AGE, Washington, (1997), S. 29 - 33.

Friederich, H.-J.: ELEKTRONISCHES GELD AUS DER SICHT EINER ZENTRALBANK, in: Braatz, F. u. a. (Hrsg.): ALLES ÜBER ZAHLUNGSVERKEHR MIT KARTEN, Neuwied, (1999), S. 397 - 410.

Friedman, M.: COMMODITY RESERVE CURRENCY, in: JOURNAL OF POLITICAL ECONOMY, Vol. 51, (1951), S. 203 - 232.

Friedman, M.: A PROGRAM FOR MONETARY STABILITY, New York, (1960).

Friedman, M.: MONETARY POLICY: THEORY AND PRACTICE, in: JOURNAL OF MONEY, CREDIT AND BANKING, Vol. 14, (1982), S. 98 - 118.

Friedman, M.: CURRENCY COMPETITION: A SCEPTICAL VIEW, in: Salin, P. (Hrsg.): CURRENCY COMPETITION AND MONETARY UNION, Den Haag u. a., (1984), S. 42 - 46.

Friedman, M.: MONETARY POLICY: TACTICS VERSUS STRATEGY, in: Dorn, J. A. / Schwartz, A. J. (Hrsg.): THE SEARCH FOR STABLE MONEY, Chicago und London, (1987), S. 361 - 382.

Friedman, M. / Schwartz, A. J.: A MONETARY HISTORY OF THE UNITED STATES 1867 - 1960, Princeton, (1963).

Friedman, M. / Schwartz, A. J.: HAS GOVERNMENT ANY ROLE IN MONEY?, in: JOURNAL OF MONEY, CREDIT AND BANKING, Vol. 17, (1986), S. 37 - 62.

Froomkin, A. M.: THE INTERNET AS A SOURCE OF REGULATORY ARBITRAGE, in: Kahin, B. / Nesson, C. (Hrsg.): BORDERS IN CYBERSPACE, Cambridge und London, (1997), S. 129 - 163.

Furche, A. / Wrightson, G.: COMPUTER MONEY, Heidelberg, (1996).

Garrison, R. W.: GOLD: A STANDARD AND AN INSTITUTION, in: CATO JOURNAL, Vol. 3, (1983), S. 233 - 238.

Garrison, R. W.: CENTRAL BANKING, FREE BANKING AND FINANCIAL CRISES, in: THE REVIEW OF AUSTRIAN ECONOMICS, No. 2, (1996), S. 109 - 127.

Garrison, R. W. u. a.: FINANCIAL STABILITY AND FDIC INSURANCE, in: England, C. / Huertas, T. (Hrsg.): THE FINANCIAL SERVICES REVOLUTION, Boston u. a., (1988), S. 187 - 207.

Gasman, L.: THE TECHNOLOGICAL REALITIES OF INTERNET COMMERCE, in: Dorn, J. A. (Hrsg.): THE FUTURE OF MONEY IN THE INFORMATION AGE, Washington, (1997), S. 35 - 42.

Gedeon, S. J.: THE MODERN FREE BANKING SCHOOL: A REVIEW, in: JOURNAL OF ECONOMIC ISSUES, Vol. 31, (1997), S. 209 - 222.

Gehring, B.: BRAUCHEN WIR MONOPOLISTISCHE ZENTRALBANKEN?, in: WIRTSCHAFT UND RECHT, Band 30, (1978), S. 452 - 464.

Geigant, F.: BANKEN, in: Oberender, P. (Hrsg.): MARKTSTRUKTUR UND WETTBEWERB, München, (1984), S. 537 - 576.

Geigant, F.: ZUR >>SONDERSTELLUNG<< DER DEUTSCHEN BUNDESBANK IM COMPUTERGELDZEITALTER, in: Klaus, J. / Klemmer, P. (Hrsg.):

WIRTSCHAFTLICHE STRUKTURPROBLEME UND SOZIALE FRAGE, Berlin, (1988), S. 423 - 437.

Geigant, F. / Rohde, A.: MULTIFUNKTIONALITÄT UND STABILITÄT IM GELD- UND KREDITWESEN, in: Filc, W. u. a. (Hrsg): HERAUSFORDERUNGEN DER WIRTSCHAFTSPOLITIK, Berlin, (1988), S. 43 - 58.

Gentz, W.: ELEKTRONISCHE GELDBÖRSEN IN DEUTSCHLAND, in: TA-DATENBANK-NACHRICHTEN, Nr. 2, (1998), S. 14 - 19.

Gerding, R.: ZUM AUSSAGEGEHALT DES GRESHAMSCHEN GESETZES UND SEINER UMKEHRUNG BEI WETTBEWERBLICHER GELDPRODUKTION, Bochum, (1986).

Gerding, R. / Starbatty, J.: ZUR ENTNATIONALISIERUNG DES GELDES, Tübingen, (1980).

Gerhardt, W.: DER EURO-DM-MARKT: MARKTTEILNEHMER, ZINSBILDUNG UND GELDPOLITISCHE BEDEUTUNG, Hamburg, (1984).

Gerloff, W.: DIE ENTSTEHUNG DES GELDES UND DIE ANFÄNGE DES GELDWESENS, 3. Auflage, Frankfurt, (1947).

Gesell, S.: DIE NATÜRLICHE WIRTSCHAFTSORDNUNG DURCH FREILAND UND FREIGELD, 4. Auflage, Rehbrücke, (1920).

Gherity, J. A.: INTERST-BEARING CURRENCY: EVIDENCE FROM THE CIVIL WAR, in: JOURNAL OF MONEY, CREDIT AND BANKING, Vol. 25, (1993), S. 125 - 131.

Gherity, J. A.: THE OPTION CLAUSE IN SCOTTISH BANKING, 1730 - 65: A REAPPRAISAL, in: JOURNAL OF MONEY, CREDIT AND BANKING, Vol. 27, (1995), S. 713 - 726.

Giannini, C.: >>ENEMY OF NONE BUT A COMMON FRIEND OF ALL<<? AN INTERNATIONAL PERSPECTIVE ON THE LENDER-OF-LAST-RESORT FUNCTION, Washington, (1999).

Giannini, C.: THE IMF AND THE LENDER-OF-LAST-RESORT FUNCTION: AN EXTERNAL VIEW, in: FINANCE & DEVELOPMENT, No. 2, (1999a), S. 24 - 27.

Gibbons, R.: A PRIMER IN GAME THEORY, New York u. a., (1992).

Gilbert, R. A.: IMPLICATIONS OF ANNUAL EXAMINATIONS FOR THE BANK INSURANCE FUND, in: FEDERAL RESERVE BANK OF ST. LOUIS REVIEW, No. 1, (1993), S. 35 - 52.

Gilbert, R. A.: FINANCIAL REGULATION IN THE INFORMATION AGE, in: Dorn, J. A. (Hrsg.): THE FUTURE OF MONEY IN THE INFORMATION AGE, Washington, (1997), S. 71 - 79.

Gillet, S. E. / Kapor, M.: THE SELF-GOVERNING INTERNET: COORDINATION BY DESIGN, in: Kahin, B. / Keller, J. H. (Hrsg.): COORDINATING THE INTERNET, Cambridge und London, (1997), S. 3 - 38.

Gilligan, T. u. a.: SCALE AND SCOPE ECONOMICS IN THE MULTI-PRODUCT BANKING FIRM, in: JOURNAL OF MONETARY ECONOMICS, Vol. 13, (1984), S. 393 - 405.

Gilroy, B. M.: A PRIMER ON INTERNET ECONOMICS, in: Gries, T. / Suhl, L. (Hrsg.): ECONOMIC ASPECTS OF DIGITAL INFORMATION TECHNOLOGIES, Wiesbaden, (1998), S. 1 - 16.

Girton, L. / Roper, D.: SUBSTITUTABLE MONIES AND THE MONETARY STANDARD, in: Dooley, M. P. u. a. (Hrsg.): THE POLITICAL ECONOMY OF POLICY-MAKING, Beverly Hills und London, (1979), S. 233 - 246.

Girton, L. / Roper, D.: THEORY AND IMPLICATIONS OF CURRENCY SUBSTITUTION, in: JOURNAL OF MONEY, CREDIT AND BANKING, Vol. 13, (1981), S. 12 - 30.

Glasner, D.: FREE BANKING AND MONETARY REFORM, Cambridge u. a., (1989).

Glasner, D.: THE REAL-BILLS DOCTRINE IN THE LIGHT OF THE LAW OF REFLUX, in: HISTORY OF POLITICAL ECONOMY, Vol. 24, (1992), S. 867 - 894.

Glasner, D.: AN EVOLUTIONARY THEORY OF THE STATE MONOPOLY OVER MONEY, in: Dowd, K. / Timberlake, R. H. (Hrsg.): MONEY AND THE NATION STATE, New Brunswick und London, (1998), S. 21 - 45.

Godschalk, H. T. C.: ELEKTRONISCHES GELD - ENDE DER GELDMENGEN-STEUERUNG?, in: Göppel, H. / Henn, R. (Hrsg.): GELD, BANKEN UND VER-SICHERUNGEN 1982, Band 1, Karlsruhe, (1982), S. 207 - 225.

Godschalk, H. T. C.: COMPUTERGELD, Frankfurt, (1983).

Godschalk, H. T. C.: E-GELD AUS SICHT DER REGULATOREN, in: Erlei, M. u. a. (Hrsg.): BEITRÄGE ZUR ANGEWANDTEN WIRTSCHAFTSTHEORIE, Regensburg, (1999), S. 255 - 276.

Goldberg, V. P.: FISHING AND SELLING, in: JOURNAL OF LEGAL STUDIES, Vol. 15, (1986), S. 173 - 180.

Golembe, C. H.: THE DEPOSIT INSURANCE LEGISLATION OF 1933, in: POLITICAL SCIENCE QUARTERLY, Vol. 75, (1960), S. 181 - 200.

Golob, J. E.: DOES INFLATION UNCERTAINTY INCREASE WITH INFLATION?, in: FEDERAL RESERVE BANK OF KANSAS CITY ECONOMIC REVIEW, No. 3, (1994), S. 27 - 38.

Goodhart, C. A. E.: THE EVOLUTION OF CENTRAL BANKS, Cambridge, (1988).

Goodhart, C. A. E.: BANK INSOLVENCY AND DEPOSIT INSURANCE: A PROPOSAL, in: Arestis, P. (Hrsg.): CONTEMPORARY ISSUES IN MONEY AND BANKING, Houndmills u. a., (1988), S. 49 - 68.

Goodhart, C. A. E.: MONEY, INFORMATION AND UNCERTAINTY, 2. Auflage, Houndmills u. a., (1989).

Goodhart, C. A. E.: ALTERNATIVE MONETARY STANDARDS, in: Dowd, K. / Lewis, M. K. (Hrsg.): CURRENT ISSUES IN FINANCIAL AND MONETARY ECONOMICS, Houndmills u. a., (1992), S. 15 - 41.

Goodhart, C. A. E. u. a..: THE DEVELOPMENT OF CENTRAL BANKING, in: Capie, F. u. a. (Hrsg.): THE FUTURE OF CENTRAL BANKING, Cambridge, (1994), S. 1 - 231.

Goodhart, C. A. E.: THE POLITICAL ECONOMY OF MONETARY UNION, in: Kenen, P. B. (Hrsg.): UNDERSTANDING INTERDEPENDENCE, Princeton, (1995), S. 448 - 505.

Gorton, G.: CLEARINGHOUSES AND THE ORIGIN OF CENTRAL BANKING IN THE UNITED STATES, in: JOURNAL OF ECONOMIC HISTORY, Vol. 45, (1985), S. 277 - 283.

Gorton, G.: BANKING THEORY AND FREE BANKING HISTORY, in: JOURNAL OF MONETARY ECONOMICS, Vol. 16, (1985a), S. 267 - 276.

Gorton, G.: BANK REGULATION WHEN >BANKS< AND BANKING ARE NOT THE SAME, in: OXFORD REVIEW OF ECONOMIC POLICY, No. 4, (1994), S. 106 - 119.

Gould, M.: GOVERNANCE OF THE INTERNET: A UK PERSPECTIVE, in: Kahin, B. / Keller, J. H. (Hrsg.): COORDINATING THE INTERNET, Cambridge und London, (1997), S. 39 - 61.

Gowland, D.: THE REGULATION OF FINANCIAL MARKETS IN THE 1990S, Aldershot, (1990).

Graham, F. D.: TRANSITION TO A COMMODITY RESERVE CURRENCY, in: AMERICAN ECONOMIC REVIEW, Vol. 31, (1941), S. 520 - 525.

Gramlich, L.: >>ELEKTRONISCHES GELD<< IM RECHT, in: DATENSCHUTZ UND DATENSICHERHEIT, Band 21, (1997), S. 383 - 389.

Greenfield, R. L. / Yeager, L. B.: A LAISSEZ-FAIRE APPROACH TO MONETARY STABILITY, in: JOURNAL OF MONEY, CREDIT AND BANKING, Vol. 15, (1983), S. 302 - 315.

Greenspan, A.: REMARKS ON EVOLVING PAYMENT SYSTEM ISSUES, in: JOURNAL OF MONEY, CREDIT AND BANKING, Vol. 28, (1996), S. 659 - 695.

Greenspan, A.: FOSTERING FINANCIAL INNOVATION: THE ROLE OF GOVERNMENT, in: Dorn, J. A. (Hrsg.): THE FUTURE OF MONEY IN THE INFORMATION AGE, Washington, (1997), S. 45 - 50.

Greenwald, B. / Stiglitz, J. E.: TOWARDS A REFORMULATION OF MONETARY THEORY: COMPETITIVE BANKING, in: THE ECONOMIC AND SOCIAL REVIEW, Vol. 23, (1991), S. 1 - 34.

Grilli, V.: SEIGNIORAGE IN EUROPE, in: de Cecco, M. / Giovannini, A. (Hrsg.): A EUROPEAN CENTRAL BANK?, Cambridge u. a., (1989), S. 53 - 79.

Groeneveld, J. M. / Visser, A.: SEIGNIORAGE, ELECTRONIC MONEY AND FINANCIAL INDEPENDENCE OF CENTRAL BANKS, in: BANCA NAZIONALE DEL LAVORO QUARTERLY REVIEW, Vol. 50, (1997), S. 69 - 88.

Gros, D. / Vandille, G.: SEIGNIORAGE AND EMU: THE FISCAL IMPLICATIONS OF PRICE STABILITY AND FINANCIAL MARKET INTEGRATION, in: JOURNAL OF COMMON MARKET STUDIES, Vol. 33, (1995), S. 175 - 196.

Grossman, R. S.: DEPOSIT INSURANCE, REGULATION, AND MORAL HAZARD IN THE THRIFT INDUSTRY: EVIDENCE FROM THE 1930's, in: AMERICAN ECONOMIC REVIEW, Vol. 82, (1992), S. 800 - 821.

Grubel, H. G.: THE THEORY OF OPTIMUM CURRENCY AREAS, in: CANADIAN JOURNAL OF ECONOMICS, Vol. 3, (1970), S. 318 - 324.

Gurley, J. G. / Shaw, E. S.: MONEY IN A THEORY OF FINANCE, Washington, (1960).

Gustin, L.: BACKGROUNDER ON THE GOLD STANDARD, in: Salin, P. (Hrsg.): CURRENCY COMPETITION AND MONETARY UNION, Den Haag u. a., (1984), S. 135 - 152.

Guttentag, J. / Herring, R.: EMERGENCY LIQUIDITY ASSISTANCE FOR INTERNATIONAL BANKS, in: Portes, R. / Swoboda, A. K. (Hrsg.): THREATS TO INTERNATIONAL FINANCIAL STABILITY, Cambridge u. a., (1987), S. 150 - 186.

Guttentag, J. / Lindsay, R.: THE UNIQUENESS OF COMMERCIAL BANKS, in: JOURNAL OF POLITICAL ECONOMY, Vol. 76, (1968), S. 991 - 1014.

Hagemeyer, R.: DIE WAHL DER INSTITUTIONEN ZUR LÖSUNG DES GLAUBWÜRDIGKEITSPROBLEMS DISKRETIONÄRER GELDPOLITIK, Lohmar und Köln, (1998).

Hagen, J. U. / Zagler, H.: SICHERER ZAHLUNGSVERKEHR IM ELECTRONIC COMMERCE, in: DIE BANK, Band 37, (1998), S. 217 - 219.

Hahn, F. H.: LIQUIDITY, in: Friedman, B. M. / Hahn, F. H. (Hrsg.): HANDBOOK OF MONETARY ECONOMICS, Vol. 1, Amsterdam u. a., (1990), S. 63 - 80.

Haindl, A.: THE EURO MONEY MARKET, Bern und Stuttgart, (1991).

Hall, R. E.: EXPLORATIONS IN THE GOLD STANDARD AND RELATED POLICIES FOR STABILIZING THE DOLLAR, in: Hall, R. E. (Hrsg.): INFLATION: CAUSES AND EFFECTS, Chicago, (1982), S. 111 - 122.

Hall, R. E.: MONETARY TRENDS IN THE UNITED STATES AND THE UNITED KINGDOM: A REVIEW FROM THE PERSPECTIVE OF NEW DEVELOPMENTS IN MONETARY ECONOMICS, in: JOURNAL OF ECONOMIC LITERATURE, Vol. 20, (1982a), S. 1552 - 1556.

Hall, R. E.: OPTIMAL FIDUCIARY MONETARY SYSTEMS, in: JOURNAL OF MONETARY ECONOMICS, Vol. 12, (1983), S. 33 - 50.

Hall, R. E.: A FREE-MARKET POLICY TO STABILIZE THE PURCHASING POWER OF THE DOLLAR, in: Siegel, B. (Hrsg.): MONEY IN CRISIS, San Francisco, (1984), S. 303 - 321.

Hall, R. E.: OPTIMAL MONETARY INSTITUTIONS AND POLICY, in: Campbell, C. D. / Dougan, W. R. (Hrsg.): ALTERNATIVE MONETARY REGIMES, Baltimore und London, (1986), S. 224 - 239.

Hamada, K.: ON THE POLITICAL ECONOMY OF MONETARY INTEGRATION: A PUBLIC ECONOMIES APPROACH, in: Aliber, R. Z. (Hrsg.): THE POLITICAL ECONOMY OF MONETARY REFORM, London und Basingstoke, (1977), S. 13 - 31.

Hamilton, H.: THE FAILURE OF THE AYR BANK, 1772, in: ECONOMIC HISTORY REVIEW, Vol. 8, (1956), S. 405 - 417.

Hammel, C. v. / Borcherding, M.: DIGITALES GELD - BEZAHLEN IM INTERNET, in: THEORIE UND PRAXIS DER WIRTSCHAFTSINFORMATIK, Band 35, (1998), S. 38 - 53.

Hammond, B.: HISTORICAL INTRODUCTION, in: Goldenweiser, E. A. u. a. (Hrsg.): BANKING STUDIES, Baltimore, (1941), S. 5 - 36.

Hammond, B.: JACKSON, BIDDLE, AND THE BANK OF THE UNITED STATES, in: JOURNAL OF ECONOMIC HISTORY, Vol. 7, (1947), S. 1 - 23.

Hammond, B.: BANKING BEFORE THE CIVIL WAR, in: Carson, D. (Hrsg.): BANKING AND MONETARY STUDIES, Homewood, (1963), S. 1 - 14.

Hanc, G.: DEPOSIT INSURANCE REFORM: STATE OF THE DEBATE, in: FDIC BANKING REVIEW, No. 2, (1999), S. 1 - 26.

Hanke, S. H.: REFLECTIONS ON EXCHANGE RATE REGIMES, in: CATO JOURNAL, Vol. 18, (1999), S. 335 - 344.

Hankel, W.: DIE FINANZKRISE ZWISCHEN NORD UND SÜD: GRÜNDE, LEHREN, SCHLUSSFOLGERUNGEN, in: Simonis, U. E. (Hrsg.): ENTWICKLUNGSLÄNDER IN DER FINANZKRISE, Berlin, (1983), S. 7 - 62.

Hardy, D. C.: ARE BANKIG CRISES PREDICTABLE?, in: FINANCE & DEVELOPMENT, No. 4, (1998), S. 32 - 35.

Harlandt, H.: DIE EVOLUTION DES GELDES, Heidelberg, (1989).

Harper, I. R. / Coleman, A.: NEW MONETARY ECONOMICS, in: Newman, P. u. a. (Hrsg.): THE NEW PALGRAVE DICTIONARY OF MONEY & FINANCE, London u. a., Vol. 3, (1992), S. 28 - 31.

Harrington, R.: FINANCIAL INNOVATION AND INTERNATIONAL BANKING, in: Cavanna, H. (Hrsg.): FINANCIAL INNOVATION, London und New York, (1992), S. 52 - 68.

Hartmann, M. / Wrightson, G.: EIN MODELL ZUR WIRKSAMEN KONTROLLE VON ELEKTRONISCHEM GELD IM INTERNET (CYBER MONEY), in: SPARKASSE, Band 114, (1997), S. 475 - 478.

Hartmann, P. C.: ZUR ROLLE DER BANKEN UND BANKIERS IN DER KRIEGSFINANZIERUNG DES 18. JAHRHUNDERTS, in: Gaugler, E. u. a. (Hrsg.): ESSAYS ZUR HISTORISCHEN ENTWICKLUNG DES BANKWESENS, (1980), S. 27 - 48.

Hartmann, W.: AKTUELLE ENTWICKLUNGEN IM ZAHLUNGSVERKEHR AUS SICHT DER DEUTSCHEN BUNDESBANK, in: BANK UND MARKT, Nr. 6, (1994), S. 5 - 10.

Hartmann, W.: ZAHLUNGSMITTEL UND ZAHLUNGSVERFAHREN IN DER DRITTEN STUFE DER EUROPÄISCHEN WÄHRUNGSUNION, in: DEUTSCHE BUNDESBANK AUSZÜGE AUS PRESSEARTIKELN, Nr. 68, (1995), S. 14 - 18.

Hartmann, W.: DER EINFLUSS NEUER TECHNOLOGIEN AUF DIE ARBEIT DER ZENTRALBANKEN, in: DEUTSCHE BUNDESBANK AUSZÜGE AUS PRESSEARTIKEL, Nr. 36, (1996), S. 3 - 7.

Hartmann, W.: RECENT DEVELOPMENTS IN INTERNATIONAL PAYMENT SYSTEMS, in: DEUTSCHE BUNDESBANK AUSZÜGE AUS PRESSEARTIKELN, Nr. 74, (1999), S. 5 - 8.

Haslag, J. H.: HONEST MONEY IS THE BEST POLICY, in: FEDERAL RESERVE BANK OF DALLAS SOUTHWEST ECONOMY, No. 3, (1996), S. 6 - 9.

Haslag, J. H.: SEIGNIORAGE REVENUE AND MONETARY POLICY, in: FEDERAL RESERVE BANK OF DALLAS ECONOMIC REVIEW, No. 3, (1998), S. 10 - 20.

Havrilesky, T.: MONETARY MODELING IN A WORLD OF FINANCIAL INNOVATION, in: Solomon, E. H. (Hrsg.): ELECTRONIC FUNDS TRANSFERS AND PAYMENTS: THE PUBLIC POLICY ISSUE, Boston u. a., (1987), S. 169 - 187.

Havrilesky, T.: A PUBLIC CHOICE PERSPECTIVE ON THE CYCLE IN MONETARY POLICY, in: CATO JOURNAL, Vol. 9, (1990), S. 709 - 718.

Havrilesky, T.: THE PRESSURES ON AMERICAN MONETARY POLICY, Boston u. a., (1993).

Hayek, F. A. v.: CHOICE IN CURRENCY, London, (1976).

Hayek, F. A. v.: TOWARD A FREE MARKET MONETARY SYSTEM, in: JOURNAL OF LIBERTARIAN STUDIES, Vol. 3, (1979), S. 1 - 8.

Hayek, F. A. v.: THE FUTURE MONETARY UNIT OF VALUE, in: Siegel, B. N. (Hrsg.): MONEY IN CRISIS, San Francisco, (1984), S. 323 - 335.

Hayek, F. A. v.: DENATIONALISATION OF MONEY, 3. Auflage, London, (1990).

Heid, M.: ELEKTRONISCHES GELD UND BANKENAUFSICHT: INTERNATIONALE ABSTIMMUNG TUT NOT, in: BANK UND MARKT, Nr. 5, (1998), S. 12 -13.

Helleiner, E.: ELECTRONIC MONEY: A CHALLENGE TO THE SOVEREIGN STATE?, in: JOURNAL OF INTERNATIONAL AFFAIRS, Vol. 51, (1998), S. 387 - 409.

Hellwig, M. F.: WHAT DO WE KNOW ABOUT CURRENCY COMPETITION, in: ZEITSCHRIFT FÜR WIRTSCHAFTS- UND SOZIALWISSENSCHAFTEN, Band 5, (1985), S. 565 - 588.

Herreiner, D. K.: DIE VOLKSWIRTSCHAFTLICHE BEDEUTUNG ELEKTRONISCHEN GELDES, in: DATENSCHUTZ UND DATENSICHERHEIT, Band 21, (1997), S. 390 - 395.

Hew, F.: ENTWICKLUNGSTENDENZEN IM AMERIKANISCHEN BANKENSYSTEM, Bern und Stuttgart, (1976).

Hicks, J. R.: CRITICAL ESSAYS IN MONETARY THEORY, London, (1967).

Hicks, J. R.: A MARKET THEORY OF MONEY, Oxford, (1989).

Hills, B. u. a.: CENTRAL COUNTERPARTY CLEARING HOUSES AND FINANCIAL STABILITY, in: FINANCIAL STABILITY REVIEW, No. 6, (1999), S. 122 - 134.

Hirsch, F.: THE BADGEHOT PROBLEM, in: MANCHESTER SCHOOL OF ECONOMIC AND SOCIAL STUDIES, Vol. 45, (1977), S. 241 - 257.

Hirschman, A. O.: EXIT, VOICE, AND LOYALITY, Cambridge, (1970).

Hodgman, D. R. / Resek, R. W.: DETERMINANTS OF MONETARY POLICY IN FRANCE, THE FEDERAL REPUBLIC OF GERMANY, ITALY AND THE UNITED KINGDOM: A COMPARATIVE ANALYSIS, in: Hodgman, D. R. (Hrsg.): THE POLITICAL ECONOMY OF MONETARY POLICY: NATIONAL AND INTERNATIONAL ASPECTS, Boston, (1983), S. 147 - 170.

Hodgskin, T.: POPULAR POLITICAL ECONOMY, London, (1827).

Hoenig, T. M.: RETHINKING FINANCIAL REGULATION, in: FEDERAL RESERVE BANK OF KANSAS CITY ECONOMIC REVIEW, No. 2, (1996), S. 5 - 13.

Hoenig, T. M.: BANK REGULATION: ASKING THE RIGHT QUESTIONS, in: FEDERAL RESERVE BANK OF KANSAS CITY ECONOMIC REVIEW, No. 1, (1997), S. 5 - 10.

Hoenig, T. M.: FINANCIAL INDUSTRY MEGAMERGERS AND POLICY CHALLENGES, in: FEDERAL RESERVE BANK OF KANSAS CITY ECONOMIC REVIEW, No. 3, (1999), S. 7 - 13.

Holthusen, J.: DER PARALLELWÄHRUNGSANSATZ ALS INTEGRATIONS-STRATEGIE FÜR DIE ENTWICKLUNG DER EUROPÄISCHEN GEMEINSCHAFT ZUR WÄHRUNGSUNION, Frankfurt u. a., (1995).

Honeck, G.: PROBLEME EINER PRIVATGELDORDNUNG, Frankfurt, (1986).

Horvitz, P. M.: TECHNOLOGICAL INNOVATION: IMPLICATIONS FOR REGULATION OF FINANCIAL INSTITUTIONS, in: Lawrence, C. / Shay, R. P. (Hrsg.): TECHNOLOGICAL INNOVATION, REGULATION, AND THE MONETARY ECONOMY, Cambridge, (1986), S. 111 - 123.

Horvitz, P. M.: PRESERVING COMPETITION IN ELECTRONIC HOME BANKING, in: JOURNAL OF MONEY, CREDIT AND BANKING, Vol. 28, (1996), S. 971 - 974.

Horwitz, S.: COMPETITIVE CURRENCIES, LEGAL RESTRICTIONS, AND THE ORIGINS OF THE FED: SOME EVIDENCE FROM THE PANIC OF 1907 in: SOUTHERN ECONOMIC JOURNAL, Vol. 56, (1990), S. 639 - 649.

Horwitz, S: MONETARY EVOLUTION, FREE BANKING, AND ECONOMIC ORDER, Boulder u. a., (1992).

Hoskins, W. L.: RETHINKING THE FRAMEWORK FOR MONETARY POLICY, in: CATO JOURNAL, Vol. 12, (1993), S. 171 - 190.

Hülsmann, J. G.: FREE BANKING AND THE FREE BANKERS, in: THE REVIEW OF AUSTRIAN ECONOMICS, No. 1, (1996), S. 3 - 53.

Humphrey, D. B. u. a.: CASH, PAPER, AND ELECTRONIC PAYMENTS: A CROSS COUNTRY ANALYSIS, in: JOURNAL OF MONEY, CREDIT AND BANKING, Vol. 28, (1996), S. 914 - 939.

Humphrey, T. M.: THE CLASSICAL CONCEPT OF THE LENDER OF LAST RESORT, in: FEDERAL RESERVE BANK OF RICHMOND ECONOMIC REVIEW, No. 1, (1975), S. 2 - 9.

Humphrey, T. M.: THE REAL BILLS DOCTRINE, in: FEDERAL RESERVE BANK OF RICHMOND ECONOMIC REVIEW, No. 5, (1982), S. 3 - 13.

Humphrey, T. M.: LENDER OF LAST RESORT: THE CONCEPT IN HISTORY, in: FEDERAL RESERVE BANK OF RICHMOND ECONOMIC REVIEW, No. 2, (1989), S. 8 - 16.

Humphrey, T. M. / Keleher, R. E.: THE LENDER OF LAST RESORT: A HISTORICAL PERSPECTIVE, in: CATO JOURNAL, Vol. 4, (1984), S. 275 - 318.

Huo, T.-M. / Yu, M.-T.: DO BANK RUNS EXIST IN THE DIAMOND-DYBVIG MODEL?, in: JOURNAL OF INSTITUTIONAL AND THEORETICAL ECONOMICS, Vol. 150, (1994), S. 537 - 542.

Iftekhar, H. / Dwyer, G. P.: BANK RUNS IN THE FREE BANKING PERIOD, in: JOURNAL OF MONEY, CREDIT AND BANKING, Vol. 26, (1994), S. 271 - 288.

Illing, G.: GELD UND ASYMMETRISCHE INFORMATION, Berlin u. a., (1985).

Issing, O.: OPTIMALE WÄHRUNG UND ZINS, in: ZEITSCHRIFT FÜR WIRTSCHAFTS- UND SOZIALWISSENSCHAFTEN, Band 105, (1985), S. 603 - 608.

Issing, O.: DIE GELDPOLITISCHE BEDEUTUNG DES ZAHLUNGSVERKEHRS, in: ZEITSCHRIFT FÜR DAS GESAMTE KREDITWESEN, Band 50, (1997), S. 617 - 621.

Issing, O.: HAYEK'S SUGGESTION FOR CURRENCY COMPETITION: A CENTRAL BANKERS VIEW, in: Frowen, S. F. (Hrsg.): HAYEK: ECONOMIST AND SOCIAL PHILOSOPHER, Houndmills und London, (1997a), S. 185 - 193.

Jaffee, D. / Stiglitz, J. E.: CREDIT RATIONING, in: Friedman, B. M. / Hahn, F. H. (Hrsg.): HANDBOOK OF MONETARY ECONOMICS, Vol. 2, Amsterdam u. a., (1990), S. 837 - 887.

Janssen, O. / Lange, C.: UMVERTEILUNG DES GELDSCHÖPFUNGSGEWINNES DURCH ELEKTRONISCHE GELDBÖRSEN, in: JAHRBUCH FÜR WIRTSCHAFTSWISSENSCHAFTEN, Band 49, (1998), S. 51 - 60.

Jayaratne, J. / Strahan, P. E.: THE BENEFITS OF BRANCHING DEREGULATION in: REGULATION, No. 1, (1999), S. 8 - 16.

Johnson, D. R. / Post, D. G.: THE RISE OF LAW ON THE GLOBAL NETWORK, in: Kahin, B. / Nesson, C. (Hrsg.): BORDERS IN CYBERSPACE, Cambridge und London, (1997), S. 3 - 47.

Johnson, H. G.: PROBLEMS OF EFFICIENCY IN MONETARY MANAGEMENT, in: JOURNAL OF POLITICAL ECONOMY, Vol. 76, (1968), S. 971 - 990.

Jones, K. / Kolatch, B.: THE FEDERAL SAFETY NET, BANKING SUBSIDIES, AND IMPLICATIONS FOR FINANCIAL MODERNIZATION, in: FDIC BANKING REVIEW, No. 1, (1999), S. 1 - 17.

Jordan, J. L.: RESTRUCTURING FINANCIAL INSTITUTIONS IN A GLOBAL ECONOMY, in: CATO JOURNAL, Vol. 10, (1990), S. 315 - 328.

Jordan, J. L.: A MARKET APPROACH TO BANKING REGULATION, in: CATO JOURNAL, Vol. 13, (1994), S. 315 - 332.

Jordan, J. L.: GOVERNMENTS AND MONEY, in: CATO JOURNAL, Vol. 15, (1995), S. 167 - 177.

Jordan, J. L. / Stevens, E. J.: MONEY IN THE 21ST CENTURY, in: Dorn, J. A. (Hrsg.): THE FUTURE OF MONEY IN THE INFORMATION AGE, Washington, (1997), S. 115 - 125.

Jordan, J. S.: RESOLVING A BANKING CRISES: WHAT WORKED IN NEW ENGLAND, in: NEW ENGLAND ECONOMIC REVIEW, No. 5, (1998), S. 49 - 62.

Judt, E. u. a.: SET ALS INTERNET-ZAHLUNGSPROZEDUR, in: BANK-ARCHIV, Band 46, (1998), S. 773 - 777.

Kabelac, G.: NETZGELD ALS TRANSAKTIONSMEDIUM, Frankfurt, (1999).

Kahn, C. M. / Roberds, W.: THE DESIGN OF WHOLESALE PAYMENTS NETWORKS: THE IMPORTANCE OF INCENTIVES?, in: FEDERAL RESERVE BANK OF ATLANTA ECONOMIC REVIEW, No. 3, (1999), S. 30 - 39.

Kahn, J. A.: ANOTHER LOOK AT FREE BANKING IN THE UNITED STATES, in: AMERICAN ECONOMIC REVIEW, Vol. 75, (1985), S. 881 - 885.

Kalish, L. / Gilbert, R. A.: AN ANALYSIS OF EFFICIENCY OF SCALE AND ORGANIZATIONAL FORM IN COMMERCIAL BANKING, in: JOURNAL OF INDUSTRIAL ECONOMICS, Vol. 21, (1972), S. 293 - 307.

Kalt, J. P.: PUBLIC GOODS AND THE THEORY OF GOVERNMENT, in: CATO JOURNAL, Vol. 1, (1981), S. 565 - 584.

Kane, E. J.: IMPACT OF REGULATION ON ECONOMIC BEHAVIOR: ACCELERATING INFLATION, TECHNOLOGICAL INNOVATION, AND THE DECREASING EFFECTIVENESS OF BANKING REGULATION, in: JOURNAL OF FINANCE, Vol. 36, (1981), S. 355 - 367.

Kane, E. J.: MICROECONOMIC AND MACROECONOMIC ORIGINS OF FINANCIAL INNOVATION, in: Federal Reserve Bank of St. Louis (Hrsg.): FINANCIAL INNOVATIONS: THEIR IMPACT ON MONETARY POLICY AND FINANCIAL MARKETS, Boston u. a., (1984), S. 3 - 20.

Kane, E. J.: THE GATHERING CRISIS IN FEDERAL DEPOSIT INSURANCE, Cambridge und London, (1985).

Kane, E. J.: CONFRONTING INCENTIVE PROBLEMS IN U. S. DEPOSIT INSURANCE, in: Kaufman, G. G. / Kormendi, R. C. (Hrsg.): DEREGULATING FINANCIAL SERVICES, Cambridge, (1986), S. 97 - 120.

Kane, E. J.: DANGERS OF CAPITAL FORBEARENCE: THE CASE OF THE FSLIC AND >>ZOMBI<< S&LS, in: CONTEMPORARY POLICY ISSUES, No. 1, (1987), S. 77 - 83.

Kane, E. J.: PRINCIPAL-AGENT PROBLEMS IN S&L SALVAGE, in: JOURNAL OF FINANCE, Vol. 45, (1990), S. 755 - 764.

Kane, E. J.: TENSION BETWEEN COMPETITION AND COORDINATION IN INTERNATIONAL FINANCIAL REGULATION, in: England, C. (Hrsg.): GOVERNING BANKING'S FUTURE: MARKETS VS. REGULATION, Boston u. a., (1991), S. 33 - 47.

Kane, E. J.: A MARKET PERSPECTIVE ON FINANCIAL REGULATION, in: CATO JOURNAL, Vol. 13, (1994), S. 333 - 337.

Kane, E. J. / Wilson, B. K.: A CONTRACTING-THEORY INTERPRETATION OF THE ORIGINS OF FEDERAL DEPOSIT INSURANCE, in: JOURNAL OF MONEY, CREDIT AND BANKING, Vol. 30, (1998), S. 573 - 595.

Kareken, J. H.: DEPOSIT INSURANCE REFORM OR DEREGULATION IS THE CART, NOT THE HORSE, in: FEDERAL RESERVE BANK OF MINNEAPOLIS QUARTERLY REVIEW, No. 2, (1983), S. 1 - 9.

Kareken, J. H.: FEDERAL BANK REGULARORY POLICY: A DESCRIPTION AND SOME OBSERVATIONS, in: JOURNAL OF BUSINESS, Vol. 59, (1986), S. 3 - 48.

Kashyap, A. K.: THE LENDING CHANNEL AND EUROPEAN MONETARY UNION, in: Collignon, S. (Hrsg.): EUROPEAN MONETARY POLICY, London, (1997), S. 42 - 71.

Kashyap, A. K. / Stein, J. C.: MONETARY POLICY AND BANK LENDING, in: Mankiw, N. G. (Hrsg.): MONETARY POLICY, Chicago und London, (1994), S. 221 - 256.

Kastner, S.: GLAUBWÜRDIGKEIT UND REPUTATION DER GELDPOLITIK, Wiesbaden, (1994).

Kath, D.: DIE REVOLUTION DES GELDWESENS: DAS ENDE DES MÜNZ-ZEITALTERS HAT BEGONNEN, in: Heilemann, U. u. a. (Hrsg.): ENTGRENZUNG ALS ERKENNTNIS- UND GESTALTUNGSAUFGABE, Berlin, (1998), S. 207 - 222.

Kath, D. / Franz, A.: INS ABSEITS GESTELLT, in: WIRTSCHAFTSWOCHE, Nr. 40, (1991), S. 93 - 97.

Katz, M. L. / Shapiro, C.: NETWORK EXTERNALITIES, COMPETITION, AND COMPATIBILITY, in: AMERICAN ECONOMIC REVIEW, Vol. 75, (1985), S. 424 - 440.

Katz, M. L. / Shapiro, C.: SYSTEMS COMPETITION AND NETWORK EFFECTS, in: JOURNAL OF ECONOMIC PERSPECTIVES, No. 2, (1994), S. 93 - 115.

Kaufman, G. G.: FEDERAL BANK REGULATORY POLICY: COMMENT ON KAREKEN, in: JOURNAL OF BUSINESS, Vol. 59, (1986), S. 69 - 77.

Kaufman, G. G.: BANKING DEREGULATION IN THE UNITED STATES, in: IRISH BANKING REVIEW, No. 3, (1986a), S. 66 - 87.

Kaufman, G. G.: BANK CAPITAL FORBEARANCE AND PUBLIC POLICY, in: CONTEMPORARY POLICY ISSUES, No. 1, (1987), S. 84 - 91.

Kaufman, G. G.: THE TRUTH ABOUT BANK RUNS, in: England, C. / Huertas, T. (Hrsg.): THE FINANCIAL SERVICES REVOLUTION, Boston u. a., (1988), S. 9 - 40.

Kaufman, G. G.: MAKE FDIC INSURANCE REDUNDANT, in: CHALLENGE, No. 1, (1990), S. 13 - 17.

Kaufman, G. G.: ARE SOME BANKS TOO LARGE TO FAIL? MYTH AND REALITY, in: CONTEMPORARY POLICY ISSUES, No. 4, (1990a), S. 1 - 13.

Kaufman, G. G.: BANK FAILURES, SYSTEMIC RISK AND BANK REGULATION, in: CATO JOURNAL, Vol. 16, (1996), S. 17 - 45.

Kaufman, G. G.: PREVENTING BANKING CRISES IN THE FUTURE: LESSONS FROM PAST MISTAKES, in: THE INDEPENDENT REVIEW, Vol. 2, (1997), S. 55 - 77.

Kaufman, G. G.: CENTRAL BANKS, ASSET BUBBLES, AND FINANCIAL STABILITY, in: Blejer, M. I. / Skreb, M. (Hrsg.): CENTRAL BANKING, MONETARY POLICIES, AND IMPLICATIONS FOR TRANSITION ECONOMIES, Boston u. a. (1999), S. 143 - 183.

Kaufman, G. G.: RESOLVING, RECAPITALIZING, AND RESTRUCTURING INSOLVENT BANKS AND BANKING SYSTEMS, in: Gup, B. G. (Hrsg.): INTERNATIONAL BANKING CRISES, Westport und London, (1999a), S. 264 - 286.

Kaufman, G. G.: HOW REAL IS THE RISK OF A MASSIVE BANKING COLLAPSE?, in: REGULATION, No. 1, (2000), S. 25 - 30.

Keely, M. C.: DEPOSIT INSURANCE, RISK, AND MARKET POWER IN BANKING, in: AMERICAN ECONOMIC REVIEW, Vol. 80, (1990), S. 1183 - 1200.

Keely, M. C.: COMMENT ON INTERNATIONAL COORDINATION OF REGULATION, in: England, C. (Hrsg.): GOVERNING BANKING'S FUTURE: MARKETS VS. REGULATION, Boston u. a., (1991), S. 49 - 55.

Keleher, R. E.: CENTRAL BANKING: A MARKET PRICE APPROACH TO POLICY IN A RAPIDLY CHANGING FINANCIAL ENVIRONMENT, in: Barth, J. R. / Bartholomew, P. F. (Hrsg.): RESEARCH IN INTERNATIONAL BUSINESS AND FINANCE, Vol. 9, Greenwich und London, (1992), S. 183 - 195.

Keleher, R. E.: GLOBAL ECONOMIC INTEGRATION: TRENDS AND ALTERNATIVE POLICY RESPONSES, in: Dowd, K. / Timberlake, R. H. (Hrsg.): MONEY AND THE NATION STATE, New Brunswick und London, (1998), S. 305 - 330.

Kelly, W. A. u. a.: SHOULD WE SELL THE FED?, in: CATO JOURNAL, Vol. 8, (1988), S. 125 - 138.

Kenen, P. B.: THE THEORY OF OPTIMUM CURRENCY AREAS: AN ECLECTIC VIEW, in: Mundell, R. A. / Swoboda, A. K. (Hrsg.): MONETARY PROBLEMS OF THE INTERNATIONAL ECONOMY, Chicago und London, (1969), S. 41 - 60.

Kessel, R. A. / Alchian, A. A.: EFFECTS OF INFLATION, in: JOURNAL OF POLITICAL ECONOMY, Vol. 70, (1962), S. 521 - 537.

Kim, D. / Santomero, A. M.: RISK IN BANKING AND CAPITAL REGULATION, in: JOURNAL OF FINANCE, Vol. 43, (1988), S. 1219 - 1233.

Kimbrough, K. P.: INFLATION, EMPLOYMENT, AND WELFARE IN THE PRESENCE OF TRANSACTION COSTS, in: JOURNAL OF MONEY, CREDIT AND BANKING, Vol. 18, (1986), S. 127 - 140.

Kindleberger, C. P.: THE BENEFITS OF INTERNATIONAL MONEY, in: JOURNAL OF INTERNATIONAL ECONOMICS, Vol. 2, (1972), S: 435 - 442.

Kindleberger, C. P.: MANIAS, PANICS, AND CRASHES, New York, (1978).

Kindleberger, C. P.: A FINANCIAL HISTORY OF WESTERN EUROPE, London, (1984).

Kindleberger, C. P.: FREE MINTING, in: Giersch, H. (Hrsg.): MONEY, TRADE, AND COMPETITION, Berlin u. a., (1992), S. 11 - 22.

King, M.: CHALLENGES FOR MONETARY POLICY: NEW AND OLD, in: Federal Reserve Bank of Kansas City (Hrsg.): NEW CHALLENGES FOR MONETARY POLICY, Kansas City, (1999), S. 11 - 57.

King, R. G.: ON THE ECONOMICS OF PRIVATE MONEY, in: JOURNAL OF MONETARY ECONOMICS, Vol. 12, (1983), S. 141 - 167.

King, R. G. / Plosser, C. I.: MONEY AS THE MECHANISM OF EXCHANGE, in: JOURNAL OF MONETARY ECONOMICS, Vol. 17, (1986), S. 93 - 115.

Klamm, W.: DER WETTBEWERB UM DIE TRANSAKTIONSKASSE, Spardorf, (1985).

Klausinger, H.: FROM NEUTRAL MONEY TO COMPETING CURRENCIES: HAYEK ON MONETARY POLICY, in: Frowen, S. F. (Hrsg.): HAYEK: ECONOMIST AND SOCIAL PHILOSOPHER, Houndmills und London, (1997), S. 195 - 214.

Klitgaard, T.: EXCANGE RATES AND PROFIT MARGINS: THE CASE OF JAPANESE EXPORTERS, in: FEDERAL RESERVE BANK OF NEW YORK ECONOMIC POLICY REVIEW, No. 1, (1999), S. 41 - 54.

Klein, B.: THE COMPETITIVE SUPPLY OF MONEY, in: JOURNAL OF MONEY, CREDIT AND BANKING, Vol. 6, (1974), S. 423 - 453.

Klein, B.: MONEY, WEALTH, AND SEIGNIORAGE, in: Boulding, K. E. / Wilson, T. F. (Hrsg.): REDISTRIBUTION THROUGH THE FINANCIAL SYSTEM, New York u. a., (1978), S. 3 - 19.

Klein, B. / Leffler, K. B.: THE ROLE OF MARKET FORCES IN ASSURING CONTRACTUAL PERFORMANCE, in: JOURNAL OF POLITICAL ECONOMY, Vol. 89, (1981), S. 615 - 641.

Klein, E.: VON DEN ANFÄNGEN BIS ZUM ENDE DES REICHES (1806), in: Ashauer, G. u. a. (Hrsg.): DEUTSCHE BANKENGESCHICHTE, Band 1, Frankfurt, (1982), S. 5 - 360.

Klein, M.: BANKS LOSE CONTROL OF MONEY, in: DEUTSCHE BUNDESBANK AUSZÜGE AUS PRESSEARTIKELN, Nr. 3, (2000), S. 13 - 14.

Klein, M. / Neumann, M. J. M.: SEIGNIORAGE: WHAT IS IT AND WHO GETS IT?, in: WELTWIRTSCHAFTLICHES ARCHIV, Band 126, (1990), S. 205 - 221.

Kloten, N.: THE IMPACT OF INNOVATIONS AND GLOBALISATION OF FINANCIAL MARKETS ON GERMANY: THE GERMAN CASE, in: Arestis, P. (Hrsg.): CONTEMPORARY ISSUES IN MONEY AND BANKING, Houndmills u. a., (1988), S. 69 - 84 .

Knieps, G.: STANDARDS UND DIE GRENZEN DER UNSICHTBAREN HAND, in: ORDO, Band 45, (1994), S. 51 - 62.

Knorr, M. / Schläger, U.: DATENSCHUTZ BEI ELEKTRONISCHEM GELD, in: DATENSCHUTZ UND DATENSICHERHEIT, Band 21, (1997), S. 396 - 402.

Kobayakawa, S.: DESIGNING INCENTIVE-COMPATIBLE REGULATION IN BANKING: THE ROLE OF PENALTY IN THE PRECOMMITMENT APPROACH, in: FEDERAL RESERVE BANK OF NEW YORK ECONOMIC POLICY REVIEW, No. 4, (1998), S. 145 - 153.

Koehn, M. / Santomero, A. M.: REGULATION OF BANK CAPITAL AND PORTFOLIO RISK, in: JOURNAL OF FINANCE, Vol. 35, (1980), S. 1235 - 1244.

Köhler, B.: INTERNATIONALISIERUNG DER DEUTSCHEN GELDPOLITIK NACH DEM ZWEITEN WELTKRIEG, Sinzheim, (1996).

Kristoferitsch, G.: DIGITAL MONEY - ELECTRONIC CASH - SMART CARDS: CHANCEN UND RISIKEN DES ZAHLUNGSVERKEHRS VIA INTERNET, Wien u. a., (1998).

Krol, E.: DIE WELT DES INTERNET, Bonn, (1995).

Kroszner, R. S.: THE ROLE OF PRIVATE REGULATION IN MAINTAINING GLOBAL FINANCIAL STABILITY, in: CATO JOURNAL, Vol. 18, (1999), S. 355 - 361.

Kroszner, R. S. / Strahan, P. E.: REGULATORY INCENTIVES AND THE THRIFT CRISES: DIVIDENDS MUTUAL-TO-STOCK CONVERSIONS, AND FINANCIAL DISTRESS, in: JOURNAL OF FINANCE, Vol. 51, (1996), S. 1285 -1319.

Kroszner, R. S. / Strahan, P. E.: WHAT DRIVES DEREGULATION? ECONOMICS AND POLITICS OF THE RELEXATION OF BANK BRANCHING RESTRICTIONS, in: QUARTERLY JOURNAL OF ECONOMICS, Vol. 114, (1999), S. 1437 - 1467.

Kroszner, R. S. / Stratmann, T.: INTEREST-GROUP COMPETITION AND THE ORGANIZATION OF CONGRESS: THEORY AND EVIDENCE FROM FINANCIAL SERVICES' POLITICAL ACTION COMITTEES, in: AMERICAN ECONOMIC REVIEW, Vol. 88, (1998), S. 1163 - 1187.

Krüger, M. / Godschalk, H. T. C.: HERAUSFORDERUNGEN DES BESTEHENDEN GELDSYSTEMS IM ZUGE SEINER DIGITALISIERUNG - CHANCEN FÜR INNOVATIONEN?, in: TA-DATENBANK-NACHRICHTEN, Nr. 2, (1998), S. 8 - 14.

Krugman, P. R.: CURRENCIES AND CRISES, Cambridge und London, (1992).

Kwan, S. H. / Eisenbeis, R. A.: AN ANALYSIS OF INEFFICIENCIES IN BANKING: A STOCHASTIC COST FRONTIER APPROACH, in: FEDERAL RESERVE BANK OF SAN FRANCISCO ECONOMIC REVIEW, No. 2, (1996), S. 16 - 26.

Kydland, F. E. / Prescott, E. C.: RULES RATHER THAN DISCRETION: THE INCONSISTENCY OF OPTIMAL PLANS, in: JOURNAL OF POLITICAL ECONOMY, Vol. 85, (1977), S. 473 - 491.

Lacker, J. M.: STORED VALUE CARDS: COSTLY SUBSTITUTES FOR GOVERNMENT CURRENCY, in: FEDERAL RESERVE BANK OF RICHMOND ECONOMIC QUARTERLY, No. 3, (1996), S. 1 - 25.

Laidler, D. E. W.: THE WELFARE COSTS OF INFLATION IN NEOCLASSICAL THEORY - SOME UNSETTLED PROBLEMS, in: Lundberg, E. (Hrsg.): INFLATION THEORY AND ANTI-INFLATION POLICY, Boulder, (1977), S. 314 - 328.

Laidler, D. E. W.: MONETARISM, MICROFOUNDATIONS AND THE THEORY OF MONETARY POLICY, in: Frowen, S. (Hrsg.): MONETARY THEORY AND MONETARY POLICY, New York, (1993), S. 21 - 42.

Lake, W. S.: THE END OF THE SUFFOLK SYSTEM, in: JOURNAL OF ECONOMIC HISTORY, Vol. 7, (1947), S. 183 - 207.

Lamfalussy, A.: CENTRAL BANKING IN TRANSITION, in: Capie, F. u. a. (Hrsg.): THE FUTURE OF CENTRAL BANKING, Cambridge, (1994), S. 330 - 341.

Lamfalussy, A.: FINANCIAL STABILITY AND CENTRAL BANKING, in: Gebauer, W. / Rudolph, B. (Hrsg.): FINANZMÄRKTE UND ZENTRALBANKPOLITIK, Frankfurt, (1995), S. 207 - 219.

Lampe, F.: ELECTRONIC COMMERCE: MARKTPLATZ ODER SPIELPLATZ?, in: DER BETRIEBSWIRT, Band 38, (1997), S. 33 - 40.

Lange, C.: SEIGNIORAGE: EINE THEORETISCHE UND EMPIRISCHE ANALYSE DES STAATLICHEN GELDSCHÖPFUNGSGEWINNS, Berlin, (1995).

Lange, C. / Nolte, F.: KONSEQUENZEN DER EUROPÄISCHEN WÄHRUNGSUNION FÜR DEN GELDSCHÖPGUNGSGEWINN DER MITGLIEDSLÄNDER, in: KREDIT UND KAPITAL, Band 31, (1998), S. 494 - 519.

Laub, P. M.: INTERNATIONAL REGULATION: HOW MUCH IS NEEDED?, in: England, C. (Hrsg.): GOVERNING BANKING'S FUTURE: MARKETS VS. REGULATION, Boston u. a., (1991), S. 21 - 31.

Lavoie, D. C.: ECONOMIC CALCULATION AND MONETARY STABILITY, in: CATO JOURNAL, Vol. 3, (1983), S. 163 - 170.

Lawrence, C. / Shay, R. P.: TECHNOLOGY AND FINANCIAL INTERMEDIATION IN A MULTIPRODUCT BANKING FIRM: AN ECONOMETRIC STUDY OF U. S. BANKS 1979 - 1982, in: Lawrence, C. / Shay, R. P. (Hrsg.): TECHNOLOGICAL

INNOVATION, REGULATION, AND THE MONETARY ECONOMY, Cambridge, (1986), S. 53 - 92.

Lawrence, S. / Giles, C. L.: ACCESSIBILITY OF INFORMATION ON THE WEB, in: NATURE, Vol. 400, (1999), S. 107 - 109.

Leijonhufvud, A.: CONSTITUTIONAL CONSTRAINTS ON THE MONETARY POWERS OF GOVERNMENT, in: Dorn, J. A. / Schwartz, A. J. (Hrsg.): THE SEARCH FOR STABLE MONEY, Chicago und London, (1987), S. 129 - 143.

Lelieveldt, S. L.: HOW TO REGULATE ELECTRONIC CASH: AN OVERVIEW OF REGULATORY ISSUES AND STRATEGIES, in: AMERICAN UNIVERSITY LAW REVIEW, Vol. 46, (1997), S. 1163 - 1176.

Lepschies, G.: E-COMMERCE UND HACKERSCHUTZ, Braunschweig und Wiesbaden, (1999).

Liebowitz, S. J. / Margolis, S. E.: NETWORK EXTERNALITY: AN UNCOMMON TRAGEDY in: JOURNAL OF ECONOMIC PERSPECTIVES, No. 2, (1994), S. 133 - 150.

Liepmann, P.: BANKVERHALTEN UND BANKREGULIERUNG: EIN BEITRAG ZU EINIGEN UNGELÖSTEN PROBLEMEN DER GELDVERFASSUNG, Berlin, (1980).

Lindsey, D. E.: THE MONETARY REGIME OF THE FEDERAL RESERVE, in: Campbell, C. D. / Dougan, W. R. (Hrsg.): ALTERNATIVE MONETARY REGIMES, Baltimore und London, (1986), S. 168 - 208.

Link, F. J.: MONETÄRE INTEGRATION UND STABILITÄT: NOTENBANKMONOPOL ODER KONKURRENZ DER WÄHRUNGEN?, Würzburg, (1986).

Litan, R. E.: WHAT SHOULD BANKS DO?, Washington, (1987).

Litan, R. E.: INSTITUTIONS AND POLICIES TO MAINTAIN FINANCIAL STABILITY, in: Federal Reserve Bank of Kansas City (Hrsg.): MAINTAINING FINANCIAL STABILITY IN A GLOBAL ECONOMY, Kansas City, (1997), S. 257 - 297.

Litan, R. E. / Niskanen, W.: GOING DIGITAL: A GUIDE TO POLICY IN THE DIGITAL AGE, Washington, (1998).

Little, J. S. / Olivei, G. P.: WHY THE INTEREST IN REFORM?, in: Little, J. S. / Olivei, G. P. (Hrsg.): RETHINKING THE INTERNATIONAL MONETARY SYSTEM, Boston, (1999), S. 41 - 88.

Llewellyn, D. T.: FINANCIAL DEREGULATION - THE BRITISH EXPERIENCE, in: IRISH BANKING REVIEW, No. 3, (1986), S. 55 - 65.

Llewellyn, D. T.: COMPETITION AND STRUCTURAL CHANGE IN THE BRITISH FINANCIAL SYSTEM, in: Gardener, E. P. M. (Hrsg.): THE FUTURE OF FINANCIAL SYSTEMS AND SERVICES, Houndmills u. a., (1990), S. 15 - 35.

Llewellyn, D. T.: FINANCIAL INNOVATION: A BASIC ANALYSIS, in: Cavanna, H. (Hrsg.): FINANCIAL INNOVATION, London und New York, (1992), S. 14 - 51.

Logue, D. E. / Willett, T. D.: A NOTE ON THE RELATION BETWEEN THE RATE AND VARIABILITY OF INFLATION, in: ECONOMICA, Vol. 43, (1976), S. 151 - 158.

Löhr, D.: GELDPOLITISCHE FOLGEN FINANZIELLER INNOVATIONEN, Frankfurt u. a., (1991).

Longfield, S. M.: BANKING AND CURRENCY - PART II, in: DUBLIN UNIVERSITY MAGAZINE, Vol. 15, S. 218 - 233.

Lovik, L. W.: BUREAUCRACY, PRIVATIZATION, AND THE SUPPLY OF PRIVATE GOODS, in: Kent, C. A. (Hrsg.): ENTREPRENEURSHIP AND THE PRIVATIZATION OF GOVERNMENT, New York u. a., (1987), S. 23 - 34.

Lübbersmann, R.: GELDEMISSIONSGEWINNE DER DEUTSCHEN BUNDESBANK, Frankfurt u. a., (1995).

Lücken-Klaßen, M.: WÄHRUNGSKONKURRENZ UND PROTEKTION, Marburg, (1993).

Lukas, S.: CYBER MONEY - ZAHLUNGSSYSTEME IM INTERNET, in: Braatz, F. u. a. (Hrsg.): ALLES ÜBER ZAHLUNGSVERKEHR MIT KARTEN, Neuwied, (1999), S. 377 - 396.

Luke, J. C.: INFLATION-FREE PRICING RULES FOR A GENERALIZED COMMODITY-RESERVE CURRENCY, in: JOURNAL OF POLITICAL ECONOMY, Vol. 83, (1975), S. 779 - 790.

Lutz, F. A.: GELD UND WÄHRUNG, Tübingen, (1962).

Lynch, D. C. / Lundquist, L.: ZAHLUNGSVERKEHR IM INTERNET, München und Wien, (1997).

Machlup, F.: THE POLITICAL ECONOMY OF INFLATION, in: CATO JOURNAL, Vol. 3, (1983), S. 15 - 21.

Maier, G.: DIE MINDESTRESERVE - EINE STÖRGRÖSSE DER GELDPOLITIK, in: SPARKASSE, BAND 99, (1982), S. 301 - 304.

Maier, G.: FINANZINNOVATIONEN UND GELDPOLITIK, in: SPARKASSE, Band 100, (1983), S. 244 - 248.

Maisel, S. J.: RISK AND CAPITAL ADEQUACY IN BANKS, in: FEDERAL RESERVE BANK OF BOSTON (Hrsg.): THE REGULATION OF FINANCIAL INSTITUTIONS, Boston, (1979), S. 203 - 224.

Malliaropulos, D.: EUROMÄRKTE UND NATIONALE FINANZMÄRKTE, Frankfurt u. a. (1990).

Mamroth, K.: DIE SCHOTTISCHEN BANKEN, in: JAHRBUCH FÜR NATIONALÖKONOMIE UND STATISTIK, Band 24, (1902), S. 1 - 50.

Mankiw, N. G.: THE OPTIMAL COLLECTION OF SEIGNIORAGE: THEORY AND EVIDENCE, in: JOURNAL OF MONETARY ECONOMICS, Vol. 20, (1987), S. 327 - 341.

Marvasti, A. / Smyth, D.: BARTER IN THE US ECONOMY: A MACROECONOMIC ANALYSIS, in: APPLIED ECONOMICS, Vol. 30, (1998), S. 1077 - 1088.

Mayer, T.: BÜRGERBEGEHREN MÜNCHEN-GELD, in: ZEITSCHRIFT FÜR SOZIALÖKONOMIE, Nr. 122, (1999), S. 25 - 30.

McAndrews, J. J.: MAKING PAYMENTS ON THE INTERNET, in: FEDERAL RESERVE BANK OF PHILADELPIA BUSINESS REVIEW, No. 1, (1997), S. 3 - 14.

McAndrews, J. J.: E-MONEY AND PAYMENT SYSTEM RISK, in: CONTEMPORARY ECONOMIC POLICY, No. 3, (1999), S. 348 - 357.

McCallum, B. T.: BANK DEREGULATION, ACCOUNTING SYSTEMS OF EXCHANGE, AND THE UNIT OF ACCOUNT: A CRITICAL REVIEW, in: CARNEGIE-ROCHESTER CONFERENCE SERIES ON PUBLIC POLICY, Vol. 23, (1985), S. 13 - 46.

McClure, J. H. / Willett, T. D.: THE INFLATION TAX, in: Willett, T. D. (Hrsg.): POLITICAL BUSINESS CYCLES, (1988), Durham und London, S. 177 - 185.

McCulloch, J. H.: BEYOND THE HISTORICAL GOLD STANDARD, in: Campbell, C. D. / Dougan, W. R. (Hrsg.): ALTERNATIVE MONETARY REGIMES, Baltimore und London, (1986), S. 73 - 81.

McCulloch, J. H.: BANK REGULATION AND DEPOSIT INSURANCE, in: JOURNAL OF BUSINESS, Vol. 59, (1986a), S. 79 - 85.

McCulloch, J. H.: BANKING WITHOUT TAX-BACKED DEPOSIT INSURANCE, in: FEDERAL RESERVE BANK OF ST. LOUIS REVIEW, No. 1, (1993), S. 18 - 21.

McCulloch, J. R.: HISTORICAL SKETCH OF THE BANK OF ENGLAND: WITH AN EXAMINATION OF THE QUESTION AS TO THE PROLONGATION OF THE EXCLUSIVE PRIVILEGES OF THAT ESTABLISHMENT, London, (1831).

McKinnon, R. I.: OPTIMUM CURRENCY AREAS, in: AMERICAN ECONOMIC REVIEW, Vol. 53, (1963), S. 717 - 725.

McKinnon, R. I.: CURRENCY SUBSTITUTION AND INSTABILITY IN THE WORLD DOLLAR STANDARD, in: AMERICAN ECONOMIC REVIEW, Vol. 72, (1982), S. 320 - 333.

McKinnon, R. I.: MONETARY AND EXCHANGE RATE POLICIES FOR INTERNATIONAL STABILITY: A PROPOSAL, in: JOURNAL OF ECONOMIC PERSPECTIVES, No. 1, (1988), S. 83 - 103.

McKinnon, R. I.: INTEREST RATE VOLATILITY AND EXCHANGE RISK: NEW RULES FOR A COMMON MONETARY STANDARD, in: CONTEMPORARY POLICY ISSUES, No. 2, (1990), S. 1 - 17.

McKinnon, R. I.: THE RULES OF THE GAME: INTERNATIONAL MONEY IN HISTORICAL PERSPECTIVE, in: JOURNAL OF ECONOMIC LITERATURE, Vol. 31, (1993), S. 1 - 44.

Meister, E.: DIE ZUKUNFT DER ZAHLUNGSMITTEL AUS DER EU-PERSPEKTIVE, in: DEUTSCHE BUNDESBANK AUSZÜGE AUS PRESSE-ARTIKELN, Nr. 38, (1995), S. 5 - 9.

Meister, E.: CYBER GELD, PREPAID-CARD UND EURO - KONSEQUENZEN FÜR DEN GELD- UND WERTTRANSPORT, in: DEUTSCHE BUNDESBANK AUSZÜGE AUS PRESSEARTIKELN, Nr. 75, (1996), S. 5 - 10.

Melitz, J.: PRIMITIVE AND MODERN MONEY, Reading u. a., (1974).

Melitz, J.: THE CURRENT IMPASSE IN RESEARCH ON OPTIMUM CURRENCY AREAS, in: EUROPEAN ECONOMIC REVIEW, Vol. 39, (1995), S. 492 - 500.

Meltzer, A. H.: MONEY, INTERMEDIATION AND GROWTH, in: JOURNAL OF ECONOMIC LITERATURE, Vol. 7, (1969), S. 27 - 56.

Meltzer, A. H.: MONETARY REFORM IN AN UNCERTAIN ENVIRONMENT, in: CATO JOURNAL, Vol. 3, (1983), S. 63 - 82.

Meltzer, A. H.: FINANCIAL FAILURES AND FINANCIAL POLICIES, in: Kaufman, G. G. / Kormendi, R. C. (Hrsg.): DEREGULATING FINANCIAL SERVICES, Cambridge, (1986), S. 79 - 96.

Meltzer, A. H.: REAL EXCHANGE RATES: SOME EVIDENCE FROM THE POSTWAR YEARS, in: FEDERAL RESERVE BANK OF ST. LOUIS REVIEW, No. 2, (1993), S. 103 - 117.

Melvin, M.: MONETARY CONFIDENCE, PRIVATELY PRODUCED MONIES, AND DOMESTIC AND INTERNATIONAL REFORM, in: Willett, T. D. (Hrsg.): POLITICAL BUSINESS CYCLES, Durham und London, (1988), S. 435 - 459.

Menger, C.: THE ORIGIN OF MONEY, in: ECONOMIC JOURNAL, Vol. 2, (1892), S. 239 - 255.

Menkhoff, L. / Sell, F. J.: ÜBERLEGUNGEN ZU EINEM OPTIMALEN DM-WÄHRUNGSRAUM, in: ZEITSCHRIFT FÜR WIRTSCHAFTS- UND SOZIALWISSENSCHAFTEN, Band 112, (1992), S. 379 - 400.

Mertens, P. / Schumann, P.: ELECTRONIC SHOPPING - ÜBERBLICK, ENTWICKLUNG UND STRATEGIE, ?, in: WIRTSCHAFTSINFORMATIK, Nr. 5, (1996), S. 515 - 530.

Merz, M.: ELEKTRONISCHE MÄRKTE IM INTERNET, Bonn, (1996).

Mester, L. J.: FURTHER EVIDENCE CONCERNING EXPENSE PREFERENCE AND THE FED, in: JOURNAL OF MONEY, CREDIT AND BANKING, Vol. 26, (1994), S. 125 - 145.

Meyer, F. W. / Schüller, A.: SPONTANE ORDNUNGEN IN DER GELDWIRTSCHAFT UND DAS INFLATIONSPROBLEM, Tübingen, (1976).

Meyer, L. H.: INCREASING GLOBAL FINANCIAL INTEGRITY: THE ROLES OF MARKET DISCIPLINE, REGULATION, AND SUPERVISION, in: CATO JOURNAL, Vol. 18, (1999), S. 345 - 354.

Miller, H. L.: ON >>LIQUIDITY<< AND >>TRANSACTION COSTS<<, in: SOUTHERN ECONOMIC JOURNAL, Vol. 32, (1965), S. 43 - 48.

Miller, M. H.: FINANCIAL INNOVATION: THE LAST TWENTY YEARS AND THE NEXT, in: JOURNAL OF FINANCIAL AND QUANTITATIVE ANALYSIS, Vol. 21, (1986), S: 459 - 471.

Minsky, H. P.: THE FINANCIAL INSTABILITY HYPOTHESIS: CAPITALIST PROCESSES AND THE BEHAVIOR OF THE ECONOMY, in: Kindleberger, C. P. / Laffargue, J.-P. (Hrsg.): FINANCIAL CRISES, Cambridge, (1982), S. 13 - 43.

Minsky, H. P.: FINANCIAL INNOVATIONS AND FINANCIAL INSTABILITY, in: Federal Reserve Bank of St. Louis (Hrsg.): FINANCIAL INNOVATIONS: THEIR IMPACT ON MONETARY POLICY AND FINANCIAL MARKETS, Boston u. a., (1984), S. 21 - 41.

Mishkin, F. S.: ASYMMETRIC INFORMATION AND FINANCIAL CRISES: A HISTORICAL PERSPECTIVE, in: Hubbard, R. G. (Hrsg.): FINANCIAL MARKETS AND FINANCIAL CRISES, Chicago und London, (1991), S. 69 - 108.

Mishkin, F. S.: PREVENTING FINANCIAL CRISES: AN INTERNATIONAL PERSPECTIVE, Cambridge, (1994).

Mishkin, F. S.: EVALUATING FDICIA, in: Kaufman, G. G. (Hrsg.): RESEARCH IN FINANCIAL SERVICES, Vol. 9, Greenwich, (1997), S. 17 - 33.

Mishkin, F. S.: THE CAUSES AND PROPAGATION OF FINANCIAL INSTABILITY: LESSONS FOR POLICYMAKERS, in: Federal Reserve Bank of Kansas City (Hrsg.): MAINTAINING FINANCIAL STABILITY IN A GLOBAL ECONOMY, Kansas City, (1997a), S. 55 - 96.

Mishkin, F. S. / Strahan, P. E.: WHAT WILL TECHNOLOGY DO TO FINANCIAL STRUCTURE?, in: BROOKINGS-WHARTON PAPERS ON FINANCIAL SERVICES, (1999), S. 249 - 277.

Mishra, C. / Urrutia, J. L.: DEPOSIT INSURANCE SUBSIDIES, MORAL HAZARD, AND BANK REGULATION, in: JOURNAL OF ECONOMICS AND FINANCE, No. 1, (1995), S. 63 - 74.

Mitchell, K. / Onvural, N. M.: ECONOMIES OF SCALE AND SCOPE AT LARGE COMMERCIAL BANKS: EVIDENCE FROM THE FOURIER FLEXIBLE FORM, in: JOURNAL OF MONEY, CREDIT AND BANKING, Vol. 28, (1996), S. 178 - 199.

Modigliani, F. / Miller, M.: THE COST OF CAPITAL, CORPORATION FINANCE AND THE THEORY OF INVESTMENT, in: AMERICAN ECONOMIC REVIEW, Vol. 48, (1958), S. 261 - 297.

Möker, U.: ELEKTRONISCHES GELD AUS SICHT EINER ZENTRALBANK, in: Lange, T. A. (Hrsg.): INTERNET BANKING, Wiesbaden, (1998), S. 173 - 203.

Moskow, M. H.: REGULATORY EFFORTS TO PREVENT BANKING CRISES, in: Caprio, G. u. a. (Hrsg.): PREVENTING BANKING CRISES: LESSONS FROM RECENT GLOBAL BANK FAILURES, Washington, (1998), S. 13 - 26.

Müller, M.: ENDOGENITÄT DES GELDES, Frankfurt, (1998).

Mullineaux, D. J.: COMPETITIVE MONIES AND THE SUFFOLK BANK SYSTEM: A CONTRACTUAL PERSPECTIVE, in: SOUTHERN ECONOMIC JOURNAL, Vol. 53, (1987), S. 884 - 898.

Mullineaux, D. J.: INTERNATIONAL BANKING AND FINANCIAL SYSTEMS: A COMPARISON, London u. a., (1987a).

Mundell, R. A.: A THEORY OF OPTIMUM CURRENCY AREAS, in: AMERICAN ECONOMIC REVIEW, Vol. 51, (1961), S. 657 - 665.

Mundell, R. A.: INTERNATIONAL MONETARY OPTIONS, in: CATO JOURNAL, Vol. 3, (1983), S. 189 - 210.

Munn, C. W.: THE ORIGINS OF THE SCOTTISH NOTE EXCHANGE, in: THREE BANKS REVIEW, Vol. 107, (1975), S. 45 - 60.

Munn, C. W.: THE DEVELOPMENT OF JOINT-STOCK BANKING IN SCOTLAND, 1810 - 1845, in: Slaven, A. / Aldcraft, D. H. (Hrsg.): BUSINESS, BANKING AND URBAN HISTORY, Edinburgh, (1982), S. 112 - 128.

Musgrave, R. A.: PROVISION FOR SOCIAL GOODS, in: Margolis, J. / Guitton, H. (Hrsg.): PUBLIC ECONOMICS, London und Basingstoke, (1969), S. 124 - 144.

Mushet, R.: AN ATTEMPT TO EXPLAIN FROM FACTS THE EFFECT OF THE ISSUES OF THE BANK OF ENGLAND UPON ITS INTERESTS, PUBLIC CREDIT, AND COUNTRY BANKS, London, (1826).

Neldner, M.: DIE BESTIMMUNGSGRÜNDE DES VOLKSWIRTSCHAFTLICHEN GELDANGEBOTS, Berlin und New York, (1976).

Neldner, M.: DIE AKTUELLE BEDEUTUNG DER CURRENCY-BANKING-KONTROVERSE, in: JAHRBUCH FÜR SOZIALWISSENSCHAFTEN, Band 27, (1976a), S. 240 - 252.

Neldner, M.: WÄHRUNGSSUBSTITUTION IN DER BUNDESREPUBLIK DEUTSCHLAND, in: Köhler, C. / Pohl, R. (Hrsg.): ASPEKTE DER GELDPOLITIK IN OFFENEN VOLKSWIRTSCHAFTEN, Berlin, (1987), S. 99 - 117.

Neldner, M.: BANKENFREIHEIT UND NOTENÜBEREMISSION, in: SCHWEIZERISCHE ZEITSCHRIFT FÜR VOLKSWIRTSCHAFT UND STATISTIK, Band 132, (1996), S. 177 - 195.

Neldner, M.: >>COMPETITION NECESSARILY TENDS TO PRODUCE EXCESS<<: THE EXPERIENCE OF FREE BANKING IN SWITZERLAND, Osnabrück, (1996a).

Neldner, M: GELD- UND WÄHRUNGSORDNUNGEN, in: WIRTSCHAFTS-WISSENSCHAFTLICHES STUDIUM, Band 27, (1998), S. 287 - 294.

Neumann, M. J. M.: PRECOMMITMENT BY CENTRAL BANK INDEPENDENCE, in: OPEN ECONOMIES REVIEW, Vol. 2, (1991), S. 95 - 112.

Niehans, J.: MONEY IN A STATIC THEORY OF OPTIMAL PAYMENT ARRANGEMENTS, in: JOURNAL OF MONEY, CREDIT AND BANKING, Vol. 1, (1969), S. 706 - 726.

Niskanen, W. A.: RETHINKING THE CASE FOR CENTRAL BANKING, in: CATO JOURNAL, Vol. 9, (1989), S. 467 - 469.

Nordhaus, W. D.: THE POLITICAL BUISNESS CYCLE, in: REVIEW OF ECONOMIC STUDIES, Vol. 42, (1975), S. 169 - 190.

Nuck, S. W.: ZUR ÖKONOMISCHEN THEORIE GELDPOLITISCHER INSTITUTIONEN, Pfaffenweiler, (1994).

Obstfeld, M.: FINANCIAL SHOCKS AND BUSINESS CYCLES: LESSONS FROM OUTSIDE THE UNITED STATES, in: Fuhrer, J. C. / Schuh, S.: BEYOND SHOCKS: WHAT CAUSES BUSINESS CYCLES?, Boston, (1998), S. 187 - 193.

Okina, K. u. a.: FINANCIAL MARKET GLOBALIZATION: PRESENT AND FUTURE, in: MONETARY AND ECONOMIC STUDIES, No. 3, (1999), S. 1 - 40.

Olivera, J. H. G.: THE SQUARE-ROOT LAW OF PRECAUTIONARY RESERVES, in: JOURNAL OF POLITICAL ECONOMY, Vol. 79, (1971), S. 1095 - 1104.

Ollmert, C. / Schinzer, H.: SOFTWARE-AGENTEN IM INTERNET, in: DAS WIRTSCHAFTSSTUDIUM, Band 29, (2000), S. 213 - 220.

Oppenheimer, P. M.: POSSIBLE AND DESIRABLE ROLES FOR GOLD IN THE INTERNATIONAL MONETARY SYSTEM: RECONSIDERATION AND PROPOSALS, in: Quadrio-Curzio, A. (Hrsg.): THE GOLD PROBLEM: ECONOMIC PERSPECTIVES, Oxford u. a., (1982), S. 187 - 203.

Orr, D. / Mellon, W. G.: STOCHASTIC RESERVE LOSSES AND EXPANSION OF BANK CREDIT, in: AMERICAN ECONOMIC REVIEW, Vol. 51, (1961), S. 614 - 623.

Ostroy, J. M. / Starr, R. M.: THE TRANSACTIONS ROLE OF MONEY, in: Friedman, B. M. / Hahn, F. H. (Hrsg.): HANDBOOK OF MONETARY ECONOMICS, Vol. 1, Amsterdam u. a., (1990), S. 3 - 62.

Padovan, B. / Bussiek, T.: GRENZENLOSES WIRTSCHAFTEN IN OFFENEN NETZWERKEN: NEUE ANFORDERUNGEN AN DEN WERTAUSTAUSCH, in: Brill, A. / de Vries, M. (Hrsg.): VIRTUELLE WIRTSCHAFT, Opladen, (1998), S. 241 - 250.

Pailles, J. C.: NEW PROTOCOLS FOR ELECTRONIC MONEY, in: Seberry, J. / Zheng, Y. (Hrsg.): ADVANCES IN CRYPTOLOGY - AUSCRYPT '92, Berlin u. a., (1993), S. 263 - 274.

Papademos, L. / Modigliani, F.: THE SUPPLY OF MONEY AND THE CONTROL OF NOMINAL INCOME, in: Friedman, B. M. / Hahn, F. H. (Hrsg.): HANDBOOK OF MONETARY ECONOMICS, Vol. 1, Amsterdam u. a., (1990), S. 399 - 494.

Park, S.: BANK FAILURE CONTAGION IN HISTORICAL PERSPECTIVE, in: JOURNAL OF MONETARY ECONOMICS, Vol. 28, (1991), S. 271 - 286.

Parnell, H.: OBSERVATIONS ON PAPER MONEY, BANKING, AND OVERTRADING, London, (1827).

Patinkin, D.: INDIRECT CONVERTIBILITY AND IRVING FISHER'S COMPENSATED DOLLAR, in: JOURNAL OF MONEY, CREDIT AND BANKING, Vol. 28, (1996), S. 130 - 131.

Peek, J. / Rosengreen, E. S.: BANK LENDING AND THE TRANSMISSION OF MONETARY POLICY, in: Peek, J. / Rosengreen, E. S. (Hrsg.): IS BANK LENDING IMPORTANT FOR THE TRANSMISSION OF MONETARY POLICY?, Boston, (1995), S. 47 - 68.

Peek, J. / Rosengren, E. S.: HOW WELL CAPITALIZED ARE >WELL-CAPITALIZED< BANKS?, in: NEW ENGLAND ECONOMIC REVIEW, No. 5, (1997), S. 41 - 50.

Peek, J. u. a.: IS BANKING SUPERVISION CENTRAL TO CENTRAL BANKING?, in: QUARTERLY JOURNAL OF ECONOMICS, Vol. 114, (1999), S. 629 - 653.

Peltzman, S.: TOWARD A MORE GENERAL THEORY OF REGULATION, in: JOURNAL OF LAW AND ECONOMICS, Vol. 19, (1976), S. 211 - 240.

Pernul, G. / Röhm, A. W.: NEUER MARKT - NEUES GELD?, in: WIRTSCHAFTS-INFORMATIK, Nr. 4, (1997), S. 345 - 355.

Pesek, B. P. / Saving, T. R.: MONEY, WEALTH, AND ECONOMIC THEORY, New York und London, (1967).

Phelps, E. S.: INFLATION IN THE THEORY OF PUBLIC FINANCE, in: SWEDISH JOURNAL OF ECONOMICS, Vol. 75, (1973), S. 67 - 82.

Picht, H.: CURRENCY COMPETITION: A CONSTITUTIONAL PERSPECTIVE, in: Ostrom, V. (Hrsg.): RETHINKING INSTITUTIONAL ANALYSIS AND DEVELOPMENT, San Francisco, (1988), S. 405 - 435.

Polysius, K. U.: DER POINT OF SALE IM INTERNET: CYBERCASH ALS DEUTSCHER STANDARD?, in: KARTEN, Nr.1, (1998), S. 31 - 34.

Pool, F.: WÄHRUNGSWETTBEWERB IN KRITISCHER PERSPEKTIVE, Lohmar u. a., (1998).

Poole, W.: COMMERCIAL BANK RESERVE MANAGEMENT IN A STOCHASTIC MODEL: IMPLICATIONS FOR MONETARY POLICY, in: JOURNAL OF FINANCE, Vol. 23, (1968), S. 769 - 791.

Poole, W.: OPTIMAL CHOICE OF MONETARY POLICY INSTRUMENTS IN A SIMPLE STOCHASTIC MACRO MODEL, in: QUARTERLY JOURNAL OF ECONOMICS, Vol. 84, (1970), S. 197 - 216.

Poole, W.: MONETARY CONTROL AND THE POLITICAL BUSINESS CYCLE, in: CATO JOURNAL, Vol. 5, (1986), S. 685 - 699.

Porter, R. D. / Judson, R. A.: THE LOCATION OF U. S. CURRENCY: HOW MUCH IS ABROAD?, in: FEDERAL RESERVE BULLETIN, Vol. 82, (1996), S. 883 - 903.

Porter, R. D. / Offenbacher, E. K.: FINANCIAL INNOVATIONS AND MEASUREMENT OF MONETARY AGGREGATES, in: Federal Reserve Bank of St. Louis (Hrsg.): FINANCIAL INNOVATIONS: THEIR IMPACT ON MONETARY POLICY AND FINANCIAL MARKETS, Boston u. a., (1984), S. 49 - 104.

Posner, R. A.: NATURAL MONOPOLY AND ITS REGULATION, in: STANFORD LAW REVIEW, Vol. 21, (1969), S. 548 - 643.

Posner, R. A.: THEORIES OF ECONOMIC REGULATION, in: BELL JOURNAL OF ECONOMICS, Vol. 5, (1974), S. 335 - 358.

Postlewaite, A. / Vives, X.: BANK RUNS AS AN EQUILIBRIUM PHENOMENON, in: JOURNAL OF POLITICAL ECONOMY, Vol. 95, (1987), S. 485 - 491.

Prescott, E. S.: THE PRE-COMMITMENT APPROACH IN A MODEL OF REGULATORY BANKING CAPITAL, in: FEDERAL RESERVE BANK OF RICHMOND ECONOMIC QUARTERLY, No. 1, (1997), S. 23 - 50.

Pryor, F. L.: THE ORIGINS OF MONEY, in: JOURNAL OF MONEY, CREDIT AND BANKING, Vol. 9, (1977), S. 391 - 409.

Pulley, L. B. / Braunstein, Y. M.: A COMPOSITE COST FUNCTION FOR MULTIPRODUCT FIRMS WITH AN APPLICATION TO ECONOMIES OF SCOPE IN BANKING, in: REVIEW OF ECONOMICS AND STATISTICS, Vol. 74, (1992), S. 221 - 230.

Quirk, P. J.: EXCHANGE RATE REGIMES AS INFLATION ANCHORS, in: FINANCE & DEVELOPMENT, No. 1, (1996), S. 42 - 45.

Rahn, R. W.: PRIVATE MONEY: AN IDEA WHOSE TIME HAS COME, in: CATO JOURNAL, Vol. 9, (1989), S. 353 - 362.

Rahn, R. W.: THE NEW MONETARY UNIVERSE AND ITS IMPACT ON TAXATION, in: Dorn, J. A. (Hrsg.): THE FUTURE OF MONEY IN THE INFORMATION AGE, Washington, (1997), S. 81 - 89.

Ranzio-Plath, C.: DAS ELEKTRONISCHE GELD UND DER EURO, in: Gora, W. / Mann, E. (Hrsg.): HANDBUCH ELECTRONIC COMMERCE, Berlin u. a., (1999), S. 179 - 186.

Rapp, A.: TENDENZEN UND VISIONEN IM INTERNETBANKING, in: BANK UND MARKT, Nr. 3, (1998), S. 10 - 15.

Rasche, R. H.: MONETARY AGGREGATES, MONETARY POLICY AND ECONOMIC ACTIVITY, in: FEDERAL RESERVE BANK OF ST. LOUIS REVIEW, No. 2, (1993), S. 1 - 35.

Rashid, S. / Samad, A.: PORTFOLIO MANAGMENT OF THE FREE BANKS OF ILLINOIS: AN EXAMINATION OF HISTORICAL ALLEGATIONS, in: THE REVIEW OF AUSTRIAN ECONOMICS, No. 1, (1996), S. 55 - 76.

Reidenberg, J. R.: GOVERNING NETWORKS AND RULE-MAKING IN CYBERSPACE, in: Kahin, B. / Nesson, C. (Hrsg.): BORDERS IN CYBERSPACE, Cambridge und London, (1997), S. 84 - 105.

Reinicke, W. H.: CONSOLIDATION OF FEDERAL BANK REGULATION?, in: CHALLENGE, No. 3, (1994), S. 23 - 29.

Reiß, W.: HISTORICAL EXCHANGE RATES, in: Fischer, W. u. a. (Hrsg.): THE EMERGENCE OF A WORLD ECONOMY 1500 - 1914, Band 1, Wiesbaden, (1986), S. 171 - 189.

Reus, P.: MERKMALE UND ÖKONOMISCHE EFFEKTE ELEKTRONISCHER MÄRKTE UNTER BESONDERER BERÜCKSICHTIGUNG DER BANKEN-MÄRKTE, in: Burkhardt, T. / Lohmann, K. (Hrsg.): BANKING UND ELECTRONIC COMMERCE IM INTERNET, Berlin, (1998), S. 47 - 82.

Reynolds, A.: WHY GOLD? , in: CATO JOURNAL, Vol. 3, (1983), S. 211 - 232.

Richter, R.: THE BANKING SYSTEM WITHIN MACRO-ECONOMIC THEORY, in: GERMAN ECONOMIC REVIEW, Vol. 6, (1968), S. 273 - 293.

Richter, R.: THE NEW INSTITUTIONAL ECONOMICS APPLIED TO MONETARY ECONOMICS, in: JOURNAL OF INSTITUTIONAL AND THEORETICAL ECONOMICS, Vol. 144, (1988), S. 208 - 224.

Richter, R.: GELDTHEORIE, 2. Auflage, Berlin u. a., (1990).

Rittmann, H.: DEUTSCHE GELDGESCHICHTE 1484 - 1914, München, (1975).

Ritzmann, F.: DIE SCHWEIZER BANKEN, Bern und Stuttgart, (1973).

Roberds, W.: WHAT'S REALLY NEW ABOUT NEW FORMS OF RETAIL PAYMENT?, in: FEDERAL RESERVE BANK OF ATLANTA ECONOMIC REVIEW, No. 1, (1997), S. 32 - 45.

Roberds, W.: THE IMPACT OF FRAUD ON NEW METHODS OF RETAIL PAYMENT?, in: FEDERAL RESERVE BANK OF ATLANTA ECONOMIC REVIEW, No. 1, (1998), S. 42 - 52.

Rochet, J.-C. / Tirole, J.: INTERBANK LENDING AND SYSTEMIC RISK, in: JOURNAL OF MONEY, CREDIT AND BANKING, Vol. 28, (1996), S. 733 - 762.

Rochet, J.-C. / Tirole, J.: CONTROLLING RISK IN PAYMENT SYSTEMS, in: JOURNAL OF MONEY, CREDIT AND BANKING, Vol. 28, (1996a), S. 832 - 862.

Rockoff, H.: THE FREE BANKING ERA: A REEXAMINATION, in: JOURNAL OF MONEY, CREDIT AND BANKING, Vol. 6, (1974), S. 141 - 167.

Rockoff, H.: SOME EVIDENCE ON THE REAL PRICE OF GOLD, ITS COSTS OF PRODUCTION, AND COMMODITY PRICES, in: Bordo, M. D. / Schwartz, A. J. (Hrsg.): A RETROSPECTIVE ON THE CLASSICAL GOLD STANDARD, 1821 - 1931, Chicago und London, (1984), S. 613 - 644.

Rockoff, H.: NEW EVIDENCE ON FREE BANKING IN THE UNITED STATES, in: AMERICAN ECONOMIC REVIEW, Vol. 75, (1985), S. 886 - 889.

Rockoff, H.: INSTITUTIONAL REQUIREMENTS FOR STABLE FREE BANKING, in: CATO JOURNAL, Vol. 6, (1986), S. 617 - 634.

Rockoff, H.: WALTER BAGEHOT AND THE THEORY OF CENTRAL BANKING, in: Capie, F. / Wood, G. E. (Hrsg.): FINANCIAL CRISES AND THE WORLD BANKING SYSTEM, Houndmills u. a., (1986a), S. 160 - 180.

Rogoff, K.: INTERNATIONAL INSTITUTIONS FOR REDUCING GLOBAL FINANCIAL STABILITY, in: JOURNAL OF ECONOMIC PERSPECTIVES, No. 4 (1999), S. 21 - 42.

Rohde, A. / Simmert, D. B.: MINDESTRESERVEN: EIN ÜBERFLÜSSIGES INSTRUMENT DER GELDPOLITIK?, in: WIRTSCHAFTSDIENST, Band 66, (1986), S. 404 - 410.

Rolnick, A. J.: MAINTAINING A UNIFORM (ELECTRONIC) CURRENCY, in: JOURNAL OF MONEY, CREDIT AND BANKING, Vol. 31, (1999), S. 674 - 676.

Rolnick, A. J. u. a.: THE DEBASEMENT PUZZLE: AN ESSAY ON MEDIEVAL MONETARY HISTORY, in: FEDERAL RESERVE BANK OF MINNEAPOLIS QUARTERLY REVIEW, No. 4, (1997), S. 8 - 20.

Rolnick, A. J. u. a.: LESSONS FROM A LAISSEZ-FAIRE PAYMENTS SYSTEM: THE SUFFOLK BANKING SYSTEM (1825 - 58), in: FEDERAL RESERVE BANK OF ST. LOUIS REVIEW, No. 3, (1998), S. 105 - 116.

Rolnick, A J. / Weber, W. E.: FREE BANKING, WILDCAT BANKING, AND SHINPLASTERS, in: FEDERAL RESERVE BANK OF MINNEAPOLIS QUARTERLY REVIEW, No. 3, (1982), S. 10 - 19.

Rolnick, A. J. / Weber, W. E.: NEW EVIDENCE ON THE FREE BANKING ERA, in: AMERICAN ECONOMIC REVIEW, Vol. 73, (1983), S. 1080 - 1091.

Rolnick, A. J. / Weber, W. E.: THE CAUSES OF FREE BANKING FAILURES: A DETAILED EXAMINATION, in: JOURNAL OF MONETARY ECONOMICS, Vol. 14, (1984), S. 267 - 291.

Rolnick, A. J. / Weber, W. E.: GRESHAM'S LAW OR GRESHAM'S FALLACY?, in: JOURNAL OF POLITICAL ECONOMY, Vol. 94, (1986), S. 185 - 199.

Rolnick, A. J. / Weber, W. E.: INHERENT INSTABILITY IN BANKING: THE FREE BANKING EXPERIENCE, in: CATO JOURNAL, Vol. 5, (1986a), S. 877 - 890.

Rolnick, A. J. / Weber, W. E.: MONEY, INFLATION, AND OUTPUT UNDER FIAT AND COMMODITY STANDARDS, in: FEDERAL RESERVE BANK OF MINNEAPOLIS QUARTERLY REVIEW, No. 2, (1998), S. 11 - 17.

Ronn, E. I. / Verma, A. K.: PRICING RISK-ADJUSTED DEPOSIT INSURANCE: AN OPTION BASED MODEL, in: JOURNAL OF FINANCE, Vol. 41, (1986), S. 871 - 895.

Rossel, M.: DOES ELECTRONIC MONEY MEAN THE DEATH OF CASH?, in: FEDERAL RESERVE BANK OF DALLAS SOUTHWEST ECONOMY, No. 2, (1997), S. 5 - 8.

Rothbard, M. N.: THE FEDERAL RESERVE AS A CARTELIZATION DEVICE: THE EARLY YEARS, 1913 - 1930, in: Siegel, B. N. (Hrsg.): MONEY IN CRISIS, San Francisco, (1984), S. 89 - 136.

Rowland, P.: ELECTRONIC COMMERCE ANWENDUNGEN BEI BANKEN - BEISPIEL CYBERCASH, in: Gora, W. / Mann, E. (Hrsg.): HANDBUCH ELECTRONIC COMMERCE, Berlin u. a., (1999), S. 294 - 305.

Rowland, P.: DAS MICROPAYMENT-ZAHLUNGSVERFAHREN ECHARGE, in: Gora, W. / Mann, E. (Hrsg.): HANDBUCH ELECTRONIC COMMERCE, Berlin u. a., (1999a), S. 306 -310.

Rutkowski, A. M.: FACTORS SHAPING INTERNET SELF-GOVERNANCE, in: Kahin, B. / Keller, J. H. (Hrsg.): COORDINATING THE INTERNET, Cambridge und London, (1997), S. 92 - 104.

Sachs, J. D.: THE INTERNATIONAL LENDER OF LAST RESORT: WHAT ARE THE ALTERNATIVES?, in: Little, J. S. / Olivei, G. P. (Hrsg.): RETHINKING THE INTERNATIONAL MONETARY SYSTEM, Boston, (1999), S. 181 - 188.

Salerno, J. T.: GOLD STANDARDS: TRUE AND FALSE, in: CATO JOURNAL, Vol. 3, (1983), S. 239 - 267.

Salin, P.: DIE THEORIE DES OPTIMALEN WÄHRUNGSGEBIETS, in: Claassen, E. M. (Hrsg.): KOMPENDIUM DER WÄHRUNGSTHEORIE, München, (1977), S. 177 - 200.

Salin, P.: TOWARDS A BETTER EUROPEAN MONETARY SYSTEM, in: Salin, P. (Hrsg.): CURRENCY COMPETITION AND MONETARY UNION, Den Haag u. a., (1984), S. 279 - 285.

Salin, P.: THE CHOICE OF CURRENCY IN A SINGLE EUROPEAN MARKET PERFORMANCE, in: CATO JOURNAL, Vol. 10, (1990), S. 363 - 376.

Samuelson, P.: THE PURE THEORY OF PUBLIC EXPENDITURE, in: REVIEW OF ECONOMICS AND STATISTICS, Vol. 36, (1954), S. 387 - 389.

Santomero, A. M. / Seater, J. J.: ALTERNATIVE MONIES AND THE DEMAND FOR MEDIA OF EXCHANGE, in: JOURNAL OF MONEY, CREDIT AND BANKING, Vol. 28, (1996), S. 942 - 964.

Santoni, G.: A PRIVATE CENTRAL BANK: SOME OLDE ENGLISH LESSONS, in: Toma, E. F. / Toma, M. (Hrsg.): CENTRAL BANKERS, BUREAUCRATIC INCENTIVES, AND MONETARY POLICY, Dordrecht, (1986), S. 219 - 239.

Sargent, T. J.: ELEMENTS OF MONETARY REFORM, in: Haraf, M. B. / Cagan, P. (Hrsg.): MONETARY POLICY FOR A CHANGING FINANCIAL ENVIRONMENT, Washington, (1990), S. 137 - 160.

Saunders, A.: THE INTER-BANK MARKET, CONTAGION EFFECTS AND INTERNATIONAL FINANCIAL CRISES, in: Portes, R. / Swoboda, A. K. (Hrsg.): THREATS TO INTERNATIONAL FINANCIAL STABILITY, Cambridge u. a., (1987), S. 204 - 232.

Saving, T. R.: COMPETITIVE MONEY PRODUCTION AND PRICE LEVEL DETERMINANCY, in: SOUTHERN ECONOMIC JOURNAL, Vol. 43, (1976), S. 987 - 995.

Schnadt, N. / Whittaker, J.: INFLATION-PROOF CURRENCY? THE FEASIBILITY OF VARIABLE COMMODITY STANDARDS, in: JOURNAL OF MONEY, CREDIT AND BANKING, Vol. 25, (1993), S. 214 - 221.

Schneier, B.: ANGEWANDTE KRYPTOGRAPHIE, Bonn u. a., (1996).

Schneider, C.: DAS MODELL BARTER-CLUB, in: ZEITSCHRIFT FÜR SOZIALÖKONOMIE, Nr. 101, (1994), S. 10 - 17.

Schöler, K.: PREISNIVEAUSTABILITÄT DURCH KOMPETITIVE GELDSYSTEME?, in: KREDIT UND KAPITAL, Band 19, (1986), S. 351 - 365.

Schönfelder, B.: THEORIEN ÜBER SCHALTERSTÜRME UND GEEIGNETE GEGENMASSNAHMEN, in: KREDIT UND KAPITAL, Band 24, (1991), S. 508 -525.

Schreft, S. L.: LOOKING FORWARD: THE ROLE FOR GOVERNMENT IN REGULATING ELECTRONIC CASH, in: FEDERAL RESERVE BANK OF KANSAS CITY ECONOMIC REVIEW, No. 4, (1997), S. 59 - 84.

Schreihage, H.: WETTBEWERB UND WETTBEWERBSBESCHRÄNKUNG IM KREDITGEWERBE, in: ZEITSCHRIFT FÜR DAS GESAMTE KREDITWESEN, Band 13, (1960), S. 15 - 18.

Schulenburg, J.-M. v. d.: MARKTGESCHEHEN BEI UNVOLLSTÄNDIGEN NACHFRAGER-INFORMATIONEN, in: ZEITSCHRIFT FÜR BETRIEBSWIRTSCHAFT, Band 57, (1987), S. 699 - 719.

Schuler, K.: THE WORLD HISTORY OF FREE BANKING, in: Dowd, K. (Hrsg.): THE EXPERIENCE OF FREE BANKING, London, (1992), S. 7 - 47.

Schuler, K.: FREE BANKING IN CANADA, in: Dowd, K. (Hrsg.): THE EXPERIENCE OF FREE BANKING, London, (1992a), S. 79 - 92.

Schüller, A.: KONKURRENZ DER WÄHRUNGEN ALS GELDWIRTSCHAFTLICHES ORDNUNGSPRINZIP, in: WIRTSCHAFTSPOLITISCHE CHRONIK, Band 26, (1977), S. 23 - 50.

Schultz, B.: KLEINE DEUTSCHE GELDGESCHICHTE DES 19. UND 20. JAHRHUNDERTS, Berlin, (1976).

Schultze, C. L.: INTERNATIONAL MACROECONOMICS COORDINATION - MARRYING THE ECONOMIC MODELS WITH POLITICAL REALITY, in: Feldstein, M. (Hrsg.): INTERNATIONAL ECONOMIC COOPERATION, Chicago und London, (1988), S. 49 - 60.

Schulz-Kirchner, U.: OPTIMALE GELDVERSORGUNG IM RAHMEN ALTERNATIVER GELDANGEBOTSFORMEN, Frankfurt u. a., (1984).

Schwartz, A. J.: REAL AND PSEUDO-FINANCIAL CRISES, in: Capie, F. / Wood, G. E. (Hrsg.): FINANCIAL CRISES AND THE WORLD BANKING SYSTEM, Houndmills u. a., (1986), S. 11 - 31.

Schwartz, A. J.: ALTERNATIVE MONETARY REGIMES: THE GOLD STANDARD, in: Campbell, C. D. / Dougan, W. R. (Hrsg.): ALTERNATIVE MONETARY REGIMES, Baltimore und London, (1986a), S. 44 - 72.

Schwartz, A. J.: BANK RUNS AND DEPOSIT INSURANCE REFORM, in: CATO JOURNAL, Vol. 7, (1988), S. 589 - 594.

Schwartz, P.: CENTRAL BANK MONOPOLY IN THE HISTORY OF ECONOMIC THOUGHT: A CENTURY OF MYOPIA IN ENGLAND, in: Salin, P. (Hrsg.): CURRENCY COMPETITION AND MONETARY UNION, Den Haag u. a., (1984), S. 95 - 126.

Schwarze, J.: EINFÜHRUNG IN DIE WIRTSCHAFTSINFORMATIK, 4. Auflage, Herne und Berlin, (1997).

Scott, K. E.: THE DEFECTIVE DESIGN OF FEDERAL DEPOSIT INSURANCE, in: CONTEMPORARY POLICY ISSUES, No. 1, (1987), S. 92 - 99.

Scott, K. E. / Mayer, T.: RISK AND REGULATION IN BANKING: SOME PROPOSALS FOR FEDERAL DEPOSIT INSURANCE REFORM, in: STANFORD LAW REVIEW, Vol. 23, (1971), S. 857 - 902.

Scrope, G. P.: THE RIGHTS OF INDUSTRY AND THE BANKING SYSTEM, in: QUARTERLY REVIEW, Vol. 47, (1832), S. 407 - 457.

Sechrest, L. J.: FREE BANKING IN SCOTLAND: A DISSENTING VIEW, in: CATO JOURNAL, Vol. 10, (1991), S. 799 - 808.

Seiche, F.: WÄHRUNGSKONKURRENZ UND NOTENBANKFREIHEIT, Marburg, (1997).

Seifert, E.: PRIVILEGIERUNG UND REGULIERUNG IM BANKWESEN, Baden-Baden, (1984).

Seitz, F.: DER DM-UMLAUF IM AUSLAND, Frankfurt, (1995).

Seitz, F. / Ruckriegel, K.: ELECTRONIC MONEY: IMPLIKATIONEN FÜR DIE GELDPOLITIK, in: Fink, D. / Wilfert, A. (Hrsg.): HANDBUCH TELE-KOMMUNIKATION UND WIRTSCHAFT, München, (1999), S. 227 - 242.

Selbmann, M.: BANKEN - SICHERE ZAHLUNGEN IM INTERNET, in: Gora, W. / Mann, E. (Hrsg.): HANDBUCH ELECTRONIC COMMERCE, Berlin u. a., (1999), S. 278 - 293.

Selgin, G. A.: THE STABILITY AND EFFICENCY OF MONEY SUPPLY UNDER FREE BANKING, in: JOURNAL OF INSTITUTIONAL AND THEORETICAL ECONOMICS, Vol. 143, (1987), S. 435 - 456.

Selgin, G. A.: THE THEORY OF FREE BANKING, Totowa, (1988).

Selgin, G. A.: ACCOMMODATING CHANGES IN THE RELATIVE DEMAND FOR CURRENCY: FREE BANKING VS. CENTRAL BANKING, in: CATO JOURNAL, Vol. 7, (1988a), S. 621 - 641.

Selgin, G. A.: COMMERCIAL BANKS AS PURE INTERMEDIARIES: BETWEEN »OLD« AND »NEW« VIEWS, in: SOUTHERN ECONOMIC JOURNAL, Vol. 56, (1989), S. 80 - 86.

Selgin, G. A.: THE ANALYTICAL FRAMEWORK OF THE REAL BILLS DOCTRINE, in: JOURNAL OF INSTITUTIONAL AND THEORETICAL ECONOMICS, Vol. 145, (1989a), S. 489 - 507.

Selgin, G. A.: LEGAL RESTRICTIONS, FINANCIAL WEAKENING AND THE LENDER OF LAST RESORT, in: CATO JOURNAL, Vol. 9, (1989b), S. 429 - 459.

Selgin, G. A.: FREE BANKING AND MONETARY CONTROL, in: ECONOMIC JOURNAL, Vol. 104, (1994), S. 1449 - 1459.

Selgin, G. A.: ON ENSURING THE ACCEPTABILITY OF A NEW FIAT MONEY ILLEGAL, in: JOURNAL OF MONEY, CREDIT AND BANKING, Vol. 26, (1994a), S. 808 - 826.

Selgin, G. A.: SALVAGING GRESHAM'S LAW: THE GOOD, THE BAD, AND THE ILLEGAL, in: JOURNAL OF MONEY, CREDIT AND BANKING, Vol. 28, (1996), S. 637 - 649.

Selgin, G. A.: E-MONEY: FRIEND OR FOE OF MONETARISM?, in: Dorn, J. A. (Hrsg.): THE FUTURE OF MONEY IN THE INFORMATION AGE, Washington, (1997), S. 97 - 100.

Selgin, G. A. / White, L. H.: THE EVOLUTION OF A FREE BANKING SYSTEM, in: ECONOMIC INQUIRY, Vol. 25, (1987), S. 439 - 457.

Selgin, G. A. / White, L. H.: LAISSEZ-FAIRE MONETARY THEORISTS IN LATE NINETEENTH CENTURY AMERICA, in: SOUTHERN ECONOMIC JOURNAL, Vol. 56, (1990), S. 774 - 787.

Selgin, G. A. / White, L. H.: HOW WOULD THE INVISIBLE HAND HANDLE MONEY?, in: JOURNAL OF ECONOMIC LITERATURE, Vol. 32, (1994), S. 1718 - 1749.

Selgin, G. A. / White, L. H.: MONETARY REFORM AND THE REDEMPTION OF NATIONAL BANK NOTES, 1863 - 1913, in: BUISINESS HISTORY REVIEW, Vol. 68, (1994a), S. 205 - 243.

Selgin, G. A. / White, L. H.: A FISCAL THEORY OF GOVERNMENT' S ROLE IN MONEY, in: ECONOMIC INQUIRY, Vol. 37, (1999), S. 154 - 165.

Selten, R. / Güth, W.: EQUILIBRIUM POINT SELECTION IN A CLASS OF MARKET ENTRY GAMES, Bielefeld, (1979).

Shah, P. J.: THE OPTION CLAUSE IN FREE-BANKING THEORY AND HISTORY: A REAPPRAISAL, in: THE REVIEW OF AUSTRIAN ECONOMICS, No. 2, (1997), S. 1 - 25.

Sharpe, W. F.: BANK CAPITAL ADEQUACY, DEPOSIT INSURANCE AND SECURITY VALUES, in: JOURNAL OF FINANCIAL AND QUANTITATIVE ANALYSIS, Vol. 13, (1978), S. 701 - 718.

Shaw, R.: INTERNET DOMAIN NAMES: WHOSE DOMAIN IS THIS?, in: Kahin, B. / Keller, J. H. (Hrsg.), COORDINATING THE INTERNET, Cambridge und London, (1997), S. 107 - 134.

Sheehan, K. P.: ELECTRONIC CASH, in: FDIC BANKING REVIEW, No. 2, (1998), S. 1 - 8.

Shelton, J.: BANKING AND GOVERNMENT: AND UNHOLY ALLIANCE, in: CATO JOURNAL, Vol. 13, (1993), S. 201 - 205.

Shenfield, A.: THE BRITISH MONETARY EXPERIENCE, 1797 - 1821, in: Salin, P. (Hrsg.): CURRENCY COMPETITION AND MONETARY UNION, Den Haag u. a., (1984), S. 84 - 93.

Shughart, W. F.: A PUBLIC CHOICE PERSPECTIVE OF THE BANKING ACT OF 1933, in: England, C. / Huertas, T. (Hrsg.): THE FINANCIAL SERVICES REVOLUTION, Boston u. a., (1988), S. 87 - 105.

Shughart, W. F. / Tollison, R. D.: PRELIMINARY EVIDENCE ON THE USE OF INPUTS BY THE FEDERAL RESERVE SYSTEM, in: AMERICAN ECONOMIC REVIEW, Vol. 73, (1983), S. 291 - 304.

Siegel, J. J.: NOTES ON OPTIMAL TAXATION AND THE OPTIMAL RATE OF INFLATION, in: JOURNAL OF MONETARY ECONOMICS, Vol. 4, (1978), S. 297 - 305.

Siems, T. F. / Clark, J. A.: RETHINKING BANK EFFICIENCY AND REGULATION: HOW OFF-BALANCE-SHEET ACTIVITIES MAKE A DIFFERENCE, in: FEDERAL RESERVE BANK OF DALLAS FINANCIAL INDUSTRY STUDIES, Dezember, (1997), S. 1 - 11.

Sietmann, R.: ELECTRONIC CASH - ZAHLUNGSVERKEHR IM INTERNET, Stuttgart, (1997).

Skaggs, N. T. / Wasserkrug, C. L.: BANKING SECTOR INFLUENCE ON THE RELATIONSHIP OF CONGRESS TO THE FEDERAL RESERVE SYSTEM, in: PUBLIC CHOICE, Vol. 41, (1983), S. 295 - 306.

Smith, B. D. / Weber, W. E.: PRIVATE MONEY CREATION AND THE SUFFOLK BANKING SYSTEM, in: JOURNAL OF MONEY, CREDIT AND BANKING, Vol. 31, (1999), S. 624 - 659.

Smith, V. C.: THE RATIONALE OF CENTRAL BANKING, Reprint, Indianapolis, (1990).

Smithin, J.: CONTROVERSIES IN MONETARY ECONOMICS, Aldershot, (1994).

Söllner, F. / Wilfert, A.: ELEKTRONISCHES GELD UND GELDPOLITIK, in: LIST FORUM FÜR WIRTSCHAFTS- UND FINANZPOLITIK, Band 22, (1996), S. 389 - 405.

Solomon, A. M.: NEW STRATEGIES FOR THE FEDERAL RESERVE?, in: CHALLANGE, No. 1, (1982), S. 18 - 24.

Solomon, E. H.: VIRTUAL MONEY, New York und Oxford, (1997).

Solow, R. M.: ON THE LENDER OF LAST RESORT, in: Kindleberger, C. P. / Laffargue, J.-P. (Hrsg.): FINANCIAL CRISES, Cambridge, (1982), S. 237 - 248.

Spranz, D.: ELEKTRONISCHES GELD AUS DER SICHT DER OENB, in: BANK-ARCHIV, Band 44, (1996), S. 163 - 167.

Starbatty, J.: ZUR UMKEHRUNG DES GRESHAMSCHEN GESETZES BEI ENTNATIONALISIERUNG DES GELDES, in: KREDIT UND KAPITAL, Band 15, (1982), S . 387 - 410.

Starbatty, J.: DIE NEUE GELDPOLITIK, in: ZEITSCHRIFT FÜR DAS GESAMTE KREDITWESEN, Band 38, (1985), S. 1078 - 1082.

Stigler, G. J.: THE THEORY OF ECONOMIC REGULATION, in: BELL JOURNAL OF ECONOMICS, Vol. 2, (1971), S. 3 - 21.

Stiglitz, J. E.: MUST FINANCIAL CRISES BE THIS FREQUENT AND THIS PAINFUL?, in: POLICY OPTIONS, No. 6, (1999), S. 23 - 32.

Stoll, H. R.: REGULATION OF FINANCIAL MARKETS: A FOCUSED APPROACH, in: MULTINATIONAL FINANCE JOURNAL, Vol. 2, (1998), S. 87 - 99.

Streit, J.: FINANZINNOVATIONEN, DEREGULIERUNG UND GELDMENGENSTEUERUNG IN DEN USA, Tübingen, (1986).

Stützel, W.: ÜBER UNSERE WÄHRUNGSVERFASSUNG, Tübingen, (1975).

Stützel, W.: IST DIE >>GOLDENE BANKENREGEL<< EINE GEEIGNETE RICHTSCHNUR FÜR DIE GESCHÄFTSPOLITIK DER KREDITINSTITUTE, in: Deppe, H.-D. (Hrsg.): TEXTE ZUR WISSENSCHAFTLICHEN BANKBETRIEBSLEHRE II, Göttingen, (1981), S. 765 - 782.

Süchting, J. / Paul, S.: BANKMANAGEMENT, 4. Auflage, Stuttgart, (1998).

Summers, L. H.: BUILDING AN INTERNATIONAL FINANCIAL ARCHITECTURE FOR THE 21ST CENTURY, in: CATO JOURNAL, Vol. 18, (1999), S. 321 - 329.

Sumner, S.: THE FORERUNNERS OF >>NEW MONETARY ECONOMICS<< PROPOSALS TO STABILIZE THE UNIT OF ACCOUNT, in: JOURNAL OF MONEY, CREDIT AND BANKING, Vol. 22, (1990), S. 109 - 118.

Sumner, S.: PRIVATIZING THE MINT, in: JOURNAL OF MONEY, CREDIT AND BANKING, Vol. 25, (1993), S. 13 - 29.

Swire, P. P. / Litan, R. E.: NONE OF YOUR BUSINESS: WORLD DATA FLOWS, ELECTRONIC COMMERCE, AND THE EUROPEAN PRIVACY DIRECTIVE, Washington, (1998).

Swoboda, A. K.: THE EURO-DOLLAR MARKET: AN INTERPRETATION, Princeton, (1968).

Sylla, R.: U.S. SECURITY MARKETS AND THE BANKING SYSTEM, 1790 - 1840, in: FEDERAL RESERVE BANK OF ST. LOUIS REVIEW, No. 3, (1998), S. 83 - 98.

Sylla, R.: SHAPING THE US FINANCIAL SYSTEM, 1690 - 1913: THE DOMINANT ROLE OF PUBLIC FINANCE, in: Sylla, R. u. a. (Hrsg.): THE STATE, THE FINANCIAL SYSTEM AND ECONOMIC MODERNIZATION, Cambridge, (1999), S. 249 - 270.

Sylla, R. u. a.: BANKS AND STATE PUBLIC FINANCE IN THE NEW REPUBLIC: THE UNITED STATES, 1790 - 1860, in: JOURNAL OF ECONOMIC HISTORY, Vol. 47, (1987), S. 391 - 403.

Tabellini, G.: EXPORTING THE INFLATION TAX, in: Haraf, W. S. / Willett, T. D. (Hrsg.): MONETARY POLICY FOR A VOLATILE EXCHANGE RATE SYSTEM, Washington, (1990), S. 124 - 144.

Talvas, G. S.: THE >NEW< THEORY OF OPTIMUM CURRENCY AREAS, in: WORLD ECONOMY, Vol. 16, (1993), S. 663 - 685.

Tanenbaum, A. S.: COMPUTERNETZWERKE, 3. Auflage, München u. a., (1998).

Tarzi, S. M.: FINANCIAL GLOBALIZATION AND NATIONAL MACROECONOMIC POLICIES: MANAGERIAL CHALLENGES TO THE NATION-STATE, in: THE JOURNAL OF SOCIAL, POLITICAL AND ECONOMIC STUDIES, Vol. 24, (1999), S. 141 - 161.

Taub, B.: PRIVATE FIAT MONEY WITH MANY SUPPLIERS, in: JOURNAL OF MONETARY ECONOMICS, Vol. 16, (1985), S. 195 - 208.

Taylor, J. B.: POLICY RULES AS A MEANS TO A MORE EFFECTIVE MONETARY POLICY, in: Kuroda, I. (Hrsg.): TOWARDS A MORE EFFECTIVE MONETARY POLICY, Houndmills und London, (1997), S. 28 - 39.

Taylor, J. B.: INFORMATION TECHNOLOGY AND MONETARY POLICY, in: MONETARY AND ECONOMIC STUDIES, No. 2, (1998), S. 19 - 28.

Temzelides, T.: ARE BANK RUNS CONTAGIOUS?, in: FEDERAL RESERVE BANK OF PHILADELPIA BUSINESS REVIEW, No. 6, (1997), S. 3 - 14.

Tenholt, H.: ZENTRALBANKMONOPOL ODER BANKENWETTBEWERB?, Freiburg, (1985).

Terres, P.: DIE LOGIK EINER WETTBEWERBLICHEN GELDORDNUNG, Tübingen, (1999).

Thakor, A. V.: DEPOSIT INSURANCE POLICY, in: FEDERAL RESERVE BANK OF ST. LOUIS REVIEW, No. 1, (1993), S. 25 - 28.

Thakor, A. V. / Beltz, J.: A >>BARTER<< THEORY OF BANK REGULATION AND CREDIT ALLOCATION, in: JOURNAL OF MONEY, CREDIT AND BANKING, Vol. 26, (1994), S. 679 - 705.

Thies, C. F. / Gerlowski, D. A.: DEPOSIT INSURANCE: A HISTORY OF FAILURES, in: CATO JOURNAL, Vol. 8, (1989), S. 677 - 693.

Thießen, F.: INTERNET- UND TRADITIONELLE ZAHLUNGSSYSTEME IM VERGLEICH, in: Burkhardt, T. / Lohmann, K. (Hrsg.): BANKING UND ELECTRONIC COMMERCE IM INTERNET, Berlin, (1998), S. 201 - 232.

Thießen, F.: MICRO PAYMENT-SYSTEME IM INTERNET, in: DER BETRIEBSWIRT, Nr. 3, (1999), S. 13 - 17.

Thomasberger, C.: EUROPÄISCHE WÄHRUNGSINTEGRATION UND GLOBALE WÄHRUNGSKONKURRENZ, Tübingen, (1993).

Thomasberger, C.: PERSPEKTIVEN DES DERZEITIGEN WELTWÄHRUNGS-SYSTEMS, in: Stadermann, H.-J. / Steiger, O. (Hrsg.): DER STAND UND DIE NÄCHSTE ZUKUNFT DER GELDFORSCHUNG, Berlin, (1993a), S. 331 -339.

Thompson, E. A.: THE THEORY OF MONEY AND INCOME CONSISTENT WITH ORTHODOX VALUE THEORY, in: Horwich, G. / Samuelson, P. A. (Hrsg.): TRADE, STABILITY, AND MACROECONOMICS, New York und London, (1974), S. 427 - 453.

Thomson, J. B. / Todd, W. F.: RETHINKING AND LIVING WITH THE LIMITS OF BANK REGULATION, in: CATO JOURNAL, Vol. 10, (1990), S. 579 - 600.

Tietmeyer, H.: WELTWÄHRUNGSSYSTEM UND EUROPÄISCHE WÄHRUNGS-UNION, in: Heilemann, U. u. a. (Hrsg.): ENTGRENZUNG ALS ERKENNTNIS- UND GESTALTUNGS-AUFGABE, Berlin, (1998), S. 299 - 312.

Timberlake, R. H.: THE ORIGINS OF CENTRAL BANKING IN THE UNITED STATES, Cambridge und London, (1978).

Timm, H.: ENTNATIONALISIERUNG DES GELDES? EINIGE KRITISCHE BEMERKUNGEN ZU EINEM REVOLUTIONÄREN VORSCHLAG, in: Bohley, P. / Tolkemitt, G. (Hrsg.): WIRTSCHAFTS-WISSENSCHAFT ALS GRUNDLAGE STAATLICHEN HANDELNS, Tübingen, (1979), S. 537 - 554.

Tobin, J.: COMMERCIAL BANKS AS CREATORS OF >>MONEY<<, in: Hester, D. D. / Tobin, J. (Hrsg.): FINANCIAL MARKETS AND ECONOMIC ACTIVITY, New Haven und London, (1971), S. 1 - 11.

Todd, W. F.: BANKS ARE NOT SPECIAL: THE FEDERAL SAFETY NET AND BANKING POWERS, in: England, C. (Hrsg.): GOVERNING BANKING'S FUTURE: MARKETS VS. REGULATION, Boston u. a., (1991), S. 79 - 105.

Toma, M.: INFLATIONARY BIAS OF THE FEDERAL RESERVE SYSTEM: A BUREAUCRATIC PERSPECTIVE, in: JOURNAL OF MONETARY ECONOMICS, Vol. 10, (1982), S. 163 - 190.

Traud, G. R.: OPTIMALE WÄHRUNGSRÄUME UND DIE EUROPÄISCHE INTEGRATION, Wiesbaden, (1996).

Trautwein, H.-M.: PREISNIVEAUSTABILITÄT DURCH INDIREKTE KONVERTIBILITÄT, in: Stadermann, H.-J. / Steiger, O. (Hrsg.): DER STAND UND DIE NÄCHSTE ZUKUNFT DER GELDFORSCHUNG, Berlin, (1993), S. 97 - 107.

Trautwein, H.-M.: THE USES OF MONEY IN A PURE CREDIT ECONOMY, in: Cohen, A. J. u. a. (Hrsg.): MONEY, FINANCIAL INSTITUTIONS AND MACROECONOMICS, Boston u. a., (1997), S. 3 - 16.

Triffin, R.: OUR INTERNATIONAL MONETARY SYSTEM: YESTERDAY, TODAY AND TOMORROW, New York, (1968).

Triffin, R.: UNITS OF ACCOUNT AND PARALLEL CURRENCIES IN TRANSNATIONAL TRANSACTIONS, in: Fratianni, M. / Peeters, T. (Hrsg.): ONE MONEY FOR EUROPE, London und Basingstoke, (1978), S. 135 - 143.

Trivoli, G. W.: A MODEST PROPOSAL FOR A PRIVATE INTERNATIONAL MONETARY SYSTEM, in: KREDIT UND KAPITAL, Band 10, (1977), S. 355 - 361.

Tullock, G.: COMPETING MONIES, in: JOURNAL OF MONEY, CREDIT AND BANKING, Vol. 7, (1975), S. 491 - 497.

Tussing, A. D.: THE CASE FOR BANK FAILURE, in: JOURNAL OF LAW AND ECONOMICS, Vol. 10, (1967), S. 129 - 147.

Vaubel, R.: DIE PLÄNE FÜR EINE EUROPÄISCHE PARALLELWÄHRUNG, in: DIE WELTWIRTSCHAFT, Heft 2, (1972), S. 136 - 153.

Vaubel, R.: FREIER WETTBEWERB ZWISCHEN WÄHRUNGEN, in: WIRTSCHAFTSDIENST, Band 56, (1976), S. 422 - 428.

Vaubel, R.: FREE CURRENCY COMPETITION, in: WELTWIRTSCHAFTLICHES ARCHIV, Band 113, (1977), S. 435 - 461.

Vaubel, R.: STRATEGIES FOR CURRENCY UNIFICATION, Tübingen, (1978).

Vaubel, R.: THE GOVERNMENT'S MONEY MONOPOLY: EXTERNALIES OR NATURAL MONOPOLY?, in: KYKLOS, Vol. 37, (1984), S. 27 - 58.

Vaubel, R.: COMPETING CURRENCIES: THE CASE FOR FREE ENTRY, in: ZEITSCHRIFT FÜR WIRTSCHAFTS- UND SOZIALWISSENSCHAFTEN, Band 5, (1985), S. 547 - 564.

Vaubel, R.: CURRENCY COMPETITION VERSUS GOVERNMENTAL MONEY MONOPOLIES, in: CATO JOURNAL, Vol. 5, (1986), S. 927 - 942.

Vaubel, R.: CURRENCY UNIFICATION, CURRENCY COMPETITION, AND THE PRIVATE ECU: SECOND THOUGHTS, in: Claassen, E. M. (Hrsg.): INTERNATIONAL AND EUROPEAN MONETARY SYSTEM, New York u. a., (1990), S. 171 - 187.

Vaubel, R.: CURRENCY COMPETITION AND EUROPEAN MONETARY INTEGRATION, in: ECONOMIC JOURNAL, Vol. 100, (1990a), S. 936 - 946.

Vaubel, R.: COMMENT ON »FROM NEUTRAL MONEY TO COMPETING CURRENCIES: HAYEK ON MONETARY POLICY«, in: Frowen, S. F. (Hrsg.): HAYEK: ECONOMIST AND SOCIAL PHILOSOPHER, Houndmills und London, (1997), S. 215 - 220.

Veil, M.: DIREKTBANKEN IM RETAIL-BANKING, Freiburg, (1998).

Visser, H.: MODERN MONETARY THEORY, Aldershot, (1991).

Vollmer, U.: ENTSTEHUNG UND WETTBEWERB VON NOTENBANKEN: BRAUCHEN WIR EINE EUROPÄISCHE ZENTRALBANK?, in: Cassel, D. (Hrsg.): ENTSTEHUNG UND WETTBEWERB VON SYSTEMEN, Berlin, (1996), S. 191 - 218.

Wagner, R. E.: CENTRAL BANKING AND THE FED: A PUBLIC CHOICE PERSPECTIVE, in: CATO JOURNAL, Vol. 6, (1986), S. 519 - 538.

Wagster, J. D.: IMPACT OF THE 1988 BASLE ACCORD ON INTERNATIONAL BANKS, in: JOURNAL OF FINANCE, Vol. 51, (1996), S. 1321 - 1346.

Wall, L. D.: GOVERNMENT DEPOSIT INSURANCE, in: Barth, J. R. / Bartholomew, P. F. (Hrsg.): RESEARCH IN INTERNATIONAL BUSINESS AND FINANCE, Vol. 9, Greenwich und London, (1992), S. 157 - 176.

Wallace, N.: A LEGAL RESTRICTIONS THEORY OF THE DEMAND FOR >>MONEY<< AND THE ROLE OF MONETARY POLICY, in: FEDERAL RESERVE BANK OF MINNEAPOLIS QUARTERLY REVIEW, Winter, (1983), S. 1 - 7.

Wallace, N.: THE IMPACT OF NEW PAYMENT TECHNOLOGIES: A MACRO VIEW in: Lawrence, C. / Shay, R. P. (Hrsg.): TECHNOLOGICAL INNOVATION, REGULATION, AND THE MONETARY ECONOMY, Cambridge, (1986), S. 201 - 206.

Waller, C. J.: PERFORMANCE CONTRACTS FOR CENTRAL BANKERS, in: FEDERAL RESERVE BANK OF ST. LOUIS REVIEW, No. 5, (1995), S. 3 - 14.

Walsh, C. E.: OPTIMAL CONTRACTS FOR CENTRAL BANKERS, in: AMERICAN ECONOMIC REVIEW, Vol. 85, (1995), S. 150 - 167.

Walter, J. R.: CAN A SAFETY NET SUBSIDY BE CONTAINED, in: FEDERAL RESERVE BANK OF RICHMOND ECONOMIC QUARTERLY, No. 1, (1998), S. 1 - 20.

Walter, N.: EUROPÄISCHE WÄHRUNGSINTEGRATION: KARTELLLÖSUNG VERSUS EUROWÄHRUNG, in: DIE WELTWIRTSCHAFT, Heft 1, (1972), S. 41 - 51.

Walter, N.: FINANZINNOVATIONEN ALS GELD- UND WÄHRUNGSPOLITISCHES PROBLEM, in: Burger, K.-M. (Hrsg.): FINANZINNOVATIONEN - RISIKEN UND IHRE BEWÄLTIGUNG, Stuttgart, (1989), S. 23 - 41.

Wärneryd, K.: LEGAL RESTRICTIONS AND THE EVOLUTION OF MEDIA OF EXCHANGE, in: JOURNAL OF INSTITUTIONAL AND THEORETICAL ECONOMICS, Vol. 145, (1989), S. 613 - 626.

Wärneryd, K.: LEGAL RESTRICTIONS AND MONETARY EVOLUTION, in: JOURNAL OF ECONOMIC BEHAVIOR AND ORGANIZATION, Vol. 13, (1990), S. 117 - 124.

Weber, E. J.: FREE BANKING IN SWITZERLAND AFTER THE LIBERAL REVOLUTIONS IN THE NINETEENTH CENTURY, in: Dowd, K. (Hrsg.): THE EXPERIENCE OF FREE BANKING, London, (1992), S. 187 - 205.

Weiner, S. E.: ELECTRONIC PAYMENTS IN THE U.S. ECONOMY: AN OVERVIEW, in: FEDERAL RESERVE BANK OF KANSAS CITY ECONOMIC REVIEW, No. 4, (1999), S. 1 - 12.

Weis, R.: ZAHLEN SIE BAR ODER DIGITAL?, in: PC MAGAZIN SPEZIAL, Nr. 5, (1998), S. 94 - 97.

Weißhuhn, A.: DIGITALE ZAHLUNGSVERFAHREN IM INTERNET, in: Lange, T. A. (Hrsg.): INTERNET BANKING, Wiesbaden, (1998), S. 131 - 171.

Wells, D. R. / Scruggs, L. S.: HISTORICAL INSIGHTS INTO THE DEREGULATION OF MONEY AND BANKING, in: CATO JOURNAL, Vol. 5, (1986), S. 899 - 910.

Wenninger, J.: BUSINESS-TO-BUSINESS ELECTRONIC COMMERCE, in: FEDERAL RESERVE BANK OF NEW YORK CURRENT ISSUES IN ECONOMICS AND FINANCE, No. 10, (1999), S. 1 - 6.

Wenninger, J. / Laster, D.: THE ELECTRONIC PURSE, in: FEDERAL RESERVE BANK OF NEW YORK CURRENT ISSUES IN ECONOMICS AND FINANCE, No. 1, (1995), S. 1 - 6.

West, E. G.: ADAM SMITH'S SUPPORT FOR MONEY AND BANKING REGULATION: A CASE OF INCONSISTENCY, in: JOURNAL OF MONEY, CREDIT AND BANKING, Vol. 29, (1997), S. 127 - 134.

Wheelock, D. C.: WHAT HAVE WE LEARNED ABOUT DEPOSIT INSURANCE FROM THE HISTORICAL RECORD, VIEW, in: FEDERAL RESERVE BANK OF ST. LOUIS REVIEW, No. 1, (1993), S. 10 - 14.

Wheelock, D. C. / Wilson, P. W.: CAN DEPOSIT INSURANCE INCREASE THE RISK OF BANK FAILURE? SOME HISTORICAL EVIDENCE, in: FEDERAL RESERVE BANK OF ST. LOUIS REVIEW, No. 3, (1994), S. 57 - 71.

White, E. N.: THE POLITICAL ECONOMY OF BANKING REGULATION, 1864 - 1933, in: JOURNAL OF ECONOMIC HISTORY, Vol. 42, (1982), S. 33 - 40.

White, E. N.: THE REGULATION AND REFORM OF THE AMERICAN BANKING SYSTEM 1900 - 1929, Princeton, (1983).

White, E. N.: FREE BANKING DURING THE FRENCH REVOLUTION, in: EXPLORATIONS IN ECONOMIC HISTORY, Vol. 27, (1990), S. 251 - 276.

White, L. H.: FREE BANKING IN BRITAIN: THEORY, EXPERIENCE, AND DEBATE, 1800 - 1845, Los Angeles, (1982).

White, L. H.: COMPETITIVE MONEY, INSIDE AND OUT, in: CATO JOURNAL, Vol. 3, (1983), S. 281 - 299.

White, L. H.: FREE BANKING AS AN ALTERNATIVE MONETARY SYSTEM, in: Siegel, B. N. (Hrsg.): MONEY IN CRISIS, San Francisco, (1984), S. 269 - 302.

White, L. H.: COMPETITIVE PAYMENTS SYSTEMS AND THE UNIT OF ACCOUNT, in: AMERICAN ECONOMIC REVIEW, Vol. 74, (1984a), S. 699 - 712.

White, L. H.: FREE BANKING AND THE GOLD STANDARD, in: Rockwell, L. H. (Hrsg.): THE GOLD STANDARD: AN AUSTRIAN PERSPECTIVE, Lexington und Toronto, (1985), S. 113 - 128.

White, L. H.: REGULATORY SOURCES OF INSTABILITY IN BANKING, in: CATO JOURNAL, Vol. 5, (1986), S. 891 - 897.

White, L. H.: ACCOUNTING FOR NON-INTEREST-BEARING CURRENCY: A CRITIQUE OF THE LEGAL RESTRICTIONS THEORY OF MONEY, in: JOURNAL OF MONEY, CREDIT AND BANKING, Vol. 19, (1987), S. 448 - 456.

White, L. H.: PRIVATIZATION OF FINANCIAL SECTORS, in: Hanke, S. H. (Hrsg.): PRIVATIZATION AND DEVELOPMENT, San Francisco, (1987a), S. 149 - 160.

White, L. H.: DEPOLITICIZING THE SUPPLY OF MONEY, in: Willett, T. D. (Hrsg.): POLITICAL BUSINESS CYCLES, (1988), Durham und London, S. 460 - 478.

White, L. H.: PROBLEMS INHERENT IN POLITICAL MONEY SUPPLY SCHEMES: SOME HISTORICAL AND THEORETICAL LESSONS, MONEY, in: Willett, T. D. (Hrsg.): POLITICAL BUSINESS CYCLES, (1988a), Durham und London, S. 301 - 319.

White, L. H.: WHAT KINDS OF MONETARY INSTITUTIONS WOULD A FREE MARKET DELIVER, in: CATO JOURNAL, Vol. 9, (1989), S. 367 - 391.

White, L. H.: COMPETITVE MONETARY REFORM: A REVIEW ESSAY, in: JOURNAL OF MONETARY ECONOMICS, Vol. 26, (1990), S. 191 - 202.

White, L. H.: COMPETITION OR CARTELIZATION AMONG EUROPEAN CURRENCIES?, in: CATO JOURNAL, Vol. 10, (1990a), S. 377 - 380.

White, L. H.: SCOTTISH BANKING AND THE LEGAL RESTRICTIONS THEORY: A CLOSER LOOK, in: JOURNAL OF MONEY, CREDIT AND BANKING, Vol. 22, (1990b), S. 526 - 536.

White, L. H.: FREE BANKING IN SCOTLAND: REPLY TO A DISSENTING VIEW, in: CATO JOURNAL, Vol. 10, (1991), S. 809 - 819.

White, L. H.: FREE BANKING IN SCOTLAND BEFORE 1844, in: Dowd, K. (Hrsg.): THE EXPERIENCE OF FREE BANKING, London, (1992), S. 157 - 187.

White, L. H.: WHICH KIND OF MONETARY POLICY, IF ANY?, in: CATO JOURNAL, Vol. 12, (1993), S. 191 - 200.

White, L. H.: ZURÜCK IN DIE ZUKUNFT DES GELDWESENS, in: HANDELSBLATT, Nr. 245, (1998), S. 44.

White, L. H.: THE THEORY OF MONETARY INSTITUTIONS, Malden und Oxford, (1999).

White, L. H.: HAYEK'S MONETARY THEORY AND POLICY: A CRITICAL RECONSTRUCTION, in: JOURNAL OF MONEY, CREDIT AND BANKING, Vol. 31, (1999a), S. 109 - 120.

White, L. H. / Boudreaux, D. J.: IS NONPRICE COMPETITION IN CURRENCY INEFFICIENT?, in: JOURNAL OF MONEY, CREDIT AND BANKING, Vol. 30, (1998), S. 252 - 260.

White, L. H. / Selgin, G. A.: LAISSEZ-FAIRE MONETARY THOUGHT IN JACKSONIAN AMERICA, in: Moggridge, D. E. (Hrsg.): PERSPECTIVES ON THE HISTORY OF ECONOMIC THOUGHT, Vol. 4, Aldershot, (1990), S. 20 - 39.

White, L. J.: THE REFORM OF FEDERAL DEPOSIT INSURANCE, in: JOURNAL OF ECONOMIC PERSPECTIVES, No. 4, (1989), S. 11 - 29.

White, L. J.: PROBLEMS OF THE FSLIC: A FORMER POLICY MAKER'S VIEW, in: CONTEMPORARY POLICY ISSUES, No. 2, (1990), S. 62 - 81.

White, L. J.: WHAT SHOULD BANKS REALLY DO?, in: CONTEMPORARY POLICY ISSUES, No. 3, (1992), S. 104 - 112.

White, L. J.: ON THE INTERNATIONAL HARMONIZATION OF BANK REGULATION, in: OXFORD REVIEW OF ECONOMIC POLICY, No. 4, (1994), S. 94 - 105.

White, L. J.: US BANKING REGULATION, in: Steil, B. (Hrsg.): INTERNATIONAL FINANCIAL MARKET REGULATION, Chichester u. a., (1994a), S. 15 - 35.

White, L. J.: LEGISLATING »FINANCIAL MODERNIZATION«: IS THE GAME WORTH THE CANDLE?, in: REGULATION, No. 3, (1999), S. 8 - 14.

Wicksell, K.: GELDZINS UND GÜTERPREISE, Aalen, (1968).

Willett, T. D.: MACROECONOMIC POLICY COORDINATION ISSUES UNDER FLEXIBLE EXCHANGE RATES, in: ORDO, Band 35, (1984), S. 137 - 149.

Willett, T. D.: CREDIBILITY AND DISCIPLINE EFFECTS OF EXCHANGE RATES AS NOMINAL ANCHORS: THE NEED TO DISTINGUISH TEMPORARY FROM PERMANENT PEGS, in: WORLD ECONOMY, Vol. 21, (1998), S. 803 - 826.

Willett, T. D. / Banaian, K.: MODELS OF THE POLITICAL PROCESS AND THEIR IMPLICATIONS FOR STAGFLATION: A PUBLIC CHOICE PERSPECTIVE in:

Willett, T. D. (Hrsg.): POLITICAL BUSINESS CYCLES, (1988), Durham und London, S. 100 - 128.

Willett, T. D. / Tower, G.: CURRENCY AREAS AND EXCHANGE RATE FLEXIBILITY, in: WELTWIRTSCHAFTLICHES ARCHIV, Band 105, (1970), S. 48 - 65.

Willett, T. D. / Tower, G.: THE CONCEPT OF OPTIMUM CURRENCY AREAS AND THE CHOICE BETWEEN FIXED AND FLEXIBLE EXCHANGE RATES, in: Bergsten, C. F. u. a. (Hrsg.): APPROACHES TO GREATER FLEXIBILITY OF EXCHANGE RATES, Princeton, (1970a), S. 407 - 415.

Willms, M.: GERMAN MONETARY UNIFICATION AND EUROPEAN MONETARY UNION: THEORETICAL ISSUES AND STRATEGIC POLICY PROBLEMS, in: Welfens, P. J. J. (Hrsg.): EUROPEAN MONETARY INTEGRATION, 3. Auflage, Berlin u. a., (1996), S. 133 - 157.

Winston, C.: ECONOMIC DEREGULATION: DAYS OF RECKONING FOR MICROECONOMISTS, in: JOURNAL OF ECONOMIC LITERATURE, Vol. 31, (1993), S. 1263 - 1289.

Wobst, R.: ABENTEUER KRYPTOLOGIE: METHODEN, RISIKEN UND NUTZEN DER DATENVERSCHLÜSSELUNG, 2. Auflage, Bonn u. a., (1998).

Wolfrum, O.: MERKMALE EINER OPTIMALEN WELTWÄHRUNGSORDNUNG UNTER BERÜCKSICHTIGUNG INSTITUTIONELLER ASPEKTE, Frankfurt u. a., (1994).

Woll, A.: DAS WÄHRUNGSSYSTEM EINER FREIHEITLICHEN ORDNUNG, in: ORDO, Band 30, (1979), S. 411 - 421.

Wood, G. E.: CURRENCY COMPETITION AND EUROPEAN MONETARY PERFORMANCE, in: CATO JOURNAL, Vol. 10, (1990), S. 381 - 387.

Woodward, S.: A TRANSACTION COST ANALYSIS OF BANKING ACTIVITY AND DEPOSIT INSURANCE, in: CATO JOURNAL, Vol. 7, (1988), S. 683 - 699.

Woolley, J. T.: POLITICAL FACTORS IN MONETARY POLICY, in: Hodgman, D. R. (Hrsg.): THE POLITICAL ECONOMY OF MONETARY POLICY: NATIONAL AND INTERNATIONAL ASPECTS, Boston, (1983), S. 177 - 203.

Woolsey, W. W.: FULL PRIVATIZATION OF CURRENCY IN A NEARLY CONVENTIONAL MONEY AND BANKING SYSTEM, in: CATO JOURNAL, Vol. 11, (1991), S. 73 - 88.

Woolsey, W. W.: STABILIZING THE EXPECTED PRICE LEVEL IN A BFH PAYMENTS SYSTEM, in: CONTEMPORARY ECONOMIC POLICY, No. 2, (1994), S. 46 - 54.

Woolsey, W. W. / Yeager, L. B.: IS THERE A PARADOX OF INDIRECT CONVERTIBILITY?, in: SOUTHERN ECONOMIC JOURNAL, Vol. 61, (1994), S. 85 - 95.

Wrightson, G. / Furche A.: CENTRAL BANK CONTROL OF COMPUTER MONEY, in: Hipp, C. u. a.: GELD, FINANZWIRTSCHAFT, BANKEN UND VERSICHERUNGEN 1996, Karlsruhe, (1997), S. 341 - 349.

Wriston, W. B.: DUMB NETWORKS AND SMART CAPITAL, in: CATO JOURNAL, Vol. 17, (1998), S. 333 - 344.

Yeager, L. B.: ESSENTIAL PROPERTIES OF THE MEDIUM OF EXCHANGE, in: KYKLOS, Vol. 21, (1968), S. 45 - 69.

Yeager, L. B.: STABLE MONEY AND FREE-MARKET CURRENCIES, in: CATO JOURNAL, Vol. 3, (1983), S. 305 - 326.

Yeager, L. B.: A COMPETITIVE PAYMENTS SYSTEM: SOME OBJECTIONS CONSIDERED, in: JOURNAL OF POST KEYNESIAN ECONOMICS, Vol. 11, (1989), S. 103 - 107.

Yeager, L. B. / Greenfield, R. L.: CAN MONETARY DISEQUILIBRIUM BE ELIMINATED, in: CATO JOURNAL, Vol. 9, (1989), S. 405 - 421.

Zarnekow, R.: AKTUELLE ANWENDUNGSFELDER UND ENTWICKLUNGS-RICHTUNGEN INTELLIGENTER SOFTWAREAGENTEN AM BEISPIEL AGENTENBASIERTER ELEKTRONISCHER MARKTPLÄTZE, in: Burkhardt, T. / Lohmann, K. (Hrsg.): BANKING UND ELECTRONIC COMMERCE IM INTERNET, Berlin, (1998), S. 361 - 388.

Zimmermann, D. K.: INTERNET: GLOBALE TRENDS UND HERAUS-FORDERUNGEN FÜR FINANZINSTITUTE, in: BANKINFORMATION / GENOSSENSCHAFTSFORUM, Nr. 3, (1997), S. 4 - 7.

Zumpfort, W.-D.: UNTERSUCHUNG ZUM WACHSTUM DES EURODOLLAR-MARKTES, Tübingen, (1977).

Printed by
CPI books GmbH, Leck